与大卫·哈维
共读马克思

[英]大卫·哈维　著
David Harvey

张义修　译

中信出版集团｜北京

图书在版编目（CIP）数据

与大卫·哈维共读马克思 /（英）大卫·哈维著；张义修译 . -- 北京：中信出版社，2024. 12. -- ISBN 978-7-5217-7049-0

Ⅰ . F0-0

中国国家版本馆 CIP 数据核字第 2024ZG4785 号

A Companion to Marx's *Grundrisse* by David Harvey
Copyright © David Harvey 2023
Simplified Chinese translation copyright © 2024 by CITIC Press Corporation
ALL RIGHTS RESERVED
本书仅限中国大陆地区发行销售

与大卫·哈维共读马克思

著者：　［英］大卫·哈维
译者：　张义修
出版发行：中信出版集团股份有限公司
（北京市朝阳区东三环北路 27 号嘉铭中心　邮编　100020）

承印者：　嘉业印刷（天津）有限公司

开本：880mm×1230mm 1/32　　印张：18.25　　字数：363 千字
版次：2024 年 12 月第 1 版　　印次：2024 年 12 月第 1 次印刷
京权图字：01-2024-6111　　　书号：ISBN 978-7-5217-7049-0
定价：88.00 元

版权所有·侵权必究
如有印刷、装订问题，本公司负责调换。
服务热线：400-600-8099
投稿邮箱：author@citicpub.com

目　录

作者导言 / v

第一章　马克思的"导言" / 001
　　　　对自由主义个人观的批判 / 002
　　　　生产一般 / 007
　　　　生产、消费与分配 / 018
　　　　政治经济学的方法 / 030
　　　　第一个计划 / 039
　　　　艺术与社会 / 041

第二章　货币的流通 / 043
　　　　货币作为危机的根源 / 045
　　　　货币与革命 / 051
　　　　货币与危机 / 056
　　　　货币的功能 / 064
　　　　拜物教与异化 / 070

货币与自由主义个人理论 / 079
货币意识形态与万物货币化 / 096

第三章　异己的资本遇到异己的劳动 / 105
货币与流通 / 107
螺旋形式：资本与劳动的异化关系 / 127
劳动问题 / 144

第四章　资本的生产 / 159
剩余价值的起源 / 174
马克思对先行者的评论 / 181
相对剩余价值 / 185

第五章　生产与价值实现 / 191
价值增殖与价值丧失 / 202
世界市场与消费主义 / 205
全面异化与阶级关系的再生产 / 231

第六章　资本的生成：过去、现在与未来 / 239
前资本主义经济形态 / 253
对自然的统治与物质变换关系 / 265
先前社会关系的解体 / 272
马克思的双重意识 / 286

第七章　周转的时间、空间与资本的价值实现 / 299
　　关于修筑道路 / 307
　　资本的空间和时间 / 316
　　资本作为过程中的价值：一种再造 / 319
　　资本的全面趋势 / 324

第八章　周转时间与劳动力流通 / 337
　　一段题外话 / 348
　　回到主要论点 / 352
　　劳动力的小流通 / 366

第九章　固定资本的力量 / 377
第十章　固定资本与流动资本 / 415
第十一章　利润率下降及其他情况 / 463
第十二章　阶级与政治经济学 / 497
第十三章　结论性思考 / 517

附录　马克思关于未来著作的计划 / 551
　　计划一 / 552
　　计划二 / 552
　　计划三 / 553
　　计划四 / 554

译后记 / 557

作者导言

回过头看，这本对马克思《政治经济学批判大纲》（以下简称《大纲》）[1]的"伴读"是我在"马克思项目"上的又一个成果。之所以说"回过头看"，是因为直到我追溯过往时才发现，我已经投身于这样一个项目许多年了。这一项目并非始于一个有意识的目标或者设计：它就这么生发出来了。然而，我在大约始于20年前的这一项目背后的动力始终清晰且未变。当时，我感到存在一种迫切的需求，即尽可能清晰、简明地传达马克思对古典政治经济学的批判所揭示的内容。我还想探索

---

[1] 这里是指马克思于1857—1858年写下的部分经济学手稿，包括一篇"巴师夏和凯里"、一篇"导言"、一份没有总标题的庞大草稿等，这些在马克思生前均未发表。马克思当时打算以其中庞大的草稿为基础，撰写出版一部《政治经济学批判》。基于此，在该草稿首次发表时，编者为其加上了"政治经济学批判大纲"（Grundrisse der Kritik der politischen Ökonomie）的标题，并将"导言""巴师夏和凯里"等一并发表。从此，上述手稿以《大纲》闻名。在中国学界，《大纲》一般也被称为《1857—1858年经济学手稿》。——译者注

的问题是，由此得出的见解如何能有效地阐明全球范围内日益突出的经济、社会、生态、政治问题与危险的根源。我感到，马克思的著作深刻地指出了其对如下问题的理解：为什么资本不仅日渐无法满足人类的需求，而且完全无法避免环境恶化的危险。他的著作有助于解释，为什么从长远来看，资本在这两个方面都注定失败。

面对马克思关于政治经济学批判的卷帙浩繁的著作[①]，大多数人都觉得它们难以理解、令人生畏、使人困惑。因此，学者们和活动家们对他的作品做了各种各样的解释。在某些情况下，在正确阐述马克思的理论贡献的路线问题上，这些解释汇聚为若干派系，甚至形成若干完整的思想学派。左翼政党经常形成独特但有些僵化的解释，以此来适应他们的政治形势和政治议程。马克思作为一个焦点人物，也遭到了反对者对他个人的诽谤。蓄意曲解和虚假陈述比比皆是，与之相伴的还有一些更复杂、更微妙的试图诋毁其观点的尝试。这一切制造了各种预期，以及一种充满推定和预判的氛围，这使得对马克思的任

[①] 马克思从19世纪40年代初开始研究政治经济学，并计划撰写一部批判资产阶级经济学的著作，留下了《1844年经济学哲学手稿》。19世纪50年代，他在伦敦继续开展经济学研究，形成了《政治经济学批判》的写作计划，留下了《大纲》，并于1859年出版《政治经济学批判》第一分册。19世纪60年代，马克思在写作第二分册过程中调整了计划，新书以"资本论"为题单独出版，而"政治经济学批判"作为副标题，这就有了后来的三卷《资本论》。因此，上述著作和手稿均与马克思的政治经济学批判相关，《大纲》也被视为马克思《资本论》的最初稿。——译者注

何文本进行简单而清晰的阅读都变得几乎不可能。

从过去到现在，我的目的都是打开一扇通往马克思思想的大门，鼓励尽可能多的人通过这扇大门更仔细地阅读马克思的文本，并提出自己的看法。我无意于把自己的特定解释强加给任何人。这就是为什么我把自己的书叫作"伴读"，而不是"导读"。当然，如果我不把自己的经验和兴趣作为解释的关键助力，我就无法打开一条理解马克思思想的道路。我的主要兴趣一直是城市化和不平衡的地理发展，这显然在不同层面影响了我评价马克思文本的方式。不过，我所设想的是自己陪伴读者进行一次长程徒步，在此过程中，我利用自己长期与文本打交道的经验，在某些地方指出某些特征，强调某些令我顿悟的要素，在可能的情况下将一些观点联系在一起，同时始终保持好奇心，询问作为读者的你们可能会如何理解这一切。在讲授马克思的过往50年里，我面对过各种不同的群体和受众，非常幸运。人们用各种非常不同的方式理解马克思所说的内容，从中我学到了很多。当然，这要归功于马克思文本的高度丰富性；这些文本能够与众多生活在截然不同环境中的人、众多来自截然不同文化和知识传统的人开展如此直接的对话。

《大纲》是我目前研究过的马克思著作中最有趣也最难处理的一部。这是一组笔记，是马克思在一个相当狂热的时期疯狂地写给自己的笔记。马克思在他的一生中，根据读者对象不同而采用了不同的写作模式。这些写作模式可以分为4种类型。第一种体现在他的新闻报道、时事评论和往来通信中，他采用的是直言不讳、口语化的写作风格，即使在讨论复杂事物时也带有某种概念层面的优雅。第二种体现在他为出版而作的一些关于政治经济学的严肃著作中，如《资本论》第一卷。在这类写作模式中，他非常注重使用一种他认为他的读者能够理解的语言。他的读者是有文化的工人阶级，而大部分工人阶级是不识字的。这些有文化的工人阶级读者是自学成才的，并且见多识广，而且正因为他们是自学成才的，所以不大会受到正规教育的束缚。因此，虽然《资本论》在我们看来可能是一本很难读懂的书，甚至有些超出正规教育体系中一般本科学生的理解能力，但对于马克思想要影响的那些主要在英国、法国还有美国等地方自学成才的工人来说，却未必如此。在我的"马克思项目"中，我希望以一种更容易被当代的学生以及工人组织和社会运动中的自学成才者（是的，他们仍然存在）接受的方式，改写马克思的语言。第三种写作类型更具有实验性，它被构建为一场发现之旅，马克思会在其中展开论证，有时会运用一些让任何愿意跟随的人都感到新颖甚至神秘的概念。这就是恩格斯编辑的《资本论》第二卷和第三卷那些手稿的特点。第四种写作类型是马克思纯粹为自己进行的写作，他使用了头脑中拥有的一切工具和观点，乐于释放自己的意识流，以表露各种可能性和潜在的相互关系，这些可能性和关系在他更加深思熟虑的研究中可能会变成重要内容，也可能不重要。这种写作类型正是《大纲》的主导性风格，正是这一风格使得《大纲》成为这样一个既令人兴奋又令人沮丧、既富有想象力又时而无聊重复的文本。简而言之，马克思只是在自说自话。仅仅理解他的语言（这显然是属于他自己的语言）是不够的。同样重要的是，要理解他的思维方式，这种思维方式，说得委婉一点，有点难以捉摸，但这正是在《大纲》中占主导地位的写作形式。

使阅读和解释《大纲》如此困难的一个原因在于，读者需要弄清楚，马克思是在推进他自己的概念框架和解释，还是只是在介绍别人的概念框架和解释。比如，在"导言"最开端，他说："在社会中进行生产的个人，——因而，这些个人的一定社会性质的生产，当然是出发点。"[1] 我们可以把这理解为马克思自己的出发点；或者，如马克思所说，这是资产阶级政治经济学的常见起点，那么，这就是马克思批判性审视的起点。结果常常是这两个方面的融合。他最终可能会说，如果我们用不同于资产阶级政治经济学的方式来解释"个人"，那么，由社会所决定的个人生产便是一个好的、适当的出发点。不过，顺便说一下，马克思在《资本论》中是从商品开始的，这完全是他自己选择的起点。

马克思并不认为资产阶级政治经济学家是白痴、骗子或者辩护者。他们中的一些人可能是这样，但亚当·斯密和大卫·李嘉图，以及在他们之前或之后的大批其他思想家（如詹姆斯·斯图亚特、威廉·配第、西斯蒙第、魁奈，甚至有时也包括托马斯·马尔萨斯）肯定不是这样的。马克思认为，大多

---

[1] 《马克思恩格斯全集》第 30 卷，人民出版社，1995 年，第 22 页。

数资产阶级政治经济学家都是诚实的专家和科学家，他们竭力地想要理解他们周围所发生的令人困惑的、极其复杂的政治和经济变化。他们为马克思提供了解释的原材料，即便只是因为这个原因，他们也值得尊重。但在《大纲》（乃至马克思的全部著作）中，关于什么是马克思的独创之处，什么是从资产阶级政治经济学中衍生而来的，仍有很多"未完成的工作"。举例来说，马克思的"价值"概念就是如此。对于这一概念，至今还没有一个能让所有人都满意的明确界定。

在《大纲》中，马克思并不总是一以贯之，他有时会在中途改变概念工具。关键概念的意义随着文本的展开而演变。他有时并不非常确定自己在讨论什么。其结果是，他的分析有些混乱、复杂，但又保持开放，而且时有精辟的分析。不过，资本本身就是一个有些混乱、复杂的经济系统，《大纲》常常偶然地、以某种相当惊人的方式反映了这种复杂性。

对于这一文本，人们有不同的阅读方式。一种方式是非常细致、深入、系统地阅读，它将会花费很长时间。以这种方式阅读，读者经常需要为了弄清楚仅仅几页文本的意思而花上一周的时间。其他阅读方式则均是从特定的角度来看待马克思的思想。例如，在阅读过程中，哲学家们可能旨在探寻马克思如何借助黑格尔或斯宾诺莎的思想，而经济学家们通常关注马克思与亚当·斯密、大卫·李嘉图、李嘉图派社会主义的关系。马克思经常与蒲鲁东和法国社会主义者争论不休。我并不认为这些争论特别具有启发性或趣味性。出于这一原因，在这次阅读中，我倾向于对马克思与蒲鲁东的辩论进行简化处理。此外，就我的智识或性情而言，我还不足以应对黑格尔的复杂影响，以及马克思在语言和方法上的大量哲学探索。我对其他人在这些问题上所做的工作表示欣赏，但对此感兴趣的读者只能到别处看看了。

在这一文本中，马克思并非只想延续李嘉图和黑格尔的分析。在我看来，他致力于通过艰苦的斗争，将自己从李嘉图式分析的有限范畴和黑格尔式论述的牢笼中解放出来。因此，我在这里聚焦于《大纲》中马克思所定义的中心任务。对此，他的陈述如下："准确地阐明资本概念是必要的，因为它是现代经济学的基本概念，正如资本本身……是资产阶级社会的基础一样。明确地弄清关系的基本前提，就必然会得出资产阶级生产的一切矛盾，以及这种关系超出它本身的那个界限。"[①] 我对《大纲》的解读将围绕这一问题展开。

马克思关心的不仅是对资本概念的理解及其在思想世界中的阐述，他还想要理解资本的实际运作，以及它的抽象运动规律（尽管充满矛盾）何以不仅产生了经济危机（如1857—1858年的危机），而且还决定了当时资本主义世界中大多数人的生活条件和劳动条件。

当然，资本至今仍与我们同在。它或许披上了新的外衣，或许在更大规模上得到了应用，但是它的内在运动规律及所有

---

① 《马克思恩格斯全集》第30卷，人民出版社，1995年，第293页。

的内在矛盾，仍然无处不在地显露出来。因此，马克思的一些富有启发性的发现，可以在很大程度上揭示我们当代的资本主义世界，即便我们认识到这个世界在剧烈变化，在某些方面与马克思所生活的世界非常不同。同时，我们也有理由认为，马克思理论概念中的那些核心要素现在比以往任何时候都更加切合实际。当马克思写作时，产业资本（与商人资本相对）只在世界的一个小角落——西欧和美国东海岸——占主导地位。但是，马克思在《资本论》"工作日"一章中描述的那种工厂条件，现在可以在孟加拉国、土耳其、巴西、印度、危地马拉和南非（仅举几个地方为例）发现。不仅如此，资本已经"扩张"到全球，尽管这种扩张要求在理论上做出调整，但它加剧了而不是减弱了资本作为一种经济制度所容易产生的矛盾。另外，正如我们将看到的，阶级的形成和阶级关系在世界舞台上的复杂性，使马克思某些理论的应用成为难题。

不过，马克思在《大纲》中看似混乱的探索是有其结构的。我们在研究文本时，意识到这一结构是很重要的。马克思的目的在于，通过把资本当作"一个总体"来探究其形成和作用方式。在当代的评论中，马克思研究方法的这一方面基本上被忽视了。我猜，这应该部分归因于学界向福柯和后结构主义的转向。这种转向认为，总体性话语乃至任何对总体概念的呼唤都是不可取的。这也可能是因为，更早期的调用总体概念的尝试（例如卢卡奇的尝试）被发现是有误导性和不充分的。但是，黑格尔的总体是一个封闭的、自我包含的、自我维持的实体，这种总体概念被证明（在我看来的确）是非常不充分的。马克思寻求从这种黑格尔式的概念中解放出来。马克思的总体是开放的、不断演进的、自行重复的，但是它在任何意义上都不是自我维持的，因为它有内部的矛盾，并且既同自然发生物质变换关系，也同人类文化所累积的历史成就发生物质变换关系。马克思将资本描述为一个"有机的"总体，并将其视为连续的历史形成过程之中的一个复杂生态系统。马克思将他的绝大部分研究限于资本的总体，而不是一切事物的总体。虽然资本可能是资产阶级社会内部的驱动力并塑造了其基础性过程，但它并未涵盖关于资本主义作为一种社会形态所需要说明的一切。把资本作为一种生产方式的理论是一回事，把资本主义作为一种社会形态的理论则完全是另一回事。马克思在《大纲》中主要关注前者，尽管他的某些侧重点明确针对后者。

生态系统的类比在这里非常重要。研究人员可以以同样的方式对整个生态系统加以概念化和独立研究，例如将热带雨林、苔原、湿地甚至是城市生态系统作为总体（每个总体都由处于相互联系或竞争中的多个物种构成，并与那些来自外部的能量流交织在一起），马克思也试图以这样的方式，独立地研究资本的生态系统（对其中复杂的交叉分工、竞争、职能专业化、分配形式以及货币流动分别加以研究）。

这种资本的总体在某些方面类似于一个人的身体（尽管这种类比如果做得太过，就会被证明有误导性）。马克思一度正是通过这一类比来阐明不同周转时间的重要性。"在人体上，也同在资本上一样,各个部分在再生产中并不是在同一时间更替的。血液的更新比肌肉快,肌肉比骨骼快,从这方面来说,可以把骨骼看作人体的固定资本。"① 人体通过心脏循环血液,通过肺部循环氧气,通过消化系统吸收能量,通过肝脏和肾脏处理废物,同时通过中枢神经系统锻炼协调能力。这些循环过程中的每一个都是独立自主的(并且符合心脏病学、神经病学、泌尿外科学等方面的专业知识),但是,它们都被纳入作为一个功能系统的人体的总体逻辑之中。没有必要为所有这些不同循环过程之间的相互作用和相互关系赋予某种重要性或因果关系层面的等级结构。其中任何一个循环的失败都会威胁到总体的生命和存在。

在《大纲》中,马克思将资本分解为不同的循环过程。他从研究货币流通开始。并非所有的货币都是资本。资本是按照一种特定方式流通的货币。但是,必须把货币流通作为一种自主的和独立的流通方式加以研究,它除了执行作为资本的货币流动所需要的职能,还执行货币的各种社会职能。货币通过接触和购买劳动能力而成为货币资本。这引发了马克思对劳动能力的流通过程的分析(见图1)。资本(价值)通过以下不同环节流动起来:(1)购买商品(劳动力和生产资料);(2)生产剩余价值的劳动过程;(3)在市场销售中实现价值;(4)分配;(5)再投资。这就形成了一个独特的资本一般的流

---

① 《马克思恩格斯全集》第31卷,人民出版社,1998年,第64页。

通过程（见图2）。资本的流动可以分为两条不同的路径：流动资本（基于年度周转）的路径和长期固定资本（如机器）的路径。后者和流入消费基金（如住房）的资本联系在一起（见第379页图3）。固定资本和长期消费基金的形成具有特殊的性质和意义。它们都与生息资本的流通交织在一起，生息资本对它们起到支撑和协调作用。这种联系在《大纲》中只是偶尔被提到，尽管它通常被纳入马克思为指导其未来工作而制订的各种计划中。当然，《资本论》第三卷详细讨论了生息资本的

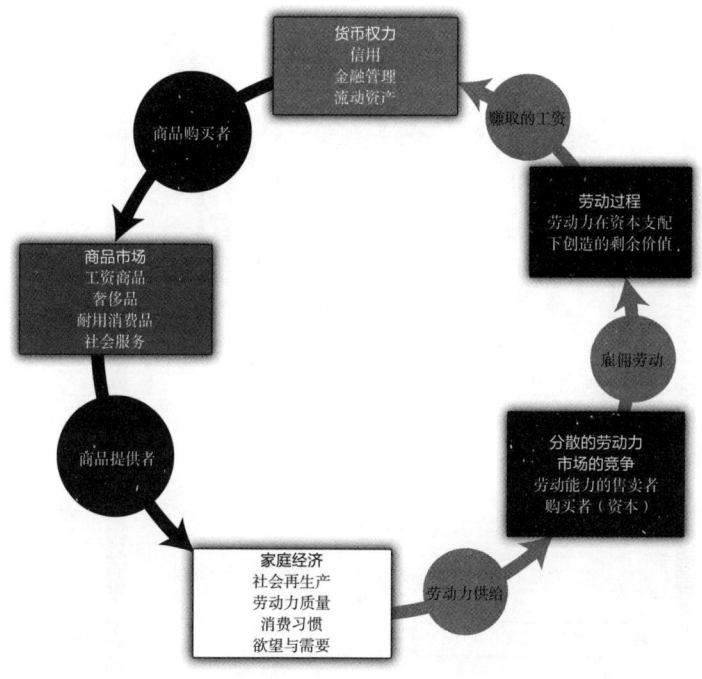

图1　劳动能力的流通

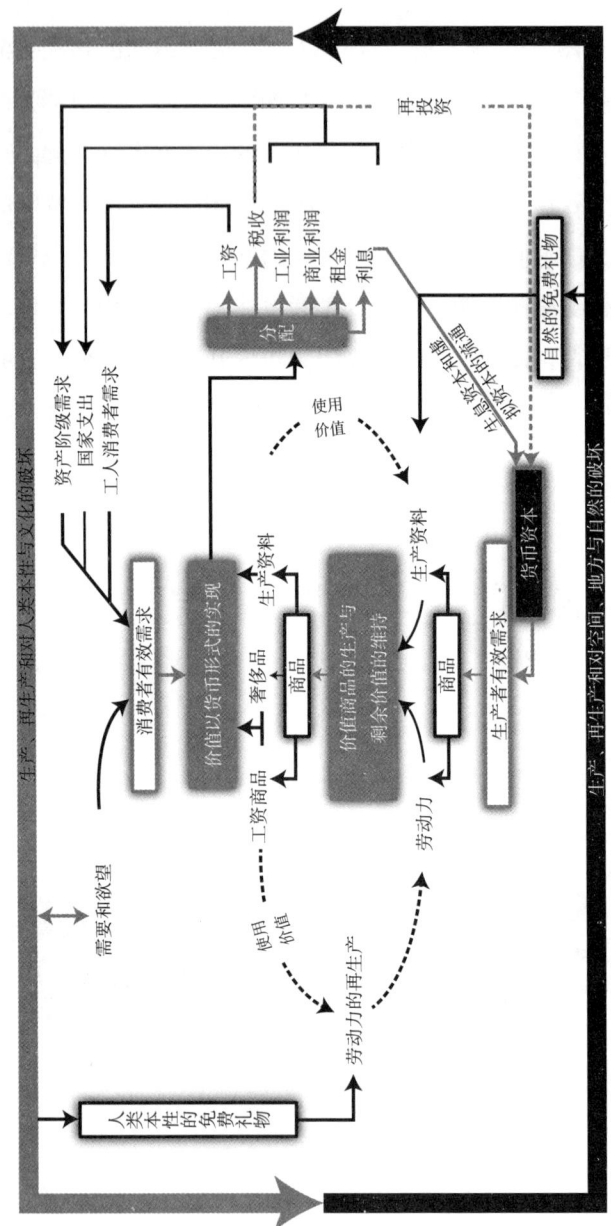

图 2 资本一般的流通

流通。还有其他的流通过程可以纳入研究。但马克思在《大纲》中把它们放在一边，只在各种计划中提到它们。除了对修筑道路做出简要评论外，马克思明显缺乏对国家收入的流通的讨论，这种流通是通过税收和公共投资而进行的。

资本的总体并不是预先给定或者预先设定的。它不是某种等待被揭示或发现的理想类型，它所达及的空间和时间的范围也不是固定的和确定的。虽然总体的概念无疑源于黑格尔，但马克思对它进行了再加工和革命化改造（就像他对取自黑格尔的几乎所有其他东西所做的那样）。在马克思看来，"总体"是一个具有历史特殊性的社会实践和社会关系的网络，它通过人类行动而建立，并随着时间的推移而演变。这一网络始终处于成长和转变（用他的话说，它永远在"生成"）的过程中，即使它表现出某种倾向于永恒的趋势。然而，他要强调的重点是创造和维持这一网络的过程的流动性。不过，在总体的范围内，各种特征的结晶可能对历史上构成这一总体的过程起到引导、抑制、禁锢或加剧的作用。这种结晶有时会变得彻底僵化。然后，人类就似乎把自己囚禁在自己的社会（阶级）关系、制度安排（例如法律）以及社会互动的网络中。这种网络不断发现自己在努力打破自己所创造的束缚和障碍。这就是资本主义生产方式中的基本矛盾。

《大纲》是由深入不同流通过程的探究所构成的，这些过程生产并支撑着作为一个总体的资本：

（1）通过交换实现的商品流通；

（2）货币作为货币的流通；

（3）劳动能力的流通（见图1）；

（4）货币作为资本的流通（见图2）；

（5）固定资本的流通（见图3）；

（6）生息资本的流通（在《大纲》中未被研究，但被提及）。

其他流通过程也可能会被纳入这个框架，比如金融/银行资本的流通、国家收入的流通。值得注意的是，《资本论》第二卷是以研究不同的循环系统为主导的，它起始于货币资本、商品资本和生产资本的循环，以及这三种形式在整体的资本范围内的循环。在该卷的后面部分，马克思考察了固定资本的流通，研究了工作周期和周转时间，随后的章节讨论了可变资本和剩余价值的流通，最终在所谓再生产模式中构建起资本和劳动之间的循环关系。《大纲》在很大程度上是它的一个富有启发意义的前身。

总体的限度（无论是结构上的限度还是地理上的限度）在某种程度上是由研究者任意施加的，即使存在强有力的具体条件在逻辑上支持对限度做出某种专门的界定。以人体为例，有充分的理由将其本身作为一个发挥功能的总体，以便对其进行医学观察、诊断和分析。但是，对社会中的健康状况的任何研究，都不能忽视一般社会条件，人体正是在这些条件下活动的。例如，从医学的角度来看，死亡的原因可能非常具体，然而，药物滥用、阿片类药物成瘾、疏离感、社会失范以及这些现象背后的所有经济原因和社会原因，对于理解最近的发病趋势具有重大意义。虽然马克思将资本——他称之为社会系统的"内部结构"——独立化，以便聚焦于价值的生产、消费、实现和分配，但他清楚地认识到，存在一个更加广泛的总体，在其中，这种被人为抽象出来并称为"资本"的总体是存在的。因此，在图2中，我们看到了资本与自然的物质变换关系，以及通过城市化构建起来的第二自然，这一构建过程伴随着空间的生产、地方关系的生产，这种生产对于更加狭义的资本流通模式而言具有背景性意义。这也适用于资本与人类知识、社会关系、现存人口的文化传统之间的关系，适用于资本与社会再生产条件的关系，适用于资本与不断塑造和重塑的欲望、需要的关系，这些欲望和需要通过人类消费主义的各种表现形式获得表达。马克思所要分析的是在更加广泛的资本主义的总体之中的资本总体。他这样做的理由是，他认为资本是经济的引擎，是国家的基础动力，是抽象力量的来源，我们所有人无论愿意与否，都在某种程度上被这些抽象力量强制和束缚。

关于马克思的研究方法，这里还要稍做提示。他以一种非常特别的方式将他自己与他的研究主题结合在一起。他通常以一种纯粹的形式来解释他所看到的东西，而不受所谓的外部影响（如刚才描述的那些影响）或者特定复杂性的污染。例如，在分析货币那一章，他的论述就仿佛货币资本的流通没有起任何作用。在整个文本中，他经常指出他以后会讨论的问题，或者在我们目前的分析中还没有能力处理的问题。这使得他所说的大部分内容都是基于语境而定的，而不是完全确定的。马克思认识到,他的许多"固定的前提本身在展开分析的过程中全都会成为流动的。但只要一开始就把它们固定下来,在展开分析中就可以避免把一切都弄乱"①。这并不是一个陌生的问题:如何用固定的范畴来捕捉过程、运动和流动?我经常看到一些对马克思理论的引用,它们把应该作为偶然陈述的内容当作最终判断来呈现。这并不意味着这些研究内容是无用的,恰恰相反,其自有用处。但是,我们应该认识到马克思是在何种假设和背景条件下形成其理论的。

总的来说,马克思提出的理论是基于资本如何在马克思自己所承认的"世界的小角落"中运作的。在他活跃的思想生涯的大部分时间里,他觉得,无论对错,对英国工业资本主义的研究都向世界的其他地方展示了它们自己可能的未来。这是他在《大纲》中对他所汇集的材料进行思考时所持的立场。不过,在生命的最后阶段,他开始质疑这种假设的可靠性。而且,在1872年《共产党宣言》重新出版时(后来这一版本被证明是最有影响力的版本),他以同样的方式承认这部写于1848年前后的著作的提纲应该被重新检视,或许应该重写。他也意识到,如果从资本主义在俄国或其他地方的发展的角度来看,资本的"生成"过程可能会相当不同。马塞罗·穆斯托最近对马克思晚年生活的一项研究有助于阐明其中一些问题。② 这个问题的

---

① 《马克思恩格斯全集》第31卷,人民出版社,1998年,第225—226页。
② 马塞罗·穆斯托:《马克思的晚年岁月》,刘同舫、谢静译,人民出版社,2022年。

一个有趣的当代版本是，现在的中国是否就是我们大家自己的未来图景，这当然是一个有待讨论的开放问题。我们都是在特定的语境中开展工作的，即使我们寻求那种可能超越这些语境的理论见解。马克思也不例外。

不过，在《大纲》的一些段落中，马克思将所有语境上的注意事项和制约因素置之不顾，对资本作为一种超越性力量的真正本性和性质做出有时甚至是疯狂的推测。他的真知灼见是精彩的、戏剧化的，其内涵往往是惊人的。正如一位学生曾向我评论的那样，这些观点就像在充斥着枯燥分析的泥土中闪耀着光泽的宝石。发现并赏玩这些见解深刻的宝石，使得对《大纲》的研究不仅如此非凡和富有价值，而且，我敢说，也很有趣味。

最后，我想把这本书献给我那位完全无心于政治的父亲。鉴于他已是一位85岁的老人，这种说法或许有点儿奇怪，但我现在明白了，如果没有他对我的帮助和影响，我不可能完成这项工作。他曾经受雇于英国查塔姆的海军船坞，在二战期间，他发现自己越来越多地承担起了管理受损海军舰艇的紧急维修和改装的工作。显然，他出色地完成了这项任务。但是，1950年，也就是在他53岁时，英国海军部做出了一项"英明"的决定：如果我父亲想继续做他此前7年一直在做的事情，他就必须参加一项海军建筑工程的竞争性资格考试。他可是一个13岁就离开学校去当学徒的人。于是，有两年的时间，他在下班回家用完"傍晚茶"后，就会躲到前厅里，每天（周末除外）

钻研两三个小时的工程学资料。他还得学习微积分。最终，他以优异的成绩通过了这项国家性的竞争性资格考试，他的工作岗位资格得到了认证。我的父亲和我相处得并不愉快（原因就无须详述了）。我觉得他从来没有认可过我。但是我现在意识到，在当时，在我15岁的时候，通过效仿他的学习方式、行为方式来赢得他的认可，对我来说是多么重要。其结果是，我从来不害怕承担长期性的项目。实际上，我重视并且主动寻求这样的工作。坚持和投入是有回报的。为《大纲》撰写这部"伴读"就是如此。在疫情防控期间，我几乎每天带着我的文本和笔记本电脑，躲到某个地方待上几个小时来进行这个项目，我的脑海里经常浮现我父亲的画面。虽然我不知道他会如何看待这些内容，但我希望，他会认可并且欣赏我努力的方式。我花了很长时间才能够说出这句话，但我要说："谢谢你，爸爸！"

我所参考的《大纲》版本是马丁·尼古拉斯的译本（伦敦：企鹅经典与《新左派评论》1973年联合出版，1993年再版）。除非另有说明，黑体字[①]反映了马克思《大纲》的原始文本。我也非常感谢马丁·尼古拉斯为翻译该文本这一极具挑战性的工作所付出的卓越努力。

[①] 原文为斜体字，中文译本调整为黑体字。——译者注

第一章

马克思的"导言"

《大纲》中所呈现的"导言",实际上是一个单独的、较早的文本,它与手稿的主体只存在松散的联系。正如文本的编译者马丁·尼古拉斯所记录的,马克思显然对"导言"的呈现方式持有某种明显的保留态度,而且相当清楚的是,这部分内容与作品主要部分之间的联系有些弱,尽管前者有助于以重要的(如果不是基础性的)方式构建和解释主体文本。这份"导言"有助于我们理解马克思对自己工作的定位,与之相对的是作为其批判对象的古典政治经济学。他对"导言"的不满意可能也源于这样一个事实:他还没有从古典政治经济学的命题中充分解放出来,无法构建起自己独立的视角。在《大纲》的主体部分,他也曾中断论证的脉络,因为他发现自己的一些构想需要修正,它们过于唯心主义,暗含着黑格尔主义,同样,他可能觉得,这份"导言"过于李嘉图主义。《大纲》在很多方面体现了马克思对黑格尔思想和李嘉图思想的同时继承。在我看来,

"导言"反映了马克思在"成为"批判家的过程中一个特定阶段的思想,他最终成了资本的尖锐批判家。

"导言"分为四个部分。在第一部分,他对自由主义理论中的个人作用做了简短的批判性评论。在第二部分,也是当前最受关注和最具挑战性的部分,他讨论了"生产一般"以及他所说的资本"总体"中生产、分配、消费和交换之间的内在关系。在第三部分,他简要探讨了政治经济学的方法。在最后两页,也就是第四部分,他列出了一系列需要考虑的问题,对古代和现代的艺术及思想模式间的关系进行了一些有趣的观察。

对自由主义个人观的批判

马克思称,他的关注点首先是"物质生产"。"在社会中进行生产的个人,——因而,这些个人的一定社会性质的生产"①是出发点。这就立即引出了一个问题:在塑造资本的内容方面,个人何以扮演如此关键的角色。马克思把鲁滨孙一类的故事当作"属于18世纪的缺乏想象力的虚构"②加以摒弃,接着提到卢梭在《社会契约论》中的论述,后者"通过契约来建立天生独立的主体之间的关系和联系"③。

如何在个人与社会的关系、个人与私有财产及竞争性的企

---

① 《马克思恩格斯全集》第30卷,人民出版社,1995年,第22页。
② 同上。
③ 同上。

业主义的关系中,理解个人所扮演的角色,这是在《大纲》中反复出现的问题。我们会经常回到这个问题上来。马克思在这里开启了一场批判,后来他在《资本论》第一卷中做出了更明确的论述。在那里,马克思嘲讽如此多的18世纪政治经济学家将理论建基于理性经济人的想象,这种理性经济人就像丹尼尔·笛福在小说《鲁滨孙漂流记》(1719年出版)的海难幸存故事中所描述的一样。笛福让人觉得,任何一个理性的人,当其独自进入一个接近自然的地方时,似乎都会按照复式记账法的原则,"自然地"组织他的生产生活。马克思在《资本论》第一卷中写道:"经验告诉他这些,而我们这位从破船上抢救出表、账簿、墨水和笔的鲁滨孙,马上就作为一个道地的英国人开始记起账来。"[①] 我们已经不是第一次看到,资本和个人被看作自然的产物,而在马克思看来,它们是社会和历史的产物。

《鲁滨孙漂流记》作为一部作品的重要性,不仅在于它为资产阶级政治经济学家的理论提供了一个想象的基础,而且在于,它是一个深受世界各地普通大众欢迎的故事(我小时候就读过它!)。它为经济计算和企业主义行为的天然性提供了大众的支持。与此同时,"星期五"这个人物的引入,使殖民地的家长制和种族区隔的重要性得到了天然化和认可。社会前进的方向就是把温带地区白人居民的头脑和热带地区黑人居民的

[①] 《马克思恩格斯全集》第44卷,人民出版社,2001年,第94页。

肌肉结合起来。不过，我一直认为，资产阶级政治经济学家们选错了笛福的故事。如果他们选用的是笛福的《摩尔·弗兰德斯》，他们就会发现，此中人物的一生读起来就像商品资本在永恒的循环中迷失的历史。弗兰德斯是一个迷人的小偷、诱惑者和骗子，从富人身边到欠债者的监狱，从英国到美国弗吉尼亚，她一直在揣度自己的和他人的欲望。故事的一个高潮出现在弗兰德斯一贫如洗的时候，她为拯救自己的经济命运做了最后的努力。她租了一辆马车、一大堆昂贵的珠宝和时髦的衣服去参加一个乡村别墅舞会。在那里，她成功地勾引了一位年轻的贵族，并在当晚就和他结婚了。第二天早上，他们在当地的一家小旅馆里醒来，发现他们两人名下都没有一分钱。当震惊散去，他们都看到了自己处境的荒谬，并友好地分开了。这是一个绝妙的暗示，它反映了商品资本经常表现出来的那种浮夸的空虚，其中包括对迷失的人类欲望的不断玩弄。这与鲁滨孙在孤岛上重建产业资本的那种严肃而呆板的尝试形成了鲜明对比，除了他的账本外，他的尝试不受任何市场规则的约束。（顺便提一下，笛福的小说《辛格顿船长》对发生在非洲和印度洋上的海盗、全球化和原始积累有很多描写，他的《瘟疫年纪事》在新冠疫情期间读起来也很有意思！）

  18世纪的政治经济学力图将个人的企业主义行为天然化。卢梭在他的《社会契约论》中支持了这一观点。"高贵的野蛮人"或者拥有不可剥夺的（有时被解释为天赋的）权利的社会个人，被视为政治经济制度和理论得以建构的"自然"基础，而这种权利是由私有财产支持的。自主个人的自由是自由主义理论的基础。但在卢梭看来，这种危险的且可能不守规矩的自由，受到了社会契约的严格限制。马克思从另外一个角度来看这个问题。"在这个自由竞争的社会里，单个的人表现为摆脱了自然联系等等，而在过去的历史时代，自然联系等等使他成为一定的狭隘人群的附属物。"[1]最初的"自然"单位（如果曾经有过的话）并不是个人，而是氏族、牧群、部落或某种由默认的契约统治的其他形式的集体组织（马克思稍后将详细讨论这些形式）。在马克思看来，一种特定类型的市场交换社会令人"消解"这些集体形式，它创造出这样一种情境，个人可以像企业家那样行动，并为自己或他人提出对私有财产的权利主张。因此，个人和个人主义，都是伴随一种特定类型社会的兴起而出现的副产品，这种社会以货币化的市场交换、私有财产以及资本积累为基础。这在政治领域是很重要的观点。当前盛行的右翼政治思想（特别是在美国）是基于个人自由神圣不可侵犯的品质，认为其作为自然的或天赋的绝对权利，不能被国家或任何其他形式的集体权力凌驾（任何社会契约都没有约束力）。马克思的回应是提出两个问题。首先，如果资本真是这种不可剥夺的个人权利的"自然"结果，那么，为什么我们生活在这样一个社会——它的突出表现是工资奴隶制、人民群众的贫困以及资本对这些所谓"不可剥夺的"权利

---

[1] 《马克思恩格斯全集》第30卷，人民出版社，1995年，第22页。

的侵犯？资本对权利的侵犯建立在日常基础上（特别是在劳动过程中），并且是全面的、公然的侵犯。其次，如果像马克思在《资本论》第三卷中说的那样，真正的自由王国只有在超越必然王国之后才能开始（或者用罗斯福总统的话来说，"贫困的人是不自由的"），那么，为什么那些如此大声宣称他们信仰个人自由和自由主义的人，会如此激烈地抵制所有旨在构建一个消除限制自由的必然性的世界的集体尝试呢？第二个问题包含了一个更特殊的悖论：资本通过对新技术的卓越追求，发展了超越必然王国所需的生产力，但同时又激烈地否认，利用这些生产力能够创造一个普遍平等和幸福的世界。拒绝将人类自由的领域扩展到所有人，即使这样做的方法唾手可得，这是人类历史上的一个污点。马克思全心全意地支持将个人自由的领域扩展到所有人。但他坚持认为，这些美好特质得以发展起来的条件还有待实现。如果说崇高的个人自由在创世之初就存在，那这纯粹是虚构和幻想的（就像《鲁滨孙漂流记》那样）。

在"导言"中，马克思只对这种自由主义论证的某些方面做出了评论。例如，他写道："只有到18世纪，在'市民社会'中，社会联系的各种形式，对个人说来，才表现为只是达到他私人目的的手段，才表现为外在的必然性。但是，产生这种孤立个人的观点的时代，正是具有迄今为止最发达的社会关系（从这种观点看来是一般关系）的时代。人是最名副其实的政治动物，不仅是一种合群的动物，而且是只有在社会中才能独立的动物。"① 马克思由此证实了这样一种观点，使企业主义成为可能的个人化，是一种社会的、历史的产物，而不是某种想象中的自然秩序的属性。

生产一般

在研究《大纲》时，梳理马克思回溯人类自由扩展之条件的段落，是有益的和重要的。不过，在这里，马克思很快将他的注意力转向了生产。他指出，与鲁滨孙的故事相反，"孤立的一个人在社会之外进行生产……就像许多个人不在一起生活和彼此交谈而竟有语言发展一样，是不可思议的"②。但是"说到生产，总是指在一定社会发展阶段上的生产"③。在《大纲》中，"现代资产阶级生产"将会成为关注的焦点，但同样重要的是承认"生产的一切时代有某些共同标志，共同规定"④。我们需要评估什么是不同社会中生产的共同点。因此，马克思建议将"生产一般"视为一种抽象，"只要它真正把共同点提出来，定下来，免得我们重复，它就是一个合理的抽象"⑤。

这种"合理的抽象"和"具体的抽象"都是需要解释的概

---

① 《马克思恩格斯全集》第 30 卷，人民出版社，1995 年，第 25 页。
② 同上。
③ 同上，第 26 页。
④ 同上。
⑤ 同上。

念。对马克思来说，商品概念是一个具体的抽象。我们在各种特定产品的买和卖中看到的是无限的物质交换。我们不可能把无限数量和无限种类的物质交易都考虑到，所以我们把它们合在一起，将它们都看作商品交换的例子。这就是具体的抽象。然后，我们在此基础上建立一套经济学理论。这一理论的基础是物质的（具体的），但概念是抽象的。抽象的另一个层次——合理的抽象——产生于对商品交换理论内容的追问。例如，价值就是一个合理的抽象。它产生于对商品交换的研究，而商品被当作一种具体的抽象。对于马克思提出的关于什么使各种商品成为可通约东西的问题，唯一合理的答案是：它们一定有某种共同的东西，即它们都是人类劳动的产物。价值表现的一定是人类的社会劳动，这一推论也是一个合理的抽象。这就是马克思将他的历史唯物主义方法付诸实践的方式。这种分析方式在《大纲》中无所不在，它最终有助于解释马克思的如下论断：在资本主义生产方式下，我们所有人都具体地"受抽象统治"（例如，受利息率或利润率变动的统治）。

就生产一般这个抽象而言，"经过比较而抽出来的共同点，本身就是有许多组成部分的、分为不同规定的东西。其中有些属于一切时代，另一些是几个时代共有的"[①]。理解马克思在这里的分析方式同样是有用的。例如，所有的生产形式都与土地有关，但是土地的作用和意义（我们将在后面看到）在不同的

[①]《马克思恩格斯全集》第30卷，人民出版社，1995年，第26页。

生产方式下有所不同。这就说明，任何一次生产方式的宏观转型，例如从封建主义到资本主义，都会导致诸如土地所有权和使用权等方面的作用和意义发生根本变化。进一步来说，"如果没有生产一般，也就没有一般的生产。生产总是一个个**特殊的生产部门**——如农业、畜牧业、制造业等，或者生产是**总体**"①。生产也总是通过"一定的社会体即社会的主体"（如劳动者）而实现的，这些生产的主体"在或广或窄的由各生产部门组成的总体中活动着"。有待详细阐述的主题包括："生产一般。特殊生产部门。生产的总体。"②

正是在这里，马克思第一次向我们介绍了"总体"概念。这是一个贯穿《大纲》的至关重要的概念。马克思经常用"总体"及其"要素"来构建他的思考框架。而资产阶级理论家（如亚当·斯密）在介绍他们的研究主题（对生产、消费、分配和市场交换环节的研究）时，常会把"一切生产的基本要素"变成"浅薄的同义反复"③。这是马克思对古典政治经济学的批判的核心：古典政治经济学把资产阶级经济生活中充满活力的繁荣过程，简化为死寂乏味的静态生产要素之结合。然后，作为补充的事实是"某些种族素质，气候，自然环境如离海的远近，土地肥沃程度等等，比另外一些更有利于生产"。这些偶然条件随即被简化为另一种"同义反复，即财富的主客观因

---

① 《马克思恩格斯全集》第 30 卷，人民出版社，1995 年，第 27 页。
② 同上。
③ 同上。

素越是在更高的程度上具备，财富就越容易创造"①。

后来，马克思想要尝试通过温和地运用辩证法和一种基于过程的哲学，将政治经济学从所有此类同义反复的说法（这些说法直到今天仍在经济学中占主导地位）中解放出来。但是，在这里，他更想表明，经济学家真正的关切和目的在于："生产不同于分配等等（参看穆勒的著作），应当被描写成局限在与历史无关的永恒自然规律之内的事情，于是**资产阶级**关系就被乘机当作社会一般的颠扑不破的自然规律偷偷地塞了进来。"② 这种将资产阶级生产天然化的手法，远比鲁滨孙故事一类的公开描述更厉害。而在分配问题上，他们认为，社会可以"随心所欲"。（穆勒或李嘉图式社会主义一类的）分配社会主义在这种说法之下是完全可行的，但是生产的社会化是不可能的，因为它是受自然法则支配的自然秩序的一部分。在马克思看来，他们对生产和分配之间"现实关系"的这种"割裂"，是完全不可接受的。但这正是资本所做的事情。

"一切生产都是个人在一定社会形式中并借这种社会形式而进行的对自然的占有。"③ "对自然的占有"这一简短的表述包含着《大纲》中一个长期关注的问题，这一问题事关如何理解马克思后来所谓"同自然发生物质变换关系"。但在这里，他匆匆略过了这个问题，只是阐明"说财产（占有）是生产的

---

① 《马克思恩格斯全集》第30卷，人民出版社，1995年，第28页。
② 同上。
③ 同上。

一个条件，那是同义反复"，"从这里一步就跳到财产的一定形式"，比如"私有财产"，这是"可笑的"。在整个人类历史上，财产公有的形式要比私有制普遍得多。"每种生产形式都产生出它所特有的法的关系、统治形式等等。"①简言之："一切生产阶段所共有的、被思维当作一般规定而确定下来的规定，是存在的，但是所谓一切生产的**一般条件**，不过是这些抽象要素，用这些要素不可能理解任何一个现实的历史的生产阶段。"②那么，我们如何把握资本作为一个总体的本质呢？

在《大纲》中，马克思试图循序渐进地回答这个问题。他的方法是从基本的具体抽象开始，逐步加入在特定生产方式中产生的合理抽象（如价值理论），逐步拼凑出一幅处于运动和生成过程中的总体的图景。这幅图景在分析结束时才开始成形。在这一分析过程中，马克思对界定正在形成中的理论总体的运作规则非常谨慎，以避免超出他所处的位置。我们一次又一次地发现，他在谈及某些主题（例如，信用体系或固定资本的流通）时说，"这一点还不属于这里"或"我们将在以后处理这个问题"，尽管他显然想要构建一个包含所有内容的关于资本总体的研究框架。不过，有几次，他抛开了所有限制，提出了研究这一总体的计划。每一个计划都是不同的。我们无从得知，如果他有足够的时间将其中一个完成到底的话，他会选择哪

---

① 《马克思恩格斯全集》第30卷，人民出版社，1995年，第29页。
② 同上。

一个。

然而，我的提议是，在这里把马克思的一般方法翻转过来。我展示了一幅马克思差不多完成了的关于资本的政治经济学研究的框架图（见图2）。这幅资本流动图提供了一张初始地图，为我们在阅读马克思的文本时确定自己所处的位置提供了一个办法。我们在阅读马克思的著作时，总会存在"只见树木，不见森林"的问题。这幅"地图"描绘了资本的总体（森林），然后它提供了一个框架，在这个框架中，我们可以理解马克思是如何描绘各个要素（树木）之间的相互关系的。资本被定义为运动中的价值，正是通过这种运动，所有的要素才被联系在一起。这是一幅价值在总体范围内初步流动的地图。

在图的底部，我们看到货币资本，即货币被用作资本。这里的假设是，货币形式已经很好地建立起来，并且已经被用于商品流通、价值衡量等。并非所有的货币都是资本，但资本一定在某些地方以货币形式存在。接下来，资本家用他们的货币在市场上购买同等价值的商品。他们购买的商品有两种：生产资料（如机器和原材料）和劳动力（劳动能力）。这意味着商品市场和劳动力市场也已经成熟。资本家作为生产资料和劳动力的所有者，把这两种生产要素结合在一起，进入第三步，即在他们指挥下的劳动过程中，创造一种新的商品。这一劳动过程是由资本组织起来的，其目的是保存劳动力的价值和生产资料的价值（这样就会创造出一种等价于原来货币价值的商品），同时还要增加一份剩余价值。这就是生产的环节。剩余价值来自劳动者超出再生产自己劳动力价值的必要时间的劳动。剩余价值最初凝结在新商品的价值之中。在下一步，这种商品进入市场，在那里，它的价值通过销售而得到实现和货币化。马克思在《资本论》第一卷中说，资本家"愣住了"[①]，因为收到的钱比最初付出的钱要多。剩余价值以货币利润的形式得到了实现。这是价值实现的环节。商品一旦到了使用者手中，要么从实际的消费行为中消失，要么在其他生产者将其作为生产资料购买后，重新回到生产过程中。

不过，有很多人主张，自己应该获得在生产中重新产出的货币价值。这些货币，其中一些作为工资转移给了工人；一些被国家以税的形式征收（令人惊讶的是，马克思鲜有对这方面的论述）；一些流向了银行家，他们可能在一开始就借出了一些货币；一些流向了专门销售商品的商人；一些流向了地主，他们为出让土地的使用权而收取租金（或者获取附着其上的原材料）；还有一些留给了资本主义生产者，他们起初建立了整个生产流通过程。总的来说，这是分配的环节。

这些主张者拿着他们得到的货币做了什么呢？相当一部分用于支持他们的消费，这就形成了市场上购买商品的很大一部分需求（最终消费）。还有一部分又流回货币资本形式，用于马克思所说的"生产性消费"（再投资）。在此之前，剩余货币通常由银行和其他金融机构汇集起来，它们将其中的大部

[①]《马克思恩格斯全集》第44卷，人民出版社，2001年，第222页。

分再次用于发挥货币资本的作用。这就开启了生息资本的流通。循环就这样再次开始了，尽管这次包含了普通货币资本和借给企业的生息资本之间的划分，后者使这个循环得以实现，或者保持平稳运行（比如在困难时期）。但是，由于剩余价值和利润是关键特征，整个循环通过资本的流通和生产，变成了永无止境的增长（积累）的螺旋。螺旋形式占据了主导地位。

这种资本的螺旋，虽然被抽象地呈现出来，却扎根于物质世界。基于图2，我们可以描绘自然物质世界中资本积累的基础。同自然的物质变换关系是资本总体演进中的一个关键特征。这种关系为不同形式的人类活动创造了某种可能性条件。我们知道，自然界本身处于不断的变化之中，它的繁殖力和丰富的多样性直接促进了生产力的发展。自然界还在不断地被人类活动改变。因此，马克思在一些阐述中，对第一自然（原始的和未经改变的）和第二自然（建造物理基础设施、城市化、开垦荒地、沼泽排水等人类活动的产物）做出了重要的区分。在同自然的物质变换关系和第二自然的建设中，问题（例如污染、气候变化或病毒大流行）常常出现，并且不容易解决。因此，总体范围内的价值流动并不独立于这个物质世界的约束，价值流动也不会不对该物质世界产生重大影响。

同样的说法也适用于人类本性和文化。在持续不断的价值流动中，人类的本性和文化被系统地利用、塑造、占有和融入其中。资本积累在这个人类多样性显著的世界中根深蒂固。在许多情况下，资本挪用并寄生于既往存在的差异和分化，与此同时，它按自己的要求在分化中创造出新的差异。资本总是在不停地运转，不断地修改进一步积累的可能性条件。知识、科学和人类技能的进步，以及人类需求和欲望的激增（其中许多是由资本本身直接创造的），常常遭遇意想不到的后果以及失控的信心和恐惧危机，因为人类需要同时面对其自身产物和自身演进（这种演进常常问题重重）所带来的各种缺陷和各种胜利。正如马克思将指出的，这不仅关系到人同自然物质变换关系的转变，还关系到人类本性的转变。资本的历史同新的需求和欲望的产生紧密相连，尽管资本无情地迎合和操纵着这些需求和欲望。

产生资本积累的价值流动总体嵌入一个更广泛的总体中，后者包含了人类的所有活动以及全球的生态转型。正如马克思通过他的资本理论来研究生产、消费、价值实现、分配和再投资之间的内在关系一样，我们可以用一种资本主义（马克思很少使用这个术语）理论有效地描述文化、自然、经济和政治之间的内在关系，这种理论寓于一种关于社会运转的更为广阔的视野之中。《大纲》为这样一种更为广阔的视野的可能样貌提供了雏形。特别是，马克思为其预计开展的进一步工作所拟定的几个提纲，为一种资本主义作为总体（相对于资本作为总体）的理论的可能样貌奠定了主题上的基础，并提出了一些具有启发性的看法。

最后，我们需要把此前被忽视的社会再生产问题纳入这一图景。自 20 世纪 70 年代女性主义介入这一问题以来，社会再生产已经成为我们理解资本主义以及资本之演进动力的一个关键因素。在所有为无止境的资本积累的可能性条件设定边界的偶然因素中，社会再生产与马克思所定义的资本理论表现出最密切的内在联系。社会再生产不仅涵盖了劳动者（因此也包括劳动力）的生物性再生产和社会性再生产的关键特征，还包括日常生活方式的生产，消费的文化动力，家庭、社区和政治形式等社会制度，性别关系，集体消费形式，治理的体制，以及精神价值和政治价值的有组织表达。其中大部分内容在《大纲》中只是偶有提及，但马克思（和我们）无法避免面对这些主题，即使只是为了分析资本而把它们放在一边（正如马克思在大多数情况下所做的那样）。

图 2 是这样一幅图，它呈现的是对资本（价值）在回到其原初环节（作为货币资本）之前所经历的不同环节的流通过程的总体性理论重建。在回到那个原初点后，循环再次开始。生产、消费、分配、再投资和交换是这个总体范围内的一些独特要素。但是，古典政治经济学至今仍然缺乏一种恰当的总体观。它通常将这当中的每一个要素都视为自主的和独立的（浅薄的同义反复），而马克思认为它们自主、独立但又从属于一个网络，在这个网络中，所有的要素都在总体范围内发生内在的联系。在后续的分析中，"自主、独立但又从属于"这一表述将被经常提及。我常被问到这句话是什么意思。我最好的答案是，这就像抚养青少年：他们永远坚持、维护并践行自己的

自主权和独立性,同时为了维持日常生活而受限于家庭经济条件——当出现问题时,他们就会像通常那样,跑回家寻求父母的保护。这很好地描述了银行家们在2007—2008年的行为。他们坚持放松监管,坚持他们一贯的自主和独立,但当危机来临时,政府提供的家长式保护就对他们的生存至关重要了。全世界都意识到了道德风险的威胁。

在马克思看来,对资本总体中的任何一个要素,都不能脱离它们之间的关系来理解。生产以消费和价值实现为前提。它同样以分配为前提(或者,用马克思最喜欢的说法,它"设定"分配的存在)。这些内在关系的物质基础在于价值在不同环节的连续流动,这种总体及其要素的观念遍及整部《大纲》。但这往往作为一种默认的前提,而非一个明确的说法。读者在阅读文本的这一部分或那一部分时,需要在头脑中记得总体的框架。正是由于这一原因,我在一开始就提出了总体的结构。

不过,马克思有时也会提醒我们总体的重要性,例如,他写道:

> 如果说,在完成的资产阶级体制中,每一种经济关系都以具有资产阶级经济形式的另一种经济关系为前提,从而每一种设定的东西同时就是前提,那么,任何有机体制的情况都是这样。这种有机体制本身作为一个总体有自己的各种前提,而它向总体的发展过程就在于:使社会的一切要素从属于自己,或者把自己还缺乏的器官从社会中创

造出来。有机体制在历史上就是这样生成为总体的。生成为这种总体是它的过程即它的发展的一个要素。①

因此，总体既不是固定的，也不是静止的，而是不断发展和演进的。它始终处于"生成"的过程中。现在我们可能会问：世界各国的央行和国际货币基金组织、国际清算银行等国际金融机构，是如何以及为什么能够发挥它们现在的作用的？马克思的方法开辟了提出这种问题的可能性，并将答案置于一个更为复杂的、演进中的总体的理论框架之中。资本流动所跨越的地理领域和地形也在不断变动。不过，这是我们稍后将详细讨论的问题。

生产、消费与分配

在"导言"中，马克思以古典政治经济学的视角审视了基本的经济范畴。他写道："必须考察一下经济学家拿来与生产并列的几个项目。"②"生产制造出适合需要的对象；分配依照社会规律把它们分配；交换依照个人需要把已经分配的东西再分配；最后，在消费中，产品脱离这种社会运动，直接变成个人需要的对象和仆役，供个人享受而满足个人需要。"③从经济

---
① 《马克思恩格斯全集》第 30 卷，人民出版社，1995 年，第 237 页。
② 同上，第 29 页。
③ 同上，第 30 页。

学上讲，商品作为使用价值在最终消费行为中消失，尽管它们的货币化价值继续存在。在这个体系中，"生产表现为起点，消费表现为终点，分配和交换表现为中间环节，这中间环节又是二重的，分配被规定为从社会出发的要素，交换被规定为从个人出发的要素……生产、分配、交换、消费因此形成一个正规的三段论法：生产是一般，分配和交换是特殊，消费是个别，全体由此结合在一起"①。

在反思这种三段论的性质时，马克思承认它们之间存在"一种联系"，但将其定性为"一种肤浅的联系"。然后，他重复了穆勒的说法："生产决定于一般的自然规律；分配决定于社会的偶然情况……交换作为形式上的社会运动介于两者之间；而消费这个不仅被看成终点而且被看成最后目的的结束行为，除了它又会反过来作用于起点并重新引起整个过程之外，本来不属于经济学的范围。"②资产阶级中对这一说法的批评者通常抱怨它过于重视生产，但他们在这样做的过程中，将生产和分配视为"并列的独立自主的领域"，结果是"没有把这些要素放在其统一中来考察"，这促使马克思对他们割裂生产和分配的做法做出这样的评论："好像这种割裂不是从现实进到教科书中去的，而相反地是从教科书进到现实中去的。"他紧接着说道："好像这里的问题是要对概念作辩证的平衡，而不

---

① 《马克思恩格斯全集》第 30 卷，人民出版社，1995 年，第 30 页。
② 同上。

是解释现实的关系！"①鉴于《大纲》在很大程度上依赖于概念的辩证平衡，我们显然应该把马克思的警示牢记在心。归根结底，对现实关系的理解才是最重要的。

古典政治经济学描述了不同要素之间的关系，并承认存在某种"全体由此结合在一起"的方式。但马克思指出了在资产阶级经济理性中盛行的三段论的"肤浅"和"浅薄"，并且慨叹缺乏一种生态的和有机的框架来恰当地把握总体中的内在关系。正如我们从图2中看到的那样，产品如果不流入消费，生产就不是生产。没有充分的分配，消费就不会长久发挥作用。如果分配受阻，那么其他一切皆休。在马克思看来，在这种流动中，生产是否比消费或分配更重要，并不是一个有效的问题。这就像是在问：对你的生命而言，你的肝、肺或大脑是否比你的心脏更重要？

马克思研究的第一步是考察资产阶级关于消费和生产之间关系的观念。消费有两种形式：一种是最终消费，即产品被吃掉、穿坏或以其他方式用完；另一种是生产资料的消费，它作为生产性消费回流到系统中。最终消费和生产性消费之间的这种区分很重要。例如，在2007—2008年全球金融危机中，美国的最终消费严重减少。中国的出口行业失去了很大一部分市场，深陷困境。中国政府启动了一项庞大的基础设施投资计划：修建铁路及高速公路；投资新的工厂和设备；建造全新的

---

① 《马克思恩格斯全集》第30卷，人民出版社，1995年，第31页。

城市，以惊人的速度推进城市化；通过大规模增加生产性消费，弥补了最终消费的不足。通过实施这一计划，中国人在几年内创造了可能多达 3 000 万个就业岗位。他们对原材料不断增长的需求，意外地使全球经济中的很大一部分（澳大利亚、智利和一些非洲国家）避免了陷入长期和深度的衰退。当资本的流动在一条道路上受阻时，它们就会转向另一条道路。

这背后是消费和生产的矛盾统一。消费本身"直接是生产"，正如生产"直接是消费"一样。"每一方直接是它的对方。"[1] 这样说来，生产和消费之间的关系就表现为一种同义反复。但是，如果仔细观察，我们就会看到，"产品在消费中才得到最后完成。一条铁路，如果没有通车、不被磨损、不被消费，它只是可能性的铁路，不是现实的铁路。没有生产，就没有消费；但是，没有消费，也就没有生产，因为如果没有消费，生产就没有目的"[2]。消费常常"创造出**新的**生产的需要，也就是创造出生产的观念上的内在动机"[3]。但同时，"生产生产着消费：（1）是由于生产为消费创造材料；（2）是由于生产决定消费的方式；（3）是由于生产通过它起初当作对象生产出来的产品在消费者身上引起需要"[4]。资本积极地唤起消费者的需要和欲望，但与此同时，消费者独立自主的运动也迫使生产者做

---

[1] 《马克思恩格斯全集》第 30 卷，人民出版社，1995 年，第 32 页。
[2] 同上。
[3] 同上。
[4] 同上，第 33 页。

出反应。

马克思集中探讨了生产和消费之间同一性的三种情况。

（1）第一种情况是"**直接的同一性：生产是消费；消费是生产**"①。最明显的例子是我吃掉我刚做的煎蛋，或穿上我刚做的衣服。在一个农业社会中，集体消费掉其所生产的东西。

（2）在第二种情况下，"每一方表现为对方的手段；以对方为中介；这表现为它们的相互依存；这是一个运动，它们通过这个运动彼此发生关系，表现为互不可缺，但又各自处于对方之外。生产为消费创造作为外在对象的材料；消费为生产创造作为内在对象，作为目的的需要。没有生产就没有消费；没有消费就没有生产"②。这是用一种复杂的方式来描述这样一种情况：我为另一个人做了一个煎蛋或一件衣服，以满足他的需要。农民的公社之间可以定期、重复地相互交换盈余。

（3）第三种情况更加困难："生产不仅直接是消费，消费不仅直接是生产；生产也不仅是消费的手段，消费也不仅是生产的目的……两者的每一方不仅直接就是对方，不仅中介着对方，而且，两者的每一方由于自己的实现才创造对方；每一方是把自己当作对方创造出来。"③一种共同的价值通过煎蛋和衣服的生产和消费得到流通。生产和消费的独立性和自主性得到了肯定和保证，但价值和剩余价值的流通还要求，消费的数量

---

① 《马克思恩格斯全集》第30卷，人民出版社，1995年，第34页。
② 同上。
③ 同上。

和质量（例如，由支付能力支持的需要和欲望的状态）能同市场价值的实现相适应或者相匹配。但是，在这里，"消费完成生产行为，只是由于消费使产品最后完成其为产品，只是由于消费把它消灭，把它的独立的物体形式消耗掉"[1]。通过消费，产品的使用价值被消耗，这引发了重复，而正是这种重复定义了成为一名生产者的意义。"另一方面，生产生产出消费，是由于生产创造出消费的一定方式，其次是由于生产把消费的动力，消费能力本身当作需要创造出来。"[2]市场交换把生产同消费区分开，然后又把它们结合在一起，它们形成了一个矛盾统一体。

马克思接着指出，"这个最后的同一性，在经济学中常常是以需求和供给、对象和需要、社会创造的需要和自然需要的关系来说明的。这样看来，对于一个黑格尔主义者来说，把生产和消费等同起来，是最简单不过的事。不仅社会主义美文学家这样做过，而且平庸的经济学家也这样做过。例如，萨伊"[3]，萨伊是一个将复杂关系简化为"浅薄的同义反复"的专家。实际上，一个多世纪以来，困扰经济学分析的主要的同义反复，就是萨伊定律。这一得到李嘉图赞同的"定律"指出，既然每次买入都是一次卖出，每次卖出都是一次买入，那么就永远不会有多出来的买或卖。买和卖总是处于均衡状态。如果是这样，那么就永远不会出现普遍的生产过剩或消费不足的经济危机，

---

[1] 《马克思恩格斯全集》第30卷，人民出版社，1995年，第34页。
[2] 同上，第34—35页。
[3] 同上，第35页。

尽管在某些特定部门可能存在消费过剩或消费不足的情况。从李嘉图的时代开始，萨伊定律一直主导着经济学。直到20世纪30年代，说不可能出现普遍的消费不足危机，显然是荒谬的了，因为大家都明显生活在一场这样的危机之中。凯恩斯正面攻击了萨伊定律，后者被抛弃了。马克思对此提出的最简单的反对论点是，货币（一种潜在的价值储存手段）在交换中充当中介的情况下，为换取货币而出售一种商品，并不意味着有货币被用来购买一种商品。如果经济行为的当事人有充分的理由保有货币（社会权力的一种形式），这种情况就会发生。他们在这样做的过程中，可能会造成一种危机情形，看起来像是商品生产过剩或者资本过度积累。最近一段时间，萨伊定律的一个新版本在金融服务的市场营销中复活了。既然每一笔信用都是一笔债务，每一笔债务都是一笔信用，那么就不可能出现过量的债务和过量的信用。这个版本的所谓"有效市场假说"在2008年造成了很多麻烦，当时信贷市场实际上并没有出清。

在这一点上，大多数正常的、理性的、有思想的人面对这种关于基本范畴之间可能关系的无止境演绎，肯定会感到沮丧和不耐烦。对此，马克思很可能会说，这是古典政治经济学中产生的一种混乱，这种学说坚持把生产、消费、价值实现和分配等范畴视为自主和独立的"像物一样的"范畴，然后才试图分析和列举它们之间和它们内部可能存在的关系。马克思接过了资产阶级经济学的"浅薄的同义反复"，并试图通过价值在总体内的循环赋予它们积极的生命和意义。对总体的包容是资产阶级政治经济学所缺失的。重要的是价值在生产、消费、实现和分配等不同环节之间的流动。这些范畴并不是彼此独立存在的。生产和消费被概念化为"一个过程的两个要素"[①]。因此，虽然马克思承认古典政治经济学"生产是实际的起点，因而也是起支配作用的要素"这一观点，但他认为它依赖于"消费，作为必需，作为需要，本身就是生产活动的一个内在要素"。生产活动"是实现的起点，因而也是实现的起支配作用的要素，是整个过程借以重新进行的行为。个人生产出一个对象和通过消费这个对象返回自身，然而，他是作为生产的个人和自我再生产的个人。所以，消费表现为生产的要素"[②]。

在这里，马克思并不确切地知道总体是什么样子。这是他想要揭示的。然后，他以同样的方式转向分配和生产。"在生产者和产品之间出现了**分配**，分配借社会规律决定生产者在产品世界中的份额，因而出现在生产和消费之间。"但是，这就提出了一个问题："分配是否作为独立的领域，和生产并列，处于生产之外呢？"[③]

马克思在寻找答案的过程中，首先评论了经济学家通常如何把每一件事情都假定两次。"举例来说，在分配上出现的是地租、工资、利息和利润，而在生产上作为生产要素出现

---

① 《马克思恩格斯全集》第30卷，人民出版社，1995年，第35页。
② 同上。
③ 同上。

的是土地、劳动、资本。"① 同样，资本被双重假定为"生产要素"和"收入源泉"。"因此，利息和利润本身……也出现在生产中。……它们是以资本作为生产要素为前提的分配方式。它们又是资本的再生产方式。"因此，"分配关系和分配方式只是表现为生产要素的背面"。这样看来（这并不意味着就是如此），好像"分配的结构完全决定于生产的结构"。正是这一点导致李嘉图"把分配形式看成是一定社会中的生产各要素借以得到确定的最确切的表现"②。

对单个的个人来说，分配是决定他的社会地位的一种社会规律。"就整个社会来看，分配似乎还从一方面先于生产，并且决定生产。"例如，"一个征服民族在征服者之间分配土地"，"造成了地产的一定的分配和形式"。或者，再举一个例子，"一个民族经过革命把大地产分割成小块土地，从而通过这种新的分配使生产有了一种新的性质"，生产资料的分配和原初的分工发挥了先导作用。"如果在考察生产时把包含在其中的这种分配撇开，生产显然是一个空洞的抽象；相反，有了这种本来构成生产的一个要素的分配，产品的分配自然也就确定了。"③ 这"又一次显出了那些把生产当作永恒真理来论述而把历史限制在分配范围之内的经济学家是多么荒诞无稽。……如果有人说，既然生产必须从生产工具的一定的分配出发，至少

---

① 《马克思恩格斯全集》第30卷，人民出版社，1995年，第36页。
② 同上，第37页。
③ 同上。

在这个意义上分配先于生产，成为生产的前提，那么就应该答复他说，生产实际上有它的条件和前提，这些条件和前提构成生产的要素"①。

上面这些问题"归根到底就是：一般历史条件在生产上是怎样起作用的，生产和一般历史运动的关系又是怎样的。这个问题显然属于对生产本身的讨论和阐述"②。这当然意味着要回到历史唯物主义的原则上来。接下来有一两段关于征服、（在爱尔兰和印度的）殖民、入侵等历史的简短论述，所有这些事实都从根本上改变了生产和分配关系。

交换，就其本身而言，"只是生产和由生产决定的分配一方同消费一方之间的中介要素，而消费本身又表现为生产的一个要素，交换显然也就作为生产的要素包含在生产之内"，但是，没有分工就没有交换，交换的程度取决于生产的发展程度③。

"我们得到的结论，"马克思在此尽量简明扼要地总结道，"并不是说，生产、分配、交换、消费是同一的东西，而是说，它们构成一个总体的各个环节，一个统一体内部的差别。生产既支配着与其他要素相对而言的生产自身，也支配着其他要素。过程总是从生产重新开始。"④ 如果看一下图 2，你就会看到生产永不停止的回归。剩余价值的生产支配着物质商品的生产，

---

① 《马克思恩格斯全集》第 30 卷，人民出版社，1995 年，第 38 页。
② 同上。
③ 同上，第 40 页。
④ 同上。

在此意义上，生产支配着自身。

交换和消费不能是起支配作用的东西，这是不言而喻的。分配，作为产品的分配，也是这样。而作为生产要素的分配，它本身就是生产的一个要素。因此，一定的生产决定一定的消费、分配、交换和这些不同要素相互间的一定关系。当然，生产就其单方面形式来说也决定于其他要素。例如，当市场扩大，即交换范围扩大时，生产的规模也就增大，生产也就分得更细。随着分配的变动，例如，随着资本的积聚，随着城乡人口的不同的分配等等，生产也就发生变动。最后，消费的需要决定着生产。不同要素之间存在着相互作用。每一个有机整体都是这样。[1]

当你从诸种要素之总体的角度来看待经济时，你就会开始用一种非常特殊的眼光来看待事物。如果我不带感情色彩地总结这里发生的事情，那么可以说，马克思评估了资产阶级经济学家们的成就，他承认，他们的成就是巨大的，但与他们的理论立场相反，马克思重视的是过程、关系、流动和矛盾的张力，所有这些运行于一个总体框架之中，这个总体是在历史上形成的，它由生产、消费、价值实现、分配和交换这些不同的要素构成。在马克思看来，把资本经济运动的丰富而矛盾的复杂性

---

[1] 《马克思恩格斯全集》第30卷，人民出版社，1995年，第40—41页。

简化为亚当·斯密和李嘉图那种单调的同义反复,是个严重的错误,再加上把生产描述为自然的,因而不受社会控制或改进的影响,错误更严重了。古典政治经济学对生产的格外重视可以在马克思这里找到回响。剩余价值以及资本的生产和再生产的理论起源于此。但是,如果有机生态系统的隐喻成立,资本的生产和剩余价值的生产,连同资本家的生产,都不可能脱离支撑着生产的流通过程总体。

我知道,这里所用的语言和概念推演都不太常见,读者第一次阅读时很难理解。我们生活在一个由资本的流通和积累驱动的世界中。可以肯定的是,这是一个混乱、复杂但又深刻的世界,当我们试图在其范围内过上体面生活时,我们很快就会发现这一点。马克思似乎想要创造一种混乱、复杂但深刻的分析模式,以此反映我们周围的真实世界。古典和新古典政治经济学所追求的干净的分析,可能会让那些沉迷于笛卡尔式思维方式或实证主义思维方式的人感到安心。但是,这种分析在面对危机和其他不利条件(比如2007—2008年的情况,更不用说2020年的情况)时遭遇了声名狼藉的失败。这表明,发掘某种能够替代它的概念模型成为必行之事。正是这一点使马克思的研究充满活力。他的方法可能看似过于复杂,但是这种方法反映了我们所必须理解的世界的性质。它为我们揭示诸种要素之总体提供了深刻的指引。

政治经济学的方法

马克思在"导言"的第三部分论述了政治经济学的方法。马克思很少写到方法。我们大多通过跟随和观察马克思的研究实践，学习他的方法。因此，我们需要密切关注他在这里要说的话，尽管他关注的焦点是政治经济学的方法，而不是他自己的方法。对我们而言，幸运的是，他对政治经济学的批判透露了许多他自己的方法。

政治经济学家通常从一个国家主导性的"实在和具体"的条件入手，比如人口及其特征。虽然这看似是恰当的，但马克思提出的异议在于："如果我，例如，抛开构成人口的阶级，人口就是一个抽象。如果我不知道这些阶级所依据的因素，如雇佣劳动、资本等等，阶级又是一句空话。"如此等等。"如果我从人口着手，"马克思断言，"这就是关于整体的一个混沌的表象。"[1] 很明显，在我们的知识和精神世界中充斥着"混沌的表象"，我们从中推导出同样混沌的理解和政治策略。马克思正是要与这种混沌的表象做斗争。我们也应该如此。但是，如果我们碰巧以诸如人口这样的混沌概念为起点出发，那么，我们就会"在分析中达到越来越简单的概念；从表象中的具体达到越来越稀薄的抽象"，直到我们达到"一些最简单的规定。于是行程又得从那里回过头来"，直到我们"最后又回到人口，

---

[1]《马克思恩格斯全集》第30卷，人民出版社，1995年，第41页。

但是这回人口已不是关于整体的一个混沌的表象,而是一个具有许多规定和关系的丰富的总体了"①。马克思试图理解的正是这种"具有许多规定和关系的丰富的总体"。

早期的经济学家通常走的是从具体出发的第一条道路,"从分析中找出一些有决定意义的抽象的一般的关系,如分工、货币、价值等等"②。这些发现构成了他们经济学体系的基础,这些经济学体系"从劳动、分工、需要、交换价值等等这些简单的东西上升到国家、国际交换和世界市场"。马克思总结说:"后一种方法[即从抽象上升到具体]显然是科学上正确的方法。具体之所以具体,因为它是许多规定的综合,因而是多样性的统一。"③如果读者想从阅读《大纲》中学到什么,那就学习这种一般方法吧。"在第一条道路上"(即从具体上升到抽象),"完整的表象蒸发为抽象的规定;在第二条道路上,抽象的规定在思维行程中导致具体的再现"④。黑格尔由此错误地得出结论,认为实在的东西是思维的产物,"其实,从抽象上升到具体的方法,只是思维用来掌握具体、把它当作一个精神上的具体再现出来的方式。但决不是具体本身的产生过程"⑤。马克思以"最简单的经济范畴,如交换价值"为例,说

---

① 《马克思恩格斯全集》第30卷,人民出版社,1995年,第41页。
② 同上,第41—42页。
③ 同上,第42页。
④ 同上。
⑤ 同上。

明了这一研究方法。交换价值范畴的存在"是以人口即在一定关系中进行生产的人口为前提的;也是以某种家庭、公社或国家等为前提的。交换价值只能作为一个具体的、生动的既定整体的抽象的单方面的关系而存在"①。但作为一个哲学范畴,交换价值"却有一种洪水期前的②存在"。在"哲学意识"(我猜他这里指黑格尔的哲学意识)中,唯一现实的是"正在理解着的思维","范畴的运动表现为现实的生产行为","而世界是这种生产行为的结果",直到此时,范畴才"从外界取得一种推动"(即表现为现实)。其结果是另一种同义反复,即"具体总体作为思想总体",这种总体不是概念本身的产物,而是"把直观和表象加工成概念这一过程的产物"③。

> 整体,当它在头脑中作为思想整体而出现时,是思维着的头脑的产物,这个头脑用它所专有的方式掌握世界,而这种方式是不同于对于世界的艺术精神的,宗教精神的,实践精神的掌握的。实在主体仍然是在头脑之外保持着它的独立性;只要这个头脑还仅仅是思辨地、理论地活动着。因此,就是在理论方法上,主体,即社会,也必须始终作为前提浮现在表象面前。④

---

① 《马克思恩格斯全集》第30卷,人民出版社,1995年,第42页。
② "洪水期前的"意为"远古的"。——译者注
③ 《马克思恩格斯全集》第30卷,人民出版社,1995年,第42—43页。
④ 同上,第43页。

然而，我们必须承认，一般的和比较简单的范畴往往"有一种独立的历史存在或自然存在"①。例如，黑格尔的《法哲学原理》从"占有"开始，把它作为最简单的法的关系，但在许多不同的情境下，"占有"具有特殊的意义。在历史上，货币在资本、银行和雇佣劳动出现之前就已经存在，这也是事实。"在这个限度内，从最简单上升到复杂这个抽象思维的进程符合现实的历史过程。"②但是，在货币达到其独特的资产阶级形式之前，这一历史过程随着时间和地点的不同发生过显著变化。例如，在被殖民之前，秘鲁并不存在货币，尽管那里有复杂的经济，有劳动分工、合作和交换关系。"虽然货币很早就全面地发生作用，但是在古代它只是在片面发展的民族即商业民族中才是处于支配地位的因素。甚至在最文明的古代，在希腊人和罗马人那里，货币的充分发展——在现代的资产阶级社会中这是前提——只是出现在他们解体的时期。"③"因此，这个十分简单的范畴，在历史上只有在最发达的社会状态下才表现出它的充分的力量。"

同样，劳动也表现为一种十分简单而又"古老"的范畴，它在不同的社会条件下具有不一样的意义。只有到了亚当·斯密那里，它才开始具有现代资产阶级的意义。

---

① 《马克思恩格斯全集》第30卷，人民出版社，1995年，第43页。
② 同上，第44页。
③ 同上。

有了创造财富的活动的抽象一般性，也就有了被规定为财富的对象的一般性，这就是产品一般，或者说又是劳动一般，然而是作为过去的、对象化的劳动。……对任何种类劳动的同样看待，以各种现实劳动组成的一个十分发达的总体为前提，在这些劳动中，任何一种劳动都不再是支配一切的劳动。所以，最一般的抽象总只是产生在最丰富的具体发展的场合。①

上述一般原则是理解马克思抽象概念的基础，这些抽象概念将扎根于他自己的政治经济学。例如，只有"在最丰富的具体发展的场合"，"一种东西"才能表现为"为许多东西所共有，为一切所共有。这样一来，它就不再只是在特殊形式上才能加以思考了"②。这一点将成为马克思价值概念（一个尚待阐明的概念）的基础。"劳动一般这个抽象，不仅仅是各种劳动组成的一个具体总体的精神结果。对任何种类劳动的同样看待，适合于这样一种社会形式，在这种社会形式中，个人很容易从一种劳动转到另一种劳动，一定种类的劳动对他们说来是偶然的，因而是无差别的。"③在这里，我们得到了"现代经济学的起点"。正是在这里，"表现出一种古老而适用于一切社会形式的关系的最简单的抽象劳动"，然而，它"只有作为最现代的

---

① 《马克思恩格斯全集》第 30 卷，人民出版社，1995 年，第 45 页。
② 同上。
③ 同上，第 45—46 页。

社会的范畴，才在这种抽象中表现为实际上真实的东西"，比如在美国。"劳动这个例子令人信服地表明，哪怕是最抽象的范畴，虽然正是由于它们的抽象而适用于一切时代，但是就这个抽象的规定性本身来说，同样是历史条件的产物，而且只有对于这些条件并在这些条件之内才具有充分的适用性。"①

马克思的方法在某些方面与当代人工智能工作中普遍存在的原则相吻合。人工智能的出色工作实际上完全依赖于海量的数据集。数据集越庞大，人工智能就越准确。在这方面，中国拥有的竞争优势是不言而喻的。人工智能正在做的，就是借助信息技术，从"最丰富的具体规定"中抽象出各种关系，这在马克思的时代是不可想象的。然而，马克思致力于从事的工作，就是从各异的市场交换所形成的最丰富的具体规定中，抽象出资本运动的规律。

马克思认为，在资本史上，三卷本的《资本论》所呈现的那种总体，可能是他思维的产物。但它也是资本总体变成现实的历史过程的产物。例如，除非有自由交换，否则这种体系及其产生的理论是不可能发挥作用的。该体系只有在私有财产权、交换关系、货币形式以及其他一切被创造出来的过程中，才能发挥作用。资本的总体变成了现实。它不是预先存在的，也不是思维的产物。但是，思维的头脑所要做的是去理解新出现的总体所包含的内容，并揭示其运动和发展的规律。这是马克思

---

① 《马克思恩格斯全集》第30卷，人民出版社，1995年，第46页。

主义政治经济学的关键点。马克思试图在思维中重建通过日常生活和日常市场实践、商品交换、生产和消费活动尤其是剩余价值生产所建构起来的总体。

事物作为整体的表现形式与产生、维持或消解这个总体的社会过程之间的关系，需要一个辩证过程加以把握。总体并不是某种静态的、固定的、确定的东西。它永远处于调整和转变的过程中。随着它的转变，我们用来表示它的概念工具也必须转变。否则，我们就会把我们对总体的一种观念强加在某种情境中，而在这种情境中，总体已经不再按照那样的方式运作了。当有人说"金融化改变了一切"时，就会出现这样的问题。生息资本的流通方式与产业资本不同。它无须经过生产，就可以获得部分剩余。银行可以贷款给土地所有者，以使其购买土地；可以贷款给商业资本家；可以贷款给工人，让他们有信用卡，这样他们就可以通过获得抵押贷款买房，还可以贷款买车。银行不需要通过生产来赚取利息。马克思分析的流通过程总是要回到生产，而当很大一部分资本不回流到生产时，会发生什么呢？

即便在马克思的时代，总体也是一种不完整的理论表达、一种简化的版本。经济学理论的任务就是尝试把握总体，把握不同要素之间的关系本质（运动规律）。在经济范畴的历史更替中，正如在任何其他历史、社会科学中一样，"应当时刻把握住：无论在现实中或在头脑中，主体——这里是现代资产阶级社会——都是既定的；因而范畴表现这个一定社会即这个主体的存在形式、存在规定、常常只是个别的侧面；因此，这个一定社会**在科学上**也决不是在把它**当作这样一个社会**来谈论的时候才开始存在的"①。例如，土地所有制和地租似乎是最自然的出发点，因为土地是"同一切生产和一切存在的源泉结合着的"，但马克思断言，"这是最错误不过的了"。"在一切社会形式中都有一种一定的生产决定其他一切生产的地位和影响，因而它的关系也决定其他一切关系的地位和影响。"②土地所有制在不同社会形式中的指称差别很大（马克思举了一些例子）。但是在资产阶级社会里，农业和土地的利用"完全由资本支配"，"资本是资产阶级社会的支配一切的经济权力"③，同时，它"成为起点又成为终点，必须放在土地所有制之前来说明"。"把经济范畴按它们在历史上起决定作用的先后次序来排列是不行的，错误的。它们的次序倒是由它们在现代资产阶级社会中的相互关系决定的，这种关系同表现出来的它们的自然次序或者符合历史发展的次序恰好相反。"④同一范畴在不同的社会阶段可能占有不同的位置。

这一点后来引导马克思思考这些范畴是如何在历史上建立起来的。这些范畴产生的历史次序是重要的。例如，货币先于资本主义而出现。信用和债务先于资本主义而出现。土地和财产，以及从土地和财产中榨取的剩余，也先于资本主义而出现。

---

① 《马克思恩格斯全集》第30卷，人民出版社，1995年，第47—48页。
② 同上，第48页。
③ 同上，第49页。
④ 同上。

正如我们将要看到的那样，甚至雇佣劳动，也先于资本的兴起而出现。但是，在资本主义社会的资产阶级形式中，所有这些范畴都被赋予了不同的、更灵活的意义，因为它们被吸纳进一个不断变化的总体中。而随着总体的形成和演变，它重新配置了其中的环节和元素。我们可以重建不同范畴的"远古的"历史，它们早在资本出现之前就存在了，我们可以把它们当作延续到资本霸权之中的封建残余。但即使是那些封建残余，也呈现出了不同的特征。古代苏美尔或罗马帝国的信用和债务与资本主义社会中的债务、信用和生息资本流通的方式完全不同。这是大卫·格雷伯在他那本引人入胜的著作《债：5000年债务史》中没有意识到的。在古代苏美尔，没有债务市场。现在，我们有极其复杂的债务市场和各种各样的金融产品。与古代苏美尔的债务创造相比，现在的债务创造具有完全不同的配置，也具有不同的功能。地租也是如此，在资本主义范围内，它变得与封建时代截然不同。

马克思的警示值得我们重复一遍。"把经济范畴按它们在历史上起决定作用的先后次序来排列是不行的，错误的。"范畴意义的变化是一个值得关注的问题。伴随从一种生产方式到另一种生产方式的巨大飞跃，范畴的意义在资本的历史中持续演变。例如，"17世纪经济学家无形中是这样接受国民财富这个概念的，即认为财富的创造仅仅是为了国家，而国家的实力是与这种财富成比例的，——这种观念在18世纪的经济学家中还部分地保留着。这是一种还不自觉的伪善形式，通过这种形式，财富本身和财富的生产被宣布为现代国家的目的，而现代国家被看成只是生产财富的手段"①。国家与资本之间的关系也在演变，但不一定是以线性的方式演变，一种双重的、有时自我冲突的目标，是让国家富起来，还是让它的统治阶级富起来，甚或是让国民整体富起来，一直是贯穿资本历史的一个波动的特征。

第一个计划

接下来，我们来看《大纲》的另一个主要问题。马克思在"导言"中提出了引导他未来对资本本质开展研究的几个计划中的第一个。它包括一张需要研究的课题、概念和范畴的清单。

> 显然，应当这样来分篇：（1）一般的抽象的规定，因此它们或多或少属于一切社会形式，不过是在上面所阐述的意义上。（2）形成资产阶级社会内部结构并且成为基本阶级的依据的范畴。资本、雇佣劳动、土地所有制。它们的相互关系。城市和乡村。三大社会阶级。它们之间的交换。流通。信用事业（私人的）。（3）资产阶级社会在国家形式上的概括。就它本身来考察。"非生产"阶级。税。国债。公共信用。人口。殖民地。向国外移民。（4）生产

---

① 《马克思恩格斯全集》第30卷，人民出版社，1995年，第49—50页。

的国际关系。国际分工。国际交换。输出和输入。汇率。(5) 世界市场和危机。[1]

这个内容广泛的清单的有趣之处在于，其中只有很少的内容出现在了马克思的大量政治经济学著作中（与他的新闻工作相反，在新闻工作中，他对议会报告和《经济学人》等财经媒体的阅读占了很大比重）。虽然马克思断言存在三大阶级和未指明的"非生产阶级"，但他在对信用、银行、税收、国债和国际贸易的强调中对分配特征（例如，商人资本和金融资本）给予了重视，而这些特征在马克思的著作中鲜有涉及。生产、劳动和货币都不是突出的主题，其只在清单第一项中有所暗示。最重要的是，结合关于总体的理解来回顾这一项目清单是很有意思的。如图 2 所示的资本作为总体的理论，远没有这份研究计划想要涉猎的那么广泛。

不过，这是马克思拟订的几个计划中的第一个。罗曼·罗斯多尔斯基在《马克思〈资本论〉的形成》中对这些计划做了详细的评述。这本书有一段有趣的历史。罗斯多尔斯基是一名乌克兰移民（他在纳粹集中营中存活了几年，于 1947 年抵达美国）。在纽约公共图书馆，他偶然发现了一本罕见的德文版《大纲》，并立即意识到了它的重要性。他对此进行了详细的研究（作为一位没有学术归属的独立学者），并特别强调了与

---

[1]《马克思恩格斯全集》第 30 卷，人民出版社，1995 年，第 50 页。

马克思的《资本论》有关的不同研究计划。他的书于1968年（他去世后不久）以德文出版，1977年以英文出版。《大纲》的英文版（1973年）和罗斯多尔斯基对它的分析（1977年）在我写作《资本的限度》（1982年）时，对我产生了巨大的影响——这正是罗斯多尔斯基所预期的《大纲》的那种影响。

艺术与社会

马克思在"导言"的第四部分以一个潜在的重要主题清单开始，这些主题虽被提及，但没有任何深入分析。马克思从战争和军队的作用，以及军队中生产力和交往关系之间的关系开始。他注意到了作为一种社会建构的历史唯物主义同自然主义的唯物主义之间的对比。他介绍了生产力和生产关系概念的重要辩证法，但没有详细说明。不平衡发展的问题也有介绍，既在地理层面（例如，带有封建残余的欧洲相对于美国），也在部门层面（例如，作为法的关系）。交通的问题也被提了出来。

最后一部分是对如下问题的迷人探索，即艺术如何同人类文化和物质发展的独特时代相关联。"关于艺术，大家知道，它的一定的繁盛时期决不是同社会的一般发展成比例的，因而也决不是同仿佛是社会组织的骨骼的物质基础的一般发展成比例的。例如，拿希腊人或莎士比亚同现代人相比。就某些艺术形式，例如史诗来说，甚至谁都承认：当艺术生产一旦作为艺术生产出现，它们就再不能以那种在世界史上划时代的、古典的形式创造出来。"①

　　成为希腊人的幻想的基础、从而成为希腊[艺术]的基础的那种对自然的观点和对社会关系的观点，能够同走锭精纺机、铁道、机车和电报并存吗？在罗伯茨公司面前，武尔坎又在哪里？在避雷针面前，丘必特又在哪里？在动产信用公司面前，海尔梅斯又在哪里？任何神话都是用想象和借助想象以征服自然力，支配自然力，把自然力加以形象化；因而，随着这些自然力实际上被支配，神话也就消失了。②

马克思说："困难不在于理解希腊艺术和史诗同一定社会发展形式结合在一起。困难的是，它们何以仍然能够给我们以艺术享受。"③对此，马克思提出："一个成人不能再变成儿童，否则就变得稚气了。但是，儿童的天真不使成人感到愉快吗？他自己不该努力在一个更高的阶梯上把儿童的真实再现出来吗？在每一个时代，它固有的性格不是以其纯真性又活跃在儿童的天性中吗？为什么历史上的人类童年时代，在它发展得最完美的地方，不该作为永不复返的阶段而显示出永久的魅力呢？"这是一个千古难题。

---

① 《马克思恩格斯全集》第30卷，人民出版社，1995年，第51页。
② 同上，第52页。
③ 同上，第52—53页。

第二章
货币的流通

我在前文中提出,《大纲》是围绕演进中的资本总体所包含的不同循环体系而形成的。在主体文本的开头部分,马克思聚焦于货币的流通以及一般货币流通的结构、形式和功能。马克思认为,资本产生于流通,因为它建立在用货币赚取更多货币的原则之上。这里要解决的问题不仅仅是"货币是什么",而且包括"它如何流通","它执行了什么职能",以及"当资本流通变得更加普遍时,货币获得了哪些可被利用并在必要时得到增强的属性"。

资本同其他货币扩张方式(如抢劫、海盗、战争、贡赋或者低买高卖)的区别在于,它直接剥削生产中的活劳动(剩余价值的生产)。货币形式和货币流通(连同劳动力的商品化)在资本兴起之前就已经存在了。货币如何作为货币资本进行流通的问题,则是后来才出现的。在这里,我们把注意力集中在一般的货币流通上,这是理解资本如何为自己的目的使用货币的必要前提。

不幸的是，马克思还在考虑其他几个问题。他的文本以对蒲鲁东及其追随者（最著名的是达里蒙）所传播的货币理论的详细批判开始。马克思对那些作为货币商品的商品（如贵金属）所需要的原料品质也给予了很多关注。历史资料是以一种非系统的方式插入文本中的，再加上"货币"这个话题本身的难度和复杂性（它使《资本论》第一卷中被精心写好的"货币章"也令人难以驾驭），所以我们就看到了对于《大纲》一般主题的一段混乱和有些乏味（委婉地说）的说明。马克思后来将《大纲》描述为各种观点的"跳房子游戏"，这一点在这里再明显不过了。

因此，我建议对大约前 1/10 的文本进行略读，将其视为一次多少有些飘忽不定的发现之旅，它朝着不同的方向前进，又在不同的要点绕回来。在其中一点上，马克思批评自己过于唯心主义，并决定要"对唯心主义的叙述方式作一纠正"[①]。之所以出现这个问题，是因为马克思没有遵循他通常的历史唯物主义实践，没有从现实生活中提取具体的抽象概念（如商品的使用价值和交换价值等概念）并由此出发。为了驳倒蒲鲁东，他主要通过对当时著名的蒲鲁东主义者达里蒙的著作加以详细反驳，在观点、理论和政治辩论领域与蒲鲁东形成对峙。这是不容忽视的，因为它揭示了马克思所理解的货币的本质和货币

[①] 《马克思恩格斯全集》第 30 卷，人民出版社，1995 年，第 101 页。

流通的特性。事实证明，这场在马克思时代显得有些晦涩难懂的辩论，对当代而言有着相当大的意义。

货币作为危机的根源

货币资本是资本流通中的一个原初要素（见图2），但并非所有的货币都是资本。货币的总循环是货币资本由以产生和得以复归的池子。在资本主义中，货币扮演着各种各样的社会角色，并按照这些角色的要求进行流通。货币的中心地位让包括蒲鲁东在内的许多人相信，货币改革可以在构建一个更加公正的经济体系的过程中发挥关键作用。在我们自己的时代，一些反资本主义者对货币的替代形式（如本地货币和数字货币）的迷恋，是对这一政治传统的延续。因此，马克思对这一传统的有条件的否定是值得注意的。

蒲鲁东立场的物质基础在于危机的货币化表现，其中，流动性的缺失和信贷的短缺在手工业无产阶级和小企业主（特别是在巴黎）的贫困与破产中起了关键作用。对蒲鲁东来说，解决问题的答案在于货币改革和易于获取的无息信贷的供应。主要的货币改革措施是使货币体系摆脱金银货币商品对它的基础性限制。根据蒲鲁东的说法，金银货币商品限制了货币融通，引发并加剧了危机。马克思不同意蒲鲁东的说法。对马克思来说，1848年危机的导火索是粮食歉收和生丝生产的崩溃。法国不得不大量进口这些原材料，而唯一可以接受的付款方式就是运出黄金。正是这种情况造成了"贵金属外流",这种现象被认为导致了国内流通手段减少、市场崩溃以及失业率上升,进而传导至国内经济。因此,蒲鲁东提议将国内的货币流通与金银的可兑换性分离开来。也就是说,国内经济应该脱离金本位制。马克思不相信这是可能的(并在《资本论》第三卷中明确地论证了这一点)。

在这一点上,马克思最终被证明是错的。1971年8月15日,美国总统尼克松宣布暂停当时的世界储备货币美元与黄金之间的固定价格兑换。二战后,其他国家政府被鼓励以存放在诺克斯堡的黄金储备为后盾,将美元作为储备货币。但在1964年上映的以詹姆斯·邦德为主角的电影《007之金手指》中,当金手指开始抢劫黄金的时候,那里已经没有多少黄金了。法国总统戴高乐等人推测,35美元兑换1盎司[①]黄金的水平将不会维持。美国发现很难维持这一价格,而美国的银行也讨厌由此导致的对其国际活动的限制。因此,美元贬值是有可能的。这造成了一种一边倒的选择。因为持有美元储备便面临贬值的风险,而将美元兑换成黄金,便意味着如果不发生美元贬值则收支平衡,发生美元贬值则获利巨大。戴高乐把黄金换回到巴黎。尼克松宣布美元贬值。这是资本史上的一个重要标志。事实上,这实现了蒲鲁东的梦想(虽然当时没有人注意到或关心这一点)。但是,马克思提出的反对蒲鲁东主义立场的论证,

---

[①] 1盎司约为28.35克。——编者注

不仅阐明了他认为不能抛弃金本位的理由，而且阐明了这样做可能带来的后果。由于这些后果在当前的时代被证明成了问题，马克思的相关回应具有当代意义。黄金价格和浮动汇率反映了各国货币的总体相对生产能力，而各国央行则通过操纵货币和利息率来维系稳定。

但是，蒲鲁东反对金本位货币体系的主要理由是，商品的价格不能恰当地反映劳动力的辛苦和付出。他希望设计一种替代性的货币体系，"小时券"将主导其中的交换机制，并反映劳动力付出的实际小时数。这一想法至今仍在我们周围流传。例如，在20世纪90年代，人们对本地经贸体系和本地货币（例如，伊萨卡币和布里斯托尔镑）很感兴趣。在纽约市，一个时间交易网络已经存在了很多年。在阿根廷，在2001—2002年危机之后，一个庞大的易货网络兴起，提供优惠券，形成了替代比索的货币体系。在20世纪30年代，类似的替代货币体系在欧洲许多国家兴起。凯恩斯发现它们很有趣，特别是当它们试图加入一种"可氧化"元素时，使货币如果不被使用，在一段时间后就会消失。阿根廷的替代货币体系在大约两年的时间里运行得相当不错。在其他一切都几乎崩溃的时候，它帮助维持了一个在大众层面运行的复杂的易货经济体系。它后来催生了一些可氧化的体系，这些体系融合了数字货币的一些原理，这些原理在2000年左右成为实验的焦点。在这里，我的观点是，把马克思在与蒲鲁东的争论中提到的货币乌托邦的传统引入进来。奇怪的是，近年来许多地方出现了负利率的情况，这意味着其有可能引入了某种类似于将纸币体系氧化的东西！

马克思在批判开始时指出，达里蒙没有认识到"贴现的汇票的数量及其波动，表明信贷的需要，而流通的货币的数量是由完全不同的影响决定的"①。马克思批评他"故意把信贷的需要和货币流通的需要混淆起来"②。接着他谴责达里蒙"匆忙地大喊大叫地提出他的先入之见，即以银行的金属储备为代表的银行的金属基础同他所谓的以证券总存额为代表的流通的需要之间的对立"③。达里蒙认为，这太严苛了。马克思进一步批评，"银行也抱有达里蒙的幻想：银行由于自己的垄断确实调节着信贷。实际上，银行的权力只是在私人'贴现业者'的权力终止的地方才开始，也就是说，在它的权力本身已经受到极大限制的时候才开始"④。货币的金属基础在很大程度上是无关紧要的，除非外国利益集团倾向于用黄金支付，而不接受方便国内交易的本地纸币。本地纸币的使用和扩散不受金属基础的限制。商人的私人票据贴现则对应完全不同的操作，也不受黄金储备的限制。银行是否扩大信贷以满足客户的需求，并不取决于其黄金储备的多少。

马克思设想了当货币脱离金属基础时会发生什么，以下是

---

① 《马克思恩格斯全集》第30卷，人民出版社，1995年，第60页。
② 同上。
③ 同上，第65页。
④ 同上，第71页。

一段对我们当前形势而言具有先见之明的分析：

> 现在假定，法兰西银行不是建立在金属基础上，并且外国愿意接受任何形式的，而不只是贵金属这种特殊形式的法国等价物或法国资本。难道银行不正是在"公众"最急需它的服务的时候，也被迫提高它的贴现条件吗？银行用来为公众的汇票进行贴现的银行券，现在无非是取得金银的凭证。而在我们的假设下，它们就会是取得国家的产品储备和直接可以利用的劳动力的凭证：产品储备是有限的，而劳动力只是在非常肯定的限度内和在一定的时期内才能增加。另一方面，印刷纸币的机器是不会疲惫的，好像魔杖一挥就会转动。①

这正是我们现在的处境，因为这种假定在1971年8月17日之后已成为现实。美联储（以及世界上所有其他央行）用诸如量化宽松一类的货币主义魔法，来应对全球经济的每一次动荡。印钞机一直在加班加点地工作。

正如马克思所预见的那样，这样做的后果将是"使国家的可供直接交换的财富大大减少"，与此同时，"银行凭证是无限制地增加了"（即负债加速），其直接结果是"产品、原料和劳动的价格上涨"（通货膨胀），随之而来的是"银行凭证价

---

① 《马克思恩格斯全集》第30卷，人民出版社，1995年，第68页。

格下跌"①（利息率不断下降）。这几乎就是我们现在所处的情况，只不过到目前为止，还没有出现劳动和生产资料价格的上涨（低通货膨胀，但股票与股份、土地与财产等资产，以及水权等资源除外）。在马克思看来，货币主义魔法不会增加国家的财富，而只会破坏金融机构的生存能力（正如我们在2007—2008年看到的那样），并引发金融体系反复出现危机。蒲鲁东主义者的回应是新的银行组织不会满足于"废除金属基础，而让其余一切仍旧是老样子"，"它会创造崭新的生产条件和交往条件"②。"难道现代银行的出现在当时不也使生产条件发生革命吗？"蒲鲁东问道，"如果没有银行促成的信贷的积聚，没有银行创立的、与地租相对立的国债利息，从而没有与地产相对立的金融，没有与地主相对立的金融家，如果没有这种新的流通设施，难道会有现代大工业、股份企业……吗？"③所有这些转变，都被认为是以金融手段实现蒲鲁东主义的激进革命梦想的证明。马克思说："在这里，我们涉及到基本问题。"④

> 是否能够通过改变流通工具——改变流通组织——而使现存的生产关系和与这些关系相适应的分配关系发生革

---

① 《马克思恩格斯全集》第30卷，人民出版社，1995年，第68页。
② 同上。
③ 同上。
④ 同上，第69页。

命？进一步要问的是：如果不触动现存的生产关系和建立在这些关系上的社会关系，是否能够对流通进行这样的改造？如果流通的每一次这样的改造本身，又是以其他生产条件的改变和社会变革为前提的，那么，下面这种学说自然一开始就是站不住脚的，这种学说提出一套流通把戏，以图一方面避免这些改变的暴力性质，另一方面要让这些改变本身不是成为改造流通的前提，而相反地成为改造流通的逐步产生的结果。①

货币与革命

货币体系的改变能改变一切吗？它能带来一场和平的、破坏性最小的、社会秩序向着更公正方向发展的过渡吗？马克思对这两个问题都坚定地回答"不"。他反驳了蒲鲁东的论述。首先，"现代信用设施既是资本积聚的结果，又是资本积聚的原因，它只构成资本积聚的一个要素，而财产的积聚既因流通的缺乏……而加快，也因流通的易于进行而加快"②。为了驳倒蒲鲁东，马克思在这里似乎采取了某种教条化的立场，即货币混乱本身不会导致危机，只有在生产失败的情况下，危机的真正根源才会显露出来。在文本的稍后部分，马克思证实，"谷物歉收

---

① 《马克思恩格斯全集》第30卷，人民出版社，1995年，第69页。
② 同上。

引起的危机决不是由贵金属外流造成的,虽然为制止这种外流而设置的障碍可以加剧这种危机"①。在《资本论》第三卷中,马克思放弃了这一立场,并承认1848年和1857年的危机主要是商业和金融危机,金融体系中的投机和破坏在危机的形成中扮演了重要角色(2007—2008年的情况也和1848年的情况一样)。

马克思此时认为,1848年关键生产中断的原因在于粮食歉收和国内生丝供应中断,而不是他后来认定的作为危机潜在根源的各种内在矛盾(如利润率下降)。诚然,同自然的物质变换关系所产生的破坏在资本的历史上相当常见,2020年的新冠疫情就说明了这一点。但是,这就导致了一个概念问题,如果不是理论问题的话,它涉及马克思为了理论分析而规定的总体的限度和物质的、有机的性质。

从图2可以看出,在总体中,似乎存在一个内在的核心,它由货币转化为货币资本、商品和剩余价值的生产、基于市场销售的价值实现、消费、各方之间的价值分配,以及货币资本借助金融机构和国家实现再投资这些不同的环节构成。这就留下了一个外部的纽带,它由同自然的物质变换关系、社会再生产、文化再生产、制度安排(国家和法律)以及人性天赋(需求、欲望及受欢迎的才能)构成,所有这些都有助于资本的创造和积累,但存在于偶然的背景关系中,在某种程度上由资本本身所塑造(例如,建成环境、城市化、文化形式、国家

---

① 《马克思恩格斯全集》第30卷,人民出版社,1995年,第77页。

和法律机器，以及不断变化的影响人的需要和欲望的文化条件），对发生在内核中的活动产生影响。正如马克思所解释的那样，同自然的物质变换关系被设定为资本总体的内部关系还是外部关系，这是一个重要的问题。当马克思在《资本论》中断言，如果放任资本大行其道，它将摧毁所有财富的两个来源——"劳动者和土地"时，他所持的总体视野显然比资本的核心内部关系所描述的范围更加广泛。现在人们普遍认为，人类由于资本扩张而对栖息地施加的压力，使病毒大流行的可能性大大增加（过去30年来席卷全球的一系列冠状病毒就是证据），而资本影响气候变化的证据现在也无可辩驳。这类论述并没有什么奇怪之处。虽然出于医疗干预的目的，我们可能将人体本身视为一个总体，但同样重要的是，在更广泛的总体观念中，人体与环境条件、经济、就业、社会和文化等更大问题之间的关系。虽然阿片类药物致死的直接原因可见于死亡证明上的医学鉴定，但是，导致阿片类药物成瘾的社会条件和环境条件要广泛得多。值得注意的是，美国被抛弃的传统工人阶级大多对阿片类药物上瘾，而南亚等地新兴的、过度劳累的工人阶级大多对苯丙胺上瘾。资本作为一个总体的概念有必要得到扩展，以涵盖比资本内部的核心循环更广泛的、受到资本决定性影响的领域。

然而，马克思并没有否认货币化创新在促进资本流通中的重要性。我们需要考察"货币的各种不同的文明形式——金属货币、纸币、信用货币、劳动货币（后者作为社会主义的形式)——能否达到对它们提出的要求,而又不消灭在货币范畴上表现出来的生产关系本身"①。马克思在他坚定的回答"不"后面加上了一个警示。"货币的不同形式可能更好地适应不同阶段的社会生产;一种货币形式可能消除另一种货币形式无法克服的缺点;但是,只要它们仍然是货币形式,只要货币仍然是一种重要的生产关系,那么,任何货币形式都不可能消除货币关系固有的矛盾,而只能在这种或那种形式上代表这些矛盾。"②就像"任何雇佣劳动的形式,即使一种形式能够消除另一种形式的缺点,也不能消除雇佣劳动本身的缺点"一样,货币形式内部所包含的矛盾是不可能被货币化创新所消除的,不管这些创新有多么重要。

货币在资本主义社会中扮演着各种各样的角色,不同形式的货币或多或少有效地发挥着不同的作用。以当代的区块链技术为例,它可以降低交易成本。它对于在全球范围内高速地、无成本地转移资金非常有效。曾经,清算银行必须在每天结束时,将不同银行对彼此的所有不同的抵销请求进行净额结算,以便支付净余额。在过去,清算银行实际上是实体窗口,在那里,银行代表们拿着他们等待处理的支票和对其他银行的货币债权。清算过程费力费时,且费用昂贵。然后出现了电子结算,接着出现了数字货币。现在,主要的银行联盟已经开发了自己的集

---

① 《马克思恩格斯全集》第30卷,人民出版社,1995年,第69页。
② 同上,第69—70页。

体数字货币，以促进它们之间的即时清算。人们对清算银行的需求大大减少，"窗口"已经成了一种比喻，而不再真实存在。

因此，金融体系内的创新对调节货币流通的速度和效率具有重要作用。马克思显然并不认为这些创新是无关紧要的。然而，达里蒙想要废除金和银在货币体系中的特权地位。在他看来，这是货币流通的流动性和适应性以满足直接生产者需要的最大障碍。他想把货币商品降低到同所有其他商品一样的地位。这将消除一切弊病——但马克思指出，这样做的代价是把所有商品提高到只有金和银才有的垄断地位。事实上，任何一种商品都将成为一种形式的货币。马克思开玩笑说："让教皇存在，但是使每个人都成为教皇。废除货币，办法是你们把每个商品都变成货币，并且赋予它以货币的特性。"[1] 这样的事情时有发生。例如，在二战结束后的德国，香烟和巧克力成了货币。在20世纪90年代俄罗斯卢布崩溃时，瓶装伏特加成了主要货币。

在这一点上，马克思插入的一句俏皮话产生了很好的效果。"回答往往只能是对问题的批判，而问题往往只能由对问题本身的否定来解决。"[2] 这是一个出色的建议，一个很好的原则，也是一个犀利的策略。一个人确实可以通过质疑和否定被问到的问题来避免困难的情况。但这一原则也要求一个人在特定情况下对起作用的过程、力量和心理观念不断深入研究。这

---

[1] 《马克思恩格斯全集》第30卷，人民出版社，1995年，第74页。
[2] 同上。

正是马克思此时试图做的事情。

"实际问题是：资产阶级交换制度本身是否需要一种特有的交换工具？它是否必然会创造一种一切价值的等价物？这种交换工具的或这种等价物的一种形式可能比其他形式更顺手、更合适、更少一些不便。"[1] 马克思在此开始考虑与货币相关的价格体系、交换价值和价值理论的作用。《大纲》中对价值追问的内容是试探性的和犹豫不决的，还处于一种生成中的状态，还没有成为整个资本理论的稳固的锚。

这是一个将在后面几页占据主导地位的问题。但首先我们需要注意马克思的另一个令人信服的补充。他写道："战争是不言而喻的，因为直接从经济上来看，这就像一个国家把自己的一部分资本扔到水中一样。"[2] 这是马克思对关于军事化和战争的经济学以及这些活动带来的资本损失所做的少数评论之一。它也预示着马克思后来考虑将贬值和资本损失的理论纳入资本积累的一般理论。例如，任何过度积累的趋势，都可能通过将资本引导到浪费而无用的军事投资和军事冒险中得到解决。

货币与危机

在接下来的内容中，马克思研究了"贵金属外流"在危机

---

[1] 《马克思恩格斯全集》第 30 卷，人民出版社，1995 年，第 74 页。
[2] 同上，第 75 页。

形成中的作用，最后以苏格兰银行体系为例做了总结，这个例子反映了苏格兰人不喜欢金属货币的事实。苏格兰的例子很重要，"是因为它一方面表明在现存基础上可以怎样充分调节货币制度——消除达里蒙所抱怨的一切弊病——而不必屏弃现存的社会基础；与此同时，这个社会基础的矛盾、对抗、阶级对立等等比世界上任何其他国家都更为尖锐"①。事实上，"苏格兰的银行制度和货币制度是流通魔术师的幻想所碰到的最危险的暗礁"②。苏格兰人摆脱了所谓金属货币商品的枷锁，却没有达到蒲鲁东所设想的任何革命目的。

基于此，马克思转而考虑与货币商品相关的价格，如黄金，它会随着经济状况变化（例如，1848年加利福尼亚的"淘金热"）而升值或贬值。蒲鲁东担心市场价格不稳定。马克思讽刺地评论说，解决这个问题的最佳方式是消灭价格，也就是废除交换价值。③ 不幸的是，"为此就要废除与资产阶级社会组织相适应的交换。要这样，就要在经济上对资产阶级社会实行革命。可见，一开始本来就可以看到，资产阶级社会的弊病不是通过'改造'银行或建立合理的'货币制度'所能消除的"④。马克思反对蒲鲁东将货币体系当作革命性转变的主要领域，虽然这一观点可能是非常正确的，但马克思在这里没有考虑到的

---

① 《马克思恩格斯全集》第30卷，人民出版社，1995年，第81页。
② 同上。
③ 同上，第82页。
④ 同上。

第二章 货币的流通

是，如果劳动实践领域的革命性转变要取得成功，其在多大程度上需要货币金融体系的彻底重构。他对社会主义货币的问题还不够重视。

可兑换性，即任何纸币（法定的或不是法定的）可以兑换成金属货币的特性，"始终是对每一种这样的货币所提出的要求，这种货币的名称使它成为一个价值符号，也就是说，使它和一定量的第三种商品等同"[1]。例如，"金是过去的劳动时间，是一定的劳动时间。它的名称使一定量劳动成为它的标准"[2]。金是劳动时间的一个衡量指标。纸币与金的可兑换性，将纸币与劳动时间联系在一起。但是，我们这里说的是什么样的劳动时间呢？"决定价值的，不是体现在产品中的劳动时间，而是现在必要的劳动时间。"[3] 此说法已经接近于马克思在《资本论》中把价值定义为"社会必要劳动时间"的观点。随着活劳动的生产力不断提高，"对象化在产品中的劳动时间不断地贬值"，那么"如果劳动小时的生产率提高了，代表劳动小时的纸券的购买力就会提高，反之亦然"[4]。在许多社会主义者看来，这将给工人带来巨大的利益。但是，马克思驳斥了这种说法。小时券这种货币的积累以及"以这种货币形式订立的契约、债

---

[1] 《马克思恩格斯全集》第 30 卷，人民出版社，1995 年，第 82 页。
[2] 同上。
[3] 同上，第 83 页。
[4] 同上。

务和固定负担等等"将"使非劳动者得到好处"①。

这就指出了一个普遍的问题。本来有利于劳动者的提议，甚至是由社会主义者自己提出的建议，其结果却常常主要造福于非劳动者（即资本家）。这就是小时券的问题所在，马克思决心揭露那些认为小时券可以在资产阶级世界中变革社会关系的人的"幻想"（尽管他反常地承认，社会关系的变革可能会使小时券变得可行）。最明显的问题来自劳动生产率的多样性。假如我花了 10 个小时做一样东西，别人花了 5 个小时做同样的东西，而货币回报是由实际劳动的小时数决定的，那么就会出现一种情况，即相同的商品会有两种货币价值。而且，5 年前在特定生产力水平上收到的一张小时券，与今天收到的一张相同的小时券，有着根本不同的意义。

马克思在其他地方对小时券的构想表达了一定的理解，但指出，这只能在"直接的社会劳动"中起作用。他这句话的确切意思我们不得而知。但我的解释是这样的。如果一群联合起来的劳动者聚集在一起，不仅组织生产，而且组织社会生活，他们可能会基于反映劳动时间的小时券来组织他们的生产生活。在一个分享劳动时间的组织中，我可以花 4 个小时照顾孩子，以换取 4 个小时的瑜伽训练，也可以换取 4 个小时的管道修理或住宅扩建。被交换的时间的集中账册可以（由一个银行？）保存下来，在这里，参与者们的供给和需求可以根据劳

---

① 《马克思恩格斯全集》第 30 卷，人民出版社，1995 年，第 84 页。

动时间进行大致的协调。曾经有各种各样的公社和生活组织的例子，都是这样的（包括以色列早期的社会主义集体农庄）。这种构想在一段时间内获得了成功。但一切都取决于参与者的社会团结。一旦社会团结瓦解，参与者之间的信任消失，系统就会崩溃。可行的系统一旦尝试扩展到国家层面，就会面临巨大挑战，更不用说全球层面了。

这种替代性货币体系的最大敌人是替代性货币与传统货币的可兑换性。一旦有人决定，宁愿付钱给别人，也不愿花时间去打扫厕所，那么这种分享时间的契约就被打破了。一旦有人把基于分享时间的劳动而完成的物业改造服务拿到市场上出售，可行的分享时间模式就走向终结了。因此，马克思所说的货币消灭共同体而又成就共同体的意义就在于此。交换和货币化（如马克思在《资本论》中指出的，包括良心、荣誉、名声和"非物质的财富"等一切的货币化）是资产阶级资本经济的核心，相信所有这一切都可以通过小时券来抵消，是一种幻想。蒲鲁东完全想错了。马克思评论说，雨停的时候人们可以出去散步，而在蒲鲁东的世界里，人们似乎会出去散步以确保雨停。

在市场上，"一切商品（包括劳动）的**价值**（实际交换价值），决定于它们的生产费用，换句话说，决定于制造它们所需要的劳动时间。**价格**就是这种用货币来表现的商品的交换价值。因此，由那种用劳动时间本身命名的劳动货币来代替金属货币（以及用它命名的纸币或信用货币），就会把商品的**实际价值**（交换价值）和商品的**名义价值、价格、货币价值**等同起来",但是,"商品价值,只是商品的**平均价值**……表现为外在的抽象"①。在马克思的论述中,市场价格与价值有着根本的区别。但是蒲鲁东认为二者没有差别。对于马克思来说,价值是社会劳动时间,它与市场价格大不相同,后者反映的是供给和需求的条件与变化,而不是社会劳动时间的投入。价格可以上下波动,而价值应该保持相对固定:

> 市场价值平均化为实际价值,是由于它不断波动……因此,价格和价值的差别不只是像名和实的差别;不只是由于以金和银为名称,而是由于价值表现为价格运动的规律。但是它们不断地不同,从来不一致,或者只是在完全偶然和例外的情况下才一致。商品价格不断高于或低于商品价值,商品价值本身只存在于商品价格的上涨和下跌之中。②

马克思指出,价格和价值之间的差别就是:

> 用生产商品的劳动时间来衡量的商品和这个商品与之交换的劳动时间的产品之间的差别,需要有一个第三种商品来充当表现商品的实际交换价值的尺度。由于价格不等于

---

① 《马克思恩格斯全集》第30卷,人民出版社,1995年,第84—85页。
② 同上,第85—86页。

价值，所以决定价值的要素——劳动时间——就不可能是表现价格的要素……因为劳动时间作为价值尺度，只是观念地存在着，所以它不能充当对价格进行比较的材料。①

马克思继续说，每一个商品"都等于一定劳动时间的对象化"。因此，"一切商品在质上等同而只在量上不同，因此全都可以按一定的量的比例互相计量和互相替换"②。作为一种社会关系，商品的价值量是不能被直接衡量的，它必须被表现出来。这就是货币的作用。价值使一切商品同质化，并把它们纳入价值关系之下。马克思说："价值是商品的社会关系，是商品的经济上的质。"③商品作为价值的存在"和作为产品的自身不同。它作为价值的属性不仅可能，而且必然同时取得一个和它的自然存在不同的存在"④。所有这些都在《资本论》第一卷中得到了清晰的阐述，马克思探讨了商品作为使用价值和交换价值的"二重存在"，其中价值与交换价值被明确区分开来，而在《大纲》中并非如此。

在《大纲》中，马克思在经过几页错综复杂的论证之后，尝试得出一个试探性的结论：

---

① 《马克思恩格斯全集》第30卷，人民出版社，1995年，第88页。
② 同上，第89页。
③ 同上。
④ 同上，第90页。

因此，过程简单地说是这样：产品成为商品，也就是说，成为**单纯的交换要素**。商品转化为交换价值。为了使商品同作为交换价值的自身相等，商品换成一种符号，这种符号代表作为交换价值本身的商品。然后，作为这种象征化的交换价值，商品又能够按一定的比例同任何其他商品相交换。由于产品成为商品，商品成为交换价值，产品开始在头脑中取得了二重存在。这种观念上的二重化造成（并且必然造成）的结果是，商品在实际交换中二重地出现：一方面作为自然的产品，另一方面作为交换价值。也就是说，商品的交换价值取得了一个在物质上和商品相分离的存在。……同各种商品本身相脱离并且自身作为一种商品又同这些商品并存的交换价值，就是**货币**。①

正是这种表述导致马克思担心他过度依赖于"唯心主义的叙述方式"，依赖于"头脑中"发生的事情，而不够强调社会实践。

马克思得出结论，即作为商品并与商品并存的交换价值"就是货币"。在以后的著作中，他会明确指出，货币是价值的一种表现或表达，这与说货币"是"价值是相当不同的。不过：

> 货币同特殊商品的并存所引起的混乱和矛盾，是不可能通过改变货币的形式而消除的（尽管可以用较高级的

---

① 《马克思恩格斯全集》第30卷，人民出版社，1995年，第94页。

货币形式来避免较低级的货币形式所具有的困难），同样，只要交换价值仍然是产品的社会形式，废除货币本身也是不可能的。必须清楚地了解这一点，才不致给自己提出无法解决的任务，才能认识到货币改革和流通革新可能改造生产关系和以生产关系为基础的社会关系的界限。①

这显然是想在蒲鲁东计划的棺材上再钉一颗钉子。

货币的功能

马克思随后列出了货币的一些重要属性："（1）商品交换的尺度；（2）交换手段；（3）商品的代表……（4）同特殊商品并存的一般商品。"② 这是一种模糊的叙述，《资本论》对货币的描述更加明确，在那里，货币是一种价值尺度、流通手段、价值表现、贮藏工具、相对价格的基础、社会权力的形式，也是欲望的对象。不过，最后一个属性在这里是可供评论的："生产越是发展到使每一个生产者依赖于自己的商品的交换价值，也就是说，产品越是在实际上成为交换价值，而交换价值越是成为生产的直接对象"——人们越是为了交换而生产，而不是为自己的使用而生产——"**货币关系以及货币关系**的内

---

① 《马克思恩格斯全集》第 30 卷，人民出版社，1995 年，第 94—95 页。
② 同上，第 95 页。

在矛盾，即产品同作为货币的自身的关系的内在矛盾就必然越是发展。交换的需要和产品向纯交换价值的转化，是同分工按同一程度发展的，也就是随着生产的社会性而发展的。但是，随着生产的社会性的增长，**货币**的权力也按同一程度增长"①。

但是，这里出现了问题。"最初作为促进生产的手段出现的东西，成了一种对生产者来说是异己的关系。生产者在什么程度上依赖于交换，看来，交换也在什么程度上不依赖于生产者，作为产品的产品和作为交换价值的产品之间的鸿沟也在什么程度上加深。货币没有造成这些对立和矛盾；而是这些矛盾和对立的发展造成了货币的似乎先验的权力。"②

马克思在这里让我们注意货币形式日益增长的自主性和独立性，这赋予了货币一种先验的力量。"现在面临的下一个问题是：货币同商品并存，是否从一开始就掩盖了随着这种关系本身而产生的矛盾？"③首先，商品是一种"二重的、不同的存在"（使用价值与交换价值），它包含着"不能互相转换的"二者之间的"**对立和矛盾**"。一旦交换价值被外部化，交换价值就会"二重地存在，即作为一定的商品和作为货币而存在，同样，交换行为也分为两个互相独立的行为"：为货币而交换商品，为商品而交换货币。"因为买和卖取得了一个在空间上和时间上彼此分离的、互不相干的存在形式，所以它们的

---

① 《马克思恩格斯全集》第30卷，人民出版社，1995年，第95页。
② 同上，第95—96页。
③ 同上，第96页。

直接同一性就终止了。"① 这为商人的出现开辟了道路，他们处于"生产者之间"，形成一个"商人阶层"，他们的目的不是消费，而是通过他们的中介活动谋取货币。② 随之出现的，是从商业中分离出来的"货币经营业"③。

当人们从物物交换，即商品同商品的交换，转向以货币为中介的交换，交换就会分裂为两个行为，即"商品—货币"和"货币—商品"，这为货币积累以及商人和货币资本家的介入提供了可能性。这仅仅是因为，每个人都用商品换到货币，并不意味着每个人都必须再用货币换商品。如果每个人都出于某种原因，决定持有货币（而且有充分的理由这样做，因为货币是社会权力的一种主要形式），那么，生产者就会由于缺乏市场而无法出售他们的商品。这导致了凯恩斯所指出的那种危机："在这种分离中已经包含了商业危机的可能性。"④ 马克思继续说：

> 货币所以能够克服物物交换中包含的困难，只是由于它使这种困难一般化，普遍化了。被强制分离的而本质上是同属一体的各要素，绝对必须通过暴力的爆发，来证明自己是一种本质上同属一体的东西的分离。统一是**通过暴**

---

① 《马克思恩格斯全集》第 30 卷，人民出版社，1995 年，第 97 页。
② 同上，第 98 页。
③ 同上，第 99 页。
④ 同上，第 98 页。

力恢复的。一旦敌对的分裂导致了爆发，经济学家就指出本质上的统一，而把异化抽象掉。他们的辩护才智就在于，在一切紧要关头忘记他们自己的规定。①

基于一种认为生产过剩危机不可能发生的理论（萨伊定律），经济学家把生产过剩危机看作对他们的理论所假定条件的强制恢复。

"正像交换价值在货币上作为**一般商品**与一切特殊商品并列出现一样，交换价值因此也作为**特殊**商品在货币上（因为货币具有一个特殊的存在）与其他一切商品并列出现。……货币由于以下原因而同它本身以及它的规定发生矛盾：它本身是一种**特殊**商品。"②事实上的矛盾在于，金作为一种特殊商品的特殊性，却被设定为代表一切社会劳动的普遍性。这显然是一种虚构：

> 由此可见，货币内在的特点是：通过否定自己的目的同时来实现自己的目的；与商品相对立而独立；由手段变成目的；通过使商品同交换价值分离来实现商品的交换价值；通过使交换分裂，来使交换易于进行；通过使直接商品交换的困难普遍化，来克服这些困难；生产者在多大程

---

① 《马克思恩格斯全集》第30卷，人民出版社，1995年，第99页。
② 同上，第99—100页。

第二章 货币的流通

度上依赖于交换,就使交换在多大程度上与生产者相对立而独立。①

个人对货币权力的原始积累不仅成为可能,而且越来越成为可能。

正是在这里,马克思注意到,需要纠正他的唯心主义的叙述方式!为了做到这一点,他回到关于小时券的讨论。小时券可以避免一些矛盾,但只是在相当有限的基础上,这基本上无关紧要。银行可以发行小时券并记账,但是"这就和我在一个餐厅老板那里预订的十二张餐券或和十二张戏票一样"②。银行将"无非是一个为共同劳动的社会进行记账和计算的部门";或者,它是"生产的专制统治机构和分配的管理者",这与圣西门主义者的联合生产理论相符合,在该理论中,银行被提升为"统治生产的教皇政权"③。把美联储描绘成资本生产的教皇倒挺有趣的。马克思接着(大概是为了回应他过度的唯心主义)转向了一种更加追求历史唯物主义的研究方式:

> 一切产品和活动转化为交换价值,既要以生产中人的(历史的)一切固定的依赖关系的解体为前提,又要以生产者互相间的全面的依赖为前提。每个个人的生产,依赖于其他一切人的生产;同样,他的产品转化为他本人的生

---

① 《马克思恩格斯全集》第 30 卷,人民出版社,1995 年,第 100—101 页。
② 同上,第 104 页。
③ 同上,第 105 页。

活资料，也要依赖于其他一切人的消费……这种互相依赖，表现在不断交换的必要性上……每个人追求自己的私人利益，而且仅仅是自己的私人利益；这样，也就不知不觉地为一切人的私人利益服务，为普遍利益服务……毫不相干的个人之间的互相的和全面的依赖，构成他们的社会联系。①

在这个社会场景中，马克思再一次思考了我们在《大纲》开头几页碰到的市场个人主义。个人可能看起来是自由的，但他受限于对他人工作和同他人之间相互交换的依赖。

你不必关心与你交换的人，因为你只是对他们的货币感兴趣。"这种社会联系表现在**交换价值**上……每个个人行使支配别人的活动或支配社会财富的权力，就在于他是**交换价值**的或**货币**的所有者。他在衣袋里装着自己的社会权力和自己同社会的联系。"②

马克思的结论是，交换价值是"一切个性，一切特性都已被否定和消灭的一种一般的东西"，它成了"异己的东西，物的东西"，而个人"从属于这样一些关系，这些关系是不以个人为转移而存在的，并且是由毫不相干的个人互相的利害冲突而产生的。活动和产品的普遍交换已成为每一单个人的生存条件，这种普遍交换，他们的相互联系，表现为对他们本

---

① 《马克思恩格斯全集》第30卷，人民出版社，1995年，第105—106页。
② 同上，第106页。

身来说是异己的、独立的东西，表现为一种物。在交换价值上，人的社会关系转化为物的社会关系；人的能力转化为物的能力"①。

拜物教与异化

异化和拜物教是马克思主义术语中两个相互关联的关键概念。《大纲》中接下来的内容包含了马克思探讨的一些最重要的论题。在这里，隐藏在资本主义交换关系中的异化和拜物教的本质及起源，都得到了积极的阐释。

马克思在《资本论》关于商品拜物教的章节中，明确指出了商品的市场交换如何创造了一个社会化的世界，在这个世界里，人们之间存在的物质关系（他们在市场上不是作为人同其他人发生关系，而是通过产品相互联系）表现为物与物之间的社会关系（因为商品可衡量的价值反映了他们付出的社会劳动）。经济学理论在思想的世界中反映并且复述了这种拜物教。这就是资产阶级经济学尤为擅长的事情。但是，马克思想要追溯的是，工人在这种拜物教盛行的社会中生活和工作的后果，他们是活生生的主体，他们把社会劳动凝结在商品中。资产阶级经济学理论的拜物教掩盖了这一切。但马克思有工厂视察员关于英国工人阶级工作和生活条件的报告（以及恩格斯在

---

① 《马克思恩格斯全集》第30卷，人民出版社，1995年，第107页。

1845年发表的《英国工人阶级状况》），这些启迪了他。对马克思来说，当务之急在于，结合资产阶级理论和历史现实来表明，那些通过付出社会劳动创造社会财富的人，何以从他们的努力中得到如此之少的回报。资产阶级理论面对的是抽象的东西（如土地、劳动和资本对产品价格的边际贡献），而马克思希望有一种理论能具体地解释工人阶级的日常生活和劳动条件。超越资产阶级政治经济学的拜物教，并且深入其背后，这成为马克思研究计划的核心。

异化造成了一种特定的拜物教。在马克思的思想中，异化概念的历史即使不是特异的，也是令人困扰的。虽然它在马克思的早期作品，比如《1844年经济学哲学手稿》（简称《1844年手稿》）中很突出，但在19世纪40年代后期，当马克思探索历史唯物主义的原则时（比如在《德意志意识形态》中），它却消失了，直到在《大纲》中作为一个核心概念重新出现。此后，作为一个明确概念的异化逐渐消失在《资本论》及马克思后来作品的语境中。

大多数试图复活这一概念的重要尝试都聚焦于马克思的早期作品。很少有人注意到《大纲》对这一概念的彻底重述。中国学者张一兵在其著作《回到马克思》中写道，《大纲》中对异化概念的"科学"表述与马克思曾经使用的人本主义异化概念具有根本的异质性。

其实，这是两种截然不同的异化观：《1844年手稿》

第二章 货币的流通　071

中的劳动异化是人本主义的价值悬设，它所构成的是理想本质与现实存在的矛盾……而《1857—1858年经济学手稿》中的劳动异化，从根本上说是一种现实的历史反思。原来工人活动的对象化结果，现实地成为今天工人的统治者和剥削者。工人创造的"先有"成为"现有"的统治者……雇佣劳动必然创造一个由自己转化出来的统治力量——资本，这就是马克思这里所描述的资本与劳动关系的现实异化。①

在青年马克思那里，人的普遍性植根于我们人类存在的固有品质。资本破坏了我们实现这些品质的潜能。生产出资本的劳动者，他们的劳动成果被剥夺了（他们与他们的产品、与他们生产出的价值以及与他们的劳动过程都处于一种异化的关系中）。个人达成其自我实现（在社会关系中、在与自然的关系中、在劳动经验中）的潜能被否定了。这样一种论述的优点是，它富有预见性和激励性。这种唯心主义思维模式在我们当代的版本是，在面对美国右翼运动的偏执和暴力时，美国人声称这不是他们真正的样子。他们所要做的一切，就是恢复他们的道德指引，践行一个真正的美国人该做的，然后，一切都会好起来。在这里，一种等级性的唯心主义观念在起作用。

---

① 张一兵：《回到马克思——经济学语境中的哲学话语》，江苏人民出版社，2020年，第691页。

但在《大纲》中，异化产生于资本内在的历史趋势，即创造世界市场，到处建立资本主义的社会（阶级）关系和自然物质变换关系，并在竞争的强制性规则下，将某一些可识别的运动规律铭刻进人类历史。从《大纲》开始，问题就在于认识资本的运动规律，并理解这些规律如何支配广大劳动人民的日常生活和劳动条件。对于《大纲》中异化理论的基石，我们需要好好记录一下："个人现在受**抽象**统治，而他们以前是互相依赖的。但是，抽象或观念，无非是那些统治个人的物质关系的理论表现。"[①]

虽然我们可能都深信自己是自由的个体，但实际上，我们是被资本的抽象所统治的。以一个真正的美国人该怎么做的标准来判断，偏执的右翼白人民族主义者的行为是不可理解的，但是，如果把这种行为放在如下背景中理解，就容易得多了：华尔街、美国企业界的贪婪、去工业化以及大型医药企业与高科技公司的垄断力量造成了人类和环境被破坏，生活和劳动被掠夺和贬低，这些却得到了媒体和学界的统治精英的支持，他们被当前统治阶级中占统治地位的新自由主义思想的优越性所迷惑。

马克思的政治目标是把我们既从思想中也从政治实践和经济实践中解放出来，从拜物教和资本的抽象规律所施加的限制中解放出来，这些限制彻底地服务于统治阶级的利益。正如

---

① 《马克思恩格斯全集》第 30 卷，人民出版社，1995 年，第 114 页。

我们在后面将看到的，异化并不局限于劳动者。在没有任何国家管制的情况下，资本家将在竞争的强制性规则的驱使下：（1）将工作日的长度增加到最大；（2）将剩余用于再投资，而不是沉溺于消费的乐趣；（3）通过寻找和采用新技术来获得相对剩余价值；（4）造成日益严重的社会不平等和产业后备军；还有其他更多。这些都不是资本家们的自由选择。但是，资本家的主观动机在很大程度上会为他们在竞争的强制性规则下所必须做的事情做出辩护。

马克思认识到了资本所带来的异化的矛盾性。资本不仅是一种破坏性的力量，而且是一种建设性的和创造性的力量，它以积极和消极的方式改变着世界。这一点也将在后面得到更详细的讨论。那么，个人和社会运动如何面对这种矛盾，就成了一个大的政治问题。马克思早期手稿中所阐述的个人的、心理化的（生存性的）异化，可以同《大纲》中对客观异化的批判联系起来，这种客观异化是通过世界市场上的资本再生产而产生的。工人可能会接受雇佣劳动的客观异化，以换取足够的商品来满足他们个人的需要和欲望。异化的雇佣劳动可以通过这种方式被补偿性的消费主义所抵消。无休止的资本积累依赖于以支付能力为支撑的需要和欲望的无休止的生产和再生产。在《1844年经济学哲学手稿》中，马克思注意到"产品和需要的范围的扩大，要**机敏地**而且总是**精打细算地**屈从于非人的、精致的、非自然的和**幻想出来的欲望**……这种异化……表现在：一方面所发生的需要和满足需要的资料的精致化，另一方面产生着需要的牲畜般的野蛮化和最彻底的、粗陋的、抽象的简单化"①。不难看出,这种感受是如何被纳入《大纲》的论述之中的。

马克思历史唯物主义的异化理论的基础,在《大纲》中得到了详细阐述。我在此尝试对这一论证进行总结,不过,我还是想请大家仔细地去研究原文。

马克思的论证从这样一个初步认识开始,在一个市场社会中,"毫不相干的个人之间的互相的和全面的依赖,构成他们的社会联系。这种社会联系表现在**交换价值**上"②。由此,交换"以生产者互相间的全面依赖为前提,但同时又以生产者的私人利益完全隔离和社会分工为前提,而这种社会分工的统一和互相补充,仿佛是一种自然关系,存在于个人之外并且不以个人为转移"③。整个社会的秩序就是在这种"自由个性"的基础上建立起来的。但是,很可能有一个历史性的进步,使得资产阶级秩序达到这个程度。"人的依赖关系(起初完全是自然发生的),是最初的社会形式,在这种形式下,人的生产能力只是在狭小的范围内和孤立的地点上发展着。以**物的**依赖性为基础的人的独立性,是第二大形式,在这种形式下,才形成普遍的社会物质变换、全面的关系、多方面的需要以及全面的能力

---

① 《马克思恩格斯全集》第3卷,人民出版社,2002年,第339—340页。
② 《马克思恩格斯全集》第30卷,人民出版社,1995年,第106页。
③ 同上,第108页。

的体系。"① 在这个第二阶段,家长制和封建关系因商业和货币而瓦解,这为"自由个性"的现代秩序铺平了道路。

关于资产阶级秩序的内在解析充满了对立。"分工产生出密集、结合、协作、私人利益的对立、阶级利益的对立、竞争、资本积聚、垄断、股份公司,——全都是对立的统一形式,而统一又引起对立本身,——同样,私人交换产生出世界贸易,私人的独立性产生出对所谓世界市场的完全的依赖性,分散的交换行为产生出银行制度和信用制度。"② 一种设想中的自由个性同所有这些对立的形式之间的张力是可想而知的。"在以**交换价值**为基础的资产阶级社会内部,产生出一些交往关系和生产关系,它们同时又是炸毁这个社会的地雷。"危机可能在任何地方发生,但并不意味着一切都会失去:"如果我们在现在这样的社会中没有发现隐蔽地存在着无阶级社会所必需的物质生产条件和与之相适应的交往关系,那么一切炸毁的尝试都是唐·吉诃德的荒唐行为。"③ 个人的主动性和雄心勃勃的努力产生了矛盾的力量和可能性,也产生了异化的力量。

例如,"作为交换价值的商品同货币之间的矛盾"④ 占据了核心位置。虽然"货币仅仅是同商品实体相分离的交换价值,而且只是由于这种交换价值要使自身在纯粹形式上确定下来的趋

---

① 《马克思恩格斯全集》第 30 卷,人民出版社,1995 年,第 107 页。
② 同上,第 109 页。
③ 同上。
④ 同上。

势，货币才得以产生出来，但商品却不能直接转化为货币"[1]。商品在实物层面就是商品，并且只是这样。这意味着"货币存在的前提是社会联系的物化"，而这又意味着"人们信赖的是物（货币），而不是作为人的自身"[2]。商人说，"让我看到货币"，投资者说，"跟着货币"，因为货币是一个可证明的客观记录，它记录了社会权力从一个人那里转移到另一个人那里的过程。马克思说，货币"只作为'**社会的抵押品**'"[3]而发挥作用。它拥有这种象征性的社会财产权，"因为各个人让他们自己的社会关系作为对象同他们自己相异化"[4]。我们甚至可以凭借我们拥有多少货币来评估我们自己的价值。

将一切价值都用货币来计量的行情表的出现，"世界市场……的独立化……随着货币关系（交换价值）的发展而增长"以及"消费者和生产者的相互独立和漠不关心"[5]，这些支撑着日益增长的异化和危机的形成。但是，人们通过获取和整理充足的信息，比如"行情表、汇率、商业经营者间的通信和电报联系等等（交通工具当然同时发展）"[6]，也为消除异化付出了努力。"虽然每个人的需求和供给都与一切其他人无关，

---

[1] 《马克思恩格斯全集》第30卷，人民出版社，1995年，第110页。
[2] 同上。
[3] 同上。
[4] 同上。
[5] 同上。
[6] 同上，第111页。

但每个人总是力求了解普遍的供求情况；而这种了解又对供求产生实际影响。虽然这一切……并不会消除异己性，但会带来一些关系和联系，这些关系和联系本身包含着消除旧基地的可能性。"[1] 马克思在此提到了进行市场运行一般数据统计的重要性，但并未进一步加以探索。

这又是一个重要的观点。国民经济（20世纪20年代的产物）、国民经济核算（20世纪30年代出现）、世界银行的会计网络（二战之后）、股票交易记录、商业新闻和媒体，所有这些都给人一种错觉，似乎某些正在发生的事情（但总是作为除我们之外的世界的一种情况）可以得到理解和分析，最重要的是，我们可以对它们采取行动。如果说这都属于纯粹的拜物教和虚构之事，经济学家们会对这一观点表示惊讶并认为它不可置信。然而，这正是异化和拜物教碰撞的地方。

如果把这种单纯物的联系理解为自然发生的、同个性的自然（与反思的知识和意志相反）不可分割的、而且是个性内在的联系，那是荒谬的。这种联系是各个人的产物。它是历史的产物。它属于个人发展的一定阶段。这种联系借以同个人相对立而存在的异己性和独立性只是证明，个人还处于创造自己的社会生活条件的过程中，而不是从这

---

[1]《马克思恩格斯全集》第30卷，人民出版社，1995年，第111页。

种条件出发去开始他们的社会生活。①

我们发现，马克思再次唤起了这样的想法，即某种更好的东西尚未出现，但具有出现的潜能。这种潜能并没有像在《1844年经济学哲学手稿》中那样，被理想化地预设，但它仍是开放的，即使受到限制，它也预示着可能的未来。

货币与自由主义个人理论

全面发展的个人——他们的社会关系作为他们自己的共同的关系，也是服从于他们自己的共同的控制的——不是自然的产物，而是历史的产物。要使这种个性成为可能，能力的发展就要达到一定的程度和全面性，这正是以建立在交换价值基础上的生产为前提的，这种生产才在产生出个人同自己和同别人相异化的普遍性的同时，也产生出个人关系和个人能力的普遍性和全面性。在发展的早期阶段，单个人显得比较全面，那正是因为他还没有造成自己丰富的关系，并且还没有使这种关系作为独立于他自身之外的社会权力和社会关系同他自己相对立。留恋那种原始的丰富，是可笑的，相信必须停留在那种完全的空虚化之中，

---

① 《马克思恩格斯全集》第30卷，人民出版社，1995年，第111—112页。

也是可笑的。①

"资产阶级的观点从来没有超出同这种浪漫主义观点的对立"②，这是对某种被认为早已消失的过去的怀念，对整个浪漫主义运动的怀念，马克思本人在他早期著作中的思想部分地属于这一思潮。资产阶级文化以反工业的浪漫主义形式，生产出它的"他者"。济慈、雪莱、华兹华斯、拜伦和布莱克，他们采取了反工业、反资本主义的立场，但他们的方式并没有威胁到资本或工业化，因为他们的立场根植于一个从未存在的过去。"这种浪漫主义观点将作为合理的对立面伴随资产阶级观点一同升入天堂。"③ 浪漫主义者以及特里·伊格尔顿所说的"美学意识形态"长期以来构成了对资本主义现代性的怀旧式批判。

这种对立的立场需要得到界定。

> 如果考察的是产生出不发达的交换、交换价值和货币的制度的那种社会关系……那么一开始就很清楚，虽然个人之间的关系表现为较明显的人的关系，但他们只是作为具有某种规定性的个人而互相发生关系，如作为封建主和臣仆、地主和农奴等等，或作为种姓成员等等，或属于某个等级等等。在货币关系中，在发达的交换制度中……人

---

① 《马克思恩格斯全集》第 30 卷，人民出版社，1995 年，第 112 页。
② 同上。
③ 同上。

的依赖纽带、血统差别、教养差别等等事实上都被打破了，被粉碎了……各个人看起来似乎独立地（这种独立一般只不过是错觉，确切些说，可叫作——在彼此关系冷漠的意义上——彼此漠不关心）自由地互相接触并在这种自由中互相交换；但是，只有在那些不考虑个人互相接触的条件即**生存条件**的人看来（而这些条件又不依赖于个人而存在，它们尽管由社会产生出来，却表现为似乎是**自然条件**，即不受个人控制的条件），各个人才显得是这样的。①

这样，我们就来到了之前提到过的重要表述："这种与**人的依赖关系**相对立的**物的依赖关系**也表现出这样的情形……个人现在受**抽象**统治，而他们以前是互相依赖的。但是，抽象或观念，无非是那些统治个人的物质关系的理论表现。"②

接下来是一段有趣的结语：

关系当然只能表现在观念中，因此哲学家们认为新时代的特征就是新时代受观念统治，从而把推翻这种观念统治同创造自由个性看成一回事。从意识形态角度来看更容易犯这种错误，因为上述关系的统治……在个人本身的意识中表现为观念的统治，而关于这种观念的永恒性即上述

---

① 《马克思恩格斯全集》第30卷，人民出版社，1995年，第113页。
② 同上，第114页。

物的依赖关系的永恒性的信念，统治阶级自然会千方百计地来加强、扶植和灌输。[1]

当然，这正是玛格丽特·撒切尔娴熟地达成的事情，她将新自由主义教条作为统治观念，是因为没有其他选择。这不是一个小问题。关于新自由主义转向的历史及其后果的大多数介绍都认为，新自由主义源于思想领域、政策领域，源于哈耶克和米尔顿·弗里德曼的企业供给侧分析取代了与凯恩斯相关的国家管理的需求侧思维。在《新自由主义简史》中，我主张基于20世纪70年代阶级力量的配置，以及一个旨在保护和增强集中起来的阶级权力的阶级计划的出现，来解释这一思潮。统治阶级在执行这一计划的过程中，把新自由主义作为他们的统治观念。从马克思的立场来看，其使命始终是揭示这种观念所表现的"那些统治个人的物质关系"。当然，困难在于，当一些主要机构（如国际货币基金组织）采纳了占统治地位的新自由主义观念时，这些观念便似乎起源于经济学家和政策制定者的头脑。这种拜物教伪装在很大程度上是成功的，甚至在新自由主义计划的批评者中也取得了成功。唯心主义的解释占了主导地位，统治阶级的角色被轻易地模糊掉了。这种幻想根深蒂固，它认为建立一个更公正的社会秩序所需要做的就是改变人们的观念，改变他们对世界的心理认知。

---

[1] 《马克思恩格斯全集》第30卷，人民出版社，1995年，第114页。

这些见解在很多方面都是有见地的。我们被抽象所统治，这些抽象是数百万参与者通过自由的物质实践构建起来的。但是这些抽象并不是其中任何一个人的成果。它们也不是个人所能控制的。我们通过个人行动的集体影响创造了一个世界；一个异化的世界，资本运动规律作为抽象的力量发挥作用，成为客观化的、拜物教的力量。我们给这一物质现实披上了占统治地位的观念的外衣。但是，将资本经济解释为一套占统治地位的抽象概念，这种解释并不是马克思所独有的。亚当·斯密关于市场的"看不见的手"的理论（或者哈耶克和米尔顿·弗里德曼关于供给侧教条的阐述）在原则上与马克思的这种解释没有什么不同。个人、企业家出于自己的利益，有各种各样的实践，有各种各样的动机，但市场会以某种方式约束他们，按照斯密的说法，市场应该会为了所有人的利益而这样做。所有的经济理论都是关于抽象的，即关于那些以统治阶级的名义统治世界的精神概念。马克思的与众不同之处在于，他坚持识别其中的阶级力量以及这些抽象的历史起源。这就是我在《新自由主义简史》中的解释与大多数其他解释的不同之处。

屈从于资产阶级市场交换中固有的异化和拜物教，带来了一个重要后果。如果个人不能自由地选择，而只是简单地服从这些抽象，甚至违背自己的意愿，那么他对自己的行为就没有道德或法律责任；他不能对后果负责。这些抽象不能被追究法律责任，也不能被定罪或送进监狱，无论应用它们和通过它们进行统治的后果多么不人道。市场的拜物教为资本主义企业家提供了一个方便的道德盾牌。一开始，企业家作为良好的资产阶级公民，宣称他们有投资和积累的自由。当事情出错或坏事发生时，他们就把自己描绘成没有灵魂的市场逻辑的无助受害者。正如布阿吉尔贝尔（马克思引用过他的观点）所说的那样，市场被描绘成"万物的刽子手，是把一切都当作供自己享用的祭品的摩洛赫"①。例如，近年来，"全球化"一词被反复以这种方式用来为各种令人反感的就业惯例、环境恶化、社会不平等开脱和辩解，所有这些都是以市场逻辑和市场自由的名义进行的：没有人声称这些曾是他们行动的动机。难怪统治阶级对自己阐明新自由主义时代的统治观念的方式如此满意。

马克思不遗余力地表明："正像国家一样，货币也不是通过协定产生的。货币是从交换中和在交换中自然产生的，是交换的产物。"②他在这里开始研究货币商品的物理特性。我建议跳过这部分相关表述，尽管其中偶尔会有一些见解，但它们都是次要的。例如，他注意到"贵金属又从其他金属中分离出来，因为它不氧化等等，质地均匀等等"③。这种抗氧化性是很重要的，特别是当人们需要一种物理上稳定的工具来长期保存时。马克思通过探讨交换的历史与货币形式和劳动时间的联系，多次回溯货币的起源。"正是劳动（从而交换价值中所包含的劳动时间）的一般性即社会性的对象化，使劳动的产品成为交

---

① 《马克思恩格斯全集》第30卷，人民出版社，1995年，第150页。
② 同上，第115页。
③ 同上，第116页。

换价值，赋予商品以货币的属性，而这种属性又意味着有一个独立存在于商品之外的货币主体。"[1] 请注意，这里的劳动时间是与交换价值联系在一起的，而不是与价值联系在一起的（像《资本论》中的那样）。"交换价值关系——商品作为彼此相同和彼此可以相等的劳动时间化身的关系——包含着矛盾，这种矛盾在与劳动时间不同的货币上取得了自己的物的表现。"[2] 如果这在马克思的时代是正确的，那么在今天的全球资本主义时代更是如此。

接下来，马克思简要讨论了在共同进行生产和分配的条件下，这一切会是什么样子：

> 如果共同生产已成为前提，时间的规定当然仍有重要意义。社会为生产小麦、牲畜等等所需要的时间越少，它所赢得的从事其他生产，物质的或精神的生产的时间就越多。正像在单个人的场合一样，社会发展、社会享用和社会活动的全面性，都取决于时间的节省。一切节约归根到底都归结为时间的节约……社会必须合乎目的地分配自己的时间，才能实现符合社会全部需要的生产。因此，时间的节约，以及劳动时间在不同的生产部门之间有计划的分配，在共同生产的基础上仍然是首要的经济规律。[3]

---

[1] 《马克思恩格斯全集》第30卷，人民出版社，1995年，第118页。
[2] 同上，第119页。
[3] 同上，第123页。

马克思并没有说，他心目中的公社组织是什么样的。有些人将这些论述视为对苏联式五年计划的证明，而另一些人则将其视为对本地性公社的建议，即有效地将成员组织起来，最大限度地利用成员的空闲时间。毕竟，马克思不是认为所有人的自由时间是衡量我们向社会主义前进了多远的真正标准吗？

马克思最终回到了对如何理解货币流通问题的探讨上（这是我们一直在等待的）。"货币流通像商品流通一样，从无数不同的点出发，又回到无数不同的点。"① 这是有银行制度为中介之前的"最初的自然形成的流通"。马克思的目的是弄清"这种流通究竟在多大程度上由特殊规律决定"②。他立即认识到："如果说货币是商品的流通车轮，那么商品同样是货币的流通车轮……因此，商品流通和货币流通是相互制约的。"③ 但是，也有完全独立的环节。例如，流通中的货币总量及其流通速度并不取决于商品，而是取决于"生产方式的总的性质"，而这种性质也将"更直接地决定商品流通"。接下来是对这个世界的简要再现：

> 交换者的人数（人口数）：他们在城乡间的分布；商品，产品和各生产因素的绝对量；投入流通的商品的相对数量；交通运输工具的发展，这种发展有二重意义：它既

---

① 《马克思恩格斯全集》第30卷，人民出版社，1995年，第136页。
② 同上，第137页。
③ 同上。

决定彼此交换者即相互接触者的范围，又决定原料到达生产者手里和产品到达消费者手里的速度；最后，工业的发展，这种发展使不同的生产部门如纺纱、织布、染色等等集中起来，从而使一系列中间交换行为成为多余。①

马克思在这里构想了一个典型的工业资本主义城市区域，比如他那个时代的曼彻斯特，以此作为"确定流通的一般概念"的背景。

但这首先需要确立一个价格概念，因为没有价格（无论是理想的还是实现的）就不可能有交换。"货币使之流通的商品……已**观念地转化为货币**。"②当商品被带到市场上时，它们会被贴上一个名义上的价格标签。因此，流通首先要求商品的价格确定，其次要求交换成为一个"川流不息的"遍及社会整个表面的总体。请注意，在这里，马克思把总体的概念引入他的论述。"现在货币作为一切商品的交换价值存在于一切商品之旁和一切商品之外。货币首先是商品为取得作为交换价值的自由存在而必须潜入其中并在其中金银化的一般材料。"③因此，"货币首先是表现一切交换价值的相等关系的东西：一切交换价值在货币上都是同名的"④。

---

① 《马克思恩格斯全集》第 30 卷，人民出版社，1995 年，第 137 页。
② 同上，第 138 页。
③ 同上，第 139 页。
④ 同上，第 140 页。

这一切对我们理解货币流通意味着什么?"商品的实际流通,在空间和时间上,都不是由货币来实现的。货币只是实现商品的**价格**,从而把商品要求权转让给买主,转让给提供交换手段的人。货币使之流通的不是商品,而是商品的所有权证书;在这一流通中,当同货币交换时,不管是买还是卖,所实现的也不是商品,而是商品的价格。"① 由此可见,"流通所需要的货币量,不仅取决于待实现的价格总额,而且取决于货币流通的速度"② 。马克思在这里向我们介绍了货币流通速度(一美元钞票在一天内可以转手的次数)这一关键概念,它可以"代替流通手段的量",尽管"只在一定限度内"③。然后马克思认识到,在作为价值尺度的货币和作为交换手段的货币之间,存在一种可能的矛盾。接下来,马克思简述了货币的流通为完成它的任务所需遵守的基本规定:

属于**流通**的本质的东西是:交换表现为一个过程,表现为买卖的流动的总体……在流通中即交换价值的实现过程中包含着:(1)我的产品只有对别人成为产品,才是产品;也就是说,只有成为被扬弃的个别,成为一般,才是产品;(2)我的产品只有转让,对别人成为产品,对我才是产品;(3)别人只有把他自己的产品转让,我的产品对

---

① 《马克思恩格斯全集》第 30 卷,人民出版社,1995 年,第 145 页。
② 同上。
③ 同上,第 146 页。

他才是产品；由此得出（4）生产对于我不是表现为目的本身，而是表现为手段。①

现在，把这一切都归因于一个看似简单而毫无问题的市场交换行为，肯定会显得有些奇怪。但这恰恰是马克思的分析技巧，即通过分解这些看似简单的行为，识别其中所有可能会存在问题的环节。这就是他在这里所做的工作：

> 流通是这样一种运动，在这种运动中，普遍转让表现为普遍占有，普遍占有表现为普遍转让。这一运动的整体虽然表现为社会过程，这一运动的各个因素虽然产生于个人的自觉意志和特殊目的，然而过程的总体表现为一种自发形成的客观联系；这种联系尽管来自自觉的个人的相互作用，但既不存在于他们的意识之中，作为总体也不受他们支配。他们本身的相互冲突为他们创造了一种凌驾于他们之上的异己的社会权力；他们的相互作用表现为不以他们为转移的过程和强制力。流通由于是社会过程的一种总体，所以它也是第一个这样的形式，在这个形式中，……社会关系表现为某种不以个人为转移的东西，而且社会运动的总体本身也表现为这样的东西。……从作为经济范畴中第

---

① 《马克思恩格斯全集》第30卷，人民出版社，1995年，第147页。

一个总体的流通中，就可以清楚地看到这一点。[1]

正是在这一点上，资本总体范围内的第一种流通形式在理论上和实践上都得到了确立。所以请做好标记！这里所谓第一个总体的评论，意味着还会有更多形式的总体出现。

但马克思在这里也批判了亚当·斯密兴奋地提出他的理论时所提到的如下内容，即市场这只"看不见的手"是一种不受任何个人控制的力量，它的运作是为了所有人的利益。这里的第一个总体的前提条件，此前被确立为一种对所有商品进行恰当定价的体系，"不是个别的交换行为，而是川流不息的、或多或少发生在社会整个表面上的交换总和，交换总体，即交换行为的体系"[2]。

马克思在得出这一结论后对萨伊定律进行了批判，我们之前曾提到这一点。他在这里指出，萨伊定律可能只有在一个物物交换的体系中，在形式上才是正确的。他还对经济学家的一种扭曲的认识感到好笑，这些经济学家渴望货币将他们从物物交换的束缚中解放出来，但他们关于货币流通的理论分析，又仿佛货币流通是建立在物物交换的基础上的。马克思的结论是："货币的性质就在于，货币只是通过使直接的物物交换的矛盾以及交换价值的矛盾普遍化，来解决这些矛盾。"[3]"如果

---

[1] 《马克思恩格斯全集》第30卷，人民出版社，1995年，第147—148页。
[2] 同上，第138页。
[3] 同上，第151页。

商品不能实现为货币，它就不再具有流通能力，它的价格就只是幻想……所需要的不仅仅是对商品的需求，而是那种**由货币体现的**需求。因此，如果商品的价格不能实现，如果商品不能转化为货币，那么商品就会**丧失价值，丧失价格**。"[1] 这是马克思在资本理论中首次对贬值的重要影响做出评论。这是从他对萨伊定律的批判中引出的。如果每个人都囤积货币，销售就会萎靡不振，商品就会丧失价值和价格，一场普遍的危机就会随之而来。

相较于详细阐述这一点，马克思更愿意分析货币使用的不同形式和方式。他风趣地指出，例如，一件价值一英镑的商品换得了一张假的英镑钞票，然后这张假钞又被用来购买到同等价值的东西，那么，这张钞票的真假就无关紧要了。如果货币只是充当商品流通的中介，那么任何流通的中介都是可以的。只有当你想用货币来体现积攒下来的价值时，货币的真假才重要。

波德莱尔有一首引人入胜的散文诗，雅克·德里达曾在《给定时间》中对其加以发挥。当诗人的同伴给了他们在街上遇到的乞丐一法郎时，诗人感到很惊讶。他称赞他的同伴慷慨大方。他的同伴说，别担心，这枚硬币是假的。诗人大为震惊，并向他的同伴提出了忠告，他的同伴只是回答说，乞丐欣喜若狂，因为他认为自己得到了一枚真硬币。那么，鉴于乞丐在其

---

[1] 《马克思恩格斯全集》第30卷，人民出版社，1995年，第149—150页。

他方面的悲惨生活,给他一枚假硬币能给他带来如此强烈的快乐,他至少可以快乐一阵子,这有什么不对呢?资本主义的总体充斥着这类伪造。

"流通中的商品和流通中的货币之间毕竟存在特有的区别。"商品只要最终被消费掉,"它就在某一个点上被抛出流通,完成自己最后的使命。相反,货币的使命是要留在流通中充当流通车轮;充当周而复始地进行流通的永动机"①。当我们回到商品—货币和货币—商品的循环,那么,作为使用价值的商品的交换是有意义的,"相反,货币同货币交换就毫无意义,除非量上出现差额"②。因此,利润的重要性才显现出来!

马克思的论证在这里出现了一个重要的转折点。"因此,G—W—W—G 这一形式规定也和另一个表现为最初的形式规定的 W—G—G—W 同样正确。困难在于:末端的商品在质上是不同的,末端的货币却不是这样。货币只能在量上不同。"③这显然为研究货币作为资本的流通以及研究利润的范畴开辟了道路,但到这里为止,"我们还没有涉及"。因此,马克思选择从这种替代形式的流通回溯到物物交换的实践。但他花了几页

---

① 《马克思恩格斯全集》第 30 卷,人民出版社,1995 年,第 152—153 页。
② 同上,第 153 页。
③ 同上,第 154 页。《大纲》的中文版中保留了马克思所用的德文字母 W(表示商品)和 G(表示货币)。哈维在本书中基于《大纲》的英译版,采用的是英文字母 C(表示商品)和 M(表示货币)。为方便读者理解,避免混淆,本书以中文版为准,或将哈维所使用的英文字母直接以中文代替。——译者注

才达到这一点，即"作为流通工具，作为交换手段，货币成为主体"①。这时，货币就成了"交换价值的一般代表，而作为这种代表，它是具有相等的交换价值的每一其他商品的**代表**，是一般代表"②。"货币对一切其他商品来说，**代表**一个商品的价格，或者对一个商品来说，**代表**一切商品的价格。在这种关系中，货币不仅是商品价格的**代表**，而且是货币本身的**符号**。"③

当作为金银的货币只是流通手段，交换手段的时候，可以由表现一定量的货币单位的任何其他符号来代替，从而象征性的货币可以代替实在的货币，因为作为单纯交换手段的物质货币本身是象征性的。根据货币作为尺度，作为价格的实现和作为单纯交换手段这几种相互矛盾的规定，可以说明在别的情况下无法说明的现象：当金属货币金银用掺进便宜金属的办法来伪造时，货币便贬值，价格便上涨。④

在17世纪和18世纪，货币贬值的问题是一个必须由国家来解决的长期问题。一种粗暴的技术是硬币剪边——从银币上刮掉一些银。这构成了一种死罪，艾萨克·牛顿担任皇家铸币厂的厂长时，似乎带着某种虐待狂的快感，把硬币剪边者公开

---

① 《马克思恩格斯全集》第30卷，人民出版社，1995年，第163页。
② 同上，第164页。
③ 同上。
④ 同上，第165页。

挂在泰伯恩刑场的绞架上，因为他们犯了罪。在此前大约一个世纪，一个人可能由于是宗教异端而被绑在火刑柱上烧死，到了约翰·洛克（宗教自由的主要倡导者）和牛顿的时代，货币犯罪成了死罪！

显然，在一个市场交换广泛存在的世界里，货币是绝对必要的。"如果取消货币，那么人们或者会倒退到生产的较低的阶段……或者前进到更高的阶段，在这个阶段上，交换价值已经不再是商品的首要规定，因为以交换价值为代表的一般劳动，不再表现为只有通过中介才取得共同性的私人劳动。"① 马克思把社会主义的愿景与交换价值的取消联系在一起。找到某种方式来组织生产、分配和消费，以消除占统治地位的抽象的权力，这是一项艰巨的任务，马克思没有提示这种生产方式可能是什么样子。他还将货币与社会劳动的代表联系起来（而不是直接与交换价值相对应），并设想了一种激进但不够清晰的生产和分配的重组模式，这一模式遵循完全不同的、非市场的路线，也许是民主社会主义的路线。

马克思接着谈到了"充分发展的货币的**第三种规定**"，它"以前两种规定为前提，并且是它们的统一"②。回想一下，"货币的第二种规定"是"货币作为交换手段和价格的实现者的

---

① 《马克思恩格斯全集》第 30 卷，人民出版社，1995 年，第 167 页。
② 同上，第 169 页。

规定"①。第一种规定是货币"表现为交换价值的尺度"②。当货币"在流通之外具有独立存在"时,第三种规定就出现了。金银可以"作为**特殊**商品"离开流通,表现为"奢侈品、金银饰品",或者干脆作为"**贮藏货币**"被积累起来。③

这一方面"潜在地包含了货币作为**资本**的规定"④。这里预示着马克思即将从对货币流通的研究过渡到对货币资本流通的研究,在这种过渡中,"货币本身就包含着:(1)货币既是流通的前提,又是流通的结果;(2)因此,货币的独立性本身只是**否定的**关系,但始终是同流通的关系;(3)货币本身表现为**生产工具**"⑤。其中的中介,是货币作为一种独立的社会权力的职能,这种社会权力可以被私人占有。这种权力不是绝对的。它依赖于将货币持续作为交换价值的尺度、价格形成的工具和流通的中介来使用。这种权力产生于这样一个简单的事实,即货币可以满足"任何需要,因为它可以换取任何需要的对象,对任何特殊性都不在乎。……在货币上,一般财富不但是形式,而且同时就是内容本身。可以说,财富的概念实现在一种特殊对象上了,**个体化了**"⑥。

---

① 《马克思恩格斯全集》第 30 卷,人民出版社,1995 年,第 160 页。
② 同上,第 140 页。
③ 同上,第 169 页。
④ 同上。
⑤ 同上,第 170—171 页。
⑥ 同上,第 172 页。

货币意识形态与万物货币化

在《大纲》的写作中，打开一个新的笔记本常常促使马克思重新聚焦。这就是这里发生的事情。马克思的焦点一下子转向了财富，这是一个理想化的概念，它在物质上以货币形式实现，"货币实体就是财富本身，后者既作为财富特殊存在方式的抽象，又作为财富总体"①。马克思在其他地方明确区分了财富和价值，但在这里，这种区分还隐而未现（我觉得部分原因是价值理论尚未得到充分发展）。"交换价值构成货币实体，交换价值就是财富。"同一切与商品的特殊性相联系的财富相反，货币"是财富的一般形式"，即便特殊商品构成财富的实体。因此，在货币的第一个角色中，货币本身就是财富；在其他角色中（与商品的关系中），货币是财富的一般物质代表。"因此，货币是商品中的上帝。"②当《福布斯》列出世界上最富有、最强大的资本家名单时，它不仅通过他们控制的货币数量来衡量他们的财富，还通过他们所拥有的财产或资产（股票和股份，房地产，商品，知识产权，以及一整套无形资产如声誉等）的货币价值来衡量他们的财富。这就是马克思把直接财富（货币）同商品形式的财富的货币化表现结合起来所得出的总财富。

马克思这里的分析语言是完全不同的。它实际上关乎与货币

---

① 《马克思恩格斯全集》第 30 卷，人民出版社，1995 年，第 173 页。
② 同上。

拜物教有关的人类学、心理学，以及这种拜物教意味着什么。马克思的语言有些复杂，所以我试着把其中的要点分离出来。马克思说，货币代表"商品的天上的存在，而商品代表货币的人间的存在。每种形式的自然财富，在它被交换价值取代以前，都以个人对于对象的本质关系为前提，因此，个人在自己的某个方面把自身对象化在物品中"[1]。另一方面，货币在流通之外有一种独立的存在。"作为个别化的可以捉摸的对象，货币可以偶然地被寻求，被找到，被偷盗，被发现，因而……被单个的个人所占有。"它从充当流通中的尺度和中介这样的"奴仆"角色，"一跃而成为商品世界中的统治者和上帝"[2]。虽然它同个人的最初关系表现为纯粹偶然的关系，但是由于这种性质，它仍然"赋予个人对于社会，对于整个享乐和劳动等等世界的普遍支配权"[3]。

金钱成为欲望的物神崇拜对象。这一思想可以回溯到《1844年经济学哲学手稿》，马克思在那里对资产阶级社会中的货币权力进行了生动的描述。货币代表了我权力的范围。我很丑，但如果我有钱，我可以"购买"漂亮的女人，这样我就不再显得丑了。我是坏的、不诚实的、无良的、愚蠢的，但是钱是尊贵的，因此，有钱人也是尊贵的。我缺乏才能，但是我可以花钱让聪明人为我服务，所以我显得很聪明。马克思在这方面做了详尽的论述。

---

[1] 《马克思恩格斯全集》第30卷，人民出版社，1995年，第173页。
[2] 同上。
[3] 同上，第174页。

第二章　货币的流通

"因此，货币不仅是致富欲望的**一个**对象，而且是致富欲望的**唯一**对象……致富欲望本身是一种特殊形式的欲望，也就是说，它不同于追求特殊财富的欲望，例如追求服装、武器、首饰、女人、美酒等等的欲望，它只有在一般财富即作为财富的财富个体化为一种特殊物品的时候，也就是说，只有在货币设定在它的第三种规定上的时候，才可能发生。"[1] 然而，这种对货币的欲望是"一定的社会发展的产物，而不是与**历史产物**相对立的**自然产物**"。马克思强烈反对那种普遍的常识性观点，即人的贪婪是自然的，因此是不可避免的、铭刻在我们的DNA（脱氧核糖核酸）中的、无法被消除的。为了支持自己的观点，他指出，古代人是如何鄙视货币的，认为它天生就是邪恶的，常常把它称为万恶之源。马克思注意到，对货币的贪婪同享乐主义或吝啬具有历史性的区别。他还指出，对货币的贪婪"必然导致古代共同体的没落"[2]。这种敏感度在马克思的历史观中发挥着突出的作用。"货币本身就是**共同体**，它不能容忍任何其他共同体凌驾于它之上。"[3] 马克思注意到了货币化对古代世界的破坏。货币越是作为第三种角色发展起来，越是作为生产资料，"就越是表现出他们的共同体的没落"。或者正如他在后面所说的那样，"凡是在货币本身不是共同体的地方，

---

[1] 《马克思恩格斯全集》第30卷，人民出版社，1995年，第174页。
[2] 同上，第175页。
[3] 同上。

货币必然使共同体瓦解"①。

万物的货币化，似乎是资本作为一个总体的无声的演进规律。新自由主义时代见证了这一规律的作用发挥所取得的令人敬畏的成果。诸如健康保障、教育一类的权利，已经转化为可以在市场上交易的商品。它们已经被货币化了。"货币欲或致富欲望必然导致古代共同体的没落。"② 在经济发展到一定阶段时，"货币不可避免地突然出现在它的第三种规定上，而且货币在这种规定上越发展，就越是表现出他们的共同体的没落……货币的简单规定本身包含着这样一点：货币作为发达的生产要素，只能存在于**雇佣劳动**存在的地方"③。在这种条件下，货币成为"发展一切生产力即物质生产力和精神生产力的主动轮……古代意义上的货币占有者已被工业的发展过程所瓦解"④。

"作为**一般财富的物质代表**，作为**个体化的交换价值**，货币必须**直接**是一般劳动的即一切个人劳动的对象、目的和产物。劳动必须直接生产交换价值，也就是说，必须直接生产货币。"请注意，马克思将雇佣劳动直接与交换价值（货币）而不是价值联系起来。"因为每个人都想生产货币，所以致富欲望是所有人的欲望，这种欲望创造了一般财富。因此，只有一般的致富欲望才能成为不断重新产生的一般财富的源泉。"⑤ 货币形

---

① 《马克思恩格斯全集》第30卷，人民出版社，1995年，第177页。
② 同上，第174—175页。
③ 同上，第175页。
④ 同上，第176页。
⑤ 同上。

式的利润显然是推动这种财富创造的主要动力。但实现它的主体是雇佣劳动,因此,货币化进程与雇佣劳动的历史性形成联系在了一起。这引导马克思构建起如下的试探性表述。

"资产阶级社会的基本前提是:劳动直接生产交换价值,从而生产货币;而货币也直接购买劳动,从而购买工人,只要后者在交换中让渡自己的活动。因此,一方的**雇佣劳动**和另一方的**资本**……"① 在这里,马克思终于开始把资本和劳动的阶级关系纳入视野。但他坚定地坚持自己先前的主张,即在他的研究的这一点上,他不想"涉及"这一关系。他仍然完全专注于货币形式的矛盾:

> 死抱住货币的一种抽象规定,而无视这种规定中所包含的矛盾,——这种幻想在个人的背后赋予货币以这种确实神奇的意义。实际上,货币由于这种自相矛盾的、因而是幻想的规定,由于货币的这种抽象,便在社会生产力的实际发展中成为如此强大的工具。②

马克思总结道:

> 所以,货币同时直接是**现实的共同体**,因为它是一切

---

① 《马克思恩格斯全集》第30卷,人民出版社,1995年,第178页。
② 同上。

人赖以生存的一般实体；同时又是一切人的共同产物。但是，正如我们已经看到的，在货币上共同体只是抽象，对于单个人来说只是外在的、偶然的东西；同时又只是作为孤立的单个人的个人满足需要的手段。古代共同体以一种完全不同的个人关系为前提。因此，货币在其第三种规定上的发展，破坏了古代共同体。①

生产方式从一种向另一种的转变（这就是我们在这里所看到的）包含着复杂深远的创造性破坏。

马克思没有研究阶级关系，而是回到了对货币作为财富表现的确切形式的关注。铸币作为一种流通手段，发挥着很好的作用，但它带有国家性、地方性特征。货币的普遍形式在于金银货币商品。"只有这样，它才是**一般**财富的物质代表。因此，在重商主义那里，金银被当作是衡量各个不同共同体的实力的尺度。"② 尽管重商主义在很大程度上已被抛弃，不再是一种恰当的资本经济理论，但时至今日，"尽管现代经济学家自以为比重商主义高明，但在1857年普遍危机时期也和在1600年一样，金银又完全出现在这一规定上"③。

在这一点上，马克思停了下来，简要地思考了一下他已写的一切如何与他心中的计划相结合，从而写出一部关于古典经

---

① 《马克思恩格斯全集》第30卷，人民出版社，1995年，第178页。
② 同上，第179页。
③ 同上，第180页。

济学批判和资本运动规律研究的巨著。显然，他把在这里已搜集到的材料作为他设想中著作的第一部分的基础。

生产的内部结构构成第二篇。[资产阶级社会]在国家上的概括构成第三篇，[生产的]国际关系构成第四篇，世界市场构成末篇；在末篇中，生产以及它的每一个要素都被设定为总体，但是同时一切矛盾都展开了。于是，世界市场又构成整体的前提和承担者。于是，危机就是普遍指示超越这个前提，并迫使采取新的历史形态。①

这是《大纲》中的第二个计划。很明显，关于国家和国际关系的著作不见了，世界市场状况作为《资本论》的背景出现，而不是出现在英国产业资本的前景中。但是，有趣的是，对总体、它的要素和它的矛盾的关注，牢牢地构成了马克思研究的框架。

《大纲》中"货币章"的剩余部分讨论了这样一些小问题：铸币和货币商品的关系，货币作为价值尺度如何保持稳定，货币如何在世界舞台上发挥职能。同时，马克思注意到了货币如何依赖其作为价值尺度和交换手段的职能，即便当货币跳出这些角色、否定这些职能，并扮演其作为资本的第三种角色时，它仍然依赖于这些职能。马克思还讨论了货币囤积（作为一种虚假的积累形式）与货币流通之间的关系。

---

① 《马克思恩格斯全集》第30卷，人民出版社，1995年，第180—181页。

马克思已经为分析货币复杂性和围绕货币用途而形成的拜物教奠定了基础。当今时代推动了万物的货币化，宣告了资本演进的加速，资本的要素甚至在马克思的时代就已经有目共睹了。

几年前，我和一些大学生坐下来，问他们获得学位后想做什么。他们的答案都是：想赚到足够的钱，过上好日子。没有人表示有兴趣或雄心去做任何特别的事情。货币限制了他们的雄心。凯恩斯曾经评论过导致这一切的心理机制。他期待有一天"财富的累积已经失去了高度的社会重要性"，到那时"社会的风尚也将发生重大变化。有许多伪道德原则已经使我们受累了二百年，在这些原则下，我们把人类性格中某些最可厌的成分抬举了起来，看作是最高品质；到那个时候，就可以把它们推翻。对金钱的动机，那时我们就可以有胆量按照它的真值来评价。同样是对金钱的爱好，有的由此造成了占有欲，有的则以此作为享受与维持现实生活的手段，两者是大有区别的；那时对前者的真相就可以有所认识，那是一种可憎的病态，是一种半属罪恶、半属病理的性格倾向，是人们要在怀着恐惧的心情下交托给精神病专家处理的。凡是要影响到财富分配、经济报酬以及经济处分的那些社会习惯和经济设施，不管它们本身是如何地使人憎恶、如何地有欠公道，只是由于它们对资本积累的推进极端有利，我们即不惜以任何代价来加以支持；到那个时候我们将无所顾虑，把它们完全摈弃"[①]。

---

① 凯恩斯：《劝说集》，蔡受百译，商务印书馆，2016年，第304—305页。

第三章
异己的资本遇到异己的劳动

如果说货币的流通是"经济范畴中第一个总体",那么第二个总体就是货币作为资本的流通。这是由货币的如下功能产生的,"货币不是仅仅表现为**手段**,也不是表现为**尺度**,而是表现为目的本身"①。这个目的,当然就是利润。

在图 2 中,货币资本位于流程图的底部,从那里开始,有一股价值流被注入资本的一般流通过程中,资本经过生产、消费、实现和分配的不同环节,再次以货币资本形式返回到流通过程中。这就是资本流动的宏观经济结构。在《大纲》中有一个与之平行的叙事结构,从无穷无尽的具体商品交换,延伸到货币的不同形式,这些形式不仅促进了商品交换以及其他社会功能(如贮藏功能)的发挥,而且还提供了这样一种中介,通过它,资本流通和资本积累运动的抽象规律得以发挥作用。这

---

① 《马克思恩格斯全集》第 30 卷,人民出版社,1995 年,第 168 页。

种叙事从具体到抽象,在多个微观层面上考察了货币流通过程与资本创造和资本流通交织在一起的各种情形。这些微观考察有时长达数页,甚至更糟的是,其常常使马克思陷入各种琐碎的计算,这些计算涉及收益率(在后面的章节中以一种叫作塔勒的货币来说明)、大规模的配置、生产结构以及技术调整的影响等。其结果是,读者在阅读马克思的著作时会出现严重的"只见树木,不见森林"的问题。在这里,我将把重点放在宏观经济森林而不是树木上。同时,正如"货币章"的情况,有些惊人的卓越见解需要详加讨论。然后,一直潜伏在这些背后的,是马克思心中对一部巨著的隐晦的、不断演变的计划。

然而,有一个一般性的理论难题贯穿于分析之中。我一直不愿意把《资本论》中的材料引入这一分析。但是在如下情况下,我觉得有必要这样做。在《资本论》中,马克思运用了三个基本范畴:使用价值、交换价值和价值。这些范畴相互关联但又相互独立,将价值视为社会必要劳动时间的原初(李嘉图式)做法,把价值理论(以劳动投入为基础)同交换价值(以市场上实现的价格为基础)区分开来。正如我们前面看到的,马克思认识到,市场交换所形成的价值和劳动投入所产生的价值之间存在着区别,但在《大纲》中,他并没有将这两个范畴进行区分。价值在很大程度上等同于交换价值,因为价值是以市场价格形式实现的劳动投入的某种融合。换句话说,价值既包含了劳动投入,也包含了市场价格。当马克思谈到它们的差异时,他是为了对比市场价格部分的短暂性、不稳定性与劳动投入部分的相对稳定性。这是古典政治经济学中公认的区分，即所谓"自然"或均衡的价格同不稳定的、已实现的市场价格的区分，前者被认为反映了劳动投入，后者则由需求和供给的波动决定。当马克思在下文中使用"价值"一词时，它必须被理解为《大纲》意义上的交换价值，而不是《资本论》中所定义的"价值"。马克思尚未能明确区分市场交换价格和劳动价值，这在某些方面阻碍了他的分析。我认为人们普遍能接受的是，马克思在价值理论上不够明确，这是《大纲》的突出问题之一。因此，马克思有时会为如何从理论上把握资本而艰难探索。例如，我自己更喜欢将资本定义为运动中的价值，这与马克思在这里的想法并不大吻合。

货币与流通

既然资本起源于流通，那么，我们有必要回到货币的流通上，来确定那些对理解资本的本质至关重要的特征。"在货币作为货币的完全的规定性上理解货币特别困难，——政治经济学企图回避这些困难，办法是抓住货币的一种规定忘记另一种规定，而当面临一种规定时又求助于另一种规定，——因为在这里，社会关系，个人和个人彼此之间的一定关系，表现为一种金属，一种矿石，一种处在个人之外的、本身可以在自然界中找到的纯物体，在这种物体上，形式规定和物体的自然存在再也区分不开了。金银本身不是货币。自然界并不出产货币，正如自然界并不出产汇率或银行家一样。"① "包含在交换价值……中的基本矛盾"（物质性的使用价值同社会性的交换实践之间的矛盾），"在这里最纯粹地表现出来了"②。

"随着占统治地位的生产关系的对立面的成长"，"有人就在货币身上费尽心机，企图消除对立，其实货币只是这些对立的明显的现象"。诚然，"人们可以在货币上采取一些革命措施"，但它们实际上"会使一切其他东西原封不动"。马克思用了一个有启发性的比喻。"人们是手打麻袋意在驴子。但是，只要驴子没有感到麻袋上的打击，人们实际上打的就只是麻袋而不是驴子。一旦驴子感觉到了，那么，人们打的就是驴子而不是麻袋。"③ 马克思决心狠狠地打击资本这头驴子，尽管它有货币这个麻袋的严密保护。在这种情况下，他批评那些针对货币本身的措施"只是对结果的攻击，而产生这些结果的原因仍然存在"④。正如我们前面所指出的，像蒲鲁东所主张的那样，对货币形式进行修修补补并不能克服矛盾。不过同样正确的是，"在从简单意义上来理解的货币关系中，资产阶级社会的一切内在的对立在表面上看不见了，因此，资产阶级民主派比资产阶级经济学家……更多地求助于这种简单的货币关系，来为现

---

① 《马克思恩格斯全集》第 30 卷，人民出版社，1995 年，第 193 页。
② 同上，第 194 页。
③ 同上。
④ 同上，第 195 页。

存的经济关系辩护"①。这样的辩护也构成了麻袋，构成了一个必须拆除的意识形态保护网。

马克思更深入地研究了发达市场中交换环节发生的事情。"把进行这一过程的个人即主体只是单纯地看作交换者……每一个主体和另一个主体发生的社会关系就是后者和前者发生的社会关系。因此，作为交换的主体，他们的关系是**平等**的关系。"②这是一个重要且基础性的论点。"其次，他们所交换的商品作为交换价值是等价物。"③平等和等价是这一市场交换过程的关键特征。在这个交换过程中，只有"形式上不同的三种要素：关系的主体，**交换者**……；他们交换的对象，交换价值，**等价物**……；最后，交换行为本身"④。交换有赖于"他们在需要上和生产上的差别"。这"导致交换以及他们在交换中的社会平等化……从这种自然差别来看，个人［A］是个人B所需要的某种使用价值的所有者，B是A所需要的某种使用价值的所有者。从这方面说，自然差别又使他们互相发生平等的关系"⑤。需要上的互惠性意味着交换者必须承认彼此都是有需要的人。他们不能对彼此漠不关心："每一个人作为**人**超出了他自己的特殊需要等等，他们是作为人彼此发生关系的；他们都

---

① 《马克思恩格斯全集》第30卷，人民出版社，1995年，第195页。
② 同上。
③ 同上。
④ 同上，第196页。
⑤ 同上，第197页。

意识到他们共同的类的本质。"① "类的本质"是《大纲》中很少提及的一个概念，它源自《1844年经济学哲学手稿》的唯心主义。除了有关平等的表述之外，这里也产生了有关自由的表述。"尽管个人A需要个人B的商品，但他并不是用暴力去占有这个商品，反过来也一样，相反地他们互相承认对方是所有者，是把自己的意志渗透到商品中去的人格。因此，在这里第一次出现了人格这一法的因素以及其中包含的自由的因素。"②

在交换中，"每个人为另一个人服务，目的是为自己服务；每一个人都把另一个人当作自己的手段互相利用"③。平等、自由、互惠、在分化中彼此利益的兼容性，以及在我们共同物种旗帜下建立的其他联系，这些都是市场交换中出现的重要特征。

> 从交换行为本身出发，个人，每一个个人，都自身反映为排他的并占支配地位的（具有决定作用的）交换主体。因而这就确立了个人的完全自由……共同利益恰恰只存在于双方、多方以及各方的独立之中，共同利益就是自私利益的交换……可见，平等和自由不仅在以交换价值为基础的交换中受到尊重，而且交换价值的交换是一切平等和自由的生产的、现实的基础。作为纯粹观念，平等和自由仅仅是交换价值的交换的一种理想化的表现；作为在法律的、政治的、社

---

① 《马克思恩格斯全集》第30卷，人民出版社，1995年，第197页。
② 同上，第198页。
③ 同上。

会的关系上发展了的东西，平等和自由不过是另一次方上的这种基础而已。而这种情况也已为历史所证实。①

马克思接着将自由主义政治理论的政策同罗马法及中世纪的政治实践进行了对比，前者明显地建立在交换的基础上。在资产阶级的市场交换中，"货币制度实际上只能是这种自由和平等制度的实现"②。不仅如此，

> 当货币在这里表现为契约上的材料，契约上的一般商品时，立约者和立约者之间的一切差别反而消失了。当货币成为积累的对象时，主体在这里就只是从流通中抽出货币即财富的一般形式，而不是从流通中抽出同等价格的商品……如果一个人变穷了，另一个人变富了，那么这是他们的自由意志，而决不是由经济关系即他们彼此发生的经济联系本身所造成的。③

显然，这一描述及其所支持的自由主义政治理论缺少了某些东西。"在现存的资产阶级社会的总体上，商品表现为价格以及商品的流通等等，只是表面的过程，而在这一过程的背后，在深处，进行的完全是不同的另一些过程，在这些过程中个人

---

① 《马克思恩格斯全集》第 30 卷，人民出版社，1995 年，第 199 页。
② 同上，第 201 页。
③ 同上，第 201—202 页。

之间这种表面上的平等和自由就消失了。"① 例如，我们忘记了，"交换价值作为整个生产制度的客观基础这一**前提**，从一开始就已经包含着对个人的强制"②。个人已经被交换关系以外的那些关系（抽象）束缚住了，并且"已经使个人成为由社会**决定**的人了……［资产阶级辩护论者的］这全部聪明才智不过是要停留在最简单的经济关系上，这些经济关系单独来看，是纯粹的抽象"③，但这完全忽视了劳动和资本的对立。未能认识到阶级关系是致命的。这也引发了马克思对法国社会主义者立场的简要批判，后者赞扬资产阶级交换关系所赋予的自由和自由主义制度，并将自己的政治纲领集中于反抗对此制度的歪曲，这种歪曲被归结为货币形式与货币资本和权力的集中。他们所主张的"自由、平等、博爱"正是法国大革命的主要口号。"对于这些社会主义者必须这样回答：交换价值，或者更确切地说，货币制度，事实上是平等和自由的制度，而在这个制度更进一步的发展中对平等和自由起干扰作用的，是这个制度所固有的干扰，这正好是**平等和自由**的实现，这种平等和自由证明本身就是不平等和不自由。"④ 法国大革命的口号来自资产阶级市场。法国社会主义者对这一理想的政治追求，注定会让他们走进资产阶级空想主义的死胡同。

---

① 《马克思恩格斯全集》第 30 卷，人民出版社，1995 年，第 202 页。
② 同上，第 203 页。
③ 同上。
④ 同上，第 204 页。

资产阶级关于平等、自由和互惠的愿景是如何倒转而呈现出不平等和不自由的，这是需要探究的。但是，为什么马克思要花这么多时间在这个问题上呢？我认为，首先，马克思想要确认，平等、自由和互惠等强有力的政治理想在商品市场交换过程中具有现实的物质基础。它们不是从人类大脑中塑造出来的幻想，也不是上帝赋予的自然权利。即使它们是，正如《圣经》所说，除非它们成为现实，否则也没有意义。其次，马克思想要揭示，这些在资产阶级自由主义政治理论和自由贸易学说中被包装起来的统治思想是如何使统治阶级受益的（并且在今天依然如此，正如新自由主义对集体行动的政治攻击所表明的那样，前者支持着一种颇具说服力的个人自由意识形态，同时也支持着自由贸易）。最后，马克思想让社会主义者（尤其是法国的社会主义者）不再错误地相信，真正的自由、平等和博爱的世界可以通过对一般流通特别是货币的改革实现。

虽然马克思意在揭示法国和欧洲其他国家社会主义者的"错误"——尤其是蒲鲁东和后来的巴枯宁，但马克思的批判却非常适合我们这个时代，可以同安·兰德、诺齐克等人所阐述的自由主义传统，以及美国激进右翼的反国家主义相抗衡。这一传统的力量怎么强调也不为过。例如，1987—2006年担任美联储主席的艾伦·格林斯潘，需要对导致2007—2008年金融危机的利率政策负责，而他正是安·兰德的忠实追随者，共和党的其他许多人以及他们的主要企业捐助者也是如此。但是，当对一个人应该戴口罩来预防病毒的建议被视为对上帝赋予的个人自由权利的冒犯时，资产阶级的自由主义传统就达到了荒谬的程度，尽管这种传统在物质上以交换行为作为基础。资产阶级自由主义是意识形态斗争的重要主题。法国大革命的口号本质上是资产阶级的，我们这个时代对市场自由和个人自由权利的新自由主义拥护也是如此。当然，这种意识形态政策的受益者一般是资产阶级，尤其是占据其中 1% 的顶层人士。

马克思以一个简单的观察开始了他对这一切的反驳："**作为资本的货币**是超出了作为货币的货币的简单规定的一种货币规定。"① 或者说："**作为资本的货币**不同于**作为货币的货币**。"② 但是，他马上就遇到了一个问题。货币作为一种资本形式，它的某些用途显然早于货币体系的充分发展，同时显而易见的是，货币形式后来的发展导致出现了作为一种未来总体的全球货币市场。资本的创造和积累，就在这两种定位之间。作为一种未来总体的货币市场的崛起，显然将成为资本史上的一个重要特征。有趣的是，马克思似乎接受了这一点，但在这里，他没有兴趣探索货币市场的成长，哪怕只是粗略地探索。这是一个留待后人探索的问题。而马克思试图抓住并且定义资本的概念，从而解释，当货币成为资本时，它在什么意义上"超越"了其简单的货币特征。接下来的材料是曲折而多变的，因为马克思是在缺乏对价值的明确定义的情况下，试图对资本的实际内涵

---

① 《马克思恩格斯全集》第 30 卷，人民出版社，1995 年，第 206 页。
② 同上。

（而非其在日常生活中的表现）给出明确定义。马克思的论证有时很难理解，但是其中有一些关键要素为马克思后来的叙述提供了依据。

（1）"资本决不是简单的关系，而是一种**过程**，资本在这个过程的各种不同的要素上始终是资本。"① 换句话说，资本是一个过程，而不是一个物。这是一个至关重要的发现。

（2）"货币是交换价值达到资本的规定的最初形式，因而资本的最初**表现形式**被混同为资本本身。"② 虽然货币是资本的跳板，但正如许多人所设想的那样，这并不意味着货币就是资本。

（3）"以流通为前提的交换价值，在流通中并通过流通保存自己。"因此，"流通不是交换价值消失的运动，反而是交换价值实际上使自己设定为交换价值的运动"③。资本作为一个过程，是自我复制的，最终是连续的。

（4）流通不再是"单纯的相等即保持交换价值的同一性，而是自行**倍增**。交换价值只有增殖，即增大其价值的时候才能使自己成为交换价值"④。企业通过创造利润来实现扩张是不可避免的。

（5）"设定为商品和货币的统一体的交换价值，就是**资本**，

---

① 《马克思恩格斯全集》第 30 卷，人民出版社，1995 年，第 214 页。
② 同上，第 215 页。
③ 同上。
④ 同上，第 220 页。

而这种设定过程本身，是资本的流通。(不过这种流通是螺旋线，是不断扩展的曲线，而不是简单的圆圈。)"① 资本在流通过程中采取了不同的物质形式（如商品和货币）。图2中的循环流动图需要被螺旋式图所取代。

（6）"第一个前提是：一方是资本，另一方是劳动，两者作为独立的形态互相对立。"② 阶级关系至关重要。

（7）"与资本对立的劳动是**异己的**劳动，与劳动对立的资本是**异己的**资本。"③ 相互异化存在于劳资关系的核心。

（8）"作为财富，作为财富的一般形式，作为起价值作用的价值而被固定下来的货币，是一种不断要超出自己的量的界限的欲望：是无止境的过程。它自己的生命力只在于此；它只有**不断地自行倍增**，才能保持自己成为不同于使用价值的自为的交换价值。"④ 资本需要无止境的、指数级的积累。它要么增长，要么死亡。

（9）"劳动不是作为对象，而是作为活动存在；不是作为**价值**本身，而是作为价值的**活的源泉**存在。"⑤ 资本和劳动在市场上的交换关系与其他一切形式的市场交换存在本质上的不同。

---

① 《马克思恩格斯全集》第30卷，人民出版社，1995年，第223页。
② 同上。
③ 同上。此处"异己的"（alien）原译为"他人的"，为体现这一概念与"异化"（alienation）的关联，在此改译为"异己的"。本书后续出现同样的改译，不再另行说明。——译者注
④ 《马克思恩格斯全集》第30卷，人民出版社，1995年，第228页。
⑤ 同上，第253页。

读者们可能想跳过那些有时过于细碎、晦涩难懂的细节，直接进入下一部分，但是我需要把这些细节再回顾一遍。

马克思的探索始于他对"所谓的零售商业"即"在生产者和消费者之间直接进行的资产阶级生活的日常交易"的简短考察。在这里，也只有在这里，"交换价值的运动，交换价值的流通才以纯粹的形式进行"①。在这里起支配作用的社会关系，是买者和卖者之间的关系，"其他一切规定在这里都消失了"②。如何将这个小资产阶级商业世界整合到资本的一般理论中，是马克思倾向于搁置一边的一个问题。马克思说，从形式上看，我们不能通过对这一领域的研究来将资本理论化，但这一领域在当今世界经济中的规模和政治影响力不能被轻易忽视。纽约的街头小贩与作为一个总体的经济并不是无关的，而小资产阶级的政治主张长期以来一直是基于市场交换的而非无产阶级化的劳动。当拿破仑皇帝把英国斥为"小店主国家"时，他提出了一个重要的政治观点。然而，在接下来的讨论中，马克思忽略了这个问题。

取而代之的是，马克思提出了价值问题。他立即断言："价值概念先于资本概念，而另一方面，价值概念的纯粹的展开又要以建立在资本上的生产方式为前提。"③他观察到："经济学家们必然会在一些场合把资本看作价值的创造者，价值的

---

① 《马克思恩格斯全集》第 30 卷，人民出版社，1995 年，第 206 页。
② 同上，第 207 页。
③ 同上。

源泉，而在另一些场合又把价值看作资本形成的前提。"[1] 马克思从历史的角度看待这个问题。价值作为一个有意义的范畴，是在人们对特定社会实践的历史阐述中产生的，这些实践日益体现出价值是一种统治社会行动的抽象的力量。在这背后，似乎存在着一个实践和理论范畴共同进化的"生成"过程。"因此，价值规定本身要以社会生产方式的一定的历史阶段为前提，而它本身就是和这种历史阶段一起产生的关系，从而是历史的关系。另一方面，价值规定的各要素是在历史的社会生产过程的一些较早的阶段上发展起来的，而且表现为这一过程的结果。"[2]

然后，马克思推测这些要素可以在哪里找到，并很快提出如下观点："表现为交换价值的真实基础的，不是资本而是土地所有权关系。"[3] 问题在于，"现代土地所有权如果没有资本这个前提就根本无法理解，因为它没有这个前提就不能存在……因此，正是在土地所有权的发展中才能研究资本逐步取得的胜利和资本的形成，由于这个缘故，现代的经济学家李嘉图为了确定资本、雇佣劳动和地租的关系的特殊形式，以伟大的历史眼光把这些关系放在土地所有权范围内进行了考察"[4]。由此得出了一个不太确定的结论："土地所有权的历史表明了

---

[1]《马克思恩格斯全集》第30卷，人民出版社，1995年，第207页。
[2] 同上。
[3] 同上。
[4] 同上，第207—208页。

封建地主逐步转化为地租所得者,世袭的半交代役租的而且常常是不自由的终身租佃者逐步转化为现代租地农场主,以及依附于土地而没有迁徙自由的农奴和徭役农民逐步转化为农业短工的过程,这种历史也许事实上就是现代资本的形成史。"[1] 这是罗伯特·布伦纳提出的有争议的干预资本形成因素的核心,他认为资本真正起源于土地的转型(尤其是在英国),而非国际贸易和商业资本的运作。虽然这无疑形成了一个关于资本史的重要视角,而且马克思将在《大纲》后续部分以及《资本论》(第一卷第七篇和第三卷关于土地所有权历史的章节)中回到这一点,但马克思似乎满足于把这些事情暂时抛在身后,因为他说"我们在这里要研究的是已经生成的、在自身基础上运动的资产阶级社会"[2]。

马克思接下来转而考虑资本与流通的关系。"资本首先来自流通,而且正是以货币作为自己的出发点。""货币是资本借以表现自己的最初形式。G—W—W—G;即货币同商品交换和商品同货币交换;这种为卖而买的运动,即构成商业的形式规定的运动,作为商业资本的资本,出现在经济发展的最早的状态中。"[3] 马克思对商业资本的历史作用提出了一些看法,就像他对土地所有权的看法一样。他承认,商品交换甚至是以货币为中介的交换,在为资本崛起铺平道路方面具有历史重要性。

---

[1] 《马克思恩格斯全集》第 30 卷,人民出版社,1995 年,第 208 页。
[2] 同上。
[3] 同上。

但问题在于,"流通本身不包含自我更新的原理。流通的要素先于流通而存在,而不是由流通本身创造出来的"①。"商品必须不断地从外面重新投入流通,就像燃料被投入火中一样。否则,流通就会无所作为而消失……所以,流通这个表现为直接存在于资产阶级社会表面上的东西,只有不断通过中介才能存在。"②在交换行为中,并没有隐含的命令说它必须重复。这种命令如果存在的话,一定来自其他地方。如果我们再加上这样一点(正如我们稍后将看到的),即资产阶级交换关系中假定的平等和等价完全违背了利润原则中包含的扩张原则,那么我们就会得到一个标准的结论,即资本不可能起源于交换行为,也不会通过交换行为延续下去。

当然,调解这一点的是在交换者"背后"进行的商品生产行为。这就把我们带回到了"出发点,到达设定即创造交换价值的**生产**。但是,这一次是这样的生产:**它的前提是作为发展了的要素的流通**,并且表现为引起流通又不断地从流通返回到自身以便重新引起流通的不断过程"③。这种运动导致了"产生价值的劳动"④ 和 "交换价值的生产"⑤。

马克思举的例子是英国的羊毛贸易,这是对 16 世纪荷兰

---

① 《马克思恩格斯全集》第 30 卷,人民出版社,1995 年,第 210 页。
② 同上。
③ 同上,第 211 页。
④ 同上。
⑤ 同上,第 212 页。

商品进口的回应。"为了出产更多的羊毛，耕地变成了牧羊场，小租佃制遭到了破坏等等，发生了清扫领地等等。因此，农业失去了为使用价值而劳动的性质。"①而从15世纪开始，偶尔会有剩余羊毛从英国流入欧洲，这种剩余物的交换：

> 对于农业的内部结构来说不再是无关紧要的了。在某些地方，农业本身完全由流通决定，转变为设定交换价值的生产。这样一来，不仅生产方式改变了，而且一切与之相适应的旧的人口关系和生产关系，经济关系都解体了。可见，在这里，流通的前提是一种仅仅以剩余物形式创造交换价值的生产；但是现在这种生产却返回到只与流通相联系的生产，返回到以设定交换价值为唯一内容的生产。②

我想引用这个例子来说明，马克思关于土地资本和商业资本在向资本主义过渡中所扮演的角色的观点，是坚实地建立在他的历史地理知识基础之上的。这个关于羊毛贸易的转变及其对英国社会影响的故事，后来大致按照马克思所描述的思路得到了充分的记录。具有讽刺意味的是，英国工业化的前身是农业采掘业，这一点已经得到了充分的注意。商品生产以交换为前提创造交换价值，而交换又要求（设定）创造更多的交换渠

---

① 《马克思恩格斯全集》第30卷，人民出版社，1995年，第212页。
② 同上，第213页。

道以完成其过程。资本起源于生产而非流通或交换,这一说法是马克思理论中的一个标准表述。正是在这里,马克思通过对微观可能性的审查,以及对流通转型如何促进生产方式(这里是农业生产方式)变革的研究,支持了上述说法。

在随后的内容中,马克思对这一理论突破进行了深入而详细的阐述。"这种运动以不同的形态出现,**既**在历史上导致产生价值的劳动,另一方面,**又**出现在资产阶级的生产制度内部,即设定交换价值的生产制度本身内部。"① 请注意,在这里,产生价值的劳动是直接与交换价值联系在一起的。但是,马克思不愿意对劳动价值论的某种版本做出探索,在这里可以用事实来解释,劳动是一个超历史的范畴,这也意味着"**要证明资本是一切人类生产的必要条件,自然就是再容易不过的事情了**"②。危险在于,资本将被简单地解释为对象化的劳动,这意味着"**资本被理解为物,而没有被理解为关系**"。"如果说资本是生产利润的交换价值,或者至少是怀着生产利润的意图而使用的交换价值,那么,资本就已成为说明资本自身的前提了,因为利润就是资本对它自身的一定的关系。资本决不是简单的关系,而是一种**过程**。"③

这是一个深刻而重要的发现。资本被定义为一种过程,而不是一种物(尽管它在运转过程的不同环节被对象化为不同的

---

① 《马克思恩格斯全集》第 30 卷,人民出版社,1995 年,第 211—212 页。
② 同上,第 214 页。
③ 同上。

物），甚至不是一种关系（尽管我们将会看到，它内化了一种至关重要的社会阶级关系）。

我们必须对这个"过程"加以研究。"要阐明资本的概念，就必须不是从劳动出发，而是从价值出发，并且从已经在流通运动中发展起来的交换价值出发。"在这里，价值和交换价值又合并在一起了。"一旦货币表现为不仅与流通相独立并且在流通中保存自己的交换价值，它就不再是货币，——因为货币作为货币不能超出消极的规定，——而是**资本**了。"①

现在我们更清楚地看到，货币不是资本。但是，资本在流通过程的某个环节是货币。这和说货币就是资本是不一样的。货币与资本的关系就成了问题：

> 货币是交换价值达到资本的规定的最初形式，因而资本的最初**表现**形式被混同为资本本身……这种历史事实与我们的阐述毫不矛盾，反而证实了我们的阐述。所以资本的最初的规定是：起源于流通，因而以流通为前提的交换价值，在流通中并通过流通保存自己；交换价值不会由于进入流通而消失；流通不是交换价值消失的运动，反而是交换价值实际上使自己设定为交换价值的运动，是交换价值实现为交换价值的运动。②

---

① 《马克思恩格斯全集》第30卷，人民出版社，1995年，第215页。
② 同上。

第三章　异己的资本遇到异己的劳动　　123

结果，在这种交换行为中，其他一切交换形式都消失了。如果我和你进行物物交换，你给我一些香蕉，我吃了香蕉，香蕉就消失了。它们已经离开了这个流通体系。商品连同其价值一起离开了这个体系。消费把商品带出了这个体系。小商品生产意味着创造商品，通过市场进行调解，然后消费使商品消失。这当中不需要任何形式的自我扩张、自我实现甚至自我更新。但是，马克思认识到，资本作为一个流通过程并没有消失。货币价值并未消失，它仍在体系之内。大部分生产资料的生产仍留在体系之内。被创造出来的价值留在了体系内，尽管被消费掉的物质商品不在体系内了。资本是自我复制的。简单地说，这个过程就是价值的运动，价值以流通为前提，在流通中并通过流通保存自己。价值不会因为进入流通过程而失去自己。换言之，价值（交换价值）正在被再生产出来。

"货币由于对流通采取否定态度，退出流通，才获得了不灭性"，例如，人们通过囤积黄金来保存货币，"而资本获得这种不灭性，则恰恰是由于把自己的命运交给流通，从而保存了自己"[①]。在这种流通中，"资本交替地成为商品和货币；但是第一，**资本本身是这两种规定的交替**；第二，资本成为商品；但不是这种或那种商品，而是**商品的总体**……资本取得的同一性……就在于资本是交换价值，而作为交换价值，它是货

[①] 《马克思恩格斯全集》第 30 卷，人民出版社，1995 年，第 217 页。

币"①。虽然马克思在这里没有这样说，但实际上，货币作为交换价值总体的代表，本身成了一种商品。"如果我们在这里谈的是资本，那么，它在这里还不过是一个名称而已。把资本同直接的交换价值和货币区别开来的唯一规定性，就是那种**在流通中并通过流通保存自己，并且使自己永存的交换价值的规定性**。"②这将是一个重要的过程定义。

在研究了流通领域的复杂可能性之后，马克思认识到，"交换价值按其内容来说，本来是劳动或劳动时间的对象化的一定量"③，这种劳动量进入流通领域之后，就变成了"可以捉摸的货币"④。这样，"交换价值现在已经不再是简单的等价物或劳动的简单的对象化，而是对象化了的并且独立化了的这样的交换价值：它只是为了更新自己并从自己出发重新开始流通……因此，这也不再像在流通中那样是单纯的相等即保持交换价值的同一性，而是自行**倍增**"⑤。货币"作为资本失掉了自己的僵硬性，从一个可以捉摸的东西变成了一个过程"⑥。因此，"对象化在交换价值中的劳动把活劳动变成再生产自己的手段，而起初交换价值只不过表现为劳动的产品"⑦。从这里开始，活

---

① 《马克思恩格斯全集》第 30 卷，人民出版社，1995 年，第 218 页。
② 同上。
③ 同上，第 219—220 页。
④ 同上，第 220 页。
⑤ 同上。
⑥ 同上。
⑦ 同上。

劳动在资本流通过程中的角色和作用逐渐走向马克思视野的中心。从这里开始，马克思插入了他心目中巨著的另一个计划：

Ⅰ.（1）资本的一般概念。（2）资本的特殊性：流动资本，固定资本。（资本作为生活资料，作为原料，作为劳动工具。）（3）资本作为货币。Ⅱ.（1）资本的量。积累。（2）用自身计量的资本。利润。利息。资本的价值：即同作为利息和利润的自身相区别的资本。（3）诸资本的流通。（α）资本和资本相交换。资本和收入相交换。资本和价格。（β）诸资本的竞争。（γ）诸资本的积聚。Ⅲ.资本作为信用。Ⅳ.资本作为股份资本。Ⅴ.资本作为货币市场。Ⅵ.资本作为财富的源泉。资本家。在资本之后可以考察土地所有制。然后考察雇佣劳动。以所有这三者为前提，价格运动，现在是作为在流通的内在整体性上被规定的流通。另一方面，三个阶级作为在生产的三种基本形式上和流通的各种前提上来看的生产。然后是国家。（国家和资产阶级社会。——赋税或非生产阶级的存在。——国债。——人口。——国家对外：殖民地。对外贸易。汇率。货币作为国际铸币。——最后，世界市场。资产阶级社会越出国家的界限。危机。以交换价值为基础的生产方式和社会形式的解体。个人劳动实际成为社会劳动以及相反的情况。）[1]

---

[1] 《马克思恩格斯全集》第30卷，人民出版社，1995年，第220—221页。

这一惊人的研究构想远未实现，但它在某种程度上指引着我们思考资本的总体，正如马克思推测的那样，它极具复杂性和丰富性。这也构成了马克思对后来的学生、思想家、理论家和阶级斗争战士的某种邀请，请他们展开这一总体的全部内容，或者部分地展开其中某些方面，以便更仔细地加以研究。这就是马克思在与蒲鲁东进行了长达几页的晦涩的观点辩论后，回到主题探讨时所做的事情。

螺旋形式：资本与劳动的异化关系

"流通的全程就其本身来看，就在于，同一交换价值，作为主体的交换价值，一次作为商品出现，另一次作为货币出现……在这种运动中它在这两个规定上出现，在每一个规定上都作为这一规定的对立面保存自己，即在商品上作为货币，在货币上作为商品保存自己。"[1] 这就给资本做了一个更充分的界定。"设定为商品和货币的统一体的交换价值，就是**资本**，而这种设定过程本身，是资本的流通。（不过这种流通是螺旋线，是不断扩展的曲线，而不是简单的圆圈。）"[2] 分析从循环形式向螺旋形式转变，意义重大。不过，到目前为止，我们一直在谈论一种循环活动（如图 2 所示），马克思为我们引入了这样

---

[1] 《马克思恩格斯全集》第 30 卷，人民出版社，1995 年，第 223 页。
[2] 同上。

一个观点，如果存在增殖，我们面对的就不再是一个循环过程，而是一个螺旋形式。那么，这个螺旋是关于什么的呢？增长从何而来？

这促使马克思改变他的视角。他说："我们先分析在资本和劳动的关系中包含的各种简单规定。"所以，我们终于要讨论阶级关系了，它将在资本界定中起到至关重要的作用。"第一个前提是：一方是资本，另一方是劳动，两者作为独立的形态互相对立；因而两者也是作为异己的东西互相对立。与资本对立的劳动是**异己的**劳动，与劳动对立的资本是**异己的资本**。"① 这个强有力的提法是不言而喻的。但是，异化是阶级关系的核心，而阶级关系是资本作为过程的基础，这一思想犹如一道晴天霹雳，彻底粉碎了早先一些人从资产阶级交换关系的研究中得出的倡导平等、自由与互惠的那种友好的、积极的意识形态。

由此，我们才能意识到，资产阶级交换关系和市场过程所隐藏的是什么。不仅是资本和劳动的关系被隐藏在视野之外，而且，资本和劳动在它们的关系中都被异化了这一点也被隐藏了。资产阶级世界的创始宪法——比如美国宪法——对劳资关系只字不提，更不用说劳资之间的相互异化了，这一点从来没有被直接提及。美国宪法是一份规范交换关系和推行私有产权法律的完美文件。它的语言充满了平等、自由和互惠的理想，

---

① 《马克思恩格斯全集》第 30 卷，人民出版社，1995 年，第 223 页。

但在集体劳动权利方面却令人毫无希望——更不用说面对资本和劳动在资本生产、资本家生产中的相互异化了。唯一一部试图吸纳劳动视角的宪法是1975年的葡萄牙宪法，当时社会主义者和共产主义者掌权。他们试图编纂一部宪法，以保证劳动者的权利不受资本的侵害。面对世界市场的竞争，这部宪法并没能坚持太久。资本的"抽象"占据了统治地位。

在这种最初的表述中，相互异化非常引人注目。劳资双方都失去了一些重要的东西。但是，他们失去了什么？为什么是"异己的资本"？为什么不能仅仅是资本家的资本？"异己的劳动"最容易理解，因为资本家从劳动者那里获取了劳动能力（见图1），劳动在生产过程中被异化了。马克思主张，一旦劳动以商品形式呈现，它就被异化了。当劳动力成为商品，劳动者作为这种商品的承担者，就不得不为了资本的利益而让渡自己的劳动能力。这种经历与劳动者的个性没有任何关系。劳动者的感受或想法并不重要：资本只对占有劳动能力感兴趣，只对作为商品的劳动力感兴趣。隐藏在资产阶级市场交换中的人性消失了，取而代之的是资本对劳动者的漠不关心。

资本的异化与此不同，但同样具有破坏性。资本不是作为一个自由的个体进入这一过程，不能（像在市场交换中被描述的那样）随心所欲地做任何事情。资本家受到"抽象"的严格约束和统治。他们被迫做所有必须做的事，这意味着，正如我们将看到的，他们要么生产剩余价值，要么破产。在市场的竞争中，资本家从自己的产品中获得的自豪感毫无意义，市场力量迫使他们以最低的成本获取异化劳动。换句话说，一旦资本家和劳动者被卷入这个流通体系，他们从一开始就是被异化的、不自由的存在；这不是这个体系的结果，而是作为一种前提。资本家和劳动者都必须把自己视为异化的存在，奉献到这个体系之中。在某种程度上，我们甚至可能会为资本家感到遗憾。例如，在《资本论》中，马克思详细论述了资本家面临的浮士德式困境，他们一方面面对享乐的欲望，另一方面又生活在再投资的压迫之下。

劳动者所面临的是不同的选择。在简单交换中，"劳动曾这样被规定：产品对于劳动者来说不是直接的使用价值，不是直接的生存资料。这曾是创造交换价值和交换本身的一般条件。否则，劳动者生产的就只是产品，即他自己的直接的使用价值，而不是交换价值了"①。马克思继续说：

> 只要这种使用价值受到资本的推动，它就会变成工人的一定的生产活动；这是工人的用于一定目的的、因而是在一定的形式下表现出来的生命力本身。在资本和劳动的关系中，交换价值和使用价值彼此发生这样的关系：一方（资本）首先作为**交换价值**同另一方相对立，而另一方（劳动）首先作为使用价值同资本相对立。②

---

① 《马克思恩格斯全集》第 30 卷，人民出版社，1995 年，第 223 页。
② 同上，第 224—225 页。

马克思把这种使用价值同资本的交换价值结合起来，使货币变成了"作为**资本**这个规定上的货币"①。

"对资本来说，任何一个对象本身所能具有的唯一的有用性，只能是使资本保存和增大。"②在货币上，价值——

> 除了量上的变动，除了自身的增大外，不可能有其他的运动。……所以，对于自己坚持为价值的那个价值来说，增大和保存自己已经合而为一，它能保存自己，只是由于经常地越出自己在量上的界限，而这种界限是同它的形式规定，同它的内在的一般性相矛盾的。因此，发财致富就是目的本身。资本的合乎目的的活动只能是发财致富，也就是使自身变大或增大。③

矛盾在于，这一目标违背了资产阶级市场交换中所确立的平等和等价的规则。

货币作为一般财富的代表，并不具备"购买全部享受、全部商品、全部物质财富实体的能力……作为起价值作用的价值而被固定下来的货币，是一种不断要超出自己的量的界限的欲望；是无止境的过程。它自己的生命力只在于此；它只有**不断地自行倍增**，才能**保持**自己成为不同于使用价值的自为的交换

---

① 《马克思恩格斯全集》第 30 卷，人民出版社，1995 年，第 227 页。
② 同上。
③ 同上，第 227—228 页。

价值"，而且"要在理论上从资本价值的自我保存过渡到它的倍增……这对于经济学家先生们来说是极端困难的"[1]。如果资本的存在必然意味着交换价值（财富）的无止境增长，那么这如何与倡导平等和等价的资产阶级交换规则相符合呢？

"能够作为使用价值，即作为有用的东西来同资本本身相对立的，只有那种使资本增大，使资本倍增，从而使资本作为资本保存下去的东西。"[2] 唯一能够做到这一点的使用价值是活劳动，即"还在对象化过程中的、作为主体性的**劳动**"[3]，这引导我们得到如下结论："能够成为资本的对立面的唯一的**使用价值，就是劳动**［而且是创造价值的劳动，即生产劳动］。"[4]

这是一个惊人的结论，尽管在某些方面还存在局限。马克思立即指出，"劳动作为满足直接需要的单纯劳务，同资本毫无关系，因为资本寻求的不是这种劳动。如果有一个资本家为了烤羊肉而让别人替他砍柴"，那么砍柴者"向资本家提供自己的服务，即一种没有使资本增大反而使资本消费掉的使用价值"。但是砍柴者得到了货币，砍柴就像所有其他服务一样，被归类为"收入的消费"而非"资本的消费"[5]。如果我雇人清理我的排水沟或清除车道上的积雪，这都不是资本家的交

---

[1] 《马克思恩格斯全集》第30卷，人民出版社，1995年，第228页。
[2] 同上，第229页。
[3] 同上，第230页。
[4] 同上。
[5] 同上。

易。这只是我花费我的收入，受雇者为我提供有用的服务，以换取货币报酬。提供这种服务"不能属于生产劳动的范畴。从娼妓到教皇，有一大群这样的无赖之徒。不过诚实的和'劳动的'流氓无产阶级也属于这一类；例如在通商口岸等地有大批帮人提东西的零工等等"[1]。接下来，马克思简要地考虑了生产劳动和非生产劳动之间的区别，亚当·斯密在这方面做了大量的研究。马克思的《剩余价值理论》第一册几乎完全是关于亚当·斯密的，在这里，斯密关于生产劳动和非生产劳动的见解被认为"从资产阶级经济学的观点来看是正确的"[2]。马克思本人则更为谨慎，尽管他似乎承认，仅仅为满足资产阶级需要而提供的服务同无止境的积累、资本的增殖和剩余价值的生产无关。

这就产生了一些麻烦。当代雇佣劳动的很大一部分属于供给劳动力，此类劳动供给者（如公务员、富裕家庭的保安、工薪阶层雇的保姆）获取的报酬不是来自资本的流通，而是来自收入的流通。把这个问题视为非资本问题从而不予理会固然可以，但如此就业的大量工薪劳动者在政治上发挥了重要作用，把他们排除在作为"生产性"劳动者的活跃工人阶级之外，是令人不快的。马克思在《资本论》中提出的最终解决方案是，从对生产劳动的物质定义转向对剩余价值生产和占有的社会定

---

[1] 《马克思恩格斯全集》第30卷，人民出版社，1995年，第230—231页。
[2] 同上，第231页。

义，这样一来，教师和演艺人员如果受雇于一个从他们的工作中占有剩余价值的资本家，他们的劳动就可以被认为是生产劳动。这在今天尤其重要，因为许多服务都是由资本主义企业组织起来的，一些政治上更激进的运动是在教师、医疗保健提供者和送货工人（马克思所说的搬运工）中进行的，而传统意义上的汽车、钢铁等行业的生产劳动者倒在数量上和政治上都变得不那么重要了。在《大纲》中，马克思只是简要宣布，他稍后将"更详细地考察"[①]这个问题。

马克思继续他的反驳，他称："资本只有同**非资本**，同资本的否定相联系，才发生交换……它只有同资本的否定发生关系才是资本；实际的非资本就是**劳动**。"[②]这样的主张很容易被解读为马克思陷入了某种黑格尔主义。即便如此，这一评论也值得进一步阐述。让我们看看马克思是怎么说的。马克思解释说，资本和劳动的交换分裂为性质不同甚至相互矛盾的两个过程。第一，工人卖出自己的商品即劳动能力，这种商品具有使用价值，既然它是商品，它也就有了价格。第二，资本家换来了作为"创造价值的活动"的劳动，这种活动"使资本得以保存和倍增，从而变成了资本的生产力和再生产力"[③]。这两个过程不同于其他一切商品的简单交换。因此，这里发生了一些特别的事情。资本和劳动的交换不是普通的商品交换。

[①] 《马克思恩格斯全集》第30卷，人民出版社，1995年，第232页。
[②] 同上。
[③] 同上。

马克思关于否定的原始论述采用了一种有待研究的抽象命题形式。这一论述关注的是这样一个过程,劳动产生了资本,资本成为压迫、异化和否定劳动本身的工具,同时,资本又生产出工人阶级,其政治使命是否定资本的力量。这就是抽象命题所提出的内容,其有待研究。然而,在这里,马克思选择为他心中的巨著插入另一个计划:

资本。

Ⅰ.一般性:(1)(a)由货币生成资本。(b)资本和劳动(以异己的劳动为中介)。(c)按照同劳动的关系而分解成的资本各要素(产品。原料。劳动工具)。(2)资本的特殊化:(a)流动资本,固定资本。资本流通。(3)资本的个别性:资本和利润。资本和利息。资本作为价值同作为利息和利润的自身相区别。

Ⅱ.特殊性:(1)诸资本的积累。(2)诸资本的竞争。(3)诸资本的积聚(资本的量的差别同时就是质的差别,就是资本的大小和作用的尺度)。

Ⅲ.个别性:(1)资本作为信用。(2)资本作为股份资本。(3)资本作为货币市场。

在货币市场上资本是以它的总体出现的;在这里它是决定价格、提供工作、调节生产的东西,一句话,生产的源泉;但是,资本不仅是自己生产自己(物质上通过产业等等,设定价格,发展生产力),同时是价值创造者,它必须设定一种与资本具有不同特点的价值或财富形式。这就是地租。这是资本所创造的唯一与它本身不同的,与它本身的生产不同的价值。①

请注意,在这里,马克思回到了他在"导言"中考虑过的一般性、特殊性和个别性的框架。也是在这种情况下,马克思从提纲的探讨无缝地返回到文本写作中。不过,他在这里提出的一些主张,似乎与他在《大纲》其余部分讨论的内容不同。不同的第一点在于:"在货币市场上资本是以它的总体出现的;在这里它是**决定价格、提供工作、调节生产的东西,一句话,生产的源泉**。"②这或许预先提及了他在《资本论》第三卷中的某个地方所持的立场,在那里,货币市场被视为一种中枢神经系统,它在地理上和部门上对资本流动进行监管和控制。货币市场,尽管在这里被赋予如此的重要性,但在《大纲》的其余部分几乎完全被忽略了,信贷和生息资本都只被简单提及。不同的第二点在于:资本作为"价值创造者,它必须设定一种与资本具有不同特点的价值或财富形式。这就是**地租**。这是资本所创造的唯一与它本身不同的,与它本身的生产不同的价值。不论是按照资本的本性还是从历史上来看,资本都是现代土地所有权的**创造者**,地租的**创造者**"③。这意味着"旧的土地所有

---

① 《马克思恩格斯全集》第 30 卷,人民出版社,1995 年,第 233—234 页。
② 同上,第 234 页。
③ 同上。

权形式的解体。新形式的产生是由于资本对旧形式发生了作用",正是在这个意义上,资本可以被看作"现代农业的创造者"①。在这里,马克思把自己同李嘉图主义关于地租、资本和雇佣劳动的区分绑在了一起,将这种区分当作资本经济的核心关系,并且有些令人惊讶地为这种区分提供证明。他甚至进一步得出结论:"现代土地所有权的经济关系中,包含着现代社会的内在结构,或者说包含着处在资本的各种关系的总体上的资本。"这就提出了如下问题:"从土地所有权过渡到雇佣劳动是怎样进行的?"②

马克思的证明是这样的,资本必须从封建土地关系中创造出现代土地所有权和地租,因为土地是一种主要的生产资料,土地的肥沃程度和地理位置是大自然免费赋予的。大自然的免费礼物必须被商品化和占有,以免劳动者将其(免费)占为己有。地租在劳动者同这种免费礼物之间建立了一道屏障,以确保异化劳动向资本主义生产的供给。这就解释了为什么价值的创造者——资本——必须以地租的形式"设定一种与资本具有不同特点的价值或财富形式"。因此,劳动者不仅与自己的劳动能力相异化,也与土地(和自然)相异化。地租是以土地的商品化、无产阶级的形成和现代农业的产生为基础的。

"从历史上来看,这种过渡是不容争辩的。……土地所有

---

① 《马克思恩格斯全集》第30卷,人民出版社,1995年,第234页。
② 同上。

权是资本的产物……农业作为资本经营的农业转化为产业化农艺……只有这样，科学的应用才有可能，全部生产力才能发展。"[1] 这是对不可避免的农业产业化的一种预见性描述，这种产业化在 1945 年后才开始普及，在 1970 年左右才开始全球化。但马克思也强调了劳动关系转变的重要性。他想要表明"茅舍贫农、农奴、徭役农民、世袭租佃者、无地农民等等就必然转化为短工，雇佣工人；可见，雇佣劳动就其总体来说，起初是由资本对土地所有权发生作用才创造出来的"，后来由土地所有者自己创造出来，他们清除了"土地上的过剩人口，把大地的儿女从养育他们的怀抱里拉走"，从而把土地耕作变成了"纯粹依存于社会关系的间接生存源泉"，在这种社会关系中，雇佣劳动者"不是为收入而是为利润进行生产"[2]。今天，面对产业化的公司农业，我们会为家庭农业的消失而哀悼。这里的规律是："虽然作为商业资本的资本没有土地所有权的这种改造也能充分发展……但是作为产业资本的资本就做不到这一点。甚至工场手工业的发展也要以旧的土地所有权的经济关系开始解体为前提。另一方面，新的形式，就其总体和广度来说，只有在现代工业达到高度发展程度时才会从这种局部的解体中产生。"[3] 我们再一次遇到了如下观点：资本是一种处于转变中的新兴的总体。在这种意义上，英国是观察"（农业）**生产方式**

---

[1]《马克思恩格斯全集》第 30 卷，人民出版社，1995 年，第 234—235 页。
[2] 同上，第 235 页。
[3] 同上，第 236 页。

本身的**全面改造**"①的"榜样"②。

马克思最后对作为一个有机总体的资本做出了精彩的一般性评述（前文曾有引用）。

> 必须考虑到，新的生产力和生产关系不是从无中发展起来的，也不是从空中，也不是从自己设定自己的那种观念的母胎中发展起来的，而是在现有的生产发展过程内部和流传下来的、传统的所有制关系内部，并且与它们相对立而发展起来的。如果说，在完成的资产阶级体制中，每一种经济关系都以具有资产阶级经济形式的另一种经济关系为前提，从而每一种设定的东西同时就是前提，那么，任何有机体制的情况都是这样。这种有机体制本身作为一个总体有自己的各种前提，而它向总体的发展过程就在于：使社会的一切要素从属于自己，或者把自己还缺乏的器官从社会中创造出来。有机体制在历史上就是这样生成为总体的。生成为这种总体是它的过程即它的发展的一个要素。③

总体始终处于"生成"的过程中。因此，它仍在生成，并且在今天仍有现实意义，就像在马克思的时代一样。我们现在可能会问：世界各国的央行和国际货币基金组织、国际清算银

---

① 《马克思恩格斯全集》第30卷，人民出版社，1995年，第235页。
② 同上，第236页。
③ 同上，第237页。

行等国际金融机构，是如何以及为什么能够发挥它们现在的作用的？农业持续的产业化和公司化从何而来？马克思的方法开辟了提出这种问题的可能性，并将答案置于一个更为复杂的、演进中的总体的理论框架之中。资本流动所跨越的地理领域和地形也在不断变化，因为它在不可避免地扩张。马克思继续写道：

> 如果在一个社会内部，现代生产关系，即资本，已发展成总体，而这个社会又占领了新的领土，如像在殖民地那样，那么这个社会，它的代表即资本家就会发现，他的资本没有雇佣劳动就不再成为资本，因此，前提之一是不仅要有土地所有权一般，而且要有现代土地所有权；这种土地所有权作为资本化的地租十分昂贵，从而排除了个人直接利用土地的可能性。韦克菲尔德的殖民理论就是由此而来的，这个理论已由英国政府在澳大利亚付诸实践了。在这里，地产被人为地抬高价格，以便使劳动者成为雇佣工人，使资本起资本的作用，从而使新殖民地变成生产的殖民地。①

剩余价值是生产出来的，这是不言而喻的。所有这一切都必须先于产业资本的发展。

---

① 《马克思恩格斯全集》第30卷，人民出版社，1995年，第237页。

《资本论》第一卷的最后一章论述了韦克菲尔德的殖民理论及其对劳动控制的影响。这一章深深启发了我去思考我所谓的"空间修复"对解决资本过度积累问题的作用。在英国积累起来的剩余资本需要找到新的出口，因此它流向国外（在马克思的时代流向美国、澳大利亚、阿根廷等），结果却发现，如果没有被俘虏的劳动力，它就无法作为资本发挥作用。因此，正如韦克菲尔德所建议的那样，英国政府试图对澳大利亚实施一项土地政策，动员土地资本阻止移民人口自由流动到土地上，这些移民为了生存而被迫出卖他们的劳动力。在前述简短的段落中，马克思认识到，地理扩张（通过殖民或者帝国主义干预的方式）在作为总体的资本演变中可能会发挥作用。

因此，资本的总体具有物质性的、地理上的表现和延伸，而从前述段落来看，它可能会产生多个作为殖民地的较小的总体，后者最终可能会生长起来（就像美国一样），以挑战剩余积累的原初格局中的霸权。这也是一个在《大纲》中多次出现的主题。在马克思的时代，那种总体一般局限于西欧和美国，它们在非资本主义经济体中以定居者殖民地和商业资本主义方式施加影响，商业资本家及其帝国支持者往往在那里滥用权力。

在美国发展起来的经济总体，与在英国发展起来的经济总体是不同的。马克思并没有对这一问题做出很多研究，但是，将阿里吉的《漫长的20世纪：金钱、权力与我们时代的起源》

整合进马克思的思考之中是有可能的。在阿里吉的著作中，全球经济的增长将世界分割成不同的缓慢转变的经济和政治权力集团，随着时间的推移，霸权的中心也在变化——在17世纪从意大利城邦转移到低地国家，在19世纪转移到英国，然后在20世纪后半叶转移到美国。我们在这一历史地理变迁中看到，相互竞争的总体处于形成过程和竞争过程中，但它们却被错综复杂的资本的地区间流动编织在一起。在这些推动资本流动的组织中，最明显的单位是国家。从20世纪20年代开始，国家才被理解为一种国民经济（而不是一个独立实体），并从一种理想化、概念化的角色转变为一个实在的经济体系，政策制定者和国家官员试图通过税收、国际收支和监管制度等方面的政策性措施，将他们生活和工作所处的总体塑造成独特形式，所有人都陷入了地缘政治的竞争。

一个处于形成和转变过程中的总体，它的疆域和边界是不确定的。它可以在地理上扩展。它可能是殖民空间。对马克思的见解的恰当类比是一个开放的、演进的生态系统，这个观点是在19世纪下半叶出现的。马克思似乎没有意识到这一点。如果他知道这一点，他很可能会把总体描绘成一个复杂的、不断演进的生态系统，该系统容纳了多种类型（劳动分工）的相互作用，可以扩张和成长，转化和突变，以各种方式发生内部变化。我想重复一遍，总体不是某种固定的东西，也不是预先设计好的东西。它是一种始终处于演进过程中的东西。进一步来说，各种各样的总体（经济生态系统）可以共存，它们都在相互发生作用。例如，欧盟的形成，其历史看起来像是一个形成中的新的总体（但英国"脱欧"削弱了它）。具体来说，欧盟如何组织生产和分配等事务？它在多大程度上开始在自己周围建立边界？它应该延伸到土耳其吗？阿尔及利亚或埃及会被欧盟接纳吗？欧盟与俄罗斯相对抗的地区深陷困境。因此，这个总体没有一个固定的领域标识。

全球资本目前在区域性的权力集团中通过宏观联盟运作，如北美自由贸易协定、南方共同市场、跨太平洋伙伴关系协定（特朗普从中退出）。我曾在其他地方提出，通过不同的、不稳定但可识别的区域价值体制（它反映了世界资本主义中更明显的货币体制）的视角来看待全球资本。马克思在回到一种更单一的分析模式之前，以简短的语言表现出对这种思考方式的开放态度。

马克思简要概括了市场如何"最初在经济学上作为抽象的规定出现，采取总体的形态"[①]。最后，他列举了大量的市场类型，包括谷物，茶叶，糖，原产品，金属（铜、铁、锡、锌等），药材和染料，羊毛和棉花，等等。其要点似乎在于，作为经济理论中的抽象概念的市场，在具有使用价值的物质形式方面表现出令人难以置信的多样性。然而，最有趣的是他对货币市场本质的初步评论，其中包括"票据市场；一般的借贷市场；也就是货币经营业，金银条块市场……一切**有息证券**

[①] 《马克思恩格斯全集》第30卷，人民出版社，1995年，第239页。

市场：国债券和股票市场"①。马克思此时思考的主旨不难看出。各种（使用价值）市场的惊人多样性的具体性，产生了"市场"这一具体的抽象概念，交换价值在其中调解所有商品之间的关系，而尚未得到界定的价值理论成了核心理论类别。马克思顺便指出："在一个国家内，**货币市场集中**在一个主要地方，而其余的市场大多按照分工分散在各地；即使如此，如果首都同时是出口港，在首都也会有相当大的集中。"②

劳动问题

马克思接下来转向了对劳动者与资本关系的更深入讨论。在不屑地提到资本家自己用劳动做什么的问题之后，马克思转向了劳动力作为一种商品，其价值如何确定的问题。他的回答是"只能由商品本身中存在的对象化劳动量决定；在这里也就是说，由把工人本身生产出来所花费的那个劳动量决定"③。劳动者提供的使用价值，即劳动能力，取决于劳动者身体的再生产，因此，工资必须满足这一目标。"工人像每一个作为主体处在流通中的个人一样，是一种使用价值的所有者；他把这种使用价值换成货币，即财富的一般形式，但这只是为了再把财富的一般形式换成商品，换成他的直接消费对象，满足他的

---

① 《马克思恩格斯全集》第 30 卷，人民出版社，1995 年，第 239 页。
② 同上。
③ 同上，第 242 页。

需要的资料。"① 那么，工人可能有哪些需要呢？一旦工人有了钱，他们想买什么就买什么。他们作为消费者是自由的。唯一的限制是缺乏足够的交换价值来购买他们可能想要和渴望（以及需要）的一切。"工人的享受范围并不是在质上受到限制，而只是在量上受到限制。这就把工人同奴隶、农奴等等区别开了。"②

> 不过现在可以顺便指出，工人享受范围的相对的界限……还会使工人作为消费者……所具有的作为生产当事人的重要性，完全不同于例如古代或中世纪的劳动者或亚洲的劳动者所具有的这种重要性……由于工人以货币形式，以一般财富形式得到了等价物，他在这个交换中就是作为平等者与资本家相对立，像任何其他交换者一样；至少从外表上看是如此。③

工人的消费是有效需求的重要组成部分。但事情的本质是，"交换的目的对于工人来说是满足自己的需要"④。"因而，他交换来的不是交换价值，不是财富，而是生活资料，是维持他的生

---

① 《马克思恩格斯全集》第30卷，人民出版社，1995年，第242页。
② 同上，第242—243页。
③ 同上，第243页。
④ 同上。

命力的物品，是满足他的身体的、社会的等等需要的物品。"①工人的目的也可能是获得可以储存的交换价值——财富。这就意味着"牺牲物质的满足，即通过**禁欲**、节约、紧缩自己的消费，做到从流通中取出的**财物**少于他提供给流通的财物。这就是通过流通本身唯一可能产生的致富形式"②。工人可以不让自己休息，并以各种方式让自己更加勤劳。

但结果是，资本对工人"勤劳、特别是**节约、禁欲**"③的要求越来越高。今天的社会提出了这样自相矛盾的要求："应该实行禁欲的，是以生活资料为交换目的的人，而不是以致富为交换目的的人。有一种错觉，以为资本家实际上是'节欲'的，似乎正因为这样他们才成为资本家……这种错觉已被一切有健全判断能力的现代经济学家所抛弃。他们认为，工人应当节约，并且围绕储蓄银行等等吵吵嚷嚷。"④这与关于财富分配的任何思考无关。它仅仅是为了确保"工人在年老或生病、发生危机等情况下，不会成为贫民院、国家的负担，或者行乞（一句话，负担要落在工人阶级自己身上，而决不要落在资本家身上……）"其结果将是工人"降低到爱尔兰人的水平，降低到这样的雇佣工人的水平，这样的工人同资本交换的唯一对

---

① 《马克思恩格斯全集》第 30 卷，人民出版社，1995 年，第 244 页。
② 同上。
③ 同上。
④ 同上，第 244—245 页。

象和目的，就是维持动物般的最低限度的需要和生活资料"①。

马克思在他早期的著作中对爱尔兰人不太友好，后来他改变了自己的立场。他认识到，问题不在于爱尔兰人和他们的文化，而在于资本为对抗工人阶级而实行的分而治之的政策以及对爱尔兰人的操纵，所以需要推动阶级团结，从而为爱尔兰人争取更好的生活和工作条件。与此有相似之处的是，1945年后波多黎各人在美国的角色。爱尔兰人和波多黎各人都可以自由迁徙到大都市，资本让他们在那里工作，目的很明确，那就是压低工资水平。对于这两个群体的文化习惯和期望，人们会做出一些大致相同的粗鄙评价。

对于整个工人阶级来说，"最高限度的勤劳即劳动和最低限度的消费"成为通例。"工人最高限度的禁欲和货币积蓄——所能产生的结果，只会是工人付出最高限度的劳动而得到最低限度的工资。"② 不仅如此，"如果所有工人都积蓄，那么工资的普遍降低就会使他们又回到应有的水平，因为工人普遍积蓄就会向资本家表明：工人的工资普遍过高了"③。事实上，资本家要求"工人在营业兴旺时应该节约，以便在营业不振时能够勉强维持生活"。换句话说，"这就是要求工人始终保持最低限度的生活享受，减轻资本家在危机时的负担等等。工人应该作为纯

---

① 《马克思恩格斯全集》第30卷，人民出版社，1995年，第244—245页。
② 同上。
③ 同上，第246页。

粹的工作机被支付报酬，而且应该尽可能自己支付自己的磨损"[1]。看起来，新自由主义伦理在马克思的时代和在我们的时代一样无处不在。即使工人的存款"超过了官方储蓄银行贮金柜的容纳量"，它们也很容易被国家或资本挪用，以至于似乎工人竭尽全力地存款"都不是为自己节约，而是**为资本节约**"[2]。

　　至于这种情况造成了工人纯粹牲畜般的处境，这里就不用谈了——这种处境使工人根本没有可能去谋求一般形式的财富……工人参与更高一些的享受，以及参与精神享受——为自身利益进行宣传鼓动，订阅报纸，听课，教育子女，发展爱好等等——这种使工人和奴隶区别开来的分享文明的唯一情况，在经济上所以可能，只是因为工人在营业兴旺时期，即有可能在一定程度上进行积蓄的时期，扩大自己的享受范围。[3]

马克思还提到："每个资本家虽然要求他的工人节约，但也只是要求**他的**工人节约，因为他的工人对于他来说是工人，而决不要求其余的**工人界**节约，因为其余的工人界对于他来说是消费者。因此，资本家不顾一切'虔诚的'词句，寻求一切办法刺激工人的消费，使自己的商品具有新的诱惑力，强使工

---

[1] 《马克思恩格斯全集》第30卷，人民出版社，1995年，第246页。
[2] 同上，第247页。
[3] 同上，第246—247页。

人有新的需求等等。"① 这是典型的资产阶级伪善。人们不禁好奇，对于工人一边在晚上看电视时被充斥着各种诱人产品的广告诱惑，一边却只能得到一份微薄而不稳定的工资的情况，马克思会说些什么。

"资产阶级'博爱'的伪善"② 被证明是自相矛盾的，这恰恰证明了资产阶级想要反驳的东西，即在工人同资本的交换中，工人发现自己处于简单流通的关系中，因此他们所得到的不是财富，而只是维持生活的、用于直接消费的使用价值。但这并没有说明劳动者在交换的过程中实际做了什么，而各种关于分享利润的建议揭示了这个问题。③ 这引导马克思对资本同劳动交换的内容做出了一些复杂的论证。利润分享的前提是积蓄"本身不是资本的那种劳动，并且要求劳动变成自己的对立物——非劳动。这些积蓄要变成资本，本身就要求劳动作为非资本来同资本相对立"④。但是，如果我们把劳动的作用看作一种使用价值，那么劳动"就不是作为劳动，不是作为非资本，而是作为资本来同资本相对立了。但是，如果劳动不同资本相对立，那么资本也不能同资本相对立，因为资本只有作为非劳动才是资本，只有在这种对立的关系中，才是资本"⑤。"资本

---

① 《马克思恩格斯全集》第 30 卷，人民出版社，1995 年，第 247 页。
② 同上。
③ 同上，第 248 页。
④ 同上。
⑤ 同上，第 249 页。

只有把劳动当作非资本，当作单纯的使用价值，才能使自己成为资本。"自由劳动者"**没有价值**"。"工人**没有价值和丧失价值**，是资本的前提。"工人"在形式上被设定为人格，他除了**自己的**劳动以外，本身还是某种东西，他只是把他的生命表现当作他自己谋生的手段来让渡"①。如果工人本身具有交换价值，产业资本和一般资本就"不可能存在"②。对资本来说，唯一重要的是工人劳动能力的使用价值。

马克思这种有些抽象的论证的目的，似乎是要建立起把资本和劳动联系起来的复杂脉络。换句话说，资本同劳动的交换，不像市场上所有其他形式的商品交换，因为它包含了资本和劳动的相互渗透，使得它们都通过交换来定义和塑造。这就对交换的性质产生了影响。

在这里，劳动者被描绘成有需要和欲望的人，这些需要和欲望根植于主流的生活条件和文化条件。工人在阶级斗争的过程中可能想要什么，可能试图获得什么，这是开放性的问题。我们永远不应该忘记，工人"**除了自己的劳动以外，本身还是某种东西**"。对工人来说，异化劳动是达到他们目的即再生产他们生活的一种手段。马克思并没有详细阐述这个主题，但在资本的历史上，工人阶级在家庭和社会再生产领域中创造自己生活的能力，一直是缓解他们在劳动过程中劳动异化的重要解

---

① 《马克思恩格斯全集》第 30 卷，人民出版社，1995 年，第 249 页。
② 同上。

毒剂。后来的学者们讨论了与异化劳动相关的补偿性消费的作用，马克思此处的简短讨论为研究这一问题开辟了道路。

然而，危险在于我们可能会落入"资产阶级经济学的巧于粉饰的献媚者"的行列，他们认为"工人只要睡足吃饱就会活下去，因而可以每天重复一定的生活过程"①。工人二十年如一日地为了最低限度的报酬，把自己的劳动能力交给资本，并且没能实现财富的积累，在这种情况下，他那"**尽可能不间断地挥霍他那份生命力**"的能力肯定已经耗尽了。围绕"十小时工作日法案"而展开的斗争，表明了资本的意图，该法案提议限制工作日的长度。工人所得到的"只是生活资料……而**决不是财富的一般形式**"②。劳动最终表现为"**绝对的贫穷**"的劳动：这种贫穷不是指缺少对象的财富，而是指完全被排除在对象的财富之外"③。如前所述，事实上，在资本和劳动的对立中，二者在流通过程中的定位是根本不同的。例如，"用自己的商品进行交换的工人，在交换过程中完成的是 W—G—G—W 这种形式"，在这种形式中，重要的是使用价值的交换。而资本代表的运动是"G—W—W—G"，在这种形式中，唯一重要的是货币数量的增加。④ 在《大纲》的这一章节，马克思提出了几乎每一种可能的内在关系以供研究。很明显，资本同劳动的交换

---

① 《马克思恩格斯全集》第 30 卷，人民出版社，1995 年，第 251 页。
② 同上，第 252 页。
③ 同上，第 253 页。
④ 同上。

与其他一切形式的市场交换在性质上是不同的。

"一方面,劳动**作为对象**是**绝对的贫穷**,另一方面,劳动作为主体,作为活动是财富的**一般可能性**,这两点决不是矛盾的,或者不如说,这个在每种说法下都是自相矛盾的命题是互为条件的,并且是从劳动的下述本质中产生出来的:劳动作为资本的对立物,作为与资本对立的存在,被资本当作**前提**,另一方面,劳动又以资本为前提。"①马克思在这段表述中所提到的劳动的"本质"是"**非对象化劳动**,**非价值**,或者说,自己对自己的否定性,劳动是劳动本身的非**对象化的**存在,因而是劳动本身的非对象的,也就是主体的存在"②。换言之,我们在劳动中看到的是,主体战胜客体,过程战胜了物。"劳动不是作为对象,而是作为活动存在;不是作为**价值**本身,而是作为价值的**活的源泉**存在。"③

同时,对于马克思在这里提出的所谓劳动的本质,我们还需要深入思考。他写道:"一方面,劳动**作为对象**是**绝对的贫穷**,另一方面,劳动作为主体,作为活动是财富的**一般可能性**,这两点决不是矛盾的。"然而,重要的是应该记住,资本所面对的劳动"不是这种或那种劳动,而是**劳动本身**,抽象劳动;同自己的特殊**规定性**决不相干,但是可以有任何一种规定

---

① 《马克思恩格斯全集》第 30 卷,人民出版社,1995 年,第 254 页。
② 同上,第 253 页。
③ 同上。

性"[1]。因此,"资本**本身**同自己实体的任何一种特殊性都毫不相干,并且它既是所有这些特殊性的总体,又是所有这些特殊性的抽象,所以,同资本相对立的劳动在主体上也自在地包含有同样的总体和抽象"[2]。虽然在行会、手工业中并非如此,但在资本主义形式下,"资本可以同**每个一定的**劳动相对立;从可能性来说,同资本相对立的是所有劳动的**总体**,而究竟哪一种劳动同资本相对立则是偶然的事情"[3]。同样,"工人劳动的规定性对于工人本身是全无差别的;这种规定性本身是工人不感兴趣的,只要是**劳动**,并且作为劳动对资本来说是使用价值就行。充当这种劳动……的承担者,这就是工人的经济性质;他是同资本家对立的**工人**"[4]。这种经济关系"随着劳动越来越丧失一切技艺的性质,也就发展得越来越纯粹,越来越符合概念;劳动的特殊技巧越来越成为某种抽象的、无差别的东西,而劳动越来越成为**纯粹抽象的活动**,纯粹机械的,因而是无差别的、同劳动的特殊形式漠不相干的活动"[5]。这种资本与劳动的关系"只有随着特殊的**物质生产方式**的发展和在工业**生产力**的特殊发展阶段上,才成为真实的"[6]。劳动实践的内容失去了意义。

---

[1] 《马克思恩格斯全集》第30卷,人民出版社,1995年,第254页。
[2] 同上。
[3] 同上。
[4] 同上。
[5] 同上,第255页。
[6] 同上。

这提醒我们注意一个仍然有待解决的问题，即作为"价值的**活的源泉**"的劳动在生产中究竟是如何被使用的。"现在我们来看看过程的第二方面。……资本或资本家同**工人**之间的交换现在是完成了。现在接着发生的是资本同作为资本的使用价值的劳动的关系。"[1] 这种劳动还没有得到对象化。它是"价值的可能性，并且作为活动是价值创造。与资本相对立的劳动，是单纯抽象的形式，是创造价值的活动的单纯可能性，这种活动只是作为才能，作为能力，存在于工人的身体中"[2]。这是一段开放性的论述，它可以对当代的生命政治进行解释。"然而，通过同资本接触，它成为实际的活动……从而成为实际创造价值的生产活动。"[3] 其结果是："资本本身成为过程。劳动是酵母，它被投入资本，使资本发酵。"[4] 但是，投入生产过程的资本作为对象化劳动，包括两种类型，一种"作为**原料**"，另一种"作为**劳动工具**，即主体活动用来把某个对象作为自己的传导体置于自己和对象之间的那种对象手段"[5]。"价值实体……是**对象化劳动**"[6]，它通过活劳动与原料和劳动工具的联系而生产出来。原料和劳动工具"可以表现为自然界现成的东

---

[1] 《马克思恩格斯全集》第30卷，人民出版社，1995年，第255页。
[2] 同上。
[3] 同上。
[4] 同上，第256页。
[5] 同上。
[6] 同上，第257页。

西",它们可以被占有。

在简要考察了货币能为资本带来的使用价值之后,马克思得出结论:"原料被消费了,因为它被劳动改变了,塑形了;劳动工具被消费了,因为它在这个过程中被使用了,磨损了。另一方面,劳动也被消费了。"[1]"但是劳动不仅被消费,而且同时从活动形式被固定为,被物化为对象形式。"换言之,劳动"从活动变为存在",创造了一个产品。"过程的所有三个要素,材料、工具、劳动,融合成为一个中性的结果——**产品**。"[2]但是"在生产过程中被消费的生产过程的各要素,都在产品中再生产出来。因而,整个过程表现为**生产消费**"[3]。这是马克思理论中的一个重要概念。与之相对的是最终消费,商品在那里消失在视线之外。而在生产消费中,未来生产的客观条件得到了积极的创造和维持。"**创造形式的**活动消费对象并且消费它自己……它只是在它的作为活动的主体形式上消费它自己。"[4]

然后,马克思通过考察"以上得到的结果"发现:第一,"由于劳动被占有、被并入资本……资本开始发酵并且成为过程,成为**生产过程**,在这个过程中,资本作为整体来说,它作为活劳动不仅是同作为对象化劳动的自己发生关系,而且,由于这

---

[1] 《马克思恩格斯全集》第30卷,人民出版社,1995年,第258页。
[2] 同上。
[3] 同上。
[4] 同上,第259页。

是对象化劳动,它是同作为单纯劳动**对象**的自己发生关系"[1]。这也是在讨论过程与对象的关系,讨论活劳动的主体性所实现的各种对象化之间的关系。第二,在流通中,商品和货币的特定形式规定是无关紧要的,因为它们只是"交换价值的两种表现,只是具有作为一般交换价值和作为特殊交换价值的差别"[2]。鉴于马克思在这里假定价值和交换价值是等同的,最重要的事是价值的不断循环和积累。"在生产过程中,资本本身作为形式同作为实体的自身区别开了。资本同时是这两种规定,并且同时是这两种规定彼此的关系。"[3]资本的形式规定是劳动过程,实体规定是物。第三,将生产的"**物质要素**"分为原料和生产资料,二者都可能是以往劳动的对象化。但这对劳动是无关紧要的,劳动必然把它们看作生产所必需的物质要素。

这就为下一节的中心话题铺平了道路:劳动力的使用价值在生产过程中是如何被消费的。

> 从我们到目前为止所考察的过程来说,自为存在的资本即资本家,还根本没有参加进来。被劳动当作原料和劳动工具消费掉的,不是资本家。进行消费的也不是资本家,而是劳动。这样,资本的生产过程并不表现为资本的生产过程,而是表现为一般生产过程,而且资本与劳动不

---

[1] 《马克思恩格斯全集》第30卷,人民出版社,1995年,第259页。
[2] 同上。
[3] 同上,第260页。

同，只表现在原料和劳动工具的物质规定性上。①

这一点很重要，因为有的社会主义者说：

> 我们需要的是资本，而不是资本家。在这种情况下，资本被看作纯粹的物，而不是被看作生产关系，这种生产关系在自身中的反映恰恰就是资本家。我当然可以使资本同单个资本家分开，而且资本可以转移到另一个资本家手里。然而资本家失去了资本也就失去了成为资本家的属性。可见，资本诚然可以脱离单个资本家，但不能脱离与工人**本身**相对立的资本家**本身**。同样，单个工人也可以不再是劳动的自为存在；他可以通过继承、偷窃等等得到货币。②

异己的资本与异己的劳动之间的内在关系，在这里受到了微观分析的检验。这为更深入、更广泛地考察当代异化的根源，以及考察在世界市场网络中不断扩大、日益复杂的资本社会关系总体之核心的意义丧失，开辟了宽广的理论空间。

---

① 《马克思恩格斯全集》第 30 卷，人民出版社，1995 年，第 261 页。
② 同上，第 262 页。

第四章

资本的生产

在这一部分[1],马克思是这样开场的:"如果说在以资本为前提而开始的生产过程结束时,资本最后作为形式关系看起来消失了,那么这只能是由于资本贯穿整个过程的那些看不见的线被忽略了。"[2] 显然,马克思打算揭示和追溯这些被忽略的"看不见的线"。不过,先讲明所谓"看不见的"指什么是有帮助的。这在后来的论述中得到了非常清楚的说明。马克思说,经济学家们,

> 不是把资本看作处在特有形式规定性上的资本,即在自身中反映的生产关系,而只是想到资本的物质实体,原料等等。可是这种物质要素还不能把资本变成资本。另一方

---

[1] 这一部分指的是《马克思恩格斯全集》第30卷(人民出版社,1995年版)"劳动过程和价值增殖过程"部分。——编者注

[2] 《马克思恩格斯全集》第30卷,人民出版社,1995年,第262页。

面，他们其次又想到，资本从某一方面来说是价值，因此是某种非物质的东西，同它的物质构成无关的东西。例如，萨伊说："资本按其质来说始终是非物质的东西，因为构成资本的不是物质，而是这种物质的价值，在这个价值中没有任何物体的东西。"①

当马克思用"形式"这个术语来描述资本时，它总是在这种非物质的意义上。

让我们明确这里的意思。马克思在其他地方批评过萨伊（尤其是萨伊定律），但在这里，他同意萨伊的观点。我早些时候也注意到，马克思把价值理解为交换价值（这源于他对劳动投入和市场价格的某种混合），这阻碍了他在《大纲》中的分析。但是，这里的价值概念已经演变得更接近于《资本论》中的表述，即价值与交换价值是不同的、分离的。关键是以下两方面的关系：一方面是有形的生产过程的物质性，以及商品生产和商品交换中涉及的所有事物的物质性；另一方面是社会关系的非物质性，其将价值置于这些生产过程和事物之上。经济学家们明显侧重于有形的、物质的和可测量的东西，但马克思指出，社会关系才是资本概念的基础，它是非物质的，却是客观的。作为人类，我们当然是物质的血肉之躯，但是，人格、形象、魅力和声誉等无形的东西往往重要得多。事实上，当代

---

① 《马克思恩格斯全集》第30卷，人民出版社，1995年，第268页。

经济学最近不得不直接面对这个问题，因为企业的估值现在主要是由声誉、知名度这种无形的东西主导的。耐克的标志和声誉的价值是什么呢？

需要再说明一下"看不见的线"的观点。这一点对于什么是价值，以及价值如何被表现和被确定的问题，尤为重要。在《资本论》中，马克思主张价值是非物质的，但又是客观的（他甚至称之为"幽灵般的对象性"），这与他在这里所采取的立场完全一致。这不同于那种将马克思视为纯粹物理式的唯物主义者的流行观点。如果马克思是那样，那么他怎么会如此重视非物质的和看不见的线呢？答案是，马克思不是一位自然科学的唯物主义者，而是历史唯物主义者。在他看来，人的习惯、信仰、思想和意识形态对人类行为的重要性不亚于物质。但我们也可以说，非物质的要素只是非物质的，除非它们得到物质化。我们可以有很多非物质的想法和想象的计划，但是，其中只有一些成了现实。

众所周知，马克思的价值理论是有争议的，并且关于此理论有许多相互矛盾的解释。在这里，以特定的"看不见的线"为指引，可能有助于我们分析这些不同的解释。马克思已经认识到的两条看不见的线是：（1）价值与（某种形式的）劳动时间的关系；（2）价值与市场中的价格的关系。在前面的部分，马克思更多地关注市场中的价值（同时否认价值能通过市场行为创造出来），但是，在这一部分，他几乎只关注作为价值生产中的创造性要素的（某种形式的）劳动时间。然而，在

第四章 资本的生产

这两种情况下，物质性的解释都让位于看不见的线，一条线是关于抽象劳动（社会必要劳动时间）的，一条线是关于抽象价格（相对于实际价格而言的平均价格，或者所谓"自然"价格）的。有些人认为，唯一重要的看不见的线是价值与劳动的关系，因为价值很明显不能在流通中创造出来。但马克思多次指出，价值既依赖生产中的价值创造，又依赖市场中的价值实现。生产与市场实现的矛盾统一，是价值理论的核心所在。如果一个产品在市场中没有人想要，那么这个产品就没有价值，不管它的生产过程中有多少劳动投入。不过在这一部分，马克思更多地关注劳动过程中的价值创造，而不是价值在市场中的实现。出于分析的目的，人们常常假设所有商品都按其价值进行交易（事实显然并非如此）。这种假设使关于生产的分析成为可能，但也忽略了市场过程的影响。这种分析并没有错，但是，仅仅因为马克思在特定的考察中用假设排除了市场的影响，就认为市场的实现无关紧要，是非常错误的。

不管怎么看，社会关系都是至关重要的。想象一下，有人在挖一条沟。你可以非常详细地描述挖掘者消耗的能量、使用的工具、沟的深度、挖掘的时间等。你可以测量和记录所有这些物理性的事物。但说到底，这样做并不能把你真正想知道的东西告诉你。挖掘者可能是一个雇佣劳动者、一个奴隶、一个被迫劳动的囚犯、一个自愿参与集体劳动的人、一个无政府主义者或者女性主义团体的忠实成员、一个社会主义工人，甚至可能是一个疯狂的贵族——他通过挖沟再填满来锻炼身体。通过对物理条件的研究，你可能会得到一些提示，知道其中起作用的是什么（一个拿着鞭子的监工可以告诉我们一些东西），但要真正找到答案，我们必须进行调查。对马克思来说，最重要的事情是建立体现在物质活动中的社会关系。例如，他已经尝试性地区分了受资本雇佣的雇佣劳动（生产劳动）和用同等收入交换的劳动（非生产劳动）。

任何的社会主义革命、任何的反资本主义运动，都不可能不重视这些"看不见的线"，它们构成了主导性的社会阶级关系。依附于社会关系的是思维模式、活动模式、组织形式、制度安排、法律结构、意识形态，以及其他一切（正如我们在与市场交换有关的平等、自由和互惠学说的例子中所看到的那样）。但马克思要说的是，在其他一切的核心处，要对社会关系加以仔细观察。这就是看不见的线的意义所在。这恰恰是因为你看不到资本在劳动过程中起作用，因为你不能通过物理性的考察来判断主导性的社会关系可能是什么，但这并不意味着社会关系不重要。社会关系总是扮演着关键角色。这是马克思的核心贡献之一。可以推测，社会主义条件下还是需要挖沟的，因此，社会主义不是通过废除挖沟这个过程来定义的。重要的是其背后的社会关系。

如果社会关系不改变，那么，出于社会主义目标而出现的事物也会滑向资本主义的运作方式。一个有趣的例子当然是以色列的基布兹，它最初是在一套完全不同的社会主义关系下建立起来的。多年来，这些关系越来越与资本主义社会秩序相适应。亨利·列斐伏尔曾将"异托邦"定义为这样一个空间,其中可能会发生一些完全不同的事情,在它们被重新吸纳进主流实践之前,它们可以存活一段时间。这很好地描述了在基布兹、阿根廷复苏的工厂以及像蒙德拉贡这样由工人控制的合作社中发生的事情。面对占统治地位的社会关系,社会主义的内容逐渐消散。资本的世界充斥着列斐伏尔所描述的那种异托邦的反资本主义试验。如果这些试验失败了,那几乎都是由于社会关系的破裂。

社会主义者经常梦想着以某种方式改变物质世界:创造更多的商品,从而更公平地分配。但马克思的观点是,改变社会关系对革命行动至关重要。那么,价值理论中所表现的社会关系是什么呢?这绝对是资本及其独特的价值理论的核心所在。很明显,这将是一种阶级关系,即资本与劳动之间的关系。但是,在这一阶级关系中,存在着什么看不见的线呢?基于这一问题来阅读后续文本是很重要的。

马克思研究的"第一个结果"是:"由于劳动并入资本,资本便成为生产过程;但它首先是**物质生产过程**;是一般生产过程,因此,资本的生产过程同一般物质生产过程没有区别。它的形式规定完全消失了。"① 这意味着,"**在价值之前出现的、作为出发点的劳动过程**……是一切生产形式所共有的"。但是,它"**又在资本内部**表现为在资本的物质内部进行的过程、构成

---

① 《马克思恩格斯全集》第 30 卷,人民出版社,1995 年,第 262—263 页。

资本内容的过程"①。换句话说，资本对长期存在的劳动过程的介入最初是隐藏着的，但是后来随着资本开始在形式和内容上掌握控制权，资本的介入重新出现了。一切生产方式所共有的劳动过程的物理性质可能没有改变，但现在，在社会劳动条件下生产的是资本，而不是产品或商品。此外，劳动过程还被资本用来保存和改造它自己。

在这一点上，马克思再次引用了亚当·斯密对生产劳动和非生产劳动的区分。马克思不想在这里解决这个问题，但是他提出了一些尝试性的观点。他引用了斯密的名言："**生产劳动**只是生产**资本**的劳动。"② 然后他引用了西尼耳关注的"疯狂的"情况："钢琴制造者要算是**生产劳动者**，而**钢琴演奏者**倒不算，虽然没有钢琴演奏者，钢琴也就成了毫无意义的东西，这不是岂有此理吗？"③ 马克思承认，"事实的确如此。钢琴制造者再生产出**资本**；钢琴演奏者只是用自己的劳动同收入相交换"，为观众提供娱乐的有偿的钢琴师当然生产了一些东西，"但他的劳动并不因此就是**经济**意义上的**生产劳动**"。④ 只有"生产资本"的劳动才是生产性的。没有做到这一点的劳动就是"非生产劳动"。然而，"为非生产消费进行的生产"（如烟草，在烟草的消费中商品化为烟雾而消失）是生产性的。马

---

① 《马克思恩格斯全集》第 30 卷，人民出版社，1995 年，第 263 页。
② 同上，第 264 页。
③ 同上。
④ 同上。

克思的结语是对马尔萨斯如下观点的支持：生产劳动是"**直接增加自己主人财富**"的劳动。这一切有些令人困惑。很明显，一名钢琴演奏者在音乐会上演出，他的赞助者在付给他一笔费用后，将获得大部分利润，从而把钢琴演奏者置于生产劳动者的位置。在后面的文本中，马克思证实了这一观点。"演员所以是生产劳动者，并不是因为他们生产戏剧，而是因为他们增加自己老板的财富。"[1] 同一名钢琴演奏者，在一个富有赞助者的客厅里演奏同样的音乐，就是非生产性的。一个手工制作单个产品的钢琴制造者，和一个在中国生产钢琴并将其作为商品出售的工厂是不同的。马克思正在接近这样一种界定，不是物质条件，而是非物质的社会关系形成了生产劳动的定义。

　　沿着第一条看不见的线，我们看到"劳动只有**对资本来说才是使用价值**，而且是资本本身的使用价值"，而资本则表现为"再生产自身价值和增加自身价值"的东西、"独立的交换价值（货币）"。[2] 工人为了换取交换价值（货币），把自己创造财富和价值的能力交给资本。他们自己得不到他们的使用价值。他们的交换价值，像任何其他商品的交换价值一样，是由供给和需求决定的，或者说"是由生产费用，即生产出工人的劳动能力所需的对象化劳动量决定的，因而工人要把它作为等价物收回"[3]。劳动力的价值是由在一定的生活水平下再生产该

---

[1] 《马克思恩格斯全集》第 30 卷，人民出版社，1995 年，第 290 页。
[2] 同上，第 265 页。
[3] 同上，第 265—266 页。

劳动力所需要的商品的价值决定的。这个价值是预先决定了的。资本购买劳动力，获得的是"活劳动，是生产财富的一般力量，是增加财富的活动。可见，很明显，工人通过这种交换不可能**致富**，因为，就像以扫为了一碗红豆汤而出卖自己的长子权一样，工人……出卖劳动的**创造力**。相反……工人必然会变得贫穷，因为他的劳动的创造力作为资本的力量，作为**异己的权力**而同他相对立"；其结果是，"对于工人来说，他的劳动的生产性**成了异己的权力**，总之，他的劳动如果不是**能力**，而是运动，是**实际的**劳动，就会是这样的；相反，资本是通过**占有异己的劳动**而使自己的价值增殖"①。

马克思的这些表述有一些值得注意的地方。首先值得注意的是，马克思强调过程而不是事物，这也是他对于创造财富的人为何所获甚少的初步解答。马克思还重申了这样一个观点，即资本与劳动的关系在两方面都是异化的。资本对劳动创造力的占有，延伸到了所有可能提高劳动生产率的手段。

> 文明的一切进步，或者换句话说，社会生产力的一切增长，也可以说劳动本身的生产力的一切增长，如科学、发明、劳动的分工和结合、交通工具的改善、世界市场的开辟、机器等等所产生的结果，都不会使工人致富，而只会使资本致富；也就是只会使支配劳动的权力更加增大；只

---

① 《马克思恩格斯全集》第 30 卷，人民出版社，1995 年，第 266 页。

会使资本的生产力增长。因为资本是工人的对立面，所以文明的进步只会增大支配劳动的**客体的权力**。①

劳动创造了资本和资本家，而正是资本和资本家拥有支配劳动的权力。劳动的生产力越高，资本的统治力就越大。这就是至关重要的社会关系。"在资本构成生产的基础，从而资本家是生产的指挥者的地方，劳动本身**只有**在被资本吸收时才是**生产的**……劳动的生产性也会变成资本的生产力。"② 如何沿着这条看不见的线探寻下去是问题所在。

有些人证明说，归于资本的一切生产力是劳动生产**力的倒置**，**换位**，这些人恰恰忘记了，资本本身在本质上就是这种倒置，这种换位，而雇佣劳动本身以资本为前提，因而从劳动方面来看，它也是这种**变体**；是把这种劳动本身的力量变成对工人来说的**异己**力量的必然过程。因此，要求保存雇佣劳动，同时又要扬弃资本，这是自相矛盾和自相取消的要求。③

这是迈向社会主义的任何运动都要面对的最明显、最深刻的难题之一。在资本主义之前就已经存在的劳动过程，现在被解释

---

① 《马克思恩格斯全集》第 30 卷，人民出版社，1995 年，第 267 页。
② 同上，第 267—268 页。
③ 同上，第 268 页。

为由资本主导的过程，因此也证实了异己的资本同异己的劳动相互交织的社会关系占据了首要地位。问题在于，如何把劳动过程从现在这种主导性的社会关系中解放出来。这条看不见的线显然需要被进一步解析。如前面提到过的，马克思试图做到这一点的方式是，他正面评价萨伊关于资本内在"本质"的描述，以此反对其他经济学家对资本的物质性定义。

作为"资本一般"的资本并不是从唯心主义的天空降临人间的。马克思说："我们研究的是资本的产生过程。这种辩证的产生过程不过是产生资本的实际运动在观念上的表现。以后的关系应当看作是这一萌芽的发展。但是，必须把资本在某一**定点上表现出来的一定形式固定下来。否则就会发生混乱。**"[①]我觉得马克思在这里表明的是，资本在其"产生"的早期阶段看起来非常不同，当时，商人资本、金融资本和土地资本发挥了重要作用。马克思后来对由此产生的独特理论表述进行了评论——比如由土地资本支持的重农主义，由商人和金融家支持的重商主义。马克思在其他地方所提到的这些"洪水期前的"资本形式，形成了一个与后来占主导地位的工业形式截然不同的社会世界。

从资本一般的"形式规定性"来看，这一过程"是**价值自行增殖过程**。价值自行增殖既包括预先存在的价值的保存，也

[①] 《马克思恩格斯全集》第 30 卷，人民出版社，1995 年，第 270 页。

包括这一价值的倍增"。① 马克思继续说:"价值作为主体出现。劳动是合乎目的的活动。"② 劳动整理和改造劳动的材料,从而创造新的使用价值,为他人创造使用价值。同时,劳动必须创造出更高的交换价值(利润)。简单商品流通的方式是有问题的。它可能会以货币的形式实现,也可能不会。③ 更高的交换价值"不可能从流通本身产生……在流通中进行交换的只是等价物。如果资本作为更高的交换价值退出流通,那么它必定是作为更高的交换价值进入流通的"④。市场等价的约束与资本扩张的必然性之间的矛盾逐渐显现出来。

"从形式来说,资本不是由劳动对象和劳动构成的,而是由**价值**构成的,更确切地说,是由**价格**构成的。"⑤ 马克思又一次未能将价值概念从交换价值(价格)中解放出来。"至于资本的各价值要素在生产过程中有着各种实体,这同它们作为价值的规定毫无关系;它们并不因此而有所改变。如果说它们从非静止的——过程的——形式开始,到过程结束时又在产品上结合成静止的、客体的形态,那么就价值来说,这仍然不过是物质变换,并不会使价值有所改变。"⑥ 价值的流通

---

① 《马克思恩格斯全集》第 30 卷,人民出版社,1995 年,第 270 页。
② 同上。
③ 同上,第 271 页。
④ 同上。
⑤ 同上。
⑥ 同上,第 271—272 页。

过程是通过物（原料、商品、劳动过程、货币）的转化而进行的。"固然，这些实体本身是被破坏了，但并不是化为乌有，而是变成其他形式的实体。"① 但是，这个"实体"究竟是什么呢？识别价值的"实体"是一个挑战。商品消失了，但它的价值却以货币的形式保存下来了。"因此，产品的价值只能＝已物化在生产过程的一定物质要素即原料、劳动工具……和劳动本身中的价值总和。"② 用传统的马克思主义的符号来表示，这相当于 C（原料的价值和生产资料投入的价值）+V（劳动力投入的价值）。所有这些物质要素都在劳动过程中被消耗掉了（对于劳动工具而言是部分地被消耗掉了），然而运动中的价值被保留了下来。

价值的各种存在方式纯粹是现象，价值本身在这些存在方式的消失过程中构成始终不变的本质。从这一方面来看，被看作价值的产品并不是产品，而是始终如一的、不变的价值，不过是处在另一种存在方式上的价值，但这种存在方式对价值来说也是毫无关系的，并且是可以同货币相交换的……产品的价格等于它的生产费用，也就是＝在生产过程中消费掉的各商品的价格总和。③

---

① 《马克思恩格斯全集》第30卷，人民出版社，1995年，第272页。
② 同上。
③ 同上。

换句话说:"生产过程就其物质方面来看,同价值毫无关系;因此,价值始终不变,只是采取了另一种物质存在方式,体现在另一种实体和形式上。(实体的形式同经济**形式**即价值本身无关。)"[1] 这是马克思论证中的重要一步。马克思在这里承认,价值在流通过程中以不同的物质形式流动,从而维持其自身的再生产。马克思进一步认识到,价值似乎具有某种独立的形式或"实体"。把资本定义为运动中的价值的想法正在形成。但是,价值的内容(实体)仍然是不明确的。

因此,我们有必要回顾一下,资本是以价值为中心的,价值是非物质的,但又是客观的。价值是贯穿整个流通过程的一条看不见的线,尽管马克思仍然以交换价值的形式理解价值的实现。价值转化为商品形式,然后是生产形式,再然后是生产出来的商品形式,最终回到它所来自的货币形式。不过,尽管价值具有这些不同的物质形态,但其中任何一种形态对价值本身而言都是独立的。

如果交换不能创造价值,那么,生产过程不仅要创造新的价值,还要保存已经存在的价值。马克思由此得出公式——不变资本加可变资本,即 C+V,也就是原料的价值、生产资料的价值加劳动力的价值。这些价值必须被保存下来,尽管生产出来的商品——在一段时间内是交换价值的承担者——最终会因为被吃掉或用完之类的原因而从流通中消失。所以,使用价

---

[1] 《马克思恩格斯全集》第 30 卷,人民出版社,1995 年,第 272 页。

值被消耗掉了，但价值被保存下来了。一个汉堡包是有价值的，但是，当它被吃掉的时候，消耗掉的是使用价值，而不是价值。

如果不了解流通过程，我们就无法理解这种动力学机制，因为流通过程是将资本在生产过程转化为商品形式，然后带到市场上，在那里出售以换取货币。在为了换取货币而出售之后，商品就退出了流通，除非它属于重新投入生产的商品（例如，用于生产性消费的机器）。马克思接下来列举了很多（有些乏味的）算术例子，从而说明资本主义生产模式的可能情况（以塔勒计算，这是当时德意志地区普遍使用的一种银币）。"原有资本 =100（就是说，例如原料 =50，劳动 =40，工具 =10）+5% 利息 +5% 利润。"[1] 利息和利润构成了"剩余价值"，这一点还有待解释。马克思首先应对的观点是，剩余价值可能代表资本的"监督劳动"。他反驳了这一观点，理由是资本需要能够"作为非工人"[2] 而生活。接下来，他提到资本是对"**生产上的风险**"的补偿的观点。马克思承认，风险确实存在。例如，"由于生产力的提高而不断发生的资本贬值必须得到补偿"[3]。这种（例如来自技术过时的）贬值将对后来马克思的理论非常重要，但在这里只是被概要性地驳回了。

---

[1] 《马克思恩格斯全集》第 30 卷，人民出版社，1995 年，第 275 页。
[2] 同上，第 277 页。
[3] 同上。

剩余价值的起源

在扫清了障碍之后,马克思开始解释剩余价值可能从何而来,资本如何"能创造出比原先存在的交换价值更高的交换价值"①。我们终于要揭开剩余价值生产的奥秘了。

马克思首先考察了利息问题。当资本家借钱并支付利息时,发生了什么?这难道不应该被视为一种"**直接生产费用**"②吗?然而,要做到这一点,资本本身需要成为一种商品,尽管是一种"不同于其他任何商品的**独特**商品"③。寻求生息机会的剩余资本必须已经存在,资本本身也已经按照资本自己的条件被商品化了。资本作为商品(通常是以货币形式)的使用价值在于,它可以被用来生产剩余价值。但利息来源于已经生产出来的剩余价值。因此,利息无法解释剩余价值从何而来。也许剩余价值可以通过抢劫或其他占有形式从外部输入?因此,马克思简要地提出了"原始积累"④的问题。初始资本可以通过各种合法和盗窃、抢劫、欺骗、敲诈等非法的方式形成,并通过圈地、驱逐、剥夺等各种方式将劳动同作为主要生产资料的土地相分离。虽然这些在资本的起源和历史中都很重要,但在马克思看来,它们不能长期维持资本的循环和持续扩

---

① 《马克思恩格斯全集》第 30 卷,人民出版社,1995 年,第 278 页。
② 同上。
③ 同上。
④ 同上,第 279 页。

张,即使被我称为"剥夺性积累"的现象至今仍然是资本的一个重要特征(马克思没有设想到这一点,但也没有排除这一点)。

马克思简要地考察并反驳了政治经济学家们在解释利润从何而来方面的最主要观点,最后开始阐述他自己独特的剩余价值理论。不幸的是,马克思围绕他的理论突破,提出了太多的注意事项和说明,以至于论证的核心很难分辨。他说:

> 资本在生产过程结束时具有的剩余价值,——这种剩余价值作为产品的更高的价格,只有在流通中才得到实现,但是,它同一切价格一样,它们在流通中得到实现,是由于它们在进入流通以前,已经在观念上成为流通的前提了,已经决定了,——按照交换价值的一般概念来说,表示对象化在产品中的劳动时间或者说劳动量(就静止状态来说,劳动量的大小表现为空间的量,就运动状态来说,劳动量的大小只能用时间来计量)大于资本原有各组成部分所包含的劳动量。而这种情况只有当对象化在劳动价格中的劳动小于用这种对象化劳动所购买的活劳动时间时才是可能的。①

我读到这段话的第一反应是,抱怨他完全没有试图向任何公众传达他最具标志性的概念——剩余价值的本质。然后我不

---

① 《马克思恩格斯全集》第30卷,人民出版社,1995年,第281页。

得不提醒自己，这是马克思写给自己的。但是，在这令人困惑的表述背后，隐藏着一个重要的概念点。劳动能力与资本的交换是一种非常特殊的交换。在常规形式下，交换的双方在交换之后就分道扬镳，可能再也见不到对方了。然而，对于资本和劳动来说，纽带——看不见的线——继续发挥作用，双方在彼此的关系中完善了自己。

简而言之（马克思有时可以做得很出色，不像他在这里所呈现的这样），资本在市场上以一定的（交换）价值购买劳动力，这种（交换）价值取决于一定生活水平下再生产劳动者及其家属所需商品的（交换）价值，它是固定的。这种购买在任何方面都不违反规范市场交换的等价原则。资本家让劳动者在创造（交换）价值的劳动过程中工作，并且确保劳动以商品形式生产出的（交换）价值大于作为商品购买进来的劳动力的（交换）价值。利润（剩余价值）是通过市场上的销售来实现的，这需要生产者提出一个"观念上的"销售价格，这个价格在实践中可能（也可能不）被购买者接受，但我们可以假设商品按其价值进行交换（贬值被排除在外）。这一思考的核心点在于，劳动所获得的（交换）价值，不同于劳动所创造的并在市场上实现的（交换）价值。我已经用（交换）价值这一术语来说明了这一点。这和马克思在《资本论》中提出的关于价值的表述一样有效。

接着，马克思修改了他最初关于生产过程的算术公式，此前的公式聚焦于 C+V，现在他加上了剩余（交换）价值 S，这是劳动无偿为资本生产的。① 此后的分析将以 C+V+S 为基础。

马克思在评论这个表述时指出："如果资本家付给工人的价格等于一个工作日，而工人的一个工作日加在原料和工具上的也只是一个工作日，那么，资本家就只是用一种形式的交换价值交换了另一种形式的交换价值。他就没有起到资本的作用。"② 一些经济学家实际上认为有这种可能性，以表明资本和工人作为一种伙伴关系存在，但马克思表明，在这种情况下，资本家的资本将很快被"吃光"③，工人将占有一切。"如果维持工人一个工作日的生存，需要一个工作日，那么，资本就不存在……相反，如果维持工人整个工作日的生存，只需要例如半个工作日，那么，产品的剩余价值就自然产生出来了。"④ 因此，马克思得出结论："使他得以成为资本家的，不是交换，而是这样一个过程：他在这个过程中不经过交换就得到了**对象化的劳动时间，即价值**。半个工作日**没有**花费资本**分文**；也就是说，资本没有付出任何等价物就得到一个价值。"剩余价值永远不能在流通中通过交换行为被创造出来。"它必须从资本的生产过程本身中产生。"⑤

"资本的伟大的历史方面就是**创造**这种**剩余劳动**，即从单

---

① 《马克思恩格斯全集》第 30 卷，人民出版社，1995 年，第 282 页。
② 同上。
③ 同上，第 283 页。
④ 同上，第 285 页。
⑤ 同上。

纯使用价值的观点，从单纯生存的观点来看的多余劳动，而一旦到了那样的时候，即一方面，需要发展到这种程度，以致超过必要劳动的剩余劳动本身成为普遍需要……资本的历史使命就完成了。"① 正是这样的一些评述，使《大纲》成为如此惊人和丰富的文本。正如我们稍后将看到的（也可以参见图2），剩余价值理论取决于新的需要和欲望的创造与产生。这一表述中所包含的文化上的转变，无论在内容上还是形式上都是惊人的。马克思指出，另一方面，它也意味着"普遍的勤劳，由于世世代代所经历的资本的严格纪律，发展成为新的一代的普遍财产"②。如果不生产出新型的人类包括工人，这种新的社会形式也不可能被创造出来或维持下去。这就是葛兰西在他的《美国主义和福特主义》中强调的观点。最后，"资本的无止境的致富欲望及其唯一能实现这种欲望的条件不断地驱使劳动生产力向前发展"，从而产生了这样一个社会阶段，其中，"一方面整个社会只需用较少的劳动时间就能占有并保持普遍财富，另一方面劳动的社会将科学地对待自己的不断发展的再生产过程，对待自己的越来越丰富的再生产过程"。③ 从1858年的视角来看，马克思将目的论愿景和技术乌托邦主义的结合令人惊叹，而当我们从现在的时间点回望之时，更是如此。虽然这种结合可能是目的论式和乌托邦式的，但它与一个半世纪后我们当代

---

① 《马克思恩格斯全集》第30卷，人民出版社，1995年，第286页。
② 同上。
③ 同上。

的现实惊人地接近。

> 资本作为孜孜不倦地追求财富的一般形式的欲望,驱使劳动超过自己自然需要的界限,来为发展丰富的个性创造出物质要素,这种个性无论在生产上和消费上都是全面的,因而个性的劳动也不再表现为劳动,而表现为活动本身的充分发展,而在这种发展状况下,直接形式的自然必然性消失了;这是因为一种历史地形成的需要代替了自然的需要。由此可见,**资本是生产的**,也就是说,是**发展社会生产力的重要的关系**。只有当资本本身成了这种生产力本身发展的限制时,资本才不再是这样的关系。①

如果把这一切摆在任何一位有远见的硅谷企业家面前,他或她都会轻而易举地理解其中的图景和论点,尽管相关解决方案可能会有很大不同。但是,马克思为上述内容加了一个奇怪的结尾。他在这一大致正面但包含问题的描述之后,附上了一篇1857年《泰晤士报》上同样包含问题的报道,一位西印度的种植园主要求恢复奴隶制,他的理由是,

> (牙买加的自由黑人)只满足于生产他们自己消费所绝对必需的东西……他们把游手好闲本身(放纵和懒惰)

---

① 《马克思恩格斯全集》第 30 卷,人民出版社,1995 年,第 286 页。

视为真正的奢侈品；他们对糖和投在种植园中的固定资本满不在乎，却幸灾乐祸地嘲笑那行将破产的种植园主……他们不再是奴隶了，但并没有成为雇佣工人，而是成为自给自足的、为自己十分有限的消费而劳动的农民。对他们来说，资本不是作为资本而存在，因为独立的财富只有靠**直接**的强制劳动即奴隶制，或者靠间接的强制劳动即雇佣劳动才能存在。与直接的强制劳动相对立的财富不是资本，而是**统治关系**。因而在直接的强制劳动的基础上再生产出来的也只是这种统治关系，对这种关系来说，财富本身只有享乐的意义，而没有作为财富本身的意义，因而这种关系决不能创造出普遍的产业。①

马克思承诺他以后还会讨论这一问题，但我不确定他是否这样做了，也不能确定他可能会说什么。我可以从一个角度加以推测。马克思并不批判勤劳本身。但是，他对勤劳作为一种资产阶级美德的批评是非常严厉的，这种勤劳只是为了资本的利益而被强加给工人阶级的。他还强烈主张，自由时间（"游手好闲"）是人类可能渴望的最大财富形式。他的女婿保尔·拉法格写过一部引人注目的小册子《懒惰的权利》（与伯特兰·罗素的著名作品《闲暇颂》相呼应）。资本是自由时间的敌人，对自由时间的追求是对资本的严重威胁。西印度的

---

① 《马克思恩格斯全集》第30卷，人民出版社，1995年，第287页。

种植园主显然害怕那些追求它或拥有它的人。马克思似乎在说，只有能带来自由时间时，勤劳才是值得的。不过这纯粹是我的猜测。

马克思对先行者的评论

让我们回到马克思的剩余价值理论这一主题上来。马克思在先行者中搜索，看看他们离确定剩余价值（利润）的来源有多近。马克思尤其好奇的是，为什么李嘉图没能看到马克思所理解的剩余价值的重要性。诚然，李嘉图"把剩余价值的产生看作是资本的前提"[①]，但他认为，剩余价值扩张的唯一系统性来源，在于资本流通之外的人口增长。[②] 他对资本流通范围内剩余价值生产的内在机制一无所知。

重农学派——18世纪颇具影响力的法国经济学派——同样难以"理解价值的自行增殖，从而理解资本在生产活动中创造的剩余价值"[③]。马克思显然对重农主义者有所青睐。他赞赏他们组成了第一个尝试系统地研究资本可能是什么的经济学派，他们提出的问题成为后来全部工作的基础。"他们是现代经济学的鼻祖。重农学派也懂得，雇佣劳动创造剩余价值就是资本

---

① 《马克思恩格斯全集》第30卷，人民出版社，1995年，第287页。
② 同上，第288页。
③ 同上。

价值的自行增殖，即资本的实现。"①但是，他们被当时的具体生产条件所迷惑，这是可以理解的。他们以为："只有在劳动工具的自然力明显地能够使劳动者所生产的价值多于他所消费的价值的领域中，劳动才是生产的。因此，剩余价值不是来自劳动本身，而是来自劳动所利用和支配的自然力——农业。"②在农业领域内，"人类劳动只要用在化学的物质变换上……并且部分地还用机械手段来促进这种变换……就能获得剩余产品"③。在重农学派影响最大的时期，大多数的制造活动都是在小作坊中进行的。工厂制度还不存在。而小作坊在很大程度上是为了满足贵族的消费欲望。如果你去凡尔赛宫参观，你会看到他们制作的各种漂亮的东西。重农主义者认为，这种劳动是寄生性的。圣西门，马克思推崇的一位空想社会主义者，后来改变了这一观点。他认为，资本主义企业家和工人共同定义了生产部门，与之相对的是寄生的土地贵族、教会和国家。马克思显然接受了这两种情况下的阶级分析。他也接受了圣西门和重农主义者的一些分析技术。重农学派的一位理论家魁奈制作了一份"经济表"来描绘整个社会的价值循环。马克思受到其启发，并在《资本论》第二卷针对资本再生产图式开展的高度创新性研究中有所运用。

亚当·斯密认为："劳动一般是价值的源泉，也是财富的

----

① 《马克思恩格斯全集》第30卷，人民出版社，1995年，第289页。
② 同上，第290页。
③ 同上。

源泉，但是，劳动创造剩余价值，其实也只是因为余额在分工中表现为社会的自然赐予，表现为社会的自然力。"① 虽然马克思否定了将剩余价值归因于自然赐予的观点，但是，对于如何将"自然赐予"纳入分析，马克思在这里没有给出答案。亚当·斯密以一种"最粗暴的形式把利润和地租的存在作为前提。资本家不愿意无偿地使用他的资本，同样，土地所有者也不愿意无偿地为生产提供他的土地。他们要求得到某种报酬"②，也就是利润和地租。但是，它们"只是工资的**扣除**，是在历史过程中被资本和土地所有权任意榨取的东西，因而是**法律上**的合理存在，而不是经济上的合理存在"③。在马克思看来，"工资本来是**经济上唯一**合理的东西，因为它是生产费用的必要组成部分"④。利润和地租是分配层面的事实。与马克思相反，斯密在价值理论上摇摆不定，有时将价值理论表述为工资、利润和地租的总和（从而与传统经济学所熟悉的土地、劳动力和资本的范畴相匹配）。

马克思总结道："准确地阐明资本概念是必要的，因为它是现代经济学的基本概念，正如资本本身……是资产阶级社会的基础一样。"⑤ 只有借助资本概念，我们才有希望"得出资产

---

① 《马克思恩格斯全集》第 30 卷，人民出版社，1995 年，第 291 页。
② 同上，第 292 页。
③ 同上。
④ 同上。
⑤ 同上，第 293 页。

第四章 资本的生产

阶级生产的一切矛盾，以及这种关系超出它本身的那个界限"[1]。

但是，马克思在追溯了剩余价值的起源之后，表现出了某种紧张，他担心这种追溯可能被视为"准确地阐明资本概念"。在随后的段落中，他逐渐回到了他更为辩证的、关系性的分析模式。"资产阶级财富，当它表现为中介，表现为交换价值和使用价值这两极间的**中介**时，总是在最高次方上表现为交换价值。"[2] 如果将后一个"交换价值"替换为《资本论》意义上的"价值"，这个观点就更容易理解了。然后，"价值"被定位为使用价值和交换价值之间的中介。"这个中项总是表现为完成的经济关系，因为它把两个对立面综合在一起……因为**最初**在两极间起中介作用的运动或关系，按照辩证法必然会导致这样的结果，即这种运动或关系表现为自身的中介，表现为主体，两极只是这个主体的要素。"[3] 因此，"产业资本表现为生产者，而和表现为流通的商人相对立……同时，商业资本本身又是生产（产业资本）和流通（消费的公众）之间或者交换价值和使用价值之间的中介"[4]。他接着说："在商业本身内部也有同样的情形：批发商作为工厂主和零售商之间，或工厂主和农业家之间，或不同工厂主之间的中介……商品经纪人对批发商来说也是这样。此外，银行对产业家和商人来说；股份公司对简单

---

[1] 《马克思恩格斯全集》第 30 卷，人民出版社，1995 年，第 293 页。
[2] 同上。
[3] 同上。
[4] 同上，第 294 页。

生产来说也是这样；金融家则是国家和资产阶级社会之间最高级的中介。"[1] 我引用这些较长的段落是想要说明，当马克思更深入地探索资本的多样化、复杂的生态系统总体时，他不可能局限于任何关于资本的简单定义。简言之，在这样的论述的多重内涵中，资本无处不在。它无法被固定在一个地方。不过，马克思已经断定，"**资本**是产品和货币的**直接统一**，或者更确切些说，是生产和流通的**直接统一**……而它的发展就在于，作为这种统一……它自己确立自己并扬弃自己。这种统一最初在资本上表现为**一种简单的东西**"[2]，尽管它不断地改变自己，并采取不同的伪装。用另一种方式来说，资本是流动的，它在质上经历不同的环节，同时又在量上自我再生产和增长。

相对剩余价值

马克思接下来通过算术例子来研究剩余价值生产是如何运作的，并发现了一些非常重要的事物。如果工人需要半个工作日的时间来生产与其自身再生产所需商品相等价的价值，那么，提高劳动生产率的结果将是，生产所需使用价值的必要劳动时间减少（例如，减少到四分之一个工作日），这样就会增加生产剩余价值的时间，从而使资本受益。"工人劳动的提高了的生产

---

[1] 《马克思恩格斯全集》第30卷，人民出版社，1995年，第294页。
[2] 同上，第294—295页。

力，由于缩短了补偿对象化在工人身上的劳动（为创造使用价值即生存资料）所必需的时间，因而表现为工人用在资本价值增殖（创造交换价值）上的劳动时间延长了。"[1]这整个过程源于一个简单的事实，即劳动力价值的降低会为资本带来更多剩余价值。显然，劳动力价值依附于一定长度的工作日，这个工作日本身可以延长，从而为资本带来更多的剩余价值（绝对剩余价值）。资本家想方设法让工人工作更努力，工作时间更长，工资更低。将剩余价值的生产和占有最大化，是资本存在的理由。

马克思在这里发现了在《资本论》第一卷中占主导地位的相对剩余价值原理的简化版本。由于劳动生产率的提高，工资商品变得更便宜，因此劳动力价值下降，为资本留下了更多的剩余价值。这有助于解释一些关于资本家角色的问题：

> 资本作为财富一般形式——货币——的代表，是力图超越自己界限的一种无限制的和无止境的欲望。任何一种界限都是而且必然是对资本的限制。否则它就不再是资本即自我生产的货币了。只要资本不再感到某种界限是限制，而是在这个界限内感到很自在，那么资本本身就会从交换价值降为使用价值，从财富的一般形式降为财富的某种实体存在。资本作为资本创造的是一定的剩余价值，因为它不能一下子生出无限的剩余价值；然而它是创造更多剩余

---

[1] 《马克思恩格斯全集》第30卷，人民出版社，1995年，第297页。

价值的不停的运动。剩余价值的量的界限，对资本来说，只是一种它力图不断克服和不断超越的自然限制即必然性。[1]

这种伴随着不断提高的劳动生产率而不断积累的动力学机制，是资本本质的关键特征之一。这是资本的主要矛盾的来源，随着时间的推移，这些矛盾不断增加和加剧，而不是减少。

接下来，马克思通过对各种算术公式的研究，实际地认识到，生产力变革对剩余价值生产的影响，存在一些内在的制约因素。"**在生产力提高以前资本的剩余价值越大**……工作日中构成工人的等价物即表示必要劳动的那部分越小，资本由于生产力的提高而得到的剩余价值的增加就越少。"[2] 他还已经注意到，这种增加的影响在不同国家之间和不同部门之间有很大的不同，这取决于（用后来的表述）资本的价值构成（C 与 V 之比），它的内在限制"始终是一日中体现**必要劳动**的部分和整个工作日之比"[3]。

接下来的 20 多页文本[4]大部分用于探索公式 C+V+S 的不同算术配置的含义。由于我觉得这一部分冗长乏味，没有多少启迪意义，只有"劳动是活的、造形的火"[5]这句精彩而贴切

---

[1] 《马克思恩格斯全集》第 30 卷，人民出版社，1995 年，第 297 页。
[2] 同上，第 304 页。
[3] 同上。
[4] 同上，第 304—333 页。
[5] 同上，第 329 页。

第四章　资本的生产

的话打破了沉闷，因此我建议跳过其中大部分内容。无论在什么条件下，都是劳动支撑着剩余价值的生产。这种造形的火，不仅生产出新的价值，而且还保存和唤醒了原有的价值，它们连同资本不费分文而获取的剩余劳动一起，馈赠给资本。不过，这也是"物的易逝性，物的暂时性，这种易逝性和暂时性表现为这些物通过活的时间而被赋予形式。在简单生产过程中——撇开价值增殖过程不谈——物的形式的易逝性被用来造成物的有用性"①。

谈到"物的易逝性"，马克思引入了一个对我们当代世界仍然重要的环节。正是活劳动保存了过去劳动的价值，过去的劳动物化为资本的组成部分，在生产过程中被耗费。活劳动保存了原本存在的资本的价值。"因而，劳动的这种保存力表现为资本的**自我保存力**……**在生产过程本身中，活劳动把工具和材料**变成自己灵魂的躯体，从而使它们起死回生。"② 这种保存并不需要增加劳动量。过去劳动的价值保存是同步发生的事情。它是劳动者在创造剩余价值之外给资本的馈赠。③

马克思坚持认为，资本不是天然的。但是，资本具有一种由内化的抽象所驱动的本性。这种幽灵般的对象性构成它的驱动力，结果是无止境的扩张和无限制的积累，无论如何，地球都必须适应它。虽然对于生产能力和商品产出而言，无止境的

---

① 《马克思恩格斯全集》第30卷，人民出版社，1995年，第329页。
② 同上，第332—333页。
③ 同上，第334页。

积累会遇到明确的限制和阻碍，但是，货币的扩张是没有限制的。近些年来，货币供应扩张和信用扩张一直是现象级的。全球债务总额（个人、公司和国家）现在达到了地球上每个女人、男人和孩子都要承担 85 000 美元的地步，而且没人担心偿还问题。当然，每一笔债务都是一笔信用。你是净债权人，还是净债务人？曾经有一段时间，政策制定者们担心债务占 GDP（国内生产总值）的比例过大。如果一个国家债务占 GDP 的比例超过 70% 或 80%，那它就被认为是非常危险的。20 世纪 80 年代，国际货币基金组织对墨西哥和其他许多国家进行了惩罚，因为它们的债务相对于 GDP 过高。而现在，全球债务占全球 GDP 的比例是 230%~240%。这就是我们所说的跨越障碍。圣路易斯联邦储备银行是研究这类问题的一个绝佳数据来源。有关债务和世界货币供应量的图表表明，在过去半个世纪里，债务和货币供应量都呈指数级增长。

这大概就是马克思所设想的那种"跨越障碍"。1858 年的马克思似乎在说，这是资本的本性所为。这就是资本在抽象驱动下的体系"自然"会做的事。在我们研究的这一部分的末尾，马克思提出了另外一个鞭辟入里但有些可怕的观点：

> 货币由于现在已经自在地作为资本而存在，它就只是取得未来（新）劳动的凭证。它在对象形式上只是作为货币而存在着。剩余价值即对象化劳动的增长额，由于它自为地存在着，它就是货币；但这种货币现在已经自在地是资

本；作为资本，它是取得新劳动的凭证。在这里，资本已经不再只和现有的劳动发生关系，而且和未来的劳动发生关系……这种货币已经不再单纯是一般财富的抽象形式，而是取得一般财富的现实可能性即取得劳动能力的凭证，而且是取得正在生成的劳动能力的凭证……正如国债债权人一样，每一个资本家通过他新获得的价值，而拥有了取得未来劳动的凭证，他通过占有现有的劳动，同时也就占有了未来的劳动。①

马克思在这里所追溯的看不见的线，在劳动过程之中及其周围将资本同劳动联系在一起。在某种程度上，这条看不见的线，这种幽灵般的对象性，仍在继续和加强，它在资本的总体中占据了主导和基础地位。劳动是被资本统治的，尽管劳动创造了资本。因此，从某种意义上说，劳动是其自身创造物的牺牲品。《弗兰肯斯坦》的故事有着真实的基础，它所产生的恐怖景象在世界各地的工厂里每天都能看到。马克思希望劳动人民能够理解他们的异化和不满的根源所在，理解他们在资本形成中的作用，理解他们在这一建构过程中的创造力。如果撤回你的劳动，资本就会灭亡。但问题是，如果你停止劳动，长期来看，你也会灭亡。

---

① 《马克思恩格斯全集》第30卷，人民出版社，1995年，第336页。

第五章

生产与价值实现

在阅读马克思著作的时候，有一张关于我们已经去过哪里、可能去向哪里的认知地图，是很有用的。马克思在他的"导言"中考察过资产阶级政治经济学如何处理生产、分配、交换、消费、实现等在经济过程中的关系。马克思认为，古典政治经济学遗漏了一些东西，因为它没有一个总体的概念。它把这些范畴看作独立、自主的实体，它们彼此发生作用。为了理解生产、实现、分配等之间的内在关系，马克思提出了总体及其环节的概念。他想让我们相信，更好地理解资本的方式可能在于，将资本作为一个连续的过程——一种流动过程——加以研究，它被置于一个总体之中，这个总体由不同的环节构成，各种相互交织、相互支持的循环过程把它们联结在一起。

总体不仅仅是一个概念。我们需要给它找到一个恰当的表述。马克思的任务是在观念领域尽可能正确地表现它。然而，总体并不是由观念创造出来的。观念也不能强加于它。总体是一种处于成长过程中的东西。随着它的成长，其主导性的概念可能成为影响其演变的物质力量。总体和总体观念之间的关系是辩证的，而不是单向的。例如，如果一种观念认为，总体应该按照自由贸易的原则来构建，那么经济体系即使没有相应地形成，也会受到影响。因此，统治阶级的统治思想是重要的。为了理解总体在现实层面的演变（这是任何主导性的观念影响必然被感受到的地方），马克思实际上采用了一种有机的、动态的生态系统的类比。这样一个总体包含许多不同的方面（例如，劳动分工和阶级派别），它们在其中相互作用。该总体是一个不断演变的历史的产物。我们需要研究使总体得以形成的历史过程，去理解各个环节（连同其观念）如何相互作用，从而重塑总体，以及了解总体如何随着时间和空间变化而演变。由此可以看出，总体在思想世界中的表现方式，也必然处于持续的演变之中。我们必须在观念领域与现实世界中发生的事情保持同步。这就是实际发挥作用的历史唯物主义。

马克思是从对货币的思考开始这项任务的，这使他回到了对于蒲鲁东的执着的批判。他的目的是反驳这样一种观点，即通过货币体系的革命，总体可以走向社会主义。马克思花了很多时间让我们摆脱那种"疯狂"的想法。在此过程中，他做了一些有意义的事情。他承认，货币在社会进程中可以扮演很多角色。但是，作为资本来使用的货币扮演着一个非常特殊的角色，是需要仔细研究的总体的一个方面。我们需要把货币的流通看作资本（货币资本）。

这使马克思提出了资本的第一个定义，也是最明显的定义，即被用来赚取更多货币的货币。并非所有的货币都是资本，但资本是以某种方式使用的货币。定义资本的是货币的用途，而不是货币本身。资本并不像古典政治经济学通常解释的那样，是一种引入劳动过程的"物"（一种独特的生产要素）。马克思说，资本是一个过程，而不是一个物。它是一个将工作场所的生产活动和市场上的流通活动结合起来的过程（见图2），这个过程是连续的。但它采取的形式是螺旋式的，而不是一个循环。螺旋之所以占据主导地位，是因为如果资本是用来赚更多货币的货币，那么，在一天结束时比开始时有"更多"货币资本的要求意味着，总体为了生存，必须处于一种持续的、无休止的扩张状态。

因此，资本被定义为一个过程，这个过程处于不断扩张的状态，致力于无止境的积累。这种无止境的特征依附于资本家积累越来越多财富的欲望。这当中有一个主观的、心理的方面，也是马克思所谈到的。越来越多的货币被转化为货币资本，投入流通过程，以赚取更多的货币。但是，不断扩张的要求带来了一个非常严重的问题。市场要符合其形成规则，其特征就是等价交换。一个建立在等价交换基础上的体系，如何才能实际地扩大和增长呢？增长从何而来？答案在剩余价值理论之中，这一理论关注的是生产，而不是市场流通。

《大纲》的第四册笔记在开头想再次向我们保证，"没有必要再停留在这种非常令人讨厌的计算上了"[1]。但随后,马克思又花了十几页的篇幅进行更令人讨厌的计算。其目的似乎是:用算术形式来研究剩余价值与剩余劳动时间的关系、技术变革对剩余价值率的影响、绝对剩余价值和相对剩余价值的区别,最后,对利润率的变化附加一些评论(这将在后面的专题中介绍)。他宣布:"现在该结束由于生产力提高而产生价值这个问题了。"[2] 他写道:"现在让我们回到我们在前面中断了的论点上来。"[3] 因此,我建议把转移了主要论证的这部分内容划掉,而且这部分没有特别具有启发性的论点,尽管马克思在这里肯定是巩固了他(也可能是我们)对前面所列主题的理解。

马克思回到他的中心课题,观察到"生产率的提高虽然不会增加交换价值的绝对量,但会增加**剩余价值**"[4]。这是一个看似显而易见的观点,但常见的对它的理解是错误的。100万工人一天工作10小时,产生了一定的价值。如果这些工人的生产率翻倍,生产的总价值并不会受到影响。只有当工人数量或工作时间增加时,总价值才会增加。随着生产率的提高,生产的单个物品(使用价值)的数量增加一倍,而每个物品的价值减半。如果在一定生活水平下,再生产劳动力所需的使用价值的价值减半,那么劳动力的价值就可以减半(假设以使用价值

---

[1] 《马克思恩格斯全集》第30卷,人民出版社,1995年,第341页。
[2] 同上,第359页。
[3] 同上,第360页。
[4] 同上。

计算的生活水平保持不变）。这就把更多的劳动时间释放出来，用于生产剩余价值。虽然马克思没有指出这一点，但其含义是，在强大的技术变革条件下，在工人物质生活水平（以使用价值衡量）提高的情况下，资本占有的剩余价值可以同时迅速提高。自 1850 年以来，在许多时期和许多地方，工人同资本分享了生产率提高的好处。从历史上看，这一直是资本主义被一部分工人阶级接受甚至积极支持的有力原因。如果有一些富裕的工人住在郊区的房子里，车道上停着他的车，房子里全是家用电器，那么他们为什么要反抗现状呢？1980 年之后形成的新自由主义政治之所以引人注目，是因为在这个时期，绝大多数工人从重大技术变革中得到的好处很少，甚至没有。这些好处主要流向了资本或者社会最顶层的 1%。在几乎所有发达资本主义国家，资本的利润飙升，而劳动所得在国民收入中所占的份额急剧下降，尽管劳动者的生活水平（以使用价值，例如以家用电器和电子产品衡量）有所提高。

马克思实际上用了好几页篇幅回到他的算术模型，为的是证明："劳动生产率的提高只不过表明，同一资本用较少的劳动会创造出同一价值，或者，较少的劳动用较大的资本会创造出同一产品。较少的必要劳动产生出较多的剩余劳动。"[①] 生产中的时间分配问题逐步浮现出来，使马克思得出如下结论："如果说一方面资本创造了剩余劳动，那么另一方面剩余劳动

---

① 《马克思恩格斯全集》第 30 卷，人民出版社，1995 年，第 362 页。

也是资本存在的前提。创造出可以自由支配的时间是财富整个发展的基础。"①财富是用可以自由支配的时间来衡量的，而不是以货币或其他形式的权力来衡量的，这一观点很重要。它意味着社会主义的一个标志是以可支配时间来衡量的财富的合理分配。在资本制度下，可支配的时间转化为剩余劳动时间。这一思想似乎激励了马克思抛弃前面几十页内容中占据主导的沉闷而有局限的计算视角，以鼓舞人心和富有远见的方式诠释资本从过去、现在到未来的历史和发展。他首先指出，必要劳动时间和剩余劳动时间的关系在历史上是变化的，并且随着发展形式的变化而变化。最初，交换的只是剩余劳动；欲望和需求很少，所以必要劳动时间是有限的。但资本出现之后，交出剩余劳动时间就成了获得必要劳动时间的强制性条件，而必要劳动时间又使劳动者得以再生产。我们将看到，什么是必要的东西这一点也会随着资本的发展而变化。

马克思随后指出，资本的规律或趋势是"要尽量多地创造劳动；资本的趋势也是要把必要劳动减少到最低限度。因此，资本的趋势也是：既增加劳动人口，又把劳动人口的一部分不断地变成过剩人口"②。在这里，人口增长与资本积累之间的关系，以及相对过剩人口（或《资本论》中所称的产业后备军）的作用，被提上了议程。"资本的趋势也是既要使人的

---

① 《马克思恩格斯全集》第30卷，人民出版社，1995年，第376页。
② 同上，第377页。

劳动过剩（相对来说），又要使人的劳动无限增加。"[1] 这究竟意味着什么，目前还不清楚。但如果"价值只是对象化劳动"，而剩余劳动是超过必要劳动所需的对象化劳动，那么，资本就必须生产越来越多的剩余劳动，而这只有在它使雇佣劳动者数量成倍增加的情况下才能做到。另一种策略则聚焦于工作日。"如果从空间方面来看工作日，——从空间方面来看时间本身，——那就是**许多工作日同时并存**。"[2] 聚集的劳动者越多，榨取的剩余劳动也就越多。"因此，资本要求人口增加……人口的增加是劳动的一种不用支付报酬的**自然力**。"[3] 还有一种情况是，随着必要劳动力的减少，劳动力再生产的成本也会下降（这也许可以解释前面提到的工资占国民收入比重的下降）。"由此，资本的趋势也是：既增加**劳动人口**，又不断减少劳动人口的**必要**部分（资本不断地把劳动人口的一部分重新变为后备军）。增加人口本身就是减少其中必要部分的主要手段。"[4]

马克思并不经常涉足资本积累的人口方面，但当他这样做时，他清楚地表明，这是重要的，而且值得加以严肃的批判性讨论。"因此，这里已经包含着现代人口理论中虽然还不被理解，但是已经作为矛盾表述出来的全部矛盾。"[5] 在马克思所在

---

[1] 《马克思恩格斯全集》第30卷，人民出版社，1995年，第377页。
[2] 同上，第378页。
[3] 同上。
[4] 同上，第379页。
[5] 同上。

的时代，马尔萨斯是人口理论的主导人物，他坚持认为贫困是人口过剩的产物，因为穷人倾向于生育，这激怒了马克思。马克思令人信服地表明，无论再生产的状态如何，它都是资本的产物。这并不是说人口的条件无关紧要（实际上，人口的增长是必要的，原因已经说过了），而是说资本以特定的方式利用（甚至改善）人口的条件，从而有利于对剩余价值的榨取和产业后备军的形成。例如在新自由主义时代，引人注目的是，全球雇佣劳动力从20亿增长到30亿，而剩余价值却掌握在数量越来越少的资本家手中。在此期间，可被支配的、不稳定的低薪劳动者的形象开始在世界舞台上占据主流。

显然，与马克思提出的观点相比，关于人口条件还有许多需要探讨的问题。例如，在20世纪60年代，发达资本主义国家政府通过支持移民来应对劳动力短缺和工人阶级力量的上升，德国人转向土耳其，法国人转向北非，瑞典人转向南斯拉夫，英国人转向他们的前殖民地。美国在1965年放宽了移民政策，废除了以欧洲为导向的移民配额，支持在全球范围内招募熟练和非熟练的劳动力。（白人）工人阶级对移民怨恨的增长是其长期后果。例如，在法国，一些共产党的成员由于移民政策转而支持民族阵线。1980年以后，中国迅速地进入低工资、劳动密集型生产领域，相比于日本和意大利等国的人口零增长、老龄化和对移民的敌视阻碍了资本积累，中国大量的劳动力剩余对于剩余价值的生产至关重要。中国在1980年制定了独生子女政策，现在，面对劳动力供给下降和人口老龄化问题，中国放宽生育政策，并将重点从劳动密集型生产转向资本密集型生产。

这些问题甚至在家庭层面都能感受到。我的祖母是一名农业工人的女儿，也是工党的坚定支持者，她认为工人阶级家庭应该只生一个孩子，如果生更多孩子，就会加剧自己的竞争（马克思称之为送给资本的免费礼物）。我是第二个孩子。（这是个意外！）我的祖母大怒，骂我母亲是"肮脏的小荡妇"，拒绝接受我们长达10年。讽刺的是，她和我后来成了亲密的盟友，我在政治上从她那里学到了很多。无论如何，如果不仔细考虑人口和资本之间所产生的巨大矛盾，就很难分析当代的经济状况和政策（特别是移民方面的政策）。现在世界上大约有50个或更多的国家，其人口增长率即使不低于零，也接近零，这一事实是非常重要的。

然而，在马克思的时代，有一个比这更为紧迫的问题。他在脚注中指出："剩余劳动在一方创造出来，与此相适应，负劳动，即相对的懒惰（或者在最好的情况下，是**非生产**劳动）则在另一方创造出来。"① 有一支工人大军"不是靠资本生活，而是靠收入生活"。马克思相当鄙视这个由"贫民、侍从、食客"这"一整批仆从"组成的"**仆役阶级**"。② 这与他对劳动阶级的描述形成了鲜明对比。但是，可以支配的时间的存在，

---

① 《马克思恩格斯全集》第30卷，人民出版社，1995年，第379页。
② 同上。

第五章　生产与价值实现　　199

也创造了"产生科学、艺术等等的时间"①。财富的发展位于一个交叉点，一边是主要用于控制劳动的非劳动，一边是积极投入剩余价值生产的剩余劳动。而对马克思来说，只有产业劳动才是重要的。这使他带着讽刺的意味提到，马尔萨斯"要求有只消费而不生产的剩余有闲者，或者说，鼓吹挥霍、奢侈、浪费等等的必要性"②。有趣的是，这成为马克思后续分析的一个前奏。

马克思现在把注意力转向了价值及剩余价值的生产与实现之间的关系。我认为，这是《大纲》中一个相当重要的论点，我将努力地强调这一点，原因很快就会变得显而易见。

"我们已经看到，资本通过**价值增殖过程**（1）通过交换本身（即同活劳动交换）而保存了自己的价值；（2）增加了价值，创造了剩余价值。现在，作为生产过程和价值增殖过程的这种统一的结果表现出来的，是这个过程的产品，即资本本身，它是作为产品从以它为前提的过程中产生出来的。"③我引用这段话来表明，资本本身是生产过程和价值实现过程在生产领域和市场领域结合——统一——的产物。这本身就是一个重要的主

---

① 《马克思恩格斯全集》第30卷，人民出版社，1995年。
② 同上，第380页。
③ 同上，第381页。在哈维使用的英译版中，"价值增殖"被译为"realization"（实现）。因此，哈维在书中提到的"realization"（实现）往往指资本的价值增殖。译者结合中文语境，将其直译为"实现"或"价值实现"或"价值增殖"。——译者注

张,我们将在此基础上继续推进。在生产中出现的商品,它的价值只是以一个报价的形式存在,它必须"在交换中才能**实现为**"作为货币形式的价值。因此,"(3)我们仔细地考察就会发现,资本的**价值增殖过程**——货币只有通过价值增殖过程才变成资本——同时表现为资本的**价值丧失过程**,表现为资本丧失货币资格"①。这似乎在整个资本流通和积累过程中引入了价值丧失的问题。但马克思以这种价值丧失"不属于这里研究的范围"为由,没有对"**现有**资本的这种不断的价值丧失"②做任何分析。相反,"这里所谈的**价值丧失**,是资本从货币形式过渡到**商品**形式时,即过渡到具有一定的待**实现**的价格的产品形式时发生的"。

> 资本作为货币时是作为价值而存在的。现在资本是作为产品,因而只是在观念上作为价格而**存在**;但不是作为**价值本身**而存在。资本要**增殖价值**,……首先必须从货币形式过渡到使用价值形式……但是,这样它就丧失了价值的形式;现在它必须重新进入流通,才能重新取得这种一般财富形式。③

马克思只是想说,在从货币—商品(生产)到商品—货币的过

---

① 《马克思恩格斯全集》第30卷,人民出版社,1995年,第381页。
② 同上,第382页。
③ 同上。

渡中，价值（马克思将其与交换价值联系在一起）被隐藏起来，除非它能够以货币形式得到有形的衡量，这是整个过程的开始和结束。这一看法部分源于马克思继续将价值等同于交换价值（后者牢固地植根于货币形式）。

价值增殖与价值丧失

"现在，资本家进入流通过程不再是简单地作为交换者，而是作为**生产者**同作为**消费者**的其他交换者相对立。这些消费者为了得到资本家的商品来供自己消费，就要换出货币，而资本家为了得到消费者的货币，则要换出自己的产品。"[1]假如这个过程崩溃了："资本家的货币就会变成无价值的产品，不仅得不到任何新价值，而且连原有价值也要丧失。这种情况可能发生也可能不发生，不管怎样，资本的价值丧失构成价值增殖过程的一个要素。"[2]这一过程发生在两个方面。一是通过增加绝对劳动时间，二是通过"减少相对必要劳动时间"[3]。

因此，劳动内容的日益减少导致了价值丧失，从而使商品变得廉价。他详细说明道："一部分现有资本由于它的**再生产**所需要的生产费用的减少而不断丧失价值。"[4]这一切如此显而

---

[1] 《马克思恩格斯全集》第 30 卷，人民出版社，1995 年，第 382 页。
[2] 同上。
[3] 同上，第 381 页。
[4] 同上，第 382 页。

易见，可是人们在提到和使用马克思的价值理论和资本概念时，却仿佛市场上的价值丧失和价值增殖过程都既不存在，也不重要，这实在让人感到奇怪。"如果说资本通过生产过程作为价值和新价值被再生产出来，那么，它同时也是表现为**非价值**，表现为还要**通过交换才能实现为价值**的东西被再生产出来。"[①] 这几乎就像起初以货币形式存在的资本价值被不透明的商品生产形式淹没，只有当它通过市场上的销售回到货币形式时才会复活。

"这三个过程……它们的统一构成资本——彼此是外在的过程，是在时间和空间上分开的过程。因此，对单个资本家来说，从一个过程过渡到另一个过程，即三个过程的统一，是偶然的事情。"[②] 马克思用外在的过程表示它们是彼此独立的。但是，"既然整个生产以资本为基础，也就是说，资本应该实现它的自我形成的一切必要要素，而且应该包含实现这种自我形成的条件，那么这三个过程的统一也应该得到实现"[③]。

马克思接着详细阐述了这一观点。"在生产过程本身中……**价值增殖**表现为……对象化劳动同活劳动的关系。"[④] 在这里，马克思使用"价值增殖"来描述在生产中而不是在市场中发生的事情。这就是后来所说的"生产消费"——对新生产能力的

---

① 《马克思恩格斯全集》第30卷，人民出版社，1995年，第383页。
② 同上。
③ 同上。
④ 同上。

投资。但价值增殖也"表现为取决于生产过程之外的流通"①（在其他地方被称为最终消费）。"在生产过程内部，价值增殖和剩余劳动的生产……完全是一回事，因此，价值增殖没有任何其他的**界限**，除了那些"在过程中总是表现为应当克服的**限制**"，但是"现在，出现了处于生产过程**以外**的对于这个过程的限制"。②商品必须对某处的某人而言具有使用价值。因此，"第一个限制就是**消费本身，即对该商品的需要**"，人们的需要和欲望的状态（见图2）变得至关重要。"第二，对该商品来说，必须有等价物存在。"③以支付能力为后盾的需要变得至关重要。可是，由于资本不断地创造新的价值，那么对它来说"似乎不会有等价物存在"④。资本在进入流通时，"会遇到**现有消费量**或**消费能力**的限制"⑤。因为使用价值"不具有价值本身所具有的无限度性。一定的物品只有在一定的限度内才能被消费，才是需要的对象……因此，产品作为**使用价值**在自身中含有某种限制"。而且资本"看来会遇到**现有等价物**的量的限制"——我们现在称之为"有效需求"。"剩余价值……需要有剩余等价物。剩余等价物现在表现为第二个限制。"⑥

---

① 《马克思恩格斯全集》第30卷，人民出版社，1995年，第383页。
② 同上，第384页。
③ 同上。
④ 同上。
⑤ 同上。
⑥ 同上，第385页。

马克思已经表明，在流通范围内，并没有产生更新的力量，更不用说价值的扩张了。现在，正是由于流通中的限制，生产过程"就要陷入绝境"①。马克思总结道："这就是简单的、客观的、无偏见的见解所看到的矛盾……[简单商品]流通的所有矛盾又以新的形式复活了。"②

"这里，在考察资本的一般概念时，重要的是：资本并**不直接是生产和价值增殖的这种统一**，而只是和各种条件联结在一起**的过程**，而且正如过程表明的那样，是和**外部**条件联结在一起的过程。"③马克思称这一点是"重要的"，怎么强调都不为过。它直接反驳了一种常见的观点，即消费的情况，进而价值实现条件应当归入生产研究。虽然马克思没有具体说明外部条件指的是什么，但我认为他所考虑的外部条件包括人们的需要和欲望的状态、文化偏好，以及所有控制着有效需求状态的社会特征。

世界市场与消费主义

绝对剩余价值的创造"要有一个条件，即流通范围要扩大，而且要不断扩大。在一个地点创造出的**剩余价值**要求在**另一个**

---

① 《马克思恩格斯全集》第 30 卷，人民出版社，1995 年，第 385 页。
② 同上，第 386 页。
③ 同上，第 387 页。

地点创造出它与之交换的剩余价值"[①]，因此，不断扩大的流通范围是资本生存的必要条件，"创造**世界市场**的趋势已经直接包含在资本的概念本身中"[②]。马克思在这里似乎想要断言，市场中需要和有效需求的矛盾可以通过这样的方式来解决：在某一点产生剩余价值，从而在另一个地方创造出对剩余价值的需求。剩余价值生产在世界范围内竞逐，以期寻找生产更多剩余价值的可能。矛盾通过世界市场的不断扩张被吸收，代价是，商业从一种此处买进、异地卖出的机会主义行为，演变为一种本质上包揽一切的、网络化的全球活动，这种活动源于生产本身的扩张。

另一方面，生产相对剩余价值，即以提高和发展生产力为基础来生产剩余价值，要求生产出新的消费；要求在流通内部扩大消费范围，就像以前［在生产绝对剩余价值时］扩大生产范围一样。第一，要求在量上扩大现有的消费；第二，要求把现有的消费推广到更大的范围来造成新的需要；第三，要求生产出新的需要，发现和创造出新的使用价值。换句话说这种情况就是：获得的剩余劳动不单纯仍然是量上的剩余，同时劳动（从而剩余劳动）的质的差别的范围不断扩大。[③]

[①] 《马克思恩格斯全集》第 30 卷，人民出版社，1995 年，第 387 页。
[②] 同上，第 388 页。
[③] 同上。

技术变革所释放出来的资本和劳动"创造出一个在质上不同的新的生产部门",它"会满足并引起新的需要"[1]。"旧产业部门的价值由于为新产业部门创造了基金而保存下来,而在新产业部门中资本和劳动的比例又以**新的**形式确立起来。"[2] 资本的历史在很大程度上是关于新的需要和欲望的创造的。

这就说明了资本主义生产方式的革命性特质:

> 于是,就要探索整个自然界,以便发现物的新的有用属性;普遍地交换各种不同气候条件下的产品和各种不同国家的产品;采用新的方式(人工的)加工自然物,以便赋予它们以新的使用价值……要从一切方面去探索地球,以便发现新的有用物体和原有物体的新的使用属性,如原有物体作为原料等等的新的属性;因此,要把自然科学发展到它的最高点;同样要发现、创造和满足由社会本身产生的新的需要。培养社会的人的一切属性,并且把他作为具有尽可能丰富的属性和联系的人,因而具有尽可能广泛需要的人生产出来——把他作为尽可能完整的和全面的社会产品生产出来(因为要多方面享受,他就必须有享受的能力,因此他必须是具有高度文明的人)。[3]

---

[1] 《马克思恩格斯全集》第 30 卷,人民出版社,1995 年,第 389 页。
[2] 同上。
[3] 同上。

这一切都是"以资本为基础的生产的一个条件"①。这当中蕴含的革命性潜力是惊人的。

但是，马克思的研究还没有结束。"新生产部门的这种创造"以及劳动分工的迅速转变创造了一个新的世界，"与之相适应的是需要的一个不断扩大和日益丰富的体系"②。

  因此，只有资本才创造出资产阶级社会，并创造出社会成员对自然界和社会联系本身的普遍占有。由此产生了资本的伟大的文明作用；它创造了这样一个社会阶段，与这个社会阶段相比，一切以前的社会阶段都只表现为人类的**地方性**发展和对**自然的崇拜**。只有在资本主义制度下自然界才真正是人的对象，真正是有用物；它不再被认为是自为的力量；而对自然界的独立规律的理论认识本身不过表现为狡猾，其目的是使自然界（不管是作为消费品，还是作为生产资料）服从于人的需要。资本按照自己的这种趋势，既要克服把自然神化的现象，克服流传下来的、在一定界限内闭关自守地满足于现有需要和重复旧生活方式的状况，又要克服民族界限和民族偏见。资本破坏这一切并使之不断革命化，摧毁一切阻碍发展生产力、扩大需要、使生产多样化、利用和交换自然力量和精神力量的限制。③

---

① 《马克思恩格斯全集》第 30 卷，人民出版社，1995 年，第 389 页。
② 同上。
③ 同上，第 390 页。

这些都是资本在人类历史上发挥创造性历史作用的积极意义。我们稍后将回过头来思考这一点的内涵。我们将在后文看到，马克思在这里似乎赞赏的所谓的"文明作用"，还有更为黑暗的一面。

在惊人地宣告了资本的全球重要性之后，马克思回过头来思考他所发现的矛盾是如何产生的。他知道，资本把每一个界限"都当作限制"①，并寻求在观念上超越它。他也知道，"资本的生产是在矛盾中运动的，这些矛盾不断地被克服，但又不断地产生出来……资本不可遏止地追求的普遍性，在资本本身的性质上遇到了限制，这些限制在资本发展到一定阶段时，会使人们认识到资本本身就是这种趋势的最大限制，因而驱使人们利用资本本身来消灭资本"②。这种充满希望的未来主义观点（至少从马克思的角度来看是充满希望的，尽管从资本的角度来看完全不是如此）得到了李嘉图的支持，李嘉图"不关心消费的限制"或流通的障碍。马克思认为，像李嘉图这类经济学家"对资本的积极本质的理解，比西斯蒙第这样一些强调消费限制和对等价值现有范围限制的经济学家更正确和更深刻"③。

这就揭开了关于资本是否会引发生产过剩危机的整个争论。"整个争论焦点在于：资本在生产中的价值增殖过程是否直接决定资本在流通中的价值实现；资本在**生产过程**中实现的价值

---

① 《马克思恩格斯全集》第30卷，人民出版社，1995年，第390页。
② 同上，第390—391页。
③ 同上，第391页。

增殖是否就是资本的**现实的**价值增殖。"[1] 李嘉图承认交换条件有作用,但这种作用主要是偶然的,而不是系统的。在马克思看来,李嘉图及其学派"始终不了解现实的**现代危机**"[2]。如果是这样,那么直接的问题是,这种失败是否与李嘉图漠视流通问题有关?在西斯蒙第一边,倒是强调流通的限制,提倡保护生产,但他没有认识到生产的本质。这就把马克思带回到他对萨伊定律的批判,在萨伊定律中,"不会存在普遍的生产过剩,只会存在一种或几种商品的生产过剩,而另一些商品则会生产不足"[3]。马克思认为这整个论点都是"很幼稚的"[4]。

萨伊一派忘记的是,产业资本感兴趣的不是使用价值,而是价值和剩余价值。认为生产不能经过实现环节的检验,是由于货币短缺(这是蒲鲁东的基本立场),这是一种错觉。或者,在另一个版本中,有人说"从社会的观点来看,生产和消费是一回事",两者之间的相对过剩或不协调"绝对不会出现"[5]。马克思同意马尔萨斯和西斯蒙第(李嘉图派称他们为"一般过剩论者")的观点。很明显,工人的消费"对于资本家来说决不是**充分的**消费",而生产消费("机器、煤、油、必要的建筑物等等的消费")也不可能与生产相等同。萨伊一派"把价值

---

[1] 《马克思恩格斯全集》第30卷,人民出版社,1995年,第391页。
[2] 同上。
[3] 同上,第392页。
[4] 同上。
[5] 同上,第393页。

增殖这个要素完全抛弃了",虽然他们有理由把生产看作根本的环节,至少在李嘉图看来是如此,但这并不意味着价值实现的条件可以被忽视。相反,马克思强调:"在生产过剩的普遍危机中,矛盾并不是出现在各种生产资本之间,而是出现在产业资本和借贷资本之间。"① 这是一个有点令人惊讶的论断,特别是因为马克思到此为止一直忽略了借贷资本的范畴。我觉得,马克思对1857—1858年发生在他周围的危机的理解,将他的注意力引向了商业和金融问题,他只是对有待进行的工作做出一个姿态。但是事实也是如此,流通领域内的矛盾带来了信贷和生息资本流通的必要性。

接下来,马克思引入了另一个破坏性因素。"在**竞争**中,资本的这种内在趋势表现为一种由**异己的**资本对它施加的强制,这种强制驱使它越过正确的比例而不断地**前进,前进!**"② 在这里,请注意资本主义生产中各种投入的"正确的比例"这一条件的重要性。古典政治经济学把竞争简单地理解为对基于"垄断、行会、法律调节等等"③ 的封建制度的否定。而马克思则认为:"从概念来说,**竞争**不过是**资本的内在本性**,是作为许多资本彼此间的相互作用而表现出来并得到实现的资本的本质规定,不过是作为外在必然性表现出来的内在趋势。"④ 这是

---

① 《马克思恩格斯全集》第30卷,人民出版社,1995年,第394页。
② 同上。
③ 同上。
④ 同上。

一个重要的论断。由于它在马克思的文本中被放在括号中，而且后文出现了更详细的内容，因此我将避免进一步详细讨论它。在这里，它的主要作用是解释为什么"资本既是**按比例的生产**的不断确立，又是这种生产的不断扬弃"①，特别是"由于剩余价值的创造和生产力的提高而不断被扬弃"②。"按比例的生产"指的是许多资本家提供必要的投入，以支撑一个特定的生产过程。它包含了不均衡危机的潜在可能性，尽管马克思在这里并没有发展这个观点。

关于生产和流通之间的关系，显然还有许多方面有待分析和阐明。但是，即使在这个初步的阶段，"在资本的简单概念中必然**自在地**包含着资本的文明化趋势等等，这种趋势并非像迄今为止的经济学著作中所说的那样，只表现为外部的结果"。如果今天的经济学文本能明确这一点，同时注意到其中"已经潜在地包含着以后才暴露出来的那些矛盾"③，那该多好。

马克思接着用一种相当抽象的描述，勾勒出他对生产和价值实现的考察所处的位置。"到目前为止，我们在价值增殖过程中只是指出了各个要素互不相关的情形"（例如在使用价值的问题上），"它们在内部是互相制约的，在外部是互相寻求的；但是可能寻求得到也可能寻求不到，可能互相一致也可能不一致，可能互相适应也可能不适应。联系在一起的一个整体

---

① 《马克思恩格斯全集》第 30 卷，人民出版社，1995 年，第 394 页。
② 同上，第 395 页。
③ 同上。

的内在必然性，和这个整体作为各种互不相关的独立要素而存在，这已经是种种矛盾的基础"。① 马克思似乎想说的是，价值实现过程中的不同环节是自主的、独立的，但也是整体的、相互关联的。这很像是说，如果我为了肺的利益而选择深呼吸，这可能会也可能不会对我的消化产生影响，尽管对于我的身体（作为一个总体运转）而言，肺和胃都具有基础性和整体性。

"但是，这还决不是问题的全部。生产和价值增殖之间的矛盾——资本按其概念来说就是这两者的统一——还必须从更加内在的方面去理解，而不应单纯看作一个过程的或者不如说各个过程的总体的各个要素互不相关的、表面上互相独立的现象。"② 生产和价值增殖在总体内的矛盾统一，正如马克思所定义的那样，是资本理论的中心和基础特征。诚然，在某种意义上，生产的作用更为重要，因为它是产生剩余价值的地方，是创造剩余价值的地方，但价值和剩余价值只是潜在地存在，并且只会保持这种存在，直到通过市场销售和满足所有这些要求（包括例如商业资本家的参与）而得到实现。

"更进一步考察问题，首先就会看到一个限制，这不是一般生产的限制，而是以资本为基础的生产的限制。"③ 马克思认为这个限制是双重的。首先存在内在的限制。（1）必要劳动取决于现有的劳动能力和工资水平；（2）剩余价值限制了剩余劳

---

① 《马克思恩格斯全集》第30卷，人民出版社，1995年，第395页。
② 同上。
③ 同上。

动时间；（3）向货币的转化可能由于有效需求缺乏而受到限制；（4）对交换价值的追求可能会限制使用价值（财富）的生产。但是，这些限制与资本扩张的总趋势相对立。"由此造成生产过剩"以及"普遍的价值丧失"，这是对资本超越一切限制的趋势的回应。"与此同时，向资本提出了这样的任务：在生产力的更高发展程度上等等一再重新开始它［突破本身限制］的尝试，而它作为资本却遭到一次比一次更大的崩溃。因此很明显，资本的发展程度越高，它就越是成为生产的界限，从而也越是成为消费的界限，至于使资本成为生产和交往的棘手的界限的其他矛盾就不用谈了。"①

然而，趋向产生危机的压力，可以通过信用制度的发展（如前所述）和对外贸易②得到缓解。虽然李嘉图将生产过程描述为资本的"本质"可能是正确的，但随着寻求以市场销售来实现价值的活动加强，流通领域也有大量资本在运行。资本不仅需要扩张以覆盖世界市场的生产，并开辟全新的生产线，而且需要呼吁扩大对外贸易，或诉诸信用制度的扩张，以实现已经生产出来的价值和剩余价值。在这里，我们看到了我在别处曾提到的"空间修复"（地理扩张）的早期线索，以此可消解生产过剩的地方性趋势，或吸收特定地点和特定时间的资本过度积累。

---

① 《马克思恩格斯全集》第 30 卷，人民出版社，1995 年，第 397 页。
② 同上，第 397—398 页。

马克思随后赞许地概括和引用了马尔萨斯的话："一国的财富，部分地取决于靠本国的劳动所获得的产品的数量，部分地取决于这个数量与现有人口的需要和购买力的适应。"马尔萨斯对此总结道："只有对全部生产出来的东西的需求不受阻碍，生产力才会充分调动起来。"[1] 马克思说，"从一方面来说，这种需要是由不断开辟新产业部门（以及因**相互作用**又扩大旧的产业部门）而引起的，由此旧产业部门获得了新的**市场**等等。其实生产本身就创造需要，它在同一生产部门里雇佣更多的工人"，但是"由生产工人本身造成的需求，决不会是一种足够的需求"。因此，存在利润的前提是存在"一种超过生产这种商品的工人的需求范围的需求"。[2]

马克思指出："这里的问题还不在于说明生产过剩的规定性，而只是分析最初包含在资本关系本身中的生产过剩的萌芽。因此我们在这里还无须考虑其他有产的和消费的阶级等等，这些阶级不从事生产，而是靠收入生活……我们只能就这些阶级对资本的历史形成具有重大意义这一点来局部地考察它们（不过在研究**积累**时考察比较好）。"[3] 如果马克思在这一点上是认真的，那么我们不仅必须重写资本的历史，以纳入这些阶级的角色（无论他们是谁），而且需要追问，当代资本主义在多大程度上将"有产的和消费的阶级"包括在内，这些阶级不仅在

---

[1]《马克思恩格斯全集》第 30 卷，人民出版社，1995 年，第 399 页。
[2] 同上。
[3] 同上，第 400 页。

经济上，而且在阶级形成和政治倾向方面发挥着独特的作用。马克思并不是只在这里提到这些阶级，但他在这里没有做出详细阐述。最近关于食利者资本主义的著作表明，这些阶级（不包括地主阶级，马克思通常将其区分开来）可能在资本主义的政治经济中持续存在并发挥着独特的作用。神职人员和宗教领袖安全符合这一定义。就这一点而言，政府雇员也是如此。

然而，马克思确实更加仔细地考察了工人作为消费者的角色。对每一个资本家来说，所有的工人，排除了他自己的工人，都被视为消费者、交换价值（工资）即货币的占有者，他们用货币来交换商品。"他们在消费者中占很大一部分比例——虽然，如果指的是真正的产业工人，那并不像通常想象的那么多。他们的数量越大……资本的交换领域也就越大。"① 因此，雇佣工人形成了一个"独立的流通中心"②（这个观点我们稍后再谈）。每个资本家都希望降低工资，从而限制自己工人的消费，但他"希望**其他**资本家的工人成为**自己**的商品的尽可能大的消费者"③。虽然马克思同意马尔萨斯的观点，即"**由工人本身造成的需求，决不会是一种足够的需求**"④，但马克思认为情况仍然是这样："工人是作为消费者和交换价值实现者与资本相对立，是作为**货币所有者**，作为货币，作为简单的流通中

---

① 《马克思恩格斯全集》第 30 卷，人民出版社，1995 年，第 400、403 页。
② 同上，第 400 页。
③ 同上，第 403 页。
④ 同上。

心——他是无限多的流通中心之一，在其中作为工人的规定性便消失了。"①

一方面，"由生产本身造成的需求驱使生产超越它在对工人的关系上所应进行的生产的**比例**"，而"另一方面，如果'超过工人本身需求的'需求消失了和缩减了，那就会出现崩溃"。②然而，在危机之中，"资本本身就把工人的需求——即作为这种需求的基础的工资的支付——不是看作利益，而是看作损失"，从而再次表明异己的资本与异己的劳动的"**内在关系**"的力量③。紧缩常常被认为是经济困境的解药，但更多时候，它反而加剧了困境。资本之间的竞争有助于强制实现一致性（例如，紧缩措施），但工人阶级的消费仍然可能在实现这一目标方面扮演着重要角色。但是，这个重要的角色并不是阶级角色，而是买者和卖者的角色。工人们带着工资进入市场，但他们只是众多买者中的一员。在他们生活的某些时间点上，他们会表现得像买者。这可能会对阶级意识产生深远的影响。例如，如果要进行一场反对垄断药品定价的斗争，它就不会是狭义上的工人阶级的斗争，尽管它肯定是一场反资本主义的斗争。工人将以买者的身份为斗争做出贡献。所有需要这些药品的买者都将参与其中，无论他们在生产中的阶级地位如何。对工人来说，这意味着一种不同于他们生产中所处位置的身份

---

① 《马克思恩格斯全集》第30卷，人民出版社，1995年，第404页。
② 同上，第403页。
③ 同上，第403—404页。

第五章 生产与价值实现

定位；因此，马克思在谈到他们的阶级角色时使用了"消失"一词。

尽管存在这些身份的转移，但是资本强迫工人超出必要劳动，进行剩余劳动，这是资本在生产和流通中得以实现的唯一途径。"因此，资本按照自己的本性来说，会为劳动和价值的创造确立**界限**，这种界限是和资本要无限度地扩大劳动和价值创造的趋势**相矛盾**的。因为资本一方面确立它所**特有**的界限，另一方面又驱使生产超出**任何**界限，所以资本是一个活生生的矛盾。"① 有一些因素限制了资本对剩余价值的无止境、无界限的渴望。从生产的角度来看，这些因素就是工作日的长度和实际存在的劳动人口潜力。但是，在这里我们遇到的限制是，资本家之间必须按比例交换所设定的限制，以及最终消费（包括但不限于工人阶级的消费）的限制。

马克思在这里插入了一些有意义的注释（马克思的注释经常如此）。生产本身创造了"对原料、半成品、机器、交通工具以及生产中使用的辅助材料即染料、煤炭、油脂、肥皂等等"的需求。资本的本质在于超越诸多生产者之间正确的交换比例，并且超越间接需求和最终需求的限制。"他们为了最后能够作为资本来增殖自己的价值而必须互相交换时的那个**正确的**（想象的）比例，是处在他们的相互关系**之外**的。"② 对此，

---

① 《马克思恩格斯全集》第 30 卷，人民出版社，1995 年，第 405 页。
② 同上，第 404 页。

马克思补充了一个有趣的见解："因为价值是资本的基础，资本必然只有通过和**对等价值**相交换才能存在，所以资本必然自己排斥自己……在作为已经实现了的交换价值的资本中已经包含着各个资本的互相排斥。"① 马克思理论的特点是，把看似外部的破坏理解为内在关系的实现。资本作为价值的理论，已经在其核心处包含了价值的对立面、非价值和反价值。推动危机形成的外部力量触发了（马克思有时说是"爆炸性地"触发了）内部的脆弱性。

虽然劳动能力是一个重要的交换中心，但同样重要的是，"使工人的消费只限于工人再生产他的劳动能力所必需的范围……并力求把这种必要劳动对剩余劳动的比例降到最低限度。这是对交换领域的新限制"②，它再次说明，"资本把它自行增殖的任何界限都看作［应当克服的］限制……资本价值的无限度的增大——价值的无限度的创造——在这里同限制交换领域，也就是限制价值增殖的可能性，即限制实现生产过程中所创造的价值的可能性，完全是一回事"③。简单来说：通过减少必要劳动而实现剩余价值最大化，通过限制工人阶级的消费而缩小价值实现的市场。

同样的情形也出现在生产力的变革中。相对剩余价值减少了必要劳动时间，从而降低了工人的交换能力。但是"**产品的**

---

① 《马克思恩格斯全集》第 30 卷，人民出版社，1995 年，第 405 页。
② 同上。
③ 同上，第 405—406 页。

数量却以相似的比例增加",同时"要实现产品中包含的劳动时间的困难也增加了——因为这要求消费不断扩大"。①马克思在这里认识到,在价值实现和价值丧失之间存在着一种必然关系:"一方面资本把流通中现有的价值……作为它创造价值的界限,必要的界限;另一方面它把自己的生产率作为价值的唯一界限和创造者。因此,资本一方面不断地促使自己丧失价值,另一方面又不断地成为生产力的障碍和对象化在价值中的劳动的障碍。"②

值得注意的是,马克思在分析中对"价值丧失"这一概念的使用。可以肯定的是,他在这里所关注的,只是坚持将价值丧失作为一个基本环节,与价值的保存和剩余价值的生产并列,并将它们看作资本的本质。这是资本本身的固有弱点和潜在脆弱性的一个标志。在后面,我们将有很多机会,确定哪些因素可能会利用这种脆弱性,推动危机的形成。技术变革导致现有资本不断贬值,从而引发整个城市(如20世纪80年代的底特律或谢菲尔德)生产设备的贬值,这一点马克思还没有关注。但是,价值丧失是马克思正在形成中的资本理论的一个主要关注点。

资本的本质也许存在于生产之中(正如李嘉图所坚称的那样),但在市场中的价值实现的种种问题,也并不在它之外。

---

① 《马克思恩格斯全集》第30卷,人民出版社,1995年,第406页。
② 同上,第407页。

正是通过后者，我们才能进一步理解创造新需要和欲望的复杂力量，理解资本对世界市场的征服，理解一系列其他含义如商业资本和信用体系的作用，我们在寻求将资本主义生产方式的动力机制理论化时，必须努力解决这些问题。

到目前为止，我们一步一步地遵循着马克思的文本。我们理解了货币流通的多种形式和功能，然后试图弄清资本的概念，它与异化劳动紧密联系在一起，彼此都努力在对方身上实现自己。但是，它们之间的斗争在很大程度上被理解为发生在生产过程中。马克思下一步是分析劳动在整个流通中的地位。这就凸显了劳动在市场价值实现中的作用问题。

马克思以不同方式、在不同语境中使用"实现"一词。在某些地方，他会谈到通过生产实现，这与通过市场实现是不同的。在一个生产行为中，货币形式的资本的价值，被转化和"实现"为商品的价值（见图2）。这些价值在劳动过程中被"实现"，劳动过程在生产行为中再生产价值，并加上一份剩余价值。然后，被生产出来的商品的价值，通过在市场上销售，以货币形式得到"实现"。在整个流通过程的不同环节（如图2所示）发生的每一次转变，都是一个实现的环节。但当我使用"实现"一词时，除非另有说明，否则专指的是市场上的实现。这是因为马克思把在生产中创造价值、在市场中实现价值的表述作为他分析的中心。价值是生产与实现的对立统一。接下来，马克思对术语的多种用法将体现得非常明显。

雇佣劳动者得到一笔货币工资，它作为收入，供劳动者支配，进入流通。这些货币被用来购买劳动者需要的（和劳动制造的）商品，以便再生产自己。货币工资作为市场总需求的一部分，回流到资本的流通中。这构成了一个小规模的流通过程（马克思后来在研究中将其称为"小流通"），它嵌入资本一般的"大流通"过程之中。

资本和劳动在生产上的阶级关系，是马克思的阶级和阶级斗争理论的基础。当工人进入市场并购买工资商品时，他们便摆脱了工人的身份，转而成为买者。作为买者，工人不得不面对作为卖者的资本家。如果卖者是骗子或垄断者，那么他们可能会从工人辛苦挣来的工资中尽可能多地把钱窃取回来。这种关系并不构成马克思所说的阶级关系。它是买者和卖者之间的关系。在与卖主的斗争中，工人并不孤单。几乎每个人都会遭遇马克思和恩格斯在《共产党宣言》中提到的由公司、店主、信贷机构或地主实施的"二次剥削"。从这个角度来看，社会斗争的形态开始显得相当不同。在《大纲》的几个要点中，马克思强调了当我们从生产的位置转到市场中实现的位置时，工人的特征是如何消失的。这就是他在此处描述的内容。

作为购买者和消费者，工人参与的能力是有限的。（为了赚取工资）完成必要劳动时间的能力，取决于劳动者为资本生产剩余价值的能力。只有当"资本迫使工人超出必要劳动来做剩余劳动"[1]时，资本才"增殖自己的价值，创造出剩余价值。

---

[1] 《马克思恩格斯全集》第30卷，人民出版社，1995年，第404页。

但是另一方面，资本确立必要劳动，是**因为**并且仅仅**由于**劳动是剩余劳动……**可以实现为剩余价值**"①。正是这个"活生生的矛盾"②为接下来的分析奠定了基础。例如，当市场上没有足够的买家，从而缺乏为资本提供剩余劳动的机会时，会发生什么？如果没有市场，那么已经生产出来的商品就将没有价值。耗费在这些商品上的劳动将是社会上不必要的劳动，而不是社会必要劳动。

那么，生产过剩是否可能呢？马克思的回答是肯定的，但他坚持认为："生产过剩的发生是同价值增殖联系在一起的，如此而已。"③他断然否定萨伊定律以及所有与之相关的人，蒲鲁东就是其中之一。所以马克思花了好几页来驳斥蒲鲁东关于系统性生产过剩的论点，后者将生产过剩归因于"工人不能买回自己的产品"。马克思还说，蒲鲁东"只听钟声响不知钟声何处来"④。诚然，在价格领域，各种事情都可能发生，包括**"欺诈，互相欺骗"**，其中"一个资本家在交换中能够赚得的，就是另一个资本家失掉的"。⑤但是，这与马克思在理论上阐明的剩余价值生产和占有无关。

接下来还有一段奇怪的补充值得注意。马克思认为古罗马

---

① 《马克思恩格斯全集》第30卷，人民出版社，1995年，第404页。
② 同上，第405页。
③ 同上，第408页。
④ 同上。
⑤ 同上，第419页。

第五章　生产与价值实现

时期以及其他帝国政权时期都出现了生产过剩。他认为，在这种情况下，问题不在于生产过剩，而在于"达到骇人听闻和荒诞无稽的程度的**消费过度**"。正是这一点而非生产过剩导致了"古代国家灭亡"①。马克思在这里并没有讨论资本主义条件下的消费过度，但是，我有时好奇的是，在一种类似程度的骇人听闻和荒诞无稽的消费主义重压下，全球资本是否注定会崩溃。比如，我看到纽约哈德逊广场，觉得那里呈现的疯狂消费景象，几乎和我们在海湾国家的疯狂城市化中看到的一样糟糕。新冠疫情彻底地遏制了这种消费，特别是那些疯狂而可怕的旅游类消费。它会不会卷土重来，让我们拭目以待。但显然，它的负面影响无处不在，值得加以批判性研究。

马克思将焦点转移到市场上不能按价值出售的剩余商品。此时，唯一的选择就是以低于它们价值的价格出售它们。这就减少了利润。结果可能是由于生产过剩，多个部门的利润为零。这并不一定意味着一般利润率下降。利润率下降的问题在《资本论》第三卷中有详细而深入的讨论，但马克思早在 1858 年就已经思考了这个问题。他在《大纲》中稍后会详细讨论这个问题，所以我到那时再详细讨论它。马克思在这里所说的只是，一般利润率不会因为特定商品的生产过剩而下降，"只有剩余劳动同必要劳动［和不变资本］相比**相对**减少时它才会下降"。这种情况只有"当资本中同活劳动交换的部分与同机器和原料

---

① 《马克思恩格斯全集》第 30 卷，人民出版社，1995 年，第 419 页。

交换的部分相比很小时才会发生。那时，尽管剩余劳动的绝对量会增加，一般利润率却会下降"①。换句话说，由于节省劳动的创新（生产力的革命）被采用，活劳动力剥削率的任何提高，都可能被雇佣劳动力数量的减少抵消。

马克思说："这样，我们已谈到另外一点。"事实证明，这一点非常重要。"**一般利润率**之所以可能，只是因为这个生产部门的利润率过高，那个生产部门的利润率过低"，并且"剩余价值——与剩余劳动相应的剩余价值——的一部分从一个资本家手中转到另一个资本家手中。"②"资本家阶级……是这样分配总剩余价值的……按照各个个别生产部门的资本的量均衡地进行分配，而不是按照他们的资本实际创造的剩余价值来分配。"③通过竞争实现利润率的平均化，将剩余价值从劳动密集型生产形式的企业、部门甚至整个国家，重新分配给资本密集型生产形式的企业、部门和国家。这一重要论点在《资本论》第三卷中得到了详细论述。再分配遵循这样的规则：根据每个资本所雇佣的劳动扣除，根据每个资本预付的总资本比例分配。马克思在别的地方幽默地称之为"资本主义的共产主义"。在对这一规律加以理论陈述之后，有好几页内容是冗长的算术计算，说明了不同劳动强度下五种不同资本之间的再分配。

---

① 《马克思恩格斯全集》第30卷，人民出版社，1995年，第421页。
② 同上。
③ 同上，第422页。

这一算术探究得出了一个重要的见解。"**普遍生产过剩所以会发生，并不是因为应由工人消费的商品相对地[消费]过少，或者说，不是因为应由资本家消费的商品相对地[消费]过少，而是因为这两种商品生产过多，不是对消费来说过多，而是对保持消费和价值增殖之间的正确比例来说过多；对价值增殖来说过多。**"①这样，重点就放在了生产中的价值创造与市场中的价值实现之间的对立统一上，以及技术变革（生产力的革命）对这种关系的破坏性影响上。

从这一点开始，马克思越来越集中于剖析资本生产与资本实现之中不同组成部分之间的各种关系。配置在生产资料上的资本相对于配置在劳动力购买上的资本的比例（后来被称为资本的价值构成），影响着通过利润率平均化实现的剩余价值再分配。"在生产力发展的一定水平上……产品在分割为与原料、机器、必要劳动、剩余劳动相应的各个部分时……都有固定的比例。"②但是生产中（原料和机器）的投入是由自主而独立的资本各自生产出来的。这些不同的组成部分必须以正确的比例组合在一起，不是通过计划，而是通过市场交换的无政府状态。把它们结合起来、在总体中创造出一个统一体的"内在必然性"，只"在危机中**表现出来**，因为危机会通过暴力结束它们彼此毫不相干的假象"。③剩余劳动本身也分为支撑资本主

---

① 《马克思恩格斯全集》第30卷，人民出版社，1995年，第432—433页。
② 同上，第433页。
③ 同上，第434页。

义消费的部分和回归资本角色（如再投资）的部分。"如果剩余价值只是被消费掉，那么资本就好像**没有**增殖，没有作为**资本**即作为生产价值的价值被生产出来。"①剩余价值被如何使用，成了一个关键问题。

这里有些复杂的数值例子似乎是为了证明，价格和价值在市场中是如何会彼此偏离，并且事实上确实如此的。然而，一家企业如果由于需求不足而在市场上出现了产品价格的下降，可以依靠投入的成本降低（由于同样的需求不足）来弥补，从而稳定利润和相对价值关系。但在普遍的危机中，所有商品都会贬值。不过，请注意"价值丧失"（以劳动投入衡量的价值损失）与"贬值"（指市场价格下降）和"破坏"（指使用价值的物理损失，例如，未被使用的机器或者在超市腐烂的农产品）之间的区别。这种区别是非常重要的。例如，技术变革可以使现有机器的价值丧失，而不会以任何方式影响该机器在生产中的物理性使用价值。"在危机中，——在普遍的价格下跌中，——到一定的时刻就会同时出现**资本的普遍价值丧失**或者说**资本的消灭**。"②但这几乎总是"同**生产力的普遍增长**相一致"③，这种增长导致"原料、机器、劳动能力的现有价值的降低"。技术和组织变革的破坏性影响再次被提及。"生产力的突然的普遍增长同样能够导致一切**现有的**价值，即在生产力的较

---

① 《马克思恩格斯全集》第 30 卷，人民出版社，1995 年，第 435 页。
② 同上，第 436 页。
③ 同上，第 437 页。

低发展阶段上的劳动所对象化的价值的相对丧失，因此现有的资本以及现有的劳动能力都会被消灭。"①

马克思在开始下一轮分析时指出："交换不会改变价值增殖的内在条件，但是会把这些条件暴露在外部，赋予它们彼此独立的形式，从而使得它们的内在统一性只作为内在必然性而存在，因此这种必然性会在危机中通过暴力在外部表现出来。"在小农经济中，生产和实现的内化局限在家庭范围内。农民吃他们自己生产的东西。而当交换普遍化时，生产与实现之间的关系被外化了，并受到市场中出现的任意性和无政府状态的调解。这是一个典型的马克思的分析动作。让我们回想一下，商品是如何内化了使用价值和交换价值之间的对立的，而使用价值和交换价值在交换行为中被外化，这又导致了货币形式的产生，它作为促进交换的媒介，最终成为价值的一种独立表现或代表。这就使人们认识到，如果没有作为价值的表现形式的货币的存在，就不可能找到价值。

当农民开始交易剩余产品时，他们的部分生产是通过以货币形式实现的剩余来衡量的。在资本主义经济中，生产和实现被理解为完全独立的环节［尽管许多人会吃自家后院耕种（作为副业）的农产品］。在资本的制度下，这两个环节具有自发性，这导致价值生产和价值实现出现了一个价值丧失的环节。"资本的本质"中包含了"资本通过生产过程而丧失价值"和

---

① 《马克思恩格斯全集》第30卷，人民出版社，1995年，第437页。

"扬弃这种价值丧失并造成资本价值增殖的条件"。[1] 流通过程的每一个环节都存在价值丧失的要素，但我们只有在普遍危机的时候才会意识到这一点，此时，本来可能暂停价值丧失（例如通过市场销售）的补救措施未能产生效果。而价值在市场上的完全实现是资本作为资本（即作为货币资本）得到实现的必要前提。"这样，资本现在又表现为货币，因此货币具有了**已经实现的资本**这种新规定，而不仅仅表现为商品的已经实现的价格。"[2]

通过市场销售，资本以货币形式实现，这使我们看到，货币以不同形式充当价值尺度、流通手段（发挥流动资本的作用）以及一种独立商品，后者表现为自给自足的价值形式，它可以用来生产剩余价值。正是"这种**一般形式**上的资本"，"按照生产的需要"，"在银行中进行积累或通过银行进行分配"。[3] 通过借贷，这种资本一般也会

> 在不同国家之间形成一种平均水平。因此，举例来说，如果资本一般的一个规律是，为了增殖自己的价值，它必须二重地存在，并且必须在这种二重的形式上二重地增殖自己的价值，那么，例如对某一个特殊的国家即同另一个国家相对立而杰出地代表资本的国家来说，它的资本必须

---

[1] 《马克思恩格斯全集》第 30 卷，人民出版社，1995 年，第 438 页。
[2] 同上。
[3] 同上，第 440 页。

贷给第三个国家才有可能增殖自己的价值。二重存在，即自己把自己当作异己的东西来发生关系，在这种情况下就会是极其现实的。①

那么这是什么意思呢？当资本家完成生产过程，在市场上出售了商品，他们最后把货币装进了自己的口袋。然后，他们面临着如何使用这些货币的选择。他们可以借给别人以换取利息，也可以把货币重新投入生产，以获得更多的剩余价值。这就是资本家行为的二重性。资本家看到了两种收益率：一种是生产剩余价值所得的利润率，另一种是把货币借给别人（甚至借给自己）所得的利息率。资本家扮演两种角色，并相应地采取行动。如果资本家使用借来的资本，这种二重性就会外化。然后，他们向贷款人支付利息，自己保留利润。在宏观层面，最初表现为外部预设的东西，在流通体系中被内化了，"现在表现为资本本身运动的要素"②。

也正是在这一点上，我们看到了"从价值的规定过渡到资本的规定的货币"③，这种过渡依赖于生产和实现在市场中的统一。实际发生的情况是："作为**异己的、外在的权力**，并且作为在**不以活劳动能力本身为转移的一定条件**下消费和利用活劳动能力的权力来同活劳动能力相对立的一切要素，现在表现为

---

① 《马克思恩格斯全集》第 30 卷，人民出版社，1995 年，第 440—441 页。
② 同上，第 441 页。
③ 同上。

活劳动能力自身的产品和结果。"[1] 资本主义制度日益趋向自我复制。

请注意马克思的论证中所发生的转变。我们从市场中价值实现的外化开始，这个实现环节是一个与生产相关的、独立而自主的环节，但最终，"整个剩余产品"表现为"**剩余资本**"或"**独立化的交换价值**"[2]（借贷资本），被用来创造更多的资本。资本总体在这里以明显的形态呈现出来。但是，马克思认为，这个总体完全是由剩余劳动创造出来的，尽管在再投资的环节，它被按比例划分为不变资本和可变资本。但是，"工具和生活资料具有的规模必须不仅能够使活劳动作为**必要劳动**，而且还能够作为**剩余劳动**得到实现这种情况，却表现为同活劳动本身无关，表现为资本方面的行为"[3]。换句话说，剩余价值再生产的必要前提条件不再位于总体之外，它是由资本本身在流通过程中内化和生产出来的。

全面异化与阶级关系的再生产

这引发了一段相当难懂的概念化表述，就其推理和语言的强度而言，这段话是无法概括的。这几乎就像资本主义的毒蛇爬进了总体的身体之中，在其中钻来钻去，直到总体中的一切

---

[1] 《马克思恩格斯全集》第30卷，人民出版社，1995年，第442页。
[2] 同上。
[3] 同上，第443页。

都被从上到下、从里到外地颠倒过来,它变成了一个异化的、邪恶的总体。我在这里引用一个占了半页左右的句子,其语言堪比詹姆斯·乔伊斯:

> 同活劳动能力相对立的价值的独立的自为存在——从而价值作为资本的存在;劳动的客观条件对活劳动能力的客观的漠不相干性即异己性——已经达到如此地步,以致这些条件以资本家的人格的形式,即作为具有自己的意志和利益的人格化,同工人的人格相对立;财产即劳动的物质条件同活劳动能力的这种绝对的分裂或分离——以致劳动条件作为异己的财产,作为另一个法人的实在,作为这个法人的意志的绝对领域,同活劳动能力相对立,因而另一方面,劳动表现为同人格化为资本家的价值相对立的,或者说同劳动条件相对立的异己的劳动;财产同劳动之间,活劳动能力同它的实现条件之间,对象化劳动同活劳动之间,价值同创造价值的活动之间的这种绝对的分离——从而劳动内容对工人本身的异己性;上述这种分裂,现在同样也表现为劳动本身的产品,表现为劳动本身的要素的对象化,客体化。[①]

在这里,马克思关于生产和实现之间关系的理论都浓缩在一句

[①] 《马克思恩格斯全集》第 30 卷,人民出版社,1995 年,第 443—444 页。

话里了!

　　一切事情都内化在这个历史动力学的总体中了。这种内化形成了一个自我维持和自我复制的生产体系的基础。一旦劳动被纳入这个体系,它就无法走出——脱离——这个体系,尽管劳动已经与它自身的能力和权力相异化了。工人为了生存,需要从事必要劳动,但是,他们必须生产剩余价值,才能被允许从事他们再生产自身所必需的劳动。在这样做的过程中,他们既生产了资本,也生产了资本家。于是,工人所面对的资本就表现为"异己的、实行统治的人格化的形式"①。劳动生产了资本家,而资本家是统治和压迫劳动的工具。

　　其结果是:"劳动能力从过程中出来时不仅没有比它进入时更富,反而更穷了。这是因为……劳动能力不仅生产了异己的财富和自身的贫穷,而且还生产了这种作为自我发生关系的财富的财富同作为贫穷的劳动能力之间的关系,而财富在消费这种贫穷时则会获得新的生命力并重新增殖。"② 马克思说,"这一切都来源于……交换",在交换行为中,工人作为劳动者被迫犯了一个致命的错误,"用自己的活劳动能力换取一定量对象化劳动"。③ 对他来说不幸的是,这种对象化劳动,这些外在于他的存在的条件(例如,使他再生产自身的工资商品),以及这些客观条件的在他们"之外的独立存在","表现为它自

---

① 《马克思恩格斯全集》第 30 卷,人民出版社,1995 年,第 444 页。
② 同上。
③ 同上。

第五章　生产与价值实现　　233

身创造出来的东西，既表现为劳动能力自身的客体化，又表现为它自身被客体化为一种不仅不以它本身为转移，而且是统治它，即通过它自身的活动来统治它的权力"。[1] 劳动者在再生产自己的同时，再生产资本和资本家。

在阅读马克思著作时，我一直觉得很有意思的一个主题是，我们人类如何经常地创造出统治我们自己的条件，甚至工具。在这里，我们看到了这一规律发生作用的一号示例。劳动生产了资本，而资本是压迫和统治劳动的主要代表。这是导致劳动者以赤贫状态生产和再生产的根源。在这种理论理解中（它顺便揭示了李嘉图派社会主义者提出的道德困境的根源，即作为一切价值源泉的劳动为何得到如此糟糕的回报），异化的概念与实践起着关键作用。"在**剩余资本**中，一切要素都是**异己劳动**的产品"，最重要的是，"劳动的客观条件现在表现为劳动的产品"。[2]

因此，"如果说资本因此表现为劳动的产品，那么劳动的产品也表现为资本——不再表现为简单的产品，也不表现为可交换的商品，而是表现为**资本**，表现为统治、支配活劳动的对象化劳动"[3]。请注意，对象化劳动（在资本家手中）现在似乎支配着活劳动。劳动者是活劳动的承担者。他们是受资本支配的人。但是资本不是活劳动，资本是对象化的剩余价值。"劳

---

[1] 《马克思恩格斯全集》第30卷，人民出版社，1995年，第444—445页。
[2] 同上，第445页。
[3] 同上。

动的产品表现为**异己的财产**,表现为独立地同活劳动相对立的存在方式,也表现为自为存在的**价值**;劳动的产品,对象化劳动,由于活劳动本身的赋予而具有自己的灵魂。"[1] 这种对象化劳动(异己力量的产物)具有灵魂的想法,我猜想,是对《弗兰肯斯坦》中形象的一种致意。

马克思接下来说:"孕育在活劳动本身中的可能性,由于生产过程而作为现实性存在于劳动之外,但这种现实性对于劳动来说是**异己的现实性**,它构成同劳动相对立的财富。"[2] 劳动诞生了资本,但这是一个统治劳动的怪物。接着,他详细列出了其中的要素,然后给出了这样的总结:

> 这种情况表明,通过劳动本身,客观的财富世界作为与劳动相对立的异己的权力越来越扩大,并且获得越来越广泛和越来越完善的存在,因此相对来说,活劳动能力的贫穷的主体,同已经创造出来的价值即创造价值的现实条件相比较,形成越来越鲜明的对照。劳动本身越是客体化,……作为异己的财产……而同劳动相对立的客观的价值世界就越是增大。劳动本身通过创造剩余资本而迫使自己不得不一再地去创造新的剩余资本。[3]

---

[1] 《马克思恩格斯全集》第30卷,人民出版社,1995年,第445页。
[2] 同上,第446页。
[3] 同上,第447页。

在这里，我对所有认为这种论证和语言令人生畏（如果不是难以理解的话）、这种概念的抽象程度令人难以忍受的读者表示理解。但是，我要提醒的是，这些都是马克思为自己而做的笔记。在这里，毫无疑问的是，马克思在一种全面异化的理论中，已经到了这样的地步，像我们常说的那样，"一切都汇集在一起"。他越来越接近于各种关系、冲突和矛盾的中心，这些关系、冲突和矛盾定义了资本的本质。这些段落值得仔细研究和思考，这需要时间和耐心。这部分内容不仅是阅读《大纲》的关键，也是理解资本主义这头野兽的本质的关键，而资本主义是我们在生活中每天都要面对的。

马克思在总结时考虑到"从资本的角度来考察"[①]这一切的样子。这是相对容易理解和概括的。资本家拨出一部分资金来支付原料和劳动力的价值。但是，在商品被生产出来，其价值在市场上得到实现之后，所有预付的价值都返还给了资本家。如果商品的价值在市场上得到实现，那么净支出为零。但是，资本家也占有了剩余价值。整个运作的基础在于，资本家从工人那里占有了异己的劳动能力。这样，资本家就可以要求对全部价值拥有一种私有财产权。

"最后，"马克思说，"生产过程和价值增殖过程的结果，首先表现为**资本和劳动的关系本身的**，**资本家和工人的关系本**

---

① 《马克思恩格斯全集》第30卷，人民出版社，1995年，第448页。

身的再生产和新生产。"[1] 他认为，阶级关系的再生产是"这个过程的比其物质结果更为重要的结果"[2]。马克思优先考虑社会关系而不是物质关系的观点显现出来了。"在这个过程中工人把他本身作为劳动能力生产出来，也生产出同他相对立的资本，同样另一方面，资本家把他本身作为资本生产出来，也生产出同他相对立的活劳动能力。每一方都由于再生产对方，再生产自己的否定而再生产自己本身。资本家生产的劳动是异己的劳动；劳动生产的产品是异己的产品。资本家生产工人，而工人生产资本家，等等。"[3] 至此，马克思这一重要部分告一段落。

---

[1] 《马克思恩格斯全集》第 30 卷，人民出版社，1995 年，第 450 页。
[2] 同上。
[3] 同上，第 450—451 页。

第六章

资本的生成：过去、现在与未来

马克思在前文的理论探索中，将资本描述为一个运行中的总体，其中，剩余劳动得以扩张，从而剩余价值生产得以扩张的前提和先决条件，是由资本本身内化和生产出来的。但马克思是一位历史唯物主义者，他忠于自己的使命。为了让分析更加完整，他显然感到有必要研究资本的历史和地理过程，这些过程不仅促成了资本上升到统治地位，而且为资本作为一个总体的持续再生产提供了所需的条件。对于如何考察资本形成的历史，马克思在这里提供了一个罕见的简要说明。

"**产生**的条件和前提恰好预示着，资本还不存在，而只是**在生成**；因此，这些条件和前提在现实的资本存在时就消失了。"[1] 货币被用作资本的前提是，作为"**非资本家**"而获得的货币得到了初步的积累，他们对货币的使用产生了剩余价值，

----
[1] 《马克思恩格斯全集》第30卷，人民出版社，1995年，第451页。

进而产生了作为货币资本自身前提的货币。"这些前提，最初表现为资本生成的条件，因而还不能从资本**作为资本**的活动中产生；现在，它们是资本自身实现的结果……它们**不是资本产生的条件，而是资本存在的结果**。"[1]通过这种方式，资本生产出它自身再生产的条件。

马克思反复强调，资本和价值都是历史性建构的产物。他需要谈谈这种建构是如何出现的。他的理论立场是明确的。让我们想象一下，最初并不存在资本的流通，然后，一个环节一个环节地构建资本的表征，直到整个流通过程（例如图2）清晰地呈现出来。这就是他在前文所做的。那么问题来了，这种逻辑分析是否反映了历史。我们一直在谈论的一切都是基于"资本的**历史前提**，这些前提……已经成为过去，因而属于**资本的形成史**"[2]。那么，关于这段历史，我们需要知道些什么呢？"资本**生成**、**产生**的条件和前提恰好预示着，资本还不存在，而只是**在生成**；因此，这些条件和前提在现实的资本存在时就消失了。"[3]对于这种消失的行为，我们必须加以研究。"货币或自为存在的价值最初生成为资本时，要以资本家作为**非资本家**时所实现的一定积累——即使是靠节约他自己的劳动所创造的产品和价值等等——为前提……货币生成为资本的前提表现为资本产生的一定的外在的**前提**。"这些前提还没有内

---

[1] 《马克思恩格斯全集》第30卷，人民出版社，1995年，第452页。
[2] 同上，第451页。
[3] 同上。

化。这意味着,"一旦资本成为资本,它就会创造它自己的前提"[1]。资本的生产和流通的前提,是由资本本身积极地创造出来的。这就需要一整套的转型。对当代现实的考察显示了这些转型的痕迹。

让我们思考一下贮藏货币的存在。人们长期以来一直囤积黄金或其他贵重物品,而且还在继续这样做,但是,这些贮藏只有在流通过程中"通过剥削劳动才能转化为资本"[2]。"资产阶级经济学家们把资本看作永恒的和**自然的**(而不是历史的)生产形式,然后又竭力为资本辩护,把资本生成的条件说成是资本现在实现的条件",他们"把资本家还是作为非资本家——因为他还只是正在变为资本家——用来进行占有的要素,说成是资本家已经**作为资本家**用来进行占有的条件"[3]。他们试图使资本主义制度看起来似乎是完全自然的。在捍卫私有财产和交换的法律条件下,一种市场上的盗窃或抢劫行为,被误认作对剩余价值合法的、正当的占有,这种占有通过合法剥削生产中的活劳动而实现。相反,商人资本通过低价买进、高价卖出来获取利润的事实,被用来掩盖剩余价值的真正起源,即资本在生产中对活劳动的剥削。资本通过交换而产生的神话被轻易地传播开来,目的是掩盖这一事实,即资本的真正起源在于生产中对活劳动的剥削。

---

[1] 《马克思恩格斯全集》第30卷,人民出版社,1995年,第452页。
[2] 同上。
[3] 同上。

要看清这一点，并不需要我们"描述**生产关系的真实历史**"①。"对现代的正确理解"，给我们提供了"一把理解过去的钥匙"。这种"正确的考察"还会指出扬弃现存形式的可能以及"未来的先兆"。②虽然马克思在这里没有提到"被解放的劳动者"这一形象，但他们可以如何运用这种洞察力的问题，显然已经包含其中。"如果说一方面资产阶级前的阶段表现为**仅仅是历史的**，即已经被扬弃的前提，那么，现在的生产条件就表现为**正在扬弃自身**，从而正在为新社会制度创造**历史前提**的生产条件。"③

马克思在其他地方指出（我认为这与此处的讨论是相关的），如果替代方案的要素还不存在，也不被现有的社会掌握，那么任何社会都无法建立起替代方案。如果是这样，那么，对一个社会如何演变成另一个社会的研究将是有益的。对资本兴起的研究应该为如何超越资本、描绘通往社会主义和共产主义的道路提供线索。马克思以一种有些神秘的方式阐述了这些思想：

> 如果我们现在首先考察已经形成的关系，考察变成资本的价值……活劳动只不过是这样一种手段，它使对象化的死的劳动增殖价值，赋予死劳动以活的灵魂，但与此同时

---

① 《马克思恩格斯全集》第30卷，人民出版社，1995年，第453页。
② 同上。
③ 同上。

也丧失了它自己的灵魂，结果，一方面把已创造的财富变成了异己的财富，另一方面只是把活劳动能力的贫穷留给自己，——那么，问题简单表现为，活劳动的物的条件（即用来增殖价值的那些材料，用来增殖价值的那些工具，以及为了煽起活劳动能力的劳动火焰，为了防止这种火焰熄灭而为活劳动能力的生命过程提供必要物质的那些生活资料），在过程中和通过过程本身，成为异己的独立的存在。①

马克思在这里使用的晦涩语言需要解释一下。请注意"变成资本的价值"这句话的含义，因为它同时谈到了价值和资本。生产的客观条件包括厂房、机器、原料、部分成品和能源；简而言之，包括了充足的生产资料。这些商品必须在市场上购买，并且根据它们的价值（价格？）来购买。资本运作的一个先决条件是，这些商品已经存在，并且可以在市场上找到和购买。它们构成了生产资料，其价值可以通过制造新商品、在市场上按其价值出售而得到恢复。但是，这些生产资料——客观条件——是死劳动（物）。它们本身不能创造新的价值。它们价值的恢复依赖于运用活劳动能力——这里被定义为生产的"主观条件"。但是，活的主体——劳动者——只有通过使用客观条件进行必要劳动才能再生产自己。而这样做的条件是——这是由资本强加的条件——他们也要为资本生产剩余价值。工人

---

① 《马克思恩格斯全集》第 30 卷，人民出版社，1995 年，第 453 页。

需要获得客观条件来再生产他们自己的生活。从这个意义上说，客观条件支配着主观条件。但资本的生产和再生产依赖于调动活劳动能力（主观的主体）。"活劳动的客观条件对于作为主体存在的活劳动能力来说，表现为**分离的**、**独立的**价值，因而活劳动能力对于客观条件来说，也只是表现为**另一种**价值（它不是作为价值，而是作为使用价值来同客观条件相区别）。"① 一旦客观条件与主观条件的分离"成为前提，生产过程就只能新生产，再生产这种分离，而且是在更大规模上再生产这种分离"②。

这句话的意思是简单的，而表达起来是复杂的。马克思想要表明，资本和价值都是通过简单的物质操作而得到生产和再生产的。他还表明，雇佣劳动是脱离了对生产资料控制的劳动。这一点可能看起来（实际上也确实）很普通，但恰恰是这样一种普通的物质条件，即劳动不能直接获得生产资料，使劳动不可能获得解放和真正的自由。当然，如果我们追溯资本控制物质生产资料的起源，可以发现，关键在于积累足够的货币资本，以此购买物质生产资料，从而控制生产的物质资料和条件，而这些资料和条件是劳动者从事生产和谋生所需要的。

接下来的论证的重要性，怎么强调也不为过。"活劳动能力的客观条件作为与活劳动能力相对立的独立存在，作为不同于活劳动能力并且与之相对立而独立的主体的客观性而成为前

---

① 《马克思恩格斯全集》第 30 卷，人民出版社，1995 年，第 454 页。
② 同上。

提。"① 在构成生产的客观条件的大量生产资料背后，隐现着资本家的影子，他们在幕后操纵着一切。于是，客观条件的扩张表现为"与劳动能力无关的并与之相对立而独立的异己的主体的财富"。得到生产和再生产的"不仅是活劳动的这些客观条件的存在，而且是这些条件作为独立的价值，即属于异己的主体的价值，而同这种活劳动能力相对立的存在"②。这个"异己的主体"还缺乏一个名称。但现在，"劳动的客观条件取得了与活劳动能力相对立的主体的存在——从资本变成资本家"③。马克思最终点出了罪魁祸首的名字。"异己的主体"就是资本。请注意马克思这里的分析策略。他拒绝在"资本"生成之前给它命名。资本生成的那个时刻，就是资本变成资本家的时刻。

我对这一过程的构想始于这样一个画面，一个人有许多钱（不知怎么得来的），他只是在城镇的边缘漫无目的地游荡。他看到一群劳动者只是闲坐着，带着一些工具和成堆的原料在闲聊。只是为了好玩，他雇佣了这些工人，买下了原料和工具，把他们全部投入一种商品的生产中，然后在市场上出售商品。他发现，他赚回来的钱比他花出去的要多。这似乎是一笔很划算的交易。所以他决定去城镇的边缘再做一次。这一次，他是有目的的。正是在这一点上，他成为（扮演了）一个资本家。

劳动者不由得意识到，这种权力关系使资本控制了劳动所

---

① 《马克思恩格斯全集》第30卷，人民出版社，1995年，第454页。
② 同上。
③ 同上。

需要的客观条件。

> 认识到产品是劳动能力自己的产品，并断定劳动同自己的实现条件的分离是不公平的、强制的，这是了不起的觉悟，这种觉悟是以资本为基础的生产方式的产物，而且也正是为这种生产方式送葬的丧钟，就像当奴隶觉悟到他**不能作第三者的财产**，觉悟到他是一个人的时候，奴隶制度就只能人为地苟延残喘，而不能继续作为生产的基础一样。①

资本，由于其对生产资料的所有权和控制权，成为劳动解放之宏图的巨大障碍——这一点已得到公认。

这一点，即使不是在马克思的所有著作中，也是《大纲》中最吸引人的地方，马克思把劳动异化理论作为政治反抗的前沿。资本不仅得到命名，而且得到认识。马克思希望政治从人们的认识和自觉中形成。劳动对其自身地位和条件的意识，是这种政治的基础。使工人自觉地意识到自己的处境，是反资本主义政治的一个必不可少的前提。

这一过程强调活劳动是如何表现为被分离出来的、独立的一方，以及依附于生产资料的价值如何与其劳动能力相对立。这些价值最初表现为使用价值，但马克思所研究的价值是由资本生产出来的价值。我们可以推断，曾经存在"价值不是由资

---

① 《马克思恩格斯全集》第30卷，人民出版社，1995年，第455页。

本生产出来的"这样一种理论。个体的行动者和劳动者以某种非资本主义的方式努力实现这些价值。这就是使用价值理论，这种使用价值不是与必要劳动时间相关的价值，而是一种源于有用物的生产并与之相关的价值。这是通过非资本主义市场交换的兴起而产生的价值理论。

前资本主义时期的价值概念必然被资本的价值理论取代。这促使我们思考向一种社会主义价值理论的过渡。通过正确考察在资本运动规律下我们周围正在发生的事情，我们更加能够意识到存在哪些替代性的可能，以及为什么价值理论的这种转变是必要的，甚至是必然的。这是马克思在谈到产品对劳动的表现方式时提出的，尽管是间接提出的："产品也表现为异己的材料、异己的工具和异己的劳动的结合，即表现为**异己的财产**，而劳动能力在生产结束后，由于消耗了生命力而变得更加贫穷，然而又总是作为与自己的生活条件相分离的单纯主体的劳动能力而重新开始自己的苦工。"① 当劳动者与自身生活的客观条件相分离（异化）时，这种情况就会发生在他们身上。而这正是资本主义价值理论所包含的，也是劳动者在某种程度上认识到和对抗的。

马克思接着说："如果我们反过来考察在货币进入价值自行增殖过程以前存在的原始关系"，即在这整个体系出现之前的关系，"我们就会看到，历史上必须产生或者必须存在种种

---

① 《马克思恩格斯全集》第 30 卷，人民出版社，1995 年，第 455 页。

条件，才能使货币变成资本"，这些条件"使劳动变成设定资本即创造资本的劳动，变成雇佣劳动"。这种劳动需要的条件是：（1）将作为一种主观存在的活劳动能力，同活劳动的客观条件和生活资料相分离；（2）以对象化劳动形式存在的价值，表现为使用价值的积累，这种积累符合生产的需要；（3）货币流通，通过交换可以购买异己的劳动；（4）"其中的一方——以独立的、自为存在的价值的形式表现劳动的对象条件的那一方——必须作为**价值**出现，把创造价值，价值自行增殖，创造货币当作最终目的，而不是把直接的享用或创造使用价值当作最终目的"①。请再次注意，正是资本创造了价值，定义了价值。这就是资本的价值理论开始形成的地方。这是资本生成的环节。然而，在劳动力市场上，"平等和自由"和自由市场交换的条件必然已经建立起来了。

通过正确考察在资本运动规律下我们周围正在发生的事情，我们更加能够意识到存在哪些替代性的可能。"这种关系先前得以表现的条件，或者说表现为生成这种关系的历史前提的那些条件，乍一看来表现出某种二重性：一方面是活劳动的比较低级形式的解体，另一方面［对直接生产者来说］是比较幸福的关系的解体。"② 在前者中，至关重要的是，奴隶制和农奴制已经被消灭，"活劳动能力属于本人自己"，劳动"通过交换才

---

① 《马克思恩格斯全集》第 30 卷，人民出版社，1995 年，第 456 页。
② 同上，第 457 页。

能支配它的力的表现"。"平等和自由"的条件,必然在劳动力市场上已经确立。自由工人"把力的特殊表现出卖给某个特殊的资本家,工人独立地同这个作为**单个人**的资本家相对立"①。然而,"这不是工人同作为资本的资本的存在,即同资本家阶级的关系"。不同于奴隶和农奴,"对于自由工人来说,他的总体上的劳动能力本身表现为他的财产……他作为主体支配着这个要素,通过让渡它而保存它"②。工人卖给资本的不是劳动,甚至不是劳动力,而是劳动能力,这种劳动能力最终转化为资本生产剩余价值的能力。

但是,必须把创造资本的劳动同其他形式的劳动区分开来。"对象化劳动同活劳动相交换,一方面还不构成资本,另一方面也还不构成雇佣劳动。整个所谓的**服务**阶级,从擦皮鞋的到国王,都属于这个范畴……自由的短工,他们也属于上述范畴。"③存在大量这样的临时工(马克思列举了许多例子),他们提供商品或服务,以获得某种货币报酬。但这些都不是资本创造。例如,士兵"用自己的服务交换来的是国家的收入,而不是**资本**"④。而问题的关键在于,资本要想形成并接管生产组织,就必须预先存在"自由的"劳动力,这种劳动力可以很容易地转化为资本所渴望和需要的雇佣劳动——劳动的能力。已

---

① 《马克思恩格斯全集》第30卷,人民出版社,1995年,第457页。
② 同上。
③ 同上,第458页。
④ 同上,第461页。

第六章 资本的生成:过去、现在与未来

经在换取收入的大量劳动构成了这样一种力量。

这个阶层在全部人口中的重要性延续到了"资产阶级社会本身",在这里,"个人服务——也包括为个人消费进行的劳动,烹调、缝纫等,园艺劳动等,直至所有非生产阶级,即官员、医生、律师、学者等等——同收入的一切交换也属于这一类,属于这个范畴……所有这一切劳动者,从最低下的到最高级的,都通过他们提供的服务——往往是被迫的——分到剩余产品中的一份,分到资本家**收入**中的一份"。① 所有提供这种服务的人,当然都为他们的客户创造了某种使用价值,从而换取货币价值。随着时间的推移,正是他们很可能将自己的角色转变为资本的角色——"资本家有一部分是由被解放的农奴变成的"②。但是"在资本作为统治力量的前提下,所有这些关系当然或多或少会被**玷污**"③。"在**资产阶级以前**的各种关系解体的时期,零散地出现一些自由劳动者,购买这些人的服务不是为了消费,而是为了**生产**……只是为了生产**直接的**使用价值,而不是为了生产**价值**……凡是这种自由劳动者的数量不断增多,而且这种关系日益扩展的地方,旧的生产方式,即公社的、家长制的、封建制的生产方式等等,就处于解体之中,并准备了真正雇佣劳动的要素。"④

---

① 《马克思恩格斯全集》第30卷,人民出版社,1995年,第461页。
② 同上,第461—462页。
③ 同上,第462页。
④ 同上,第462—463页。

关于雇佣劳动的角色随着资本兴起而取得统治地位的转变，有三点需要说明。第一，虽然必须存在一个非生产的"自由劳动者"的庞大"阶级"，他们可以从提供服务的角色转变为生产资本的雇佣劳动角色，但前资本主义的社会形态可能包含很大的形式变化，并且具有重要的延续效应（例如，家长制的延续）。第二，以换取收入为生的"非生产阶级"的劳动者没有也不可能消失。他们的持续性作用需要得到比马克思和后来的分析家更多的考虑。第三，马克思对原始积累的描述似乎表明，暴力夺取生产资料的使用权对雇佣劳动的形成至关重要，而在这里，我们看到了一个广泛的准备过程，这为从追求收入的工作和平（而非通过，比如暴力掠夺农民的方式）转变到创造资本的工作的可能性铺平了道路。

最后，我们看到马克思关于"**所有权的关系或规律**"如何形成的观察。"例如，剩余劳动变为资本的剩余价值，这一点意味着：工人并不占有他自己劳动的产品，这个产品对他来说表现为**异己的财产**。"[1]这是资产阶级所有制的第一条规律，它建立在劳动能力与异己财产的同一性之上。第二条规律来自对第一条规律的倒转："所有权表现为对异己的劳动的异己性的否定。"对这种否定的最好理解是对异化的劳动的占有。而且，劳动并不是孤立的，而是"各种劳动的结合体，其中的各个组成部分彼此毫不相干，所以，总劳动作为总体不是单个工

---

[1] 《马克思恩格斯全集》第30卷，人民出版社，1995年，第463页。

人的**事情**"。劳动的结合（组织内部的详细分工）是由"**异己的意志和异己的智力**"①（资本的意志和智力）所强加的。这一点在物质上表现为"从属于**机器**的，固定资本的**物的统一**。这种固定资本像一个**有灵性的怪物**把科学思想客体化了"②。因此，"如果说工人把自己劳动的产品看作是异己的产品，那么他也把结合劳动看作是异己的劳动；正如他把自己的劳动看作虽然属于他自己，但对他来说却是异己的、被强制的生命活动"③。

"因此，资本作为被否定的孤立劳动者的孤立劳动，从而也作为被否定的孤立劳动者的财产，既代表劳动，也代表劳动的产品。所以，资本是社会劳动的存在。"重要的是企业组织内部分工的集体组织。它"表现为扩张着的主体和**异己劳动的所有者**，而资本的关系本身就像雇佣劳动的关系一样，是完全矛盾的关系"④。后文还会再次分析两种劳动的差异，一方面是社会的、结合的劳动（如工厂中的劳动），另一方面是个体化的劳动（如手工生产）。

至此，关于如何用历史唯物主义的工具研究资本生成的第一课，就这样结束了。

---

① 《马克思恩格斯全集》第 30 卷，人民出版社，1995 年，第 463 页。
② 同上，第 464 页。
③ 同上。
④ 同上。

前资本主义经济形态

在接下来的部分，马克思试图重建前资本主义经济形态的历史，着眼于理解资本逐渐占据统治地位的背景。这一部分在 1965 年由知名马克思主义历史学家埃里克·霍布斯鲍姆翻译并呈现给英语读者，他还提供了一篇出色的导言，至今仍值得一读。正如他所指出的，马克思（和恩格斯）不可能获得自他们那个时代以来积累的关于全球经济史的广泛研究。此外，他们自己的历史研究也受到他们其他工作的限制。在这种情况下，他们所取得的成就是惊人的。这源于他们的历史唯物主义方法（正如我们已经看到的，这种方法是在研究资本生成的过程中磨炼出来的）。这也使他们能够聚焦于过去所需要解决的核心问题。简而言之，他们已经能够筛选出可以获得的大量细节资料，例如，古典学者的法律文本（马克思在他早期的博士生研究阶段就很熟悉）和大量的（有时值得怀疑的）人类学和历史著作，从而综合得出对前资本主义经济形态如何运作的理解。尽管如此，经济史的许多领域仍然处于他们的视野之外。例如，马克思提出了一个后来备受争议的观点，即独特的东方专制制度是亚细亚的生产方式。这只是马克思用来组织他的研究的几个未得到支持的（有些人认为是无法得到支持的）简便标记之一。因此，在阅读这些材料时，马克思是否完全正确，并不是问题的重点。重要的是他的如下探究方法和能力（以及意愿），即试图去勾勒资本崛起并占据主导之前，人类社会在不同地方和不同时代成功构建起来的生态系统总体的大体轮廓。资本本身根植于并建基于这种过往历史之上,这一事实被认为是理所当然的。

然而,我们一开始就遇到一个难题。《政治经济学批判》①于 1859 年以德文出版,因此该书与内容丰富的《大纲》几乎是同时写成的(如果你能相信的话!),马克思在该书序言中大胆地对世界历史进行了以下分期,但是,这一分期带有他对政治经济转型的典型发生模式的某种一般性观察:

> 无论哪一个社会形态,在它所能容纳的全部生产力发挥出来以前,是决不会灭亡的;而新的更高的生产关系,在它的物质存在条件在旧社会的胎胞里成熟以前,是决不会出现的。所以人类始终只提出自己能够解决的任务,因为只要仔细考察就可以发现,任务本身,只有在解决它的物质条件已经存在或者至少是在生成过程中的时候,才会产生。大体说来,亚细亚的、古代的、封建的和现代资产阶级的生产方式可以看做是经济的社会形态演进的几个时代。资产阶级的生产关系是社会生产过程的最后一个对抗形式,这里所说的对抗,不是指个人的对抗,而是指从个

---

① 此处的《政治经济学批判》(Critique of Political Economy)指马克思于 1859 年出版的《政治经济学批判》第一分册。马克思于 1858 年上半年完成《大纲》的庞大草稿之后,按照新的计划,重新整理了其中的材料,并于下半年写了《政治经济学批判》第一分册的初稿,其中部分手稿留存了下来。——译者注

人的社会生活条件中生长出来的对抗；但是，在资产阶级社会的胎胞里发展的生产力，同时又创造着解决这种对抗的物质条件。①

这段论述的奇怪之处，不在于它对进步性的社会演进原理精辟而又晦涩的总结，而在于它对亚细亚的、古代的、封建的和现代资产阶级的生产方式的分期。霍布斯鲍姆也指出，这种说明在马克思的其他著作中没有得到支持（除了《德意志意识形态》以模糊的形式提及），只有借助《大纲》中关于历史转变和地理转变的更细致的表述，通过极大的努力，才能重建这一分期。此外，《政治经济学批判》中线性目的论的"进步观"（它指向即将到来的共产主义）在《大纲》中即便没有消失，也被压抑了。后者创造的历史印象是一种偶然得多的演进过程，并因地点、文化和时代而有所区别。这部分的内容需要在这一难题的背景下阅读。

马克思首先指出，"资本的历史条件之一，是自由劳动"，它可以同货币相交换，并"同劳动资料和劳动材料相分离"。这一点的前提是"劳动者同他的天然的实验场即土地相脱离，从而自由的小土地所有制解体，以及以东方公社为基础的公共土地所有制解体"②。在这些先前的形式中，"劳动同劳动的物

---

① 《马克思恩格斯全集》第 31 卷，人民出版社，1998 年，第 413 页。
② 《马克思恩格斯全集》第 30 卷，人民出版社，1995 年，第 465 页。

质前提的天然统一"已经实现,"个人把自己当作所有者,当作自身现实性的条件的主人"①。个人是否把他人看成"财产共有者",取决于他们的处境是"从共同体出发,还是从组成公社的各个家庭出发"②。他们不是作为劳动者,而是作为所有者相互联系。他们劳动"不是为了**创造价值**",而是"为了维持各个所有者及其家庭以及整个共同体的生存"③。在这种情况下,劳动价值论没有任何作用。

在这种土地所有制的第一种形式中,出现了一种"自然形成的"共同体形式,它包括"家庭和扩大成为部落的家庭,或通过家庭之间互相通婚[而组成的部落],或部落的联合"。当这种形式从游牧形态转变为定居形态时,这种共同体很可能会根据"气候的、地理的、物理的等等条件"以及"他们的部落性质"而发生变化。但是部落共同体是以"**共同占有……和利用土地**"为前提的。④ 此外,"血缘、语言、习惯"的共同性塑造了他们生活的客观条件。但最重要的是,"土地是一个大实验场,是一个武库,既提供劳动资料,又提供劳动材料,还提供共同体居住的地方,即共同体的**基础**。人类素朴天真地把

---

① 《马克思恩格斯全集》第 30 卷,人民出版社,1995 年,第 465 页。
② 同上。
③ 同上,第 466 页。
④ 在《马克思恩格斯全集》第 30 卷(人民出版社 1995 年版)中,此处表述存在差异,为"部落共同体,即天然的共同体,并不是共同占有(暂时的)和利用土地的结果,而是其前提"。——编者注

土地当作**共同体的财产**，而且是在活劳动中生产并再生产自身的共同体的财产。每一个单个的人，只有作为这个共同体的一个肢体，作为这个共同体的成员，才能把自己看成**所有者**或**占有者**"①。区分所有（如私有或公有）和占有（如土地的使用权）是很重要的。

这种生产方式建立在一种与自然的直接的物质变换关系之上。劳动条件本身并不是劳动的产物，而是表现为"自然的或**神授的**"。以这样一种土地关系为基础，劳动可以"以十分不同的方式"②实现。这是马克思的一个重要的让步。例如，它影响到我们如何解释下面这段著名的论述，它就在已经引过的《政治经济学批判》中的那段话前面：

> 随着经济基础的变更，全部庞大的上层建筑也或慢或快地发生变革。在考察这些变革时，必须时刻把下面两者区别开来：一种是生产的经济条件方面所发生的物质的、可以用自然科学的精确性指明的变革，一种是人们借以意识到这个冲突并力求把它克服的那些法律的、政治的、宗教的、艺术的或哲学的，简言之，意识形态的形式。我们判断一个人不能以他对自己的看法为根据，同样，我们判断这样一个变革时代也不能以它的意识为根据；相反，这

---

① 《马克思恩格斯全集》第30卷，人民出版社，1995年，第466页。
② 同上，第467页。

个意识必须从物质生活的矛盾中，从社会生产力和生产关系之间的现存冲突中去解释。①

这种关于所谓基础-上层建筑命题的论述，常常被解释为经济决定论。物质条件可以用自然科学的精确性来确定，而法律、宗教、艺术和哲学思想的力量却不能，这一事实并没有自动赋予物质条件比非物质条件更大的决定力量。相比于庸俗的物理决定论的解读，《大纲》中此处的表达更富有辩证性、流动性和偶然性。马克思也承认，同样的物质条件和社会条件可以产生各种各样的法律、宗教制度以及思想（哲学）模式。但这一切都不会发生在我们在世界上的物质经验之外，而这种经验本身以我们的历史作为媒介。这里与马克思前面采取的方法具有一种连续性，通过这种方法，物质条件与非物质的政治主体性的关系（像围绕货币和市场交换的讨论一样）得到了考察。

马克思面临的直接问题是这样一个明显的事实，在世界许多地方都存在分散的、公社的、部落式的结构，在亚洲特别显著，个人服从于一个"作为这许多共同体之父的专制君主所体现的总的统一体"②。"剩余产品……不言而喻地属于这个最高的统一体。因此，在东方专制制度下以及那里从法律上看似乎并不存在财产的情况下，这种部落的或公社的财产事实上是作

---

① 《马克思恩格斯全集》第31卷，人民出版社，1998年，第413页。
② 《马克思恩格斯全集》第30卷，人民出版社，1995年，第467页。

为基础而存在的，这种财产大部分是在小公社范围内通过手工业和农业相结合而创造出来的，因此，这种公社完全能够自给自足，而且在自身中包含着再生产和扩大生产的一切条件。"[1] 在亚洲的这种情况下，如马克思所理解的，许多剩余产品被作为贡品，而共同劳动"部分地是为了颂扬现实的专制君主，部分地为了颂扬想象的部落体即神"。一种等级结构（一种帝国制度）出现了，它包括由贡品所支持的君主，以及由农民家庭和其他人组成的有组织的公社，这些公社是与自我再生产有关的生产实体。

　　关于亚细亚生产方式的概念意义，有一段存在争议的历史。它的政治后果是非常严重的。如果说革命前的中国是封建的，那么农民解放的主要敌人就是地主阶级组成的军阀。如果主要敌人和政治压迫力量的主要形式是帝国及其官僚，那么，这就会定义一个非常不同的政治任务。在20世纪30年代，斯大林在世界共产主义运动中占据了首要位置，而中国的反对地主阶级的革命斗争在很大程度上以此为政治基础。持不同政见者，最著名的是卡尔·魏特夫（《东方专制主义》的作者），将1949年之后出现的以国家为导向的共产主义描述为对中央帝国传统的延续而非决裂。这种传统是必要的，因为在半干旱的环境中管理用水和灌溉，需要大规模的公共工程。这种特殊的、政治上集中的"治水文明"的命题是一种虚假的环境决定论，今天

---

[1] 《马克思恩格斯全集》第30卷，人民出版社，1995年，第467页。

已经在很大程度上不可信了。即使在中国，事实证明，大规模水资源管理也不一定需要国家集权才能发挥作用。

劳动组织可能会在共同的基础上继续下去，即使它表现为个人在复制现存制度的过程中各自执行指定的任务。但是，在这个前资本主义的世界里，人们采取了试探性步骤，在诸如农奴制的社会关系框架内，或者在墨西哥、秘鲁、印度可见的更正式的领主结构下，将共同劳动用于更重要的任务，最终"这种共同体的形式就或是较为专制的，或是较为民主的"①。请注意，马克思在这里似乎假设在专制形式和民主形式之间存在历史性的政治选择。但是，马克思后来改变了策略。"实际占有的共同的条件"（例如，灌溉工程和运输系统），"就表现为更高的统一体，即凌驾于各小公社之上的专制政府的事业"②。也正是在这种背景下，城市的初步形态首次出现，它与贸易有关，或者作为消费剩余产品的行政中心和宗教中心。

马克思所指认的第二种形式"也像第一种形式一样，曾经在地域上、历史上等等发生一些重大的变化……它也要以**共同体作为第一个前提**"，但是"不是以土地作为自己的基础，而是以城市作为农民（土地所有者）的已经建立的居住地……土地本身，无论它的耕作、它的实际占有会有多大障碍，也并不妨碍把它当作活的个体的无机自然，当作他的工作场所，当作

---

① 《马克思恩格斯全集》第 30 卷，人民出版社，1995 年，第 468 页。
② 同上。

主体的劳动资料、劳动对象和生活资料"。①对公社再生产的主要威胁来自其他公社的竞争,因此战争、防御工事等以独特的方式塑造了生活方式。大概出于防御和安全的考虑,"住处集中于城市,是这种军事组织的基础"。部落和阶级组织的等级形式,导致公共领域的公社财产和公社职能同私有财产相分离,这样"单个人变成归他和他的家庭单独耕作的那小块土地——单独的小块土地——的**私有者**的条件就越是具备。公社(作为国家)……是这些自由的和平等的私有者间的相互关系,是他们对抗外界的联合"②。公社的基础是"劳动的土地所有者"即"拥有小块土地的农民",他们的独立性"是由他们作为公社成员的相互关系来维持的"。③他们与土地的紧密联系是以"国家的存在"为"中介"的。④我们应该注意到,这是马克思将国家的形成作为资本兴起的一个具体先导和变体的少数段落之一。

这样一个共同体的存在依赖于"组成共同体的那些自由而自给自足的农民之间保持平等,以及作为他们的财产继续存在的条件的本人劳动"⑤。这意味着,"个人被置于这样一种谋生的条件下,其目的不是发财致富,而是自给自足",反过

---

① 《马克思恩格斯全集》第30卷,人民出版社,1995年,第468—469页。
② 同上,第469—470页。
③ 同上,第470页。
④ 同上。
⑤ 同上。

来说，这也意味着，"公社的继续存在，便是作为自给自足的农民的全体公社成员的再生产，他们的剩余时间正是属于公社，属于战争事业等等"。[1]这还是与劳动价值论无关。在对日耳曼的公社进行了较长时间的考察以后，马克思发现这里的公社成员并不像在东方形式下那样是"共同财产的共有者"[2]。公社财产占主导地位，但个人可以在没有私人所有权的情况下实现私人占有。所有和占有之间的区别反复出现，这很重要。它一直延续到我们这个时代。以当代中国为例，个人对土地享有使用权，但国家保留所有权。

马克思指认了两种不同的组织化原则——"或按氏族，或按地区"的原则——"古代各国的部落"就是在这两种原则的基础上建立起来的。"氏族部落比地区部落古老，而且几乎到处都被后者排挤。"[3]如何构建公社或国家的地域性的问题引发了一些重要的问题，在此不做详细阐述。马克思在这里也没有讨论殖民征服和帝国建设的规律及其对经济生活的意义。值得注意的是，马克思相信，随着时间的推移，组织将趋向于更多地采取地域形式。然而，遗憾的是，马克思没有对国家形式的兴起做出任何详细的检视。

马克思在这里对前资本主义社会形态的研究贯穿了几个主题。社会关系的形式（家庭、氏族或对立的阶级）取决于一

---

[1] 《马克思恩格斯全集》第30卷，人民出版社，1995年，第471页。
[2] 同上。
[3] 同上，第473页。

个"生成"的过程,这个过程不断地为未来的可能性开辟道路,即使处于萌芽状态的资本本身经常阻碍向它所提供的可能性的过渡。有一个问题是,如何理解人同自然的物质变换关系,它既是一个普遍的原则,又是普遍条件在一种给定的生产方式下的一种特殊形态。我们将在接下来的内容中详细地讨论这个问题。但是,这种同自然包括土地的关系是以财产关系为中介的,也是以各种法律和政治结构为中介的,它们嵌入诸如公社、城市、国家这样的公共形式或者公共领域(公有地)范围内其他特殊的社会结构之中。城市化以及城乡关系也必然成为被追问和思考的问题:

> 古典古代的历史是城市的历史,不过这是以土地所有制和农业为基础的城市;亚细亚的历史是城市和乡村的一种无差别的统一(真正的大城市在这里只能看作王公的营垒,看作真正的经济结构上的赘疣);中世纪(日耳曼时代)是从乡村这个历史的舞台出发的,然后,它的进一步发展是在城市和乡村的对立中进行的;现代的[历史]是乡村城市化,而不像在古代那样,是城市乡村化。[①]

城市化的兴起在社会关系和政治形式的结构变化中起着关键作用。"当联合在城市中的时候,公社本身就具有了某种经

---

① 《马克思恩格斯全集》第30卷,人民出版社,1995年,第473—474页。

济存在；城市本身的单纯**存在**与仅仅是众多的独立家庭不同。在这里，整体并不是由它的各个部分组成。它是一种独立的有机体。"[1] 如果城镇是资本主义生产方式（其本身被解释为一个有机的或生态系统的总体）下的独立有机体，那么，推动城市化的整合和增长的规律将发挥重要作用。虽然马克思并没有在这条研究路线上走得太远，但当代人普遍认同城市化和城市形成在从封建主义向资本主义过渡中所起的作用，这与马克思的观察相一致。在日耳曼的例子中，公社"表现为一种**联合**而不是**联合体**，表现为以土地所有者为独立主体的一种统一，而不是表现为统一体。因此公社事实上不是像在古代民族那里那样，作为**国家**、作为**国家组织**而存在"[2]。马克思在这里提出了一个非常重要的观点。国家和城市的构成是不同的，直到今天，在作为一个总体的生产方式范围内，它们之间不仅存在区别，而且经常发生冲突。纽约市不同于美国，反之亦然。

马克思认为，在城市化的情况下，"不是单个人的财产表现为以公社为中介，恰好相反，是公社的存在和公社财产的存在表现为以他物为中介，也就是说，表现为独立主体互相之间的关系。实质上，每一单个家庭就是一个经济整体，它本身单独地构成一个独立的生产中心"[3]。在日耳曼世界里，"单个的住地就是一个经济整体，这种住地本身仅仅是属于它的土地上

---

[1] 《马克思恩格斯全集》第 30 卷，人民出版社，1995 年，第 474 页。
[2] 同上。
[3] 同上，第 475 页。

的一个点"[1]。接下来的内容详细讨论了各种形式的私有财产以及公社的权力与责任，即使在日耳曼的例子中，"从经济上说，国家公民身分就表现在农民是一个城市的居民这样一个简单的形式上。在日耳曼的形式中，农民并不是国家公民"[2]。"这里问题的关键其实在于：在所有这些形式中，土地财产和农业构成经济制度的基础，因而经济的目的是生产使用价值。"[3] 那么，社会再生产就需要"占有"土地和其他自然资源。正是在这一点上，马克思从思索城市化问题转移到开始仔细考虑人同自然的物质变换关系所发挥的作用。这是当代马克思主义的一个重要主题，因此我在这里考察一下马克思对此问题的一般立场。

对自然的统治与物质变换关系

在这部分内容中，马克思经常提到，我们如何才能恰当地理解人同自然的物质变换关系。马克思的论述是以人类为中心的吗？答案是肯定的，显然如此。考虑到他所坚持的历史唯物主义，他不可能不是这样。他经常使用支配自然和统治自然的语言，并致力于克服任何形式的"自然崇拜"。这是他那个时代的普遍立场，达尔文是他所钦佩的人物。虽然他的语言在当

---

[1] 《马克思恩格斯全集》第 30 卷，人民出版社，1995 年，第 475 页。
[2] 同上。
[3] 同上，第 476 页。

代人看来有时显得"麻木不仁",但重要的是认识到马克思的用意。他根本不相信,人同自然的物质变换关系是毫无问题的。他认识到,人类行为所带来的意想不到的后果无处不在,统治自然并不意味着完全无视自然本身,而是一种维持自然规律并与之合作的责任。对自然规律加以精细的科学理解,从而掌握自然规律,这对人类生命的延续至关重要。例如,从马克思的观点来看,根除天花和完全控制其他灾难性病毒,既不是有害的,也不是过分傲慢的。在马克思的时代,控制霍乱传播在巴黎和伦敦都是一个紧迫的问题。

人类中心主义有不同的形式和程度。在这种情况下,通常我们需要区分,哪些是马克思自己的观点(有时仍然是模糊不清的),哪些是他根据资本的实践及其统治思想的表述而归于资本的观点。从历史上看,斯大林时代许多人的生产主义观点导致了对自然和环境问题的傲慢、功利和漠不关心的态度,造成了一些灾难性后果。法兰克福学派中许多人对支配自然论的批判,在理论上和实践上都为恰当地处理人同自然的物质变换关系提供了一种更加负责任和综合性的视角。但直到20世纪70年代,马克思主义思想中仍有许多流派反对将环境和生态的观点纳入马克思主义理论和实践。坚持一种更负责和综合的视角并不意味着完全拒绝人类中心主义。虽然我们可以写一些关于"像山一样"或"像溪流一样思考"的漂亮的小册子(就像无政府主义地理学家埃利泽·勒克吕在19世纪所做到的那样),或者支持"深层生态学"的原则,但我们不可能避免这样一个事实，即在进行想象、思考和交流的正是人类。正如维特根斯坦曾经在谈到他的语言游戏理论时说的那样，"如果狮子能讲话，我们也不能理解它"。正是在这种语境下，《大纲》中讨论人同自然的物质变换关系问题的段落为我们有目的的反思提供了一个机会。

在前资本主义形态中，我们面对的是"活的和活动的人同他们与自然界进行物质变换的自然无机条件之间的**统一**，以及他们因此对自然界的占有"。这不是需要解释的东西。相反，需要解释的是"人类存在的这些无机条件"同人类活动之间的**分离**，马克思认为，这种分离"只是在雇佣劳动与资本的关系中才得到完全的发展"[1]。简而言之，自然同文化在思想上和观念上的分离，是资本兴起的一个历史产物。"只有在资本主义制度下自然界才真正是人的对象，真正是有用物；它不再被认为是自为的力量；而对自然界的独立规律的理论认识本身不过表现为狡猾，其目的是使自然界（不管是作为消费品，还是作为生产资料）服从于人的需要。"[2] 这不是马克思支持的观点，而是对资本行为的一种表述。

马克思在他之前关于公社结构的讨论中注意到："土地本身，无论它的耕作、它的实际占有会有多大障碍，也并不妨碍把它当作活的个体的无机自然，当作他的工作场所，当作主体

---

[1] 《马克思恩格斯全集》第30卷，人民出版社，1995年，第481页。
[2] 同上，第390页。

的劳动资料、劳动对象和生活资料。"①"无机自然"这一术语经常被使用，需要说明。马克思似乎是用它指代所有那些从人类劳动之外的自然世界中占有的东西。它并不是指自然界中物理的、死的那一面，而是生物的、活的那一面。另一种理解这一观点的方式是接受前资本主义的自然观，这与许多当代原住民的观点大体一致，即认为自然是活的，是与人类生命过程不可分割的一个整体，而不是可分割的社会生活和生态生活的一个部分。相比之下，资本主义将整个自然物化为死的，并将其视为一个可分割的世界，其中包含可操纵的、供人类使用的效用特征。自然最终是可商品化的，并被纳入一种财产权利，服从于占有，因此可以作为地租被货币化。其结果是人同自然的异化关系，这是资本生成过程中一个不受欢迎的产物。

农业生产者"占有"了"劳动的自然条件"，"对土地这种最初的劳动工具、实验场和原料贮藏所的占有，不是通过劳动进行的，而是劳动的前提。个人把劳动的客观条件简单地看作是自己的东西，看作是使自己的主体性得到自我实现的无机自然"。②个人作为一个感性的存在与自然联系在一起，这源于他对"个人作为某一公社成员的自然形成的、或多或少历史地发展了的和变化了的存在"③的生活过程的反应。"把土地当作财产，这种关系总是要以处在或多或少自然形成的或历史地发

---

① 《马克思恩格斯全集》第30卷，人民出版社，1995年，第469页。
② 同上，第476页。
③ 同上，第477页。

展了的形式中的部落或公社占领土地（和平地或暴力地）为中介。"因此，"个人决不可能"如自由主义理论所假设的，"像单纯的自由工人那样表现为单个的点"。①不同形式的公社组织同"气候，土壤的自然特性，由自然条件决定的土壤利用方式"以及战争、"迁移、历史事件等等"交织在一起，这些决定了特定情况下的劳动成果。②在奴隶制和农奴制的条件下，

> 没有这种分离；而是社会的一部分被社会的另一部分当作只是自身再生产的无机自然条件来对待。奴隶同他的劳动的客观条件没有任何关系；而劳动本身，无论是奴隶形式的，还是农奴形式的，都被作为生产的无机条件与其他自然物列为一类，即与牲畜并列，或者是土地的附属物。换句话说：生产的原始条件表现为自然前提，即生产者的**自然生存条件**……是他本身的前提。③

这一非常重要的段落首先重申了，自然和文化之间产生的分离是资本和劳动的历史分离的产物。同时，它也解释了将原住民、被殖民者和被占领人口与农奴和奴隶一起作为"自然"生物而非"人类"来对待，最终将如何导致资本主义社会世界的分裂（这种分裂带来了明显的、往往是灾难性的种族上的

---

① 《马克思恩格斯全集》第30卷，人民出版社，1995年，第476页。
② 同上，第478页。
③ 同上，第481—482页。

后果）。

  被他当作属于他所有的无机体来看待的这些自然生存条件，本身具有双重的性质：（1）是主体的自然，（2）是客体的自然。生产者作为家庭、部落、特里布斯等等——它们后来和别的家庭、部落、特里布斯等等相混合、相对立，而在历史上采取各种不同的形态——的一个成员而存在，并且作为这样一个成员，他把一定的自然（这里说的还是土地）当作是自身的无机存在，当作是自身的生产和再生产的条件。[①]

这样，马克思试图在历史探究的基础上，通过将自然视为我们自身无机存在的一部分，将自然的某种替代性意义重新整合到当代世界中。它是我们的一部分。它不是我们的身外之物，只需要我们加以支配。马克思针对我们在同自然关系中的位置问题，做出了广泛而全面的论述。其中涉及意义、认知和意识，以及物质联系和必要的占有。

  会有这样一天，我们和自然之间不再有任何分离。正是这种武断的分离助长了我们现在所面临的环境危机。对自然力量和权力的占有，支撑和假定了某种类型的财产权——不一定是私人的或个人的财产权，也可能是集体的和共同的财产协议，

---

① 《马克思恩格斯全集》第 30 卷，人民出版社，1995 年，第 482 页。

通过这种协议，人同自然的物质变换关系得到调节和规范。同时，人类孜孜不倦地努力把他们的自然世界转变为马克思在其他地方所说的"第二自然"。但是，正如马克思在《资本论》中更具体地指出的那样，我们不可能在不改变自己的情况下改变自然世界。我们也不可能在不改变我们周围的自然世界的情况下改变我们自己。毕竟，自然是我们的无机体。在这里，他只是指出，人类对自然力的统治的充分发展（无论好坏）与对"人本身的自然力"的统治是分不开的[①]。

《大纲》关于不同生产方式的一些见解简要地提到了殖民化。但令人惊讶的是，殖民主义（包括定居者的类型）和帝国主义的作用被忽视了。马克思简要地讨论了战争和征服，公社对领土的保卫，以及奴隶制。但他也谈到了先前社会关系的解体，这将成为一个主要的主题。比如，当货币进来的时候，它消解了先前存在的社会关系。我们在这里所看到的，一部分是重建自然关系、社会关系的可能性，同时，我们也会意识到，劳动不仅生产出资本，而且生产出资本家，后者反过来统治了工人。劳动以资本的形式，以资本家的人格，构建其自身统治（包括对自然的统治）的机构和工具。这为一项否定性的解放工程奠定了基础，这种否定首先采取资产阶级的形式，最终采取社会主义的形式。

---

① 《马克思恩格斯全集》第 30 卷，人民出版社，1995 年，第 479 页。

先前社会关系的解体

随着内容的展开，如下问题凸显出来，即资本究竟如何能在扎根于各种先前的生产方式（或其中的特殊要素）的同时，把那些生产方式中的主导性要素转化为服务于资本的要素。最明显的例子是，具有多种功能和悠久而复杂历史的货币形式，被转化为货币资本，而银行作为这种转化的主要工具得以兴起。另一个例子是与收入相关的雇佣劳动的存在，这些收入可以很容易地转化为雇佣劳动，以生产资本。虽然承认不同模式的混杂性以及不同时空下的显著地理差异很重要，但这些转变（它们当然是多元的）必须足够协调，才能最终融合成一个全球资本积累体系（可以说，这一过程到现在才得出结果）。对这个问题，马克思用一个词——"解体"来展开。但是，是什么的解体呢？

共同体（部落体）的特殊形式和与它相联系的对自然界的所有权这二者的原始统一……在一定的生产方式本身中具有其活生生的现实性；这种生产方式既表现为个人之间的相互关系，又表现为他们对无机自然的一定的能动的关系，表现为一定的劳动方式（这种劳动方式总是表现为家庭劳动，常常是表现为公社劳动）。作为第一个伟大的生产力出现的是共同体本身；特殊的生产条件（例如畜牧业、农业）发展起特殊的生产方式和特殊的生产力，既包括表现为个人特性的主体的生产力，也包括客体的生产力。劳动主体所组成的共同体，以及以此共同体为基础的所有制，归根到底归结为劳动主体的生产力发展的一定阶段，而和该阶段相适应的是劳动主体相互间的一定关系和他们对自然的一定关系。①

这种社会形式在一定程度上再生产自己，直到某一点为止，然后"转入解体"②。

接下来的内容是关于解体的研究的。第一步似乎有些奇特。马克思宣称："人只是在历史过程中才孤立化的。"③人类最初"表现为**类存在物，部落体，群居动物**——虽然决不是政治意义上的政治动物"。资本的兴起使这种"群的存在""解体"，使之变得"不必要"。④在资产阶级社会中，工人是孤立的，在主体上成为相对于"**真正的共同体**"而言的个体，工人"力图吞食它，但它却吞食着工人"。⑤资产阶级共同体"以主体与其生产条件有着一定的客观统一为前提"。生产条件是不断发生革命的。"生产力的发展使这些形式解体，而它们的解

---

① 《马克思恩格斯全集》第30卷，人民出版社，1995年，第488页。
② 同上。
③ 同上，第489页。
④ 同上。
⑤ 同上，第490页。

体本身又是人类生产力的发展。"[1]

资本的产生"是以一个历史过程为前提的,这个历史过程曾促使劳动者是所有者,或者说所有者本身从事劳动的各种不同形式发生了解体"[2]。接下来是一份简短的清单,它列举了资本兴起所需要的条件。(1)"劳动者把土地当作生产的自然条件的那种关系的**解体**"[3];(2)"劳动者是**工具所有者的那种关系的解体**"[4](例如中世纪城市典型的手工业劳动);(3)工人对消费资料和消费储备的控制的解体;(4)"还有一种关系也同样发生**解体**,在这种关系中,**劳动者本身、活的劳动能力本身,还直接属于生产的客观条件**"[5](即奴隶制和农奴制的条件)。这些都是"劳动者作为自由工人……所需要的历史前提",自由工人"作为丧失客体条件的、纯粹主体的劳动能力,来同作为**他的非财产**,作为**异己的财产**,作为自为存在的**价值**,作为资本的生产的客观条件相对立"。[6]这对劳动者来说意味着:

> 否定这样一种状态,在这种状态中,劳动的个人把土地看作是自己的东西……在最原始的形式中,这意味着把

---

[1] 《马克思恩格斯全集》第30卷,人民出版社,1995年,第490页。
[2] 同上。
[3] 同上。
[4] 同上,第491页。
[5] 同上。
[6] 同上,第492页。

土地当作自己的财产，在土地中找到原料、工具以及不是由劳动所创造而是由土地本身所提供的生活资料。只要这种关系再生产出来，那么，派生的工具以及由劳动本身所创造的土地的果实，就显得是包含在原始形式的土地财产中的东西。①

财产关系向资本的尝试性转变是从土地开始的，但是"这种历史状态作为较完全的财产关系，也就在工人同作为资本的劳动条件的关系中首先被否定了"②。

工人与土地关系的这种"解体"产生了明显的后果（尤其是劳动与自然的异化关系）。它为观念上的自然和文化之间的分离奠定了基础，这种分离困扰着我们目前对世界的思维观念，使我们难以面对和控制（更不用说内化）严峻的环境压力和对环境的严重破坏。资本的兴起导致人类与自然的关系发生了革命性的变化。文化对自然的统治与支配取代了生命形式的和谐与整全，而这种和谐与整全至今仍是许多原住民思想和实践的基础。第二次转变解放了自由工人，使他们作为"纯粹主体的劳动能力"来面对"作为**异己的财产**，作为自为存在的**价值**，作为资本的生产的客观条件"。这需要超越在工场手工业时期创造出来的资本主义形式，在这种形式中，具有特殊技能

---

① 《马克思恩格斯全集》第30卷，人民出版社，1995年，第492页。
② 同上。

的、有时还具有行会组织技能的手工业者被赋予了权力,尽管他被越来越多地动员起来,以满足资本对剩余价值的追求。劳动者与劳动工具的关系解体了。

马克思接下来详细探讨的是,社会实践中不断的解体和重构是如何使资本上升到统治地位的。他得出了一个过渡性的结论:"资本的真正本性只有**在循环结束时**才表现出来……初看起来,生产处于流通的彼岸,而流通处于生产的彼岸。资本的循环——设定为资本流通的流通——包括两个要素。在这种流通中,生产表现为流通的终点和起点,反过来也一样。"[①]

马克思这段话是什么意思呢?强调"**在循环结束时**"与此有什么关系?请想一想图2对资本所完成的循环过程的描述。在那里,我们看到生产、流通、消费、社会再生产、分配等不同环节,所有这些环节被系统地联系在一起,使资本积累得以成为一个连续的过程(最终成为一个螺旋)。图2的假定是,处于运动中的价值在循环中不止转了一圈,而是转了两圈、三圈,处于持续不断的积累过程中。让我们回想一下,资本被定义为运动中的价值。只有通过不同环节的持续运动(加速、扩张),价值才得以实现和保存。只有当我们在一次循环结束时看到它的持续运动,它才能被标记并命名为资本。自此,资本变成自我延续的东西。中间部分内容描述的是不同环节如何形成一种独特的相互关系。例如,在小农经济中,生产和消费仅

[①] 《马克思恩格斯全集》第30卷,人民出版社,1995年,第510页。

限于农民所拥有的东西。市场上的流通并不重要（除了偶尔交易自己不需要的剩余产品）。生产和流通没有联系在一起，但生产和消费是无法区分的（它们不是两个分离的环节）。同样，商人和放贷者可能会积极地使货币流通，但流通方式与农民在地块上的生产活动，甚至与基本自给自足的农民共同体内的生产活动都没有直接关系。另一方面，货币按照它自己的运动规律流通（如《大纲》开篇所述）。这与货币如何作为资本进行流通没有任何关系。马克思认为，"资本的真正本性"意味着将这些分离的、不同的环节联结在一起，形成图2所示的一个连贯的体系。一旦这些联系在实践中建立起来，那么生产既是它的产物，也是与流通相联系的起点，而生产和消费成为可分离的行为。成为货币资本的货币，显然起源于流通，但它的用途发生了变化。"要使货币财富有可能转化为资本，一方面，就要能找到自由的工人，另一方面，就要能找到这样的生活资料和材料等等，这些生活资料和材料原先在这种或那种形式下是那些现已丧失自己客观条件的人们的**财产**，现在同样也变成**自由的**、可以出卖的了。"[①] 换句话说，只有预先存在一个劳动力市场，在这个市场中，"自由的"工人需要交换他们的劳动能力以维持生活，同时存在一个商品市场，在这个市场中，有足够的生产资料可购买，货币才能被用作资本。货币能够成为货币资本的事实，与货币的固有性质完全无关，而完全依赖于

---

① 《马克思恩格斯全集》第30卷，人民出版社，1995年，第500页。

存在自由的劳动力市场、可以购买生产资料的市场。至于劳动者是如何变得"自由"的，这是一个很长的故事，马克思力图在这部分内容中加以详细叙述。我把这些细节留给读者，但在历史上，图2所描述的不同环节联结为一个连贯的体系的过程是混乱的，包括许多错误的开始、局部的突破、具体的斗争和一些暴力反抗。"解体"（顺便说一下，这一过程仍在进行中）是充满压力的，也是困难的，同时往往创造了解放和反压迫政治的潜能，马克思并不回避这一点。资本的系统循环和再生产所必需的社会关系的形成并不容易。但是，一旦这个体系开始运转，它的演进螺旋就成为世界历史的发动机。

我不打算对马克思的论述做任何体系化的呈现。但是，强调马克思思考的某些特质是有用的，因为这些特质构成他在《大纲》和其他著作中关于资本历史起源的整个研究的基础。进而言之，他所提供的论述不仅影响了他，也影响了我们对如何完成向社会主义过渡的思考。

"但同样明显的是，使大批个人脱离他们先前的（以这种或那种形式）对**劳动的客观条件**的肯定关系，把这些关系加以否定，从而把这些个人变为**自由工人**，这一过程又可能使这些**劳动的客观条件**（土地、原料、生活资料、劳动工具、货币或这一切的总和）从它们同这些个人（他们现在已同这些条件分离）**先前的联系**中游离出来。"[①] 这种对不同要素之间

---

① 《马克思恩格斯全集》第30卷，人民出版社，1995年，第497页。

先前存在的"肯定"关系的破坏和否定，为资本的进入奠定了基础：

> 以前的生产方式以及劳动者对劳动客观条件的关系的以前方式的解体时期，无疑同时就是这样一个时期，这时一方面货币财富已经发展到一定的广度，另一方面，由于有加速这种解体的同一环境，货币财富迅速地增长和扩大起来。货币财富本身同时就是这种解体的动因之一，而这种解体又是货币财富转化为资本的条件。可是，仅仅有了货币财富，甚至它取得某种统治地位，还不足以使它转化为资本……绝不是资本创造出劳动的客观条件。相反，资本的原始形成只不过是这样发生的：作为货币财富而存在的价值，由于旧的生产方式解体的历史过程，一方面能买到劳动的客观条件，另一方面也能用货币从已经自由的工人那里换到活劳动本身。所有这一切因素都已具备了。它们的分离本身是一个历史过程，解体过程，正是这一个过程使货币能够转化为资本。①

马克思接下来记录道：

> 英国的大土地所有者遣散了那些曾经与他们共同消费

---

① 《马克思恩格斯全集》第30卷，人民出版社，1995年，第500—502页。

剩余农产品的侍从；其次，他们的租佃者赶走了茅舍贫农等等，这样一来，首先有大量的活劳动力被抛到劳动市场上，他们在双重意义上是自由的：摆脱旧的保护关系或农奴依附关系以及徭役关系而自由了，其次是丧失一切财物和任何客观的物质存在形式而自由了，**自由得一无所有**；他们唯一的活路，或是出卖自己的劳动能力，或是行乞、流浪和抢劫。①

马克思的表述有一个重要的特质，虽然他会明确否认过渡过程中的某一个环节所发挥的作用是关键性的，但他并不否认，每一个环节在从封建主义向资本主义转变的漫长过程中都起到了积极作用。例如，他否定单纯的货币财富存在的重要性，并嘲讽那种认为巨额货币的积累启动了整个过渡的观点。让货币的使用"得以"转变为货币资本的，是某种另外的东西。但是，可供支配的剩余货币是需要的，这样"货币既未**创造**、也未**积累**"②的生产资料才能获得。而且，虽然"货币财富既没有发明，也没有制造纺车和织机"，但不久之后，纺纱工和织布工就"落入货币财富等等的统治之下"。③ 而且，"当资本的原始形成已经达到一定的程度时，货币财富便能够作为中介出现在这样变成自由的客观生活条件与变成自由的但已是**一贫如洗的**

---

① 《马克思恩格斯全集》第 30 卷，人民出版社，1995 年，第 502 页。
② 同上。
③ 同上，第 502—503 页。

活劳动力二者之间，并且能够借助于一方去购买另一方"[1]。货币从此获得了一个独立的角色，它对资本的流通产生了各种各样的影响。马克思的这些看法，建基于他在《大纲》第一章中对货币流通作用的一般分析。

马克思在描述这一转变中发生的解体和剥夺时所采用的独特方法，或许可以称为一种"要素法"。它读起来就像经济和社会所拼凑起来的历史。在这里、那里和其他任何地方发生的解体过程，都为资本的散发式兴起打开了多样化的道路。资本并不产生于一个线性过程。它是一种汇集、一种共同进化，是通过多种力量的艰难调和而确立起来的。对于资本的兴起，不存在魔法式的简单解释。相反，存在多种力量，如货币化、科学技术的兴起、新的信仰形式、新的生产机器的发明等等，所有这些都为资本的兴起创造了可能性。当所有这些可能性汇集在一起，或者如马克思在《大纲》的"导言"中所言，当我们抛开"关于整体的一个混沌的表象"，达到"一个具有许多规定和关系的丰富的总体"[2]时，资本才从阴影中浮现出来（到那时，也只有到那时，它才能被命名为资本）。在这个总体中，"具体之所以具体，因为它是许多规定的综合，因而是多样性的统一"[3]。

马克思将某些要素（如自由劳动者的生产）确定为与现有总体（如封建主义）中其他要素相关联的关键节点，并将一个

---

[1] 《马克思恩格斯全集》第30卷，人民出版社，1995年，第504页。
[2] 同上，第41页。
[3] 同上，第42页。

社会过程（如在资本主义兴起的情况下，它指潜在的资本积累过程）置于运动之中，这一运动逐步地推动一种替代性总体即资本总体的创造。我们看到，不同的要素如何对其他要素发挥推动、限制或调节作用，使其表现为适应或不适应"生成"中的新总体的动力学需要。限制和阻碍会产生危机，而在另一些情况下，多种推动力汇聚起来的强大动力和相互支持作用，会带来强劲的增长，这种汇聚有时是在空间和时间上偶然发生的。有时，旧的可能性的衰弱和消耗抑制了整个运动，导致其停滞，最终陷于僵化。我们在各处都能看到受阻的转变。随后是空心化，关键要素的瓦解，这阻碍了通往先前存在的总体的彻底转型的道路，也阻碍了将其要素重新组合为一种不同的配置。在这一叙述中，显然存在一些关键的和显著的要素，以及促进社会变革的强大关系。但是，同样显然的是，除了对构成现存体系的各种力量造成某些小的扰动之外，没有任何单一线索可以牵动完成所有事情。

马克思运用"要素法"来揭示资本是如何基于前资本主义生产方式而上升到统治地位的，这促使我们想象，如何有效地运用同样的方法来描绘从资本主义到一种完全不同的生产方式的转变，这种生产方式更能满足全世界人口的物质、社会和文化需求，并能避免生态崩溃，将环境条件稳定下来。这样一项革命性的工作将包含一系列的解体和剥夺，如果马克思的上述思考具有指导意义的话，其中许多应该已经发生了。应该有一些迹象表明，一种新的政治秩序和经济秩序的要素已经出现。

问题是，即使它们就在我们面前，我们也很难看到它们。

例如，马克思后来在《大纲》中提出，资本主义的价值理论和价值规律受到了技术进步的威胁，后者使劳动越来越不再是社会必要的。人工智能当然会构成这样一种威胁。许多马克思主义者对此感到恐惧，因为价值理论是他们思考的基础。如果没有了价值理论，他们就会迷失。我更愿意把它看作一种迹象，表明一种替代性的价值理论已经潜藏于我们的理解之中。"以交换价值为基础的生产便会崩溃，直接的物质生产过程本身也就摆脱了贫困和对立的形式。"财富创造不再依赖于"耗费在这种创造上的劳动时间"成为可能。问题在于，"资本想用劳动时间去衡量这样造出来的巨大的社会力量，并把这些力量限制在为了把已经创造的价值作为价值来保存所需要的限度之内"[①]。在新冠疫情期间，FAANG（脸书、亚马逊、苹果、奈飞、谷歌）的垄断力量在全球范围内得到了极大发展（它们雇佣了相对而言很少的劳动力），以一己之力支撑了股票市场价值，并将大量的货币财富集中到统治阶级手中，这在资本史上前所未见。在一个理性的社会中，所有这些垄断组织都将出于公共利益而受到公共监管或控制。基本需求如食物和住所、医疗和教育、交通和通信的资本主义市场供给，可以很容易地被废除，并被面向社会需求的公共供应系统取代（其中一个模糊版本已经存在，即向至少 1/5 的美国家庭免费提供食物，这些

[①]《马克思恩格斯全集》第 31 卷，人民出版社，1998 年，第 101 页。

家庭在 2022 年还生活在粮食不安全和长期贫困的条件下）。在农业剩余的大背景下，全球饥荒的威胁还真实存在。再加上"自由劳动者"的观念已根深蒂固，自由劳动和收入的交换与自由劳动在收入流动中的交换是同一件事情，当前设定工资率标准的，正是劳动与资本的交换。在一个庞大的公共部门中废除这一标准，将是减少社会不平等、把雇佣劳动和收入的交换从资本主义链条中解放出来的关键一步。

但是，正如马克思反复指出的那样，阻碍转变的力量几乎不会在未经重大斗争的情况下消失，而寻求激进变革的社会运动的潜力无处不在。革命性的改变既不是瞬间发生的，也不是在某个特定环节发生的，而是一个持续数十年甚至数百年的漫长过程。这正是马克思在后来写到巴黎公社时不得不面对的无止境的冲突，其中一方面是在革命时刻看似充满可能的神奇的瞬间超越，另一方面是在日常生活的各个方面发生的长期而乏味的转变，这些是重构生产和社会再生产的日常实践所需要的。

公社是想要消灭那种将多数人的劳动变为少数人的财富的阶级所有制。它是想要剥夺剥夺者。它是想要把现在主要用做奴役和剥削劳动的手段的生产资料，即土地和资本完全变成自由的和联合的劳动的工具，从而使个人所有制成为现实。但这是共产主义，"不可能的"共产主义啊！……

工人阶级并没有期望公社做出奇迹。他们不是要凭一纸人民法令去推行什么现成的乌托邦。他们知道，为了谋求自己的解放，并同时创造出现代社会在本身经济因素作用下不可遏止地向其趋归的那种更高形式，他们必须经过长期的斗争，必须经过一系列将把环境和人都加以改造的历史过程。工人阶级不是要实现什么理想，而只是要解放那些由旧的正在崩溃的资产阶级社会本身孕育着的新社会因素。[①]

虽然没有单一的道路可走，但可能会有一些关键环节。但这类事件，比如攻占巴士底狱和后来整个19世纪法国的周期性起义（1830年、1848年、1871年），俄国、中国和古巴的革命，以及席卷拉丁美洲的所谓"粉红浪潮"等重大运动，只是一再显示出洪水到来的迹象；"阿拉伯之春"（从突尼斯延伸到乌克兰）；世界各地发生的各种城市反抗和抗议运动——所有这些都表明了人们对彻底的经济变革和社会变革的渴望，以及这种变革的可能性的存在。这些都是先兆和迹象，但是，如果关键环节没有嵌入深入社会日常实践的激进变革运动中，并实现社会关系的彻底重组，那么，变革的势头就会消失，政治环节就不会被抓住。

在《资本之谜》中，我借鉴了马克思在《资本论》第一卷中的表述和做法，在资本的总体中把握其中七个相互作用的要素，它们制约着、包围着不断扩大的资本流动。它们是：技术

[①] 《马克思恩格斯全集》第31卷，人民出版社，1998年，第158—159页。

和组织变革（生产力的演进），同自然的物质变换关系的动力学机制，人口中社会关系结构的变迁，生产和流通的实际劳动过程，社会再生产实践和日常生活的性质，财产、法律和国家机器的制度安排，最后是精神观念（如葛兰西所描述的，既包括善的观念，也包括常识观念）。一些马克思主义学者把生产力的转变作为社会变革的主要动因，而另一些则更倾向于关注社会（阶级）关系。我的观点是，持续性的系统变革，需要在所有这七个环节发生转变和解体，并且它们之间要保持一种动态的、相互支撑的调和状态，即便同时存在不平衡的发展，僵化或破碎的对立，以及在各处发生的激烈反抗。这些是我们在研究这段内容时应该注意的。马克思常常对乌托邦主义表达一种敌对态度。但在《大纲》的复杂语境中，也隐藏着一些表达乌托邦式憧憬和渴望的段落，即便是在物质局限和政治障碍之中。由此衍生出一种隐蔽的革命转变的理论。该理论需要在政治实践中得到更好的阐发和具体化。

马克思的双重意识

在《大纲》中，马克思对资本在人类历史中的作用和意义提出了两种看似对立的观点。在第一种观点之下，他构建起一种积极的描述，并乐观地评估资本如何通过其对创造性破坏和技术革命的偏好，将我们引向一种新的社会形式，一种人类可以实现前所未有繁荣的文明。我来详细地引用一下这段话：

只有资本才创造出资产阶级社会，并创造出社会成员对自然界和社会联系本身的普遍占有。由此产生了资本的伟大的文明作用；它创造了这样一个社会阶段，与这个社会阶段相比，一切以前的社会阶段都只表现为人类的地方性发展和对自然的崇拜。只有在资本主义制度下自然界才真正是人的对象，真正是有用物；它不再被认为是自为的力量；而对自然界的独立规律的理论认识本身不过表现为狡猾，其目的是使自然界（不管是作为消费品，还是作为生产资料）服从于人的需要。资本按照自己的这种趋势，既要克服把自然神化的现象，克服流传下来的、在一定界限内闭关自守地满足于现有需要和重复旧生活方式的状况，又要克服民族界限和民族偏见。资本破坏这一切并使之不断革命化，摧毁一切阻碍发展生产力、扩大需要、使生产多样化、利用和交换自然力量和精神力量的限制。①

而另一种观点之下，马克思在试图重建各种前资本主义生产方式的过程中，针对人类历史如何随着资本的兴起而展开的问题，提出了一些相当不同的思考。在这里，资本的作用主要是对美好未来的阻碍，而不是创造文明的力量：

古代的观点和现代世界相比，就显得崇高得多，根据古代的观点，人，不管是处在怎样狭隘的民族的、宗教的、

---

① 《马克思恩格斯全集》第30卷，人民出版社，1995年，第390页。

政治的规定上，总是表现为生产的目的，在现代世界，生产表现为人的目的，而财富则表现为生产的目的。事实上，如果抛掉狭隘的资产阶级形式，那么，财富不就是在普遍交换中产生的个人的需要、才能、享用、生产力等等的普遍性吗？财富不就是人对自然力——既是通常所谓的"自然"力，又是人本身的自然力——的统治的充分发展吗？财富不就是人的创造天赋的绝对发挥吗？这种发挥，除了先前的历史发展之外没有任何其他前提，而先前的历史发展使这种全面的发展，即不以旧有的尺度来衡量的人类全部力量的全面发展成为目的本身。在这里，人不是在某一种规定性上再生产自己，而是生产出他的全面性；不是力求停留在某种已经变成的东西上，而是处在变易的绝对运动之中。在资产阶级经济以及与之相适应的生产时代中，人的内在本质的这种充分发挥，表现为完全的空虚化；这种普遍的对象化过程，表现为全面的异化，而一切既定的片面目的的废弃，则表现为为了某种纯粹外在的目的而牺牲自己的目的本身。因此，一方面，稚气的古代世界显得较为崇高。另一方面，古代世界在人们力图寻求闭锁的形态、形式以及寻求既定的限制的一切方面，确实较为崇高。古代世界是从狭隘的观点来看的满足，而现代则不给予满足；换句话说，凡是现代表现为自我满足的地方，它就是鄙俗的。①

---

① 《马克思恩格斯全集》第30卷，人民出版社，1995年，第479—480页。

人们很容易把这两种说法之间的冲突视为这样的对比：一方面是资本和资产阶级的乌托邦愿景，另一方面是马克思对其实际成就的反乌托邦描述。我认为，这样解读将大错特错。首先，在这两段论述的上下文中都找不到支持这种解读的内容。在《大纲》和其他地方，马克思也通过很多其他段落表达了对资本和资产阶级历史成就的钦佩。他通常认为，这为社会主义革命奠定了基础，同时也使我们摆脱了前资本主义思维方式和存在方式的束缚。但在赞美诗般的叙述（第一段引文）之后，紧接着的是这样一种展望：资本的内部矛盾将阻碍资本充分实现其神圣的目标。总之，愿景和目标是美好的，但资本必须超越其内部矛盾才能实现它们。而在第二段引文中，愿景本身是包含着妥协的：资本从一开始就被认为是腐败的、空洞的、无意义的，它的成就充其量是鄙俗的。在这样的条件下，要充分发挥人的内在本质，就需要对资本和资产阶级所取得的一切成就加以超越和改造。此外，在对前资本主义思维方式和存在方式往往十分残酷的超越中，一些重要的东西丢失了。

马克思很可能是将这两种观点都内化在他的思维方式中了。因此，我建议将这两段话解释为马克思"双重意识"的一种表现或者用他的话说，是"双重假定"（double positing）。马克思关于双重假定的主要例子是土地、劳动和资本被视为生产事实，而地租、工资和利润被视为分配事实。从这个角度来看，生产优先于分配的说法是没有意义的。这两段引文都是正确的，在同样是真理的论述之间，正如黑格尔的悲剧理论教给马克思的那样，"力量就起决定作用"①。资本的邪恶天赋在于，它制造出并无休止地操纵着这种双重意识。因此，马克思对它的描述，反映了资本笼罩在我们关于世界的精神观念之上的混乱之网。如果正如马克思在《资本论》中所说的那样，最蹩脚的建筑师和最灵巧的蜜蜂的区别在于，建筑师在将蜂房建造出来之前，就已经在其头脑中建立起一个结构，那么，塑造我们精神概念的前提，也是指导我们行动的基础。对这一问题的批判性认识，对于革命行动至关重要。

马克思完全沉浸在资本的外部矛盾和内部矛盾中。无论是他还是我们，都不能从与这些矛盾的关系中脱身而出。马克思很可能把这些矛盾内化在了他自身的存在中（我认为，我们都是这样）。他的资产阶级家庭和教育，同他的革命意愿之间的矛盾，强烈而持久地影响着他。《大纲》在一定程度上记录了他把自己从主导性的资产阶级解释中解放出来的斗争，尽管他对资本把他和我们从中世纪和前资本主义的宗教世界观中解放出来的成就表示认可。另一方面，《大纲》也记录了这场斗争可能会产生无意义结果的风险。这种双重意识在激进化了的资产阶级中并不罕见，他们在塑造和领导革命运动的全部历史中发挥了重要的作用。出于这个原因，我认为更深入地思考这两种看似对立的说法所捕捉到的矛盾是有帮助的。这可能会告诉我们一些重要的东西，任何社会计划都不可避免地带有许多矛

---

① 《马克思恩格斯全集》第44卷，人民出版社，2001年，第272页。

盾的色彩，这也许有助于我们理解，那么多出于良好意愿的社会计划如何以及为何在实施过程中变得野蛮。

关于这两种截然不同的论述，还有很多问题要继续思考。第二段引文充满了疑问，第一段则没有。第二段列出了许多无法实现的潜能，而第一段认为，除了资本的内部矛盾外，实现潜能并没有直接的障碍。静下心来思考我们目前生活在这两个世界中的哪一个，是一件有趣的事情。在实践中，我们发现自己总是处于这两种关于创造性和解放可能性的描述之间，这两种描述被恶魔和自我毁灭的威胁割裂。

我们永远生活在一种"双重意识"的状态中。这不足为奇。在马克思的全部著作中，肯定与否定是密不可分的。这种对比也有可能来自"欧洲浪漫主义的对立"，《斯坦福哲学百科全书》在一个关于杜波依斯对双重意识理论阐述的有趣条目中提到了这一点，这种对立在歌德和黑格尔身上都能找到，这是"人类对超验存在的内在近亲性，同一种功用性'唯物主义'的对立，后者基于一种对于生活、世俗需求和商业事务的功利主义态度"。《斯坦福哲学百科全书》的词条认为，正是"这种反资产阶级的浪漫主义"形成了杜波依斯采用"双重意识"这一术语的"比喻性背景"。当然，马克思对黑格尔和歌德的立场都非常熟悉，从他的笔记可以看出，他在青年时期就被歌德式的"反资产阶级浪漫主义"吸引。他还采纳了黑格尔的见解，即悲剧不是对与错之间斗争的结果，而是两种平等权利之间冲突的必然结果。

在《1844年经济学哲学手稿》中，马克思提出了人类作为"类存在"的概念，这种存在努力将自己从主要由资本所强加的异化中解放出来。许多人认为，马克思后来放弃了这种假设，因为这种假设带有人本学唯心主义和超验浪漫主义的成分。比如，阿尔都塞就强烈指责"类存在"和"异化"都是非科学的概念，应该把它们从马克思主义的术语表中清除出去。在《大纲》中，类存在的概念似乎复苏了，用以认识社会的演进是如何"在矛盾中运动的，这些矛盾不断地被克服，但又不断地产生出来"[①]。这两种截然相反的论述共同表明"资本不可遏止地追求的普遍性，在资本本身的性质上遇到了限制"[②]。在这里，人们试图在人类所取得的成就和可能失去的东西（例如在与古代世界相关的方面）之间达成妥协。

总的来看，这两种论述还说明，未来不存在理想主义或浪漫主义的解决方案（比如完美的乌托邦）。马克思几乎是断然放弃了这个想法。人类的演进没有稳定和谐的终点，只有各种矛盾不断展开的前景：一方面是我们的集体能力和我们的意愿，另一方面是我们实际创造的世界的鄙俗本质。托洛茨基等人所理解的不断革命就在眼前。这两段引文并不是相互排斥的，而只是人类发展的深刻矛盾性质的两方面。在我们这个时代，人类发展在很大程度上被资本俘虏，后者声称要寻求物质的福利、非异化的存在、强烈的社会文化满足感、深刻的意义，却又面

[①] 《马克思恩格斯全集》第 30 卷，人民出版社，1995 年，第 390 页。
[②] 同上。

对着自身鄙俗的物质运动规律，这种规律指向一个完全不同的方向。

这种矛盾张力内化在资产阶级文化的美学传统中，这种文化总是试图调和资本对世界的鄙俗亵渎和人类重塑自然关系的渴望，同时还试图恢复人类历史上的崇高之物，将其用于当前的货币化消费。伟大的资产阶级慈善家建造了豪华的艺术博物馆来展示古典珍宝。黑暗的魔鬼工厂[①]的老板在退休后住在乡间庄园里，那里的景观如此完美，以至于成为国家文化的象征，现在那里已经商业化了，周末可以进去参观。在英国工业主义的粗劣环境中，工人阶级对自然美的追求是在小前院里栽种玫瑰花丛和饲养信鸽。

古代世界所能实现的情感和满足感，虽然稚气，但"较为崇高"，相比之下，资本主义现代性的唯一成就就是一切意义"完全的空虚化"，并且伴随着当代哲学的自恋，这根植于还原论的个人主义，这种立场蕴藏在笛卡尔的名言"我思故我在"中（如果存在一个这样的人，这将是一场精神混乱的诱因）。对此，马克思理智地回应道，你最好先吃晚饭。

这里并不是仔细思考这种双重意识对我们这个时代的政治主体性作用可能意味着什么的地方。但是，即使在马克思的时代，他也认识到资本不可思议的成就——科学和技术，创新的

[①] 原文为"satanic mill"（撒旦磨坊），哈维在此书中多次用它来形容英国工业资本主义的血汗工厂。——译者注

组织形式，巨大的生产能力，复杂的控制策略，它甚至可以出于自身利益而管理自身矛盾。这是一个方面。另一方面是它的鄙俗平庸，它服从于自身运动规律的奴性，它对货币作为唯一财富的病态崇拜，它在社会、环境、军事和政治等方面释放出的破坏性的，有时候致命的力量，这种力量需要再生产出一种形式日益狭隘的阶级权力和日益严重的财富集中。

例如，大型制药公司，特别是普渡制药，为癌症晚期患者开发了止痛药，这是值得称赞的。不值得称赞的是，普渡制药为了扩大其市场，向任何患有慢性疼痛的人提供奥施康定，并声称该药物已经被（腐败的）政府当局认证为非成瘾性药物；同时它为政治代表们提供资金，通过国会的一致投票和奥巴马总统的批准，对一种本应受管制的物质解除了广泛使用的管制。在腐败的医生和药店的帮助下，普渡制药公司赚了数十亿美元，萨克勒家族成为世界上最富有的家族之一，然后通过成为美国最大的艺术支持者之一来寻求社会救赎。在十几年的时间里，近50万美国公民死于阿片类药物使用过量，这几乎和新冠病毒感染一样致命。当被指控玩忽职守时，普渡制药公司和萨克勒家族支付了近10亿美元的小额（对他们而言）罚款，但没有承认任何不当行为。随后，大型制药公司以创纪录的速度生产出一种新冠病毒疫苗（从公共财政中获得了巨额补贴，并以公司名义申请了排他性的专利权），从而部分地恢复了声誉。媒体把疫情当作头条新闻，却把同样致命的、本国制造的阿片类药物流行放在后面。这就可以理解，为什么现在对疫苗持有普遍怀疑态度的主要集中在对阿片类药物解除管制的国家。在这种背景下，为了"人的内在本质的这种充分发挥"而进行的斗争应该继续下去。

马克思试图为我们描绘的这一切，是为了让我们更好地理解我们必须与之斗争的力量，同时认识到，他所遇到的这种双重意识，无论是在他自己的理论内部，还是在整个社会，每时每刻都以某种形式困扰着我们所有人。

这种双重意识的政治意义还需要一些评论。让我以一个例子来结束。我将把马克思对资本进步作用的第一种描述称为范式一，把异化、意义丧失和空虚等批判性问题称为范式二。我要用的例子是安第斯社会主义，特别是厄瓜多尔在过去几十年里发生的事情。2021年厄瓜多尔总统选举在初选后产生了三位候选人。排在第一位的是安德烈斯·阿劳斯，他来自2007—2017年担任总统的拉斐尔·科雷亚建立的左翼传统政党。有主业会背景的新自由主义派的候选人吉列尔莫·拉索位居第二。紧随其后的第三位是亚库·佩雷斯，他通过"帕恰库蒂克运动"（多民族团结运动）获得了许多原住民的支持。在决选中，许多左翼观察者认为，原住民候选人会支持阿劳斯，就像原住民组织最初支持科雷亚以及2008年支持修改厄瓜多尔宪法时一样。新的宪法宣布厄瓜多尔是一个承认自然权利和原住民权利的多民族国家。在一年后，即2009年，玻利维亚也通过了类似的宪法。这些都是在资产阶级体制下具有里程碑意义的，甚至是革命性的转变，它们超越了那些建基于平等、自由和互惠的基本而空洞的市场逻辑之上的宪法。但是，科雷亚一旦牢牢掌权，就追求一种左翼政治（范式一），试图汲取资产阶级传统中所有积极的东西，重塑厄瓜多尔的性质和人民，以推动一种左翼的发展主义。这种尝试实现了某种程度的经济再分配，同时摆脱了美国霸权下全球体系的支配（不过以依赖他国为代价）。但在这样做的过程中，科雷亚越来越与支持他的原住民背道而驰（尽管他试图将原住民领导人纳入国家机器）。他把厄瓜多尔土著民族联合会边缘化了，抛弃了所有的原住民思维模式（帕查玛玛、"充实的生活"，甚至"美好生活"），镇压和监禁了更激进的环保组织如"生态行动"的领导人，攻击生态女性主义者，放弃了亚苏尼倡议（该倡议旨在保护亚马逊地区最具多样性的生态系统之一），并开放厄瓜多尔的石油和矿产开采（动用军队镇压厄瓜多尔南部的原住民抗议，导致三名原住民领导人死亡）。"人的内在本质的这种充分发挥"越来越表现为（范式二）"完全的空虚化"，而自然和文化的"普遍的对象化"表现为"全面的异化"，这就解释了为什么原住民的观点（强调人与自然的辩证关系）对于许多人（包括原住民以外的人）而言，尽管影响规模有限而且受到限制，但"较为崇高"，与之相比，科雷亚的计划造成的结果"则不给予满足；换句话说，凡是现代表现为自我满足的地方，它就是**鄙俗的**"。

这有助于解释为什么原住民传统中的一些主要思想家和领导人不愿支持阿劳斯，声称他们在左翼发展主义手中遭受的苦难比在新自由主义寡头手中的更多。范式一与范式二的紧张关系在玻利维亚也可以观察到,在那里,埃沃·莫拉莱斯采取了一种扩张的左翼发展主义和采掘主义,其代价是失去了一些原住民的支持。这导致了反抗他的右翼政变。但是,现任总统路易斯·阿尔塞是得到莫拉莱斯领导的政党支持而掌权的,阿尔塞曾是一位成功的财政部长,在莫拉莱斯执政期间受到国际货币基金组织的高度赞扬。对于阿劳斯和阿尔塞而言,马克思所描述的双重意识的张力中包含了一个关键的矛盾,他们必须找到一些方法来解决这个矛盾。阿劳斯以 5 个百分点的劣势输掉了总统决选。败选毫无疑问有很多原因(包括对手的各种肮脏伎俩),但缺乏原住民的热情支持肯定是其中最突出的原因。约有 16% 的选民投了无效票。这个结果对社会主义左翼来说是灾难性的,右翼(以真正主业会的方式)对阿劳斯和他的支持者实施了报复。但重要的是吸取教训,认识到左翼发展主义的局限性。它本身是不充分的。在安第斯山脉地区的案例中,原住民的权利、传统和意义需要得到尊重,而不是作为过去的陈旧残余而被抛弃。值得记住的是,正是桑地诺的发展主义在尼加拉瓜太平洋沿岸原住民地区的施行,为 20 世纪 80 年代美国中央情报局支持的"反政府运动"打开了大门,这场运动给现已失败的桑地诺革命和美国的里根政府(以"伊朗门"丑闻的形式)都带来了很大的麻烦。对左翼运动来说,如果不能理解和创造性地应对马克思所描述的由双重意识引起的张力,那么它将付出沉重的代价。

问题可以得到解决,但像双重意识这样的矛盾永远不会消

第六章 资本的生成:过去、现在与未来

失。对此的回应不是放弃左翼发展主义，而是在重新调整的发展主义范围内创造空间和机会，以允许人们去探索意义，去探索非异化的社会性质和物质性质，去融入人同自然的物质变换关系，去为"人的内在本质的这种充分发挥"而展开斗争。革命，就像我们所做的几乎所有其他事情一样，需要一些灵感、汗水，还有长期的耐心，如此才能够创造性地运用主要矛盾的辩证法，以及应对不可避免地困扰着政治立场的双重意识。正确把握平衡，哪怕只是暂时的平衡，对于社会主义是至关重要的，这样它才会拥有未来，而不是像有时会发生的那样，陷入某种独特的野蛮形式。反资本主义的斗争要蓬勃发展，就要在政治上牢记马克思在两次论述中所描绘的双重意识。

第七章
周转的时间、空间与资本的价值实现

到此处为止,马克思的任务一直是定义资本是什么,以及我们应该如何从理论上和历史上理解资本的概念。他简要总结了他暂时得出的结论:"资本家本身既是出发点又是复归点。他用货币交换生产条件,从事生产,实现产品的价值,也就是使产品转化为货币,然后又重新开始这个过程。"[1](见图2)

> 资本流通总是从自身重新发动起来,使自己分解为资本流通的各个要素,它是一部永动机……资本在其流通中自行扩充,并且延长自己的路程,而流通的快或慢本身构成资本经历的路程的内在要素。资本在流通过程中发生质的变化,而资本流通的各要素的总和本身是资本生产——既是资本的

---

[1] 《马克思恩格斯全集》第30卷,人民出版社,1995年,第512页。

再生产，也是资本的新生产——的各要素。①

更进一步说，"资本的流通同时也就是资本的生成、它的成长、它的生活过程"②。然后，马克思使用了一个我曾提到过的类比："如果有什么东西可以和血液循环相比，那么，这不是徒具形式的货币流通，而是内容充实的资本流通。"③之所以如此，是因为"现在货币流通本身就表现为由资本流通决定的"④。这与马克思著作中一个经常出现的主题相呼应。货币（像地产和雇佣劳动一样）在资本出现之前就存在了（这一点我们在第二章中讨论过），但货币的资本主义形式（像雇佣劳动和地产的资本主义形式一样）最终占据了主导地位，在马克思所说的资本流通的"内部结构"中成为一个不可或缺的环节。

虽然马克思的关注点仍然在生产上，但他现在需要研究生产如何与流通整合为一个整体。例如，资本在生产领域内停留多久，又在市场流通中停留多久？这取决于"生产力的发展"⑤。"资本能以多快的速度重新开始生产过程，同时也取决于一切其他生产部门生产力的发展。如果我们想象同一个资本生产自己的原料、自己的工具和自己的最终产品，这一点就完

---

① 《马克思恩格斯全集》第30卷，人民出版社，1995年，第512页。
② 同上，第513页。
③ 同上。
④ 同上。
⑤ 同上，第514页。

全清楚了。"① 在实践中,资本家依靠其他资本家提供投入。如果一个资本家加快了速度,这就会要求其他资本家也加快速度。"如果假定是**不同的**资本,那么资本停留在生产过程阶段的持续时间本身就是流通的一个要素。"②

在这里需要注意,在整个《大纲》中,马克思在两种不同的意义上使用了"流通"一词,而他常常未能告知我们,他是在哪一种意义上使用的。他把资本的流通过程视为一个整体(在这种情况下,生产是整个流通的一个环节),而在另一些地方,"流通"是指生产过程之外所发生的一切(主要是指市场中的流通,但也包括通过分销环节的流通)。在这里,他关注的是价值以货币形式得到实现之前在市场上所花费的时间。马克思曾经在货币流通的语境中提到过"数量代替速度和速度代替数量的规律"③,这个规律在生产中也适用,即企业可以通过加快速度或者增加数量的方式来增加利润。这就提出了一个耐人寻味的问题,即速度是否构成"某种不依赖于劳动、不直接来自劳动、而是从流通本身中产生出来的价值规定的要素"④。这将违背马克思的一般观点,即价值只能在生产中形成,而不能在流通中形成。在这里,这种可能性仍然保持开放的状态。

如果不同的资本有不同的周转时间,那该怎么办?例如,

---

① 《马克思恩格斯全集》第 30 卷,人民出版社,1995 年,第 514 页。
② 同上。
③ 同上,第 515 页。
④ 同上,第 516 页。

在农业中，许多作物一年只有一次收成，一年就是它们的周转时间。在其他生产领域，周转时间可能明显更长或明显更短。例如，牛奶每天都在生产，但一棵梨树需要很长时间才能成熟。因此，在农业中，生产梨子的周转时间与生产小麦或牛奶的周转时间是不同的。不同的生产领域有众多不同的周转时间。这就产生了如何协调所有这些不同周转时间的问题。例如，生产棉布是连续不断的。但是，如果收获棉花只能一年一次，这就有问题了。资本如何既在物质层面又在经济层面协调和整合这些不同的周转时间呢？

这又引出了另一个问题。在生产过程中，有些阶段人们没做什么事（没有投入有用劳动）。例如，种植小麦的主要劳动投入发生在种植和收获的时节，在此中间有一个很长的停滞期，其间只有偶尔的劳动投入。马克思发现，在任何生产过程中，都会存在人们没做什么的时候。葡萄酒在瓶中需要数年时间才能酿成。这就导致了价值损失或"贬值"。如果资本被定义为运动中的价值，那么如果没有运动，就会有价值的损失。马克思表明，贬值的时期或阶段构成整个资本流通的一个组成部分。

这是《大纲》中众多引人遐思的见解之一，这里提出的内容有巨大的潜在重要意义，但其含义仍然悬而未定。贬值显然是一个至关重要的概念。在这里，马克思似乎在说，在资本主义生产过程的本质中包含着许多贬值的时期或阶段。这是有道理的。如果资本是运动中的价值，那么，运动的任何中断甚至停滞，无论出于什么原因，都会导致暂时的贬值，直到运动恢复。而在运动恢复的情况下,价值会复活,并重新加入运动中的价值整体。这样一来,贬值本身并不会导致危机,因为根据这种观念,贬值始终都在发生。相反,危机的产生是由于资本无法或者未能及时复活,即无法或者未能在一定的时间限度内恢复运动并重新升值。在其他的地方,马克思评论道,危机的发生不是因为商品卖不出去,而是因为商品不能被及时地卖出去。市场的停滞是危机的征兆。

这就解释了为什么正如马克思时常指出的那样,资本流动的连续性必须成为资本的一个关键性质。这是一种无论付出什么代价都要尽可能令其重新生效的性质,不然就会发生贬值,而且可能是大规模的贬值。遗憾的是,马克思本人没在这一点上继续下去。如果他能将贬值与危机理论联系起来,加以融贯研究,那将是无价的。

资本生产过程的持续性是一回事,市场流通过程的持续性是另一回事。从生产出成品棉布到进入市场,再到收回货款,需要多长时间?在出售之前,棉布可能会在市场上停留一段时间。刚过收获季节时,用来制作布料的原棉可能会过剩,而在收获季节之前可能会出现原料短缺。在提供中间产品的行业中,同样存在周转时间不同的问题。马克思提到了 18 世纪末手工纺纱业的例子,手工纺纱业无力供应织布的原料,其结果是导致了纺纱机的发明。

所有不同的生产和流通的周期,如何一方面在物质上和实际上配合到一起,另一方面在经济上、在货币和价值流动方面配合到一起呢？马克思认为，在周转过程中存在"四个要素"，它们分别是：（1）生产过程的持续时间；（2）产品进入市场转换成货币的时间；（3）购买全部生产资料所需的时间；（4）让劳动力重新回到生产岗位上所需的时间。

但是，将产品推向市场所需的时间可能会增加周转的困难。这可能是由"**市场距离较远**，因而资本回流较迟造成的。在这里，资本 a 实现自身价值所需的时间较长，是由于资本在生产过程结束以后作为 W 来同 G 交换时必须经过的那段距离较远"[1]。为中国生产的产品，难道不可以认为"只有当该产品到达中国市场时，这个产品，它的生产过程才算完成吗？实现产品价值的费用可能由于把该产品从英国运往中国的运输费用而增加"[2]。"于是，生产费用就归结为在直接生产过程中对象化的劳动时间加上在运输中所包含的劳动时间。"[3]那么，运输能增加价值吗？

马克思的回答是肯定的。产品只有真正进入市场，才算是完成了。你在 A 地点把产品生产出来，但这并不必然代表产品的完成。只有它从生产它的 A 地点到达销售它的 B 地点，它才算完成。运输的消耗增加了商品的价值。虽然马克思说得够清楚了，但这里确实还存在一些不明确的地方。马克思的一般观点是，价值不能从（狭义的）流通中被创造出来。商业资

---

[1] 《马克思恩格斯全集》第 30 卷，人民出版社，1995 年，第 518 页。
[2] 同上。
[3] 同上。

本家和零售商并不创造价值，即使他们的贡献可能是必要的。但这并不适用于将产品运输到市场的过程。如果商人组织和实现了运输，那么他们就增加了商品的价值。只要流通过程中产生了位置的变化，就有一定量的价值在其中被创造出来。否则，商人凭借他们的权利而支配或占有的价值，就是从生产过程创造的价值中扣除的。商人以折扣价从直接生产者手中取走商品，然后试图按其价值进行销售。这对直接生产者的好处是，以折扣价把产品卖给商人，他们的口袋里就有了足够的钱来马上重启生产流程，而不需要等到几个星期或几个月后把产品卖给最终消费者。运输、通信和跨空间的移动是不同的。在运输中能否榨取到剩余价值？马克思再次给出了肯定的回答，前提是运输服务是以资本主义的方式并通过雇佣劳动力而组织起来的。如果我只是付给卡车司机一笔钱，让他把一架钢琴运送给客户，那就不会产生任何剩余价值。但是，如果我打电话给一家搬运公司，付钱给这家公司，它派了一队雇佣工人，把我的货物搬到另一个地方，那么就有了产生和占有剩余价值的条件。劳动者获得的报酬是其劳动力的价值，而位置的变化所带来的价值将大于其劳动力价值，因此就产生了剩余价值。但请注意，这个价值不是物质上的某件东西，而是从位置的变化中产生出来的！

剩余价值可以从运输和通信产业中榨取。这不仅适用于产出的产品，也适用于投入生产中的运输和通信。"我不论是从矿山弄来金属矿石，还是把商品运到商品消费地去，这同样都是位置的移动。"[1] 位置的变化无论发生在哪里，都能产生价值。由此可见，交通工具或通信工具的改进属于资本的生产力发展的范畴。在资本的历史中，交通和通信领域的技术变革具有极其重要的意义。在资本的历史中，曾经有许多创新，只不过是为了变革人们改变位置的能力。运输和位置的改变被判定为具有价值创造性，这是一个重大发现，也是理解资本的历史地理学的基础：

> 生产越是以交换价值为基础，因而越是以交换为基础，交换的物质条件——交通运输工具——对生产来说就越是重要。资本按其本性来说，力求超越一切空间界限。因此，创造交换的物质条件——交通运输工具——对资本来说是极其必要的：用时间去消灭空间。既然直接产品只有随着运输费用的减少才能在远方市场大规模实现价值，另一方面，既然交通工具和运输本身只有在使必要劳动得到补偿而有余的大规模交易的情况下，才能够成为价值增殖的领域，成为资本所推动的劳动的领域，那么生产廉价的交通运输工具就是以资本为基础的生产的条件，因而这种交通运输工具就由资本创立出来。[2]

---

[1] 《马克思恩格斯全集》第30卷，人民出版社，1995年，第520页。
[2] 同上，第521页。

这里有一个有趣的句子，我在自己的作品中经常使用："用时间去消灭空间。"我一直觉得这句话有一点奇怪。它似乎是指时间实际地消除了空间。我常常怀疑这是不是正确的解释。结果并非如此，有人告诉我，恰当的解释应该是"**通过**时间消灭空间"。不过我们将很快看到另一种解释。

之所以是"**通过**时间消灭空间"，是因为社会必要劳动时间是价值的衡量标准。最大的问题不在于对空间本身的度量，而在于跨越空间所花费的时间或者所发生的成本。缩短这一时间或降低成本是许多技术革命的目的所在。这就解释了为什么以资本为基础的生产如此依赖于通过时间来消灭空间，不断地追求减少从 A 地点转移到 B 地点的时间或成本。这也解释了为什么在资本的历史中，有那么多的创新都是为了将空间压缩为越来越少的时间或越来越低的移动成本。从资本的观点来看，空间是一个需要克服的关键障碍。20 世纪 60 年代以来集装箱化的历史性兴起就是一个很好的例子。当然，水路受到贸易民族的青睐，而"陆路最初是归共同体掌管，后来长期归政府掌管；它们是产品的纯扣除"[①]。

关于修筑道路

这就引出了一段关于道路的题外话，道路有助于克服空间

[①] 《马克思恩格斯全集》第 30 卷，人民出版社，1995 年，第 522 页。

的障碍。谁来修筑道路？目的是什么？修筑道路的是资本家还是国家？如果是前者，而且如果一条道路的买卖不符合商品生产的一般规律，它的价值是如何实现的？ 马克思提出："首先应当从道路那里除掉使人迷惑的东西和它作为固定资本的性质所产生的东西。假定这条道路像一件上衣或一吨铁那样可以立即卖掉。"[1]请注意，马克思在这里把道路的性质描述为一种固定资本形式。这一观点终将具有决定性意义。接着，马克思就修筑道路的经济学进行了长篇讨论。然而，这不仅仅是关于修筑道路，马克思实际上开启了物质基础设施的生产和使用这整个问题，即空间的生产问题，并且将其与资本积累联系起来。谁来负责生产这些基础设施？它的作用是什么？道路是否真的生产出价值，或者创造了条件，比如通过卡车利用道路将商品运向市场来创造价值？道路有可能由资本来修筑吗？（在今天，答案是肯定的，即以收费公路和桥梁的形式。）随之出现的问题是，谁需要这条路？他们对这条路的需求是通过什么方式得以传达，从而使这条路被修筑出来的？

这些段落并没有提到，更不用说解决关于物质基础设施生产、建成环境、城市化的所有问题。但我觉得有趣的是，马克思在脑海中有了一个提出此类问题的框架。我后面还会回到这一点。

物质基础设施耗费了相当多的原材料和生产能力。这可以

---

[1] 《马克思恩格斯全集》第 30 卷，人民出版社，1995 年，第 522 页。

通过国家的代理机构来实现，也可以通过资本的积聚和集中来实现。在马克思生活的年代，建造铁路及附属基础设施的股份公司已经出现了。但是，谁需要这条路，又出于什么目的？资本又会如何回应这种需要，而且回应的方式不会"破坏建立在客体化劳动时间上的价值理论的基础"[1]？那么，问题就变成了"资本家是否能够实现道路的价值，是否能够通过交换实现它的价值？"[2]假设价值没有得到实现，但道路还是被建成了，"因为它是必要的使用价值"[3]。在这种情况下，它必须被建造，并且必须得到支付，无论是通过徭役还是赋税的方式，但是"所以要修筑道路，只是因为它对于共同体是必要的使用价值"[4]。它的建造需要原材料，也需要劳动。"既然这种劳动无论对于共同体或**作为共同体成员**的每个个人来说都是必要的，这种劳动就不是个人完成的剩余劳动，而是他的**必要**劳动的一部分，这种劳动所以必要，是为了使他把他自己作为**共同体成员**再生产出来，从而也把共同体再生产出来，而共同体本身则是个人从事生产活动的一般条件。"[5]这是马克思罕见地讨论到为了一个集体目的而进行集体劳动的问题。他所描述的几乎正是安第斯山脉的原住民公社中发生的情况，在那里，为集体目

---

[1] 《马克思恩格斯全集》第 30 卷，人民出版社，1995 年，第 523 页。
[2] 同上。
[3] 同上。
[4] 同上。
[5] 同上。

的而征召的劳动是公社再生产的基础。在此基础上，我们就可以想象，所有的劳动都是集体组织起来的，"这个人，比如说，就必须花费若干时间从事农业，若干时间从事工业，若干时间从事商业，若干时间制造工具，若干时间——回到我们的本题上来——修筑道路和生产交通工具。所有这些必须做的事情可归结为为了各种目的和进行各种特殊活动所花费的若干劳动时间"①。这种劳动的规模，在很大程度上取决于劳动能力和生产力。只有当人们的活动以交换价值为中介时，资本才会进入这一过程，并根据需求组织劳动分工。但是"需要也如同产品和各种劳动技能一样，是生产出来的"②。可以肯定的是，这些需要"会出现扩大或缩小的现象"，但是"历史地自行产生的需要即由生产本身产生的需要，社会需要即从社会生产和交换中产生的需要越是表现为**必要的**，现实财富的发展程度便越高"③。马克思接着用了一个熟悉的说法："财富从**物质**上来看只是需要的多样性。"④

但是，需求是会扩张的。例如，如果科学的农业"需要机器，需要通过贸易得到化肥，需要来自远方国家的种子等等，而且，如果农村的家长制手工业消失了……那么，机器制造厂、对外贸易、手工业等等就成了农业的**需要**。农业或许只有靠输

---

① 《马克思恩格斯全集》第 30 卷，人民出版社，1995 年，第 523 页。
② 同上，第 524 页。
③ 同上。
④ 同上。

出丝织品才能得到鸟粪。这样，丝织厂就不再是奢侈品的生产部门，而是农业所必要的生产部门了"①。这"全部错综复杂的联系"使工业脱离了自然基础，把自己建立在分工演进的大背景之下，把"过去多余的东西"变成了"历史地产生的必要性"。②有趣的是，甚至在马克思写作这些内容的时候，全球市场的供应链和商品链的整个问题就已经如此明显了。"一切生产部门的共同基础是普遍交换本身，是世界市场，因而也是普遍交换所包含的全部活动、交易、需要等等。"③

在这里，在关于修筑道路的延伸讨论中，我们看到了一个关于商品链的重要延伸！但是"现在，回来谈我们的道路"④。马克思认识到，这类基础设施建设需要对劳动力加以相当程度的集中，而在历史上，这意味着奴隶制或其他某种统一的权力，以使人"从事强制的建筑和强制的公共工程"⑤。然而，资本"用**另一种方式**"达到同样的集中，"形成一个由国家使用的特殊的筑路者阶级"⑥。马克思承认，建筑工作是特殊的，但他没有继续加以详细分析。资本本身集中的程度和规模，能否使其足以承担建筑工作？"要让资本家把修筑道路当作营业由自己

---

① 《马克思恩格斯全集》第 30 卷，人民出版社，1995 年，第 524 页。
② 同上，第 525 页。
③ 同上。
④ 同上。
⑤ 同上，第 526 页。
⑥ 同上，第 527 页。

出资经营……就需要有种种不同的条件，所有这些条件都归结为一点：以资本为基础的生产方式已经发展到最高阶段。**第一**：必须先有**大量资本**积聚在资本家手中，才能够承担如此规模的并且周转如此缓慢的，即价值增殖如此缓慢的工程。"[1] 这意味着资本成为"**股份资本**"[2]。第二，"对这种资本的要求是**带来利息，而不是利润**"[3]。利润和利息的区别是一个重点，它具有某种实质性的影响（我们稍后会回到这个问题上）。这一点在固定资本的形成方面特别突出，而且正如我们将看到的，在一种独立的固定资本方面更是突出。在文献中，这是一个在很大程度上被忽略的问题。第三，交通量应该足够大，这样才能保证"道路要有利可图"。这一点的前提是道路"对于生产者来说值如此多的交换价值，或者说，提供了一种生产力，生产者是能够为此付出如此昂贵代价的"，马克思在这里想的是一种收费公路，它可以凭借交通量和收费来收回成本。"**第四：这是可以作为收入用于这种交通工具项目上的享用财富的一部分。**"[4] 换句话说，道路的生产可以成为吸收过剩和过度积累的资本的一种手段——20世纪60年代美国的州际高速公路系统就是一个很好的例子。这是另外一个我们必须再讨论的问题。

这些都是使大型基础设施项目对资本而言可行的必备条件。

---

[1] 《马克思恩格斯全集》第30卷，人民出版社，1995年，第527—528页。
[2] 同上，第528页。
[3] 同上。
[4] 同上。

在过去50年左右的时间里，越大的项目越是由资本筹建。英法之间的英吉利海峡隧道就是一个很好的例子，它是由一个银行财团私人资本筹建的。考虑到英国当时在欧盟发展中所扮演的角色，建设这条隧道在当时似乎是很有必要的。

马克思也有自己的例子。"利物浦和曼彻斯特之间的第一条铁路就是这样。它对利物浦的棉花经纪人来说，尤其是对曼彻斯特的工厂主来说，成了生产上的必要。……资本本身……只有在下述情况下才会用来修筑道路，即修筑道路对于生产者来说成为必要性，特别是对于生产资本本身来说成为必要性，成为资本家**获得利润**的条件。"[1]对于曼彻斯特的棉纺厂和利物浦的商人来说，这种情况最为明显。要实现这一切，必须有大量现成的剩余（闲置）生产能力，可以被调动并形成一种只追求利益的生产形式（比如股份制公司）。显然，利息率的不断下降和剩余货币资本的大量增加，将为从事这种工作提供特别有利的环境。还有另一个前提是，"交往已经达到相当的规模，缺乏交通工具所造成的障碍已经可以充分感觉出来，从而使资本家能够把道路的价值（在时期上一部分一部分地和一段一段地）作为道路来实现（即道路的使用）"[2]。马克思总结道：

---

[1] 《马克思恩格斯全集》第30卷，人民出版社，1995年，第528页。
[2] 同上，第529页。

如果所有一般生产条件，如道路、运河等等，不管它们是使流通易于进行，还是只有它们才使流通成为可能，或者是使生产力增长……都要由资本而不是由代表共同体本身的政府来兴建，那就首先要求以资本为基础的生产有极高的发展。公共工程摆脱国家而转入由资本本身经营的工程领域，表明现实的共同体在资本形式下成长的程度。一个国家，例如美国，甚至可以在生产方面感到铁路的必要性；但是，修筑铁路对于生产所产生的直接利益可能如此微小，以致投资只能造成亏本。那时，资本就把这些开支转嫁到国家肩上。①

马克思接着补充了一个有趣的观察。"资本只经营**有利的**企业，只经营在它看来有利的企业。诚然，资本也有投机投错了的时候，而且正如我们将要看到的，它也**不能不这样投机**。"② 为什么资本不得不这样做，需要进一步阐释，但这将在后面讨论。在此情况下，资本进行的投资"就不能赢利，或者说，只有在投资**丧失价值**到一定程度的时候，投资才能赢利。因此，在许多企业里，最早的**投资**是亏本的，第一批企业主遭到破产，只有到第二手或第三手时，当投资由于**丧失价值**而减少时，才能增殖价值"③。最初的投资者破产了，却为第二波资

---

① 《马克思恩格斯全集》第 30 卷，人民出版社，1995 年，第 529 页。
② 同上。
③ 同上，第 529—530 页。

本家开辟了道路，后者几乎没什么耗费，就获得了这些投资的使用价值，并把它们投入工作以赚取可观的利润。这样的结果在建成环境的生产中一次又一次地发生。

但对于这一切，还有另一个观察角度。"一条道路本身可能使生产力增长到这样的程度，以致这条道路造成的交往使它现在能够赢利。"① 对建成环境的投资既可以解决现有的需求，也可以刺激甚至创造需求。大量对建成环境的资本投资是为了创造需求。但是，如果需求没有实现，投资者就会破产。因此，这类投资具有投机性质。

伦敦地铁系统就是一个经典案例，这将是我要说的例子。20 世纪初，英国从美国调集了大量资本来建设伦敦的地铁系统。最初的收益率太低，投资不能及时获得回报，最初的公司都破产了。顺便一提，很多来自马里兰州的富裕家庭都赔光了钱。但隧道已经建好了，第二波投资者后来几乎不花一分钱就买下了它们，并迅速建成了一个能够赢利的地铁系统。

马克思在这里结束了这个重要的延伸讨论，也就是关于基础设施投资，它们是如何组织起来的、是否由国家推动、需求如何表达、需求是关于什么的以及如何满足或创造需求。"从我们这些题外话中得出的结果是，交通工具的生产，流通的物质条件的生产，属于固定资本的生产范畴。"② 对建成环境的投

---

① 《马克思恩格斯全集》第 30 卷，人民出版社，1995 年，第 530 页。
② 同上，第 532 页。

资"并不构成特殊情况"①。固定资本形成的规律适用于此，但是以一种特定的方式适用的。然而，被真正开启的话题是："**资本对共同的，一位的社会生产条件的特有关系，这种关系不同于它对特殊资本及其特殊生产过程的条件的关系。**"②

资本的空间和时间

在上述题外话之后，马克思又回到了"**流通在空间和时间中进行**"③这个问题上。他重申："从经济学的观点来看，空间条件，把产品运到市场，属于生产过程本身。产品只有上了市，才真正完成。"④流通成本和流通时间的减少，价值实现之障碍的消除，都属于资本生产力的发展。把产品推向市场所花费的时间，属于生产成本。"至于在商品转变为货币以前所花费的时间，……则是另一回事。"⑤马克思说，这段时间是"纯损失"⑥。这就造成了一场会计噩梦。一个为圣诞节的销售而准备库存的商人，由于商品没有及时售出，每天都在损失价值。但是，如果这个商人花费时间和成本（雇佣工人）将商品运到乡

---

① 《马克思恩格斯全集》第 30 卷，人民出版社，1995 年，第 532 页。
② 同上。
③ 同上。
④ 同上。
⑤ 同上，第 533 页。
⑥ 同上。

村市场，那么商人就增加了商品的价值！

马克思写道：

> 从上述的一切可以看出，流通表现为资本的本质过程。在商品转化为货币以前，生产过程不可能重新开始。过程的**稳定连续性**，即价值毫无阻碍地和顺畅地由一种形式转变为另一种形式，或者说，由过程的一个阶段转变为另一个阶段，对于以资本为基础的生产来说，同以往一切生产形式下的情形相比，是在完全不同的程度上表现为基本条件。①

正如我们在前面讨论贬值时所看到的，生产和移动的连续性是一个至关重要的特征，通过流通维持这种连续性非常关键，建设交通和通信的空间网络变得势在必行。

流通过程是如何进行的，运输和通信是如何运作的，位置的变化是如何安排的，所有不同的周转时间是如何关联的，这些特征都被整合进了马克思对资本的空间-时间经济学的思考之中。这些不同特征与资本积累总体动力机制之间的关系，可能会变得错综复杂，很多事情可能会出错，新的资本形式必须发明出来以解决这些问题。"资本本身消除这一偶然性的办法就是**信用**。"② 在这一点上我们超前了很多，如果马克思聚焦于

---

① 《马克思恩格斯全集》第 30 卷，人民出版社，1995 年，第 533 页。
② 同上。

形式，他会把对信用体系的所有细节考量推迟到很久以后。但他显然觉得有必要在这里提到它，因为信用对于综合和规范资本的多种差异性周转时间、协调创造适合于资本的空间经济，都发挥了作用。如果利息率是每年5%，那么，所有跨越空间和时间的生产和流通形式的表现，都可以借助这个标准来衡量。让我们回想一下，在这个领域的投资取决于有息资本的流通，而对利润的追求没有直接作用。

借贷已经存在了很长一段时间，"高利贷甚至是洪水期前的资本形式中最古老的形式"①。但是，"借贷并不构成**信用**，正如各种劳动并不就构成**产业劳动**或**自由的雇佣劳动**一样。信用作为本质的、发达的生产关系，也只有在以资本或以雇佣劳动为基础的流通中才会**历史地出现**"②。这与大卫·格雷伯在《债：5000年债务史》中所持的观点相冲突，该书假设从古代苏美尔到现代的债务关系是连续性的。这个例子再次说明，马克思认识到，一种古老的实践和经济形式，一旦被接收和纳入资本的轨道之中，就会发生变革。

如果按马克思在此处所坚持的观点，"信用的必要性的基础"来源于"生产过程的直接本性"，那么也必须否定另一种流行的观点，即金融运作和信用体系完全依赖价值创造。尤其是在关于资本的空间-时间经济学的形成问题上，我们可以看到资本主义形式的信用体系在其中发挥着显著作用。

---

① 《马克思恩格斯全集》第30卷，人民出版社，1995年，第534页。
② 同上。

资本作为过程中的价值：一种再造

在这一点上，马克思回到了他最初描述的资本作为一个整体（见图2）的循环：

> 资本……现在表现为不仅是在这一形式变化中从形式上保存自己的价值，而且是**自行增殖的价值**，是自己同作为价值的自己发生关系的价值。从一个要素转变为另一个要素表现为特殊的过程，但是这些过程中的每一个过程都是向另一个过程的转变。这样，资本就表现为处于过程中的价值，这个价值在每一个要素上都是资本。这样，资本就表现为……从一个规定向另一规定不断循环的资本。复归点同时就是出发点，反过来也一样，——这也就是**资本家**。一切资本起初都是流动资本，都是流通的产物，同样又是产生流通的东西，使流通表现为自己的轨道的东西。[1]

图2就是对这个过程的一种展现。

我们现在又回到了资本作为过程中的价值，作为运动中的价值，作为一个流通过程。资本就这样经历了不同的环节。生产固然重要，但市场中的实现也很重要。生产和实现之间的内在关系，成为分析运动中价值的一个关键点。

---

[1]《马克思恩格斯全集》第30卷，人民出版社，1995年，第535页。

接下来,马克思继续研究这种关系中固有的空间性。

既然资本为了从这些规定中的一个规定转变为另一个规定所经过的道路构成流通的各阶段,而这些阶段是要在一定期间里通过的(甚至距离也归结为时间,例如,重要的不是市场在空间上的远近,而是商品到达市场的速度,即时间量),那么,在一定期间能够生产出多少产品,在一定期间资本能够增殖多少次,它的价值能够再生产和倍增多少次,就取决于流通的速度,取决于流通经历的时间。这样一来,这里实际上加进了一个不是从劳动同资本的直接关系中产生的价值规定的要素。[1]

这是马克思对价值理论的一个令人惊讶的修正。据我所知,这是马克思唯一考虑修正的地方。他继续说:

同一资本在一定期间能够重复生产过程(创造新价值的过程)的条件,显然是一种不是直接由生产过程本身造成的条件。因此,虽然流通并不造成价值规定本身的任何要素,因为这种要素完全由劳动决定,但流通的速度却决定生产过程重复的速度,决定创造价值的速度,也就是说,虽然不决定价值,但在某种程度上却决定价值的数量。这

---

[1]《马克思恩格斯全集》第30卷,人民出版社,1995年,第536页。

就是说，在生产过程中创造出来的价值和剩余价值要乘以生产过程在一定期间所能重复的次数……因此，除了实现在产品中的劳动时间以外，资本的**流通时间**也作为创造价值的要素，即生产的劳动时间本身的要素加进来。①

这种看似对马克思价值理论的修正需要一些讨论。首先，马克思并没有在《大纲》中综合他对价值理论的理解，他关于价值的许多论述都是带有不确定性和试探性的。因此，这些论述段落可以被视为探索性的，只是后来在"成熟的"的著作《资本论》中被放弃了。与此不同，马克思对于价值和剩余价值创造中时空性研究的实质内容将不得不被放弃，因为马克思的逻辑论述必然指向马克思在这里得出的那种结论。加速资本周转意味着增加价值创造，这仅仅是通过更快回到生产中来实现的。如果我每天雇佣12个小时的劳动力，然后我改为24小时轮班制，那么我每天创造的价值就会翻倍。

在这里，我们可以从资产阶级经济学的历史中学到一些东西。从19世纪中期开始，传统的经济学理论变得越来越非空间化。新古典主义传统中的经济学家越来越多地把他们的命题表述为，仿佛所有的经济活动都发生在一个针尖上。阿尔弗雷德·马歇尔可能是最后一个认识到集聚经济之重要性的传统经济学家，他认识到集聚将导致一个生产区域内小企业的产业集

---

① 《马克思恩格斯全集》第30卷，人民出版社，1995年，第536—537页。

中。当库普曼斯和贝克曼试图将区位定价和行为引入他们的经济活动并建模时，他们找不到均衡价格，而均衡价格在资产阶级经济学中是经济理论化的圣杯。他们非常担心自己的发现对一般理论产生破坏性影响，所以推迟了结论的发表。尽管保罗·克鲁格曼后来在处理国际贸易背景下的空间性问题方面做出了勇敢的努力，但经济学研究中普遍存在的去空间化并没有受到挑战。无法对针尖以外的生产进行理论化，这或许可以解释资产阶级经济理论在应对经济生活现实上的实质性失败。

但在这里，马克思也遇到了同样的问题。如果我们像马克思一样，至少是像他在这些段落中一样，认真对待资本流动的时空性，那么，简单版本的劳动价值论是不充分的。我们要么对价值理论进行相应的改造，要么像《资本论》第一卷中所阐述的那样，坚持将价值表述为去空间化的社会必要劳动时间。如果我们选择后者，那么我们就从关于时空的考量中抽象出来，并将资本理解为，好像它在针尖上运作一样。马克思在《资本论》第一卷中这样做，可能有策略上的原因，但《资本论》第二卷中对周转次数、工作周期、速度和加速的研究，更不用说对运输和通信中价值创造这种棘手问题的研究，指向了一个与第一卷相当不同的方向。《大纲》中的这些表述，为更透彻地理解这些问题奠定了理论基础。

但是，这里存在一个矛盾。"资本流通时间表现为**丧失价值的时间**"，它"不是创造价值的积极要素"，而且"只有从它是利用劳动时间方面的**自然限制**这一点来说，才决定价值"。[①]流通本身对价值形成没有贡献，但流通中的加速和周转时间的减少有助于价值形成。这就促使人们想要将流通时间尽可能减少到接近于零。这有助于解释近年来消费主义的某些转变，因为资本流入了一些活动、场景和体验的生产中，它们具有即时消费的特点，并且固定在特定的位置（即使它们得到了广泛的传播）。如果资本集中于生产寿命较长的消费品，那么它的可行市场早就耗尽了。

流通时间"**表现为劳动生产率的限制**＝必要劳动时间的增加＝剩余劳动时间的减少＝剩余价值的减少＝资本价值自行增殖过程的障碍或限制"[②]。因此，

> 资本一方面要力求摧毁交往即交换的一切地方限制，征服整个地球作为它的市场，另一方面，它又力求用时间去消灭空间，就是说，把商品从一个地方转移到另一个地方所花费的时间缩减到最低限度。资本越发展，从而资本借以流通的市场，构成资本流通空间道路的市场越扩大，资本同时也就越是力求在空间上更加扩大市场，力求用时间去更多地消灭空间。[③]

[①] 《马克思恩格斯全集》第30卷，人民出版社，1995年，第537—538页。
[②] 同上。
[③] 同上。

资本在其运作的空间范围内,同时创造着时空压缩和时空扩张。

资本的全面趋势

空间限制的消除、距离摩擦的减少以及时间关系对空间关系的替代,仅仅构成马克思所说的资本的"全面趋势"[①]的一个方面。这是资本从一开始就一直在做的事情。"尽管按照资本的本性来说,它本身是狭隘的,但它力求全面地发展生产力,这样就成为新的生产方式的前提,这种生产方式的基础,不是为了再生产一定的状态或者最多是扩大这种状态而发展生产力,相反,在这里生产力的自由的、无阻碍的、不断进步的和全面的发展本身就是社会的前提,因而是社会再生产的前提;在这里唯一的前提是超越出发点。这种趋势是资本所具有的,但同时又是同资本这种狭隘的生产形式相矛盾的,因而把资本推向解体,这种趋势使资本同以往的一切生产方式区别开来。"[②]当然,马克思这是在重申他经常提到的主题,即由资本所引起的技术革命为向社会主义过渡创造了潜在的基础。

这就提出了一个问题,即从一种生产方式向另一种生产方式的过渡可能如何发生。马克思宣称:"以往的一切社会形式都由于财富的发展……而没落了。因此,在意识到这一点的古

[①] 《马克思恩格斯全集》第30卷,人民出版社,1995年,第539页。
[②] 同上。

代人那里，财富被直接当作使共同体解体的东西加以抨击。封建制度也由于城市工业、商业、现代农业（甚至由于个别的发明，如火药和印刷机）而没落了。"① 这些物质转变伴随着社会关系、制度、与自然的关系、与科学的关系，甚至在"个人的性格、观点等等"方面的转变。从一种唯心主义的角度看，似乎"一定的意识形式的解体足以使整个时代覆灭"②。如果是这样就好了！但马克思不是这么看的。"在现实中，意识的这种限制是同**物质生产力的一定发展程度**，因而是同财富的一定发展程度相适应的。"③ 这种物质基础的最高发展与"个人的最丰富的发展"相适应。更早期的共同体形式是为了完成这样的任务："**再生产这种一定的生产条件**和个人，既是单个的，也是处于他们的社会分离和社会联系之中的个人，即作为这些条件的活的承担者的个人。"④ 但是，资本破坏了这一切：

> 资本把财富本身的生产，从而也把生产力的全面的发展，把自己的现有前提的不断变革，设定为它自己再生产的前提。价值并不排斥使用价值，因而不把特殊种类的消费等等，特殊种类的交往等等，当作绝对条件包括进来；同样，社会生产力、交往、知识等等的任何发展程度，对

---

① 《马克思恩格斯全集》第30卷，人民出版社，1995年，第539页。
② 同上。
③ 同上，第539—540页。
④ 同上，第540页。

资本来说都只是表现为它力求加以克服的限制。它的前提本身——价值——表现为产品，而不是表现为凌驾于生产之上的更高的前提。资本的限制就在于：这一切发展都是对立地进行的，生产力、一般财富等等，知识等等的创造，表现为从事劳动的个人本身的外化；他不是把他自己创造出来的东西当作他自己的财富的条件，而是当作异己的财富和自身贫穷的条件。但是这种对立的形式本身是暂时的，它产生出消灭它自身的现实条件。①

这里的关键在于："个人的全面性不是想象的或设想的全面性，而是他的现实联系和观念联系的全面性。由此而来的是把他自己的历史作为**过程**来理解，把对自然界的认识……当作对他自己的现实躯体的认识。"②

请注意，价值在这里被理解为历史和自然的产物，而不是某种在天堂附加的、从天上掉下来的或在某些人类幻想家的狂热大脑中凭空变出来的理想概念。还要注意的是，我们都生活在这样一种要求下，即把我们自己的历史理解为一个活生生的物质过程，而不是某种更高层次的道德或伦理命令的世俗实现。最后，马克思提醒我们，资本的生产和流通依赖于同自然的物质变换关系，而在不断演变的时空关系背景下，这种关系本身

---

① 《马克思恩格斯全集》第30卷，人民出版社，1995年，第540—541页。
② 同上，第541页。

也不断演变和调整。

然而，贯穿始终的是，马克思一次又一次地重申他的如下观点：我们应该把我们的生活理解为一个过程，我们不是天生的圣人或罪人，我们的意识和我们的政治主体性来自我们的物质生活经验，这种物质生活具有特定的规定性。想要理解我们生命过程的本质，就要理解我们的观念从何而来、我们是谁。接着，他坚持认为，辩证地理解我们相对于自然的定位是重要的。但是，"个人的最丰富的发展"有赖于"**生产力的最高发展**"①。

"现在我们回过来谈资本的**流通时间**，流通时间的缩短（只要这不是由于把产品运往市场所必需的交通运输工具的发展），部分地是由于**开拓了**延续不断的市场，因而已是不断扩大的市场。"② 这种同时扩张和压缩空间关系的双重运动产生于资本流通的逻辑本身。"最初，以资本为基础的生产是从流通出发的；现在我们看到，这种生产把流通作为它自身的条件，它使直接的生产过程成为流通过程的要素，正如它使流通过程成为总体生产过程的一个阶段一样。"③ 正如我们已经看到的那样，由于不同商品的不同流通时间而产生了各种各样的问题（这些问题最终成为信用发展起来的"动力"），其中显著的关系不过在于"资本的流通**实现价值**，正像活劳动**创造价值**

---

① 《马克思恩格斯全集》第 30 卷，人民出版社，1995 年，第 540 页。
② 同上，第 541 页。
③ 同上，第 542 页。

一样"①。

由此可见："某一时期生产的价值总额或资本的全部价值增殖，不是单纯决定于资本在生产过程中创造的新价值……而是决定于这种剩余时间（剩余价值）乘以资本的生产过程在一定期间所重复的次数。"②接下来马克思提出了一些关于速度在增加生产中作用的复杂论证，其目的是驳斥那些"流通魔术师"③，他们不考虑生产结构，认为提高流通速度就可以增加资本积累，甚至更加狡诈地诉诸信贷的虚构。

"资本只有在它通过流通的各阶段，通过资本转化的各个环节而能够重新开始生产过程的时候，才作为资本而存在；而这些阶段就是资本价值增殖的各阶段，但是，正如我们已经看到的，它们同时又是资本**价值丧失**的阶段。当资本仍然保持成品形式的时候，它是不能作为资本活动的，所以是**被否定的资本**。"④一辆完整生产的汽车在出售之前在经销商的停车场里停留多久，是一个重要的经济问题。如果它的实现过程被推迟，那么它在过程中的部分价值就会被否定。这就造成了资本的损失，即资本价值的相对损失，因为它的价值对价值实现过程中的条件很敏感。这种资本的价值损失之所以发生，是因为"它

---

① 《马克思恩格斯全集》第30卷，人民出版社，1995年，第542页。
② 同上，第543页。
③ 同上，第544页。
④ 同上，第545页。

的时间的白白浪费"①，在这段时间里，资本本来可以占用他人的劳动和剩余的劳动。对资本的全面流通而言，市场中生产与实现的辩证关系是基础。

马克思指出了价值流动中贬值的必然性，并将其转化为总体中的一种系统负债。此外，这也解释了在资本主义生产方式下，人们无论如何都要确保不白白浪费时间的动机。但是，"**被否定的资本**"这个概念是站得住脚的，不难看出，20世纪30年代的危机，以及比如说，2007—2008年的危机，它们产生了过多的被否定的资本，而不是过多的剩余资本。马克思在后面提到资本在生产装置中的"**闲置**"，这是流动连续性的中断，这往往是必要的，但有时也会构成"对资本价值增殖的**普遍限制**"②。显然，马克思在这里勾勒出了一种论证的开端。当然，如果这样做很重要的话，我们还需要做很多工作来完成这一论证。遗憾的是，这反映了马克思主义经济学家思想上的欠缺（这种批评中也将包括我自己），我们没有试图探索这些提示性论述所包含的可能性。

有趣的是，在这段关于"被否定的资本"的论述之后，文献中的另一部分内容引起了人们更多的关注，这是因为马克思在《资本论》第三卷关于"利润率平均化"一章中对该部分内容进行了详细阐述。马克思简要地指出："剩余劳动不是按照

---

① 《马克思恩格斯全集》第30卷，人民出版社，1995年，第545页。
② 同上，第547页。

单个资本创造的剩余劳动时间的比例，而是按照全部资本创造的**总剩余劳动**时间的比例在各资本之间进行分配的，从而**单个资本**得到的价值创造额可能会比直接从它**单独**剥削劳动力所能得到的数额多一些。"[①] 马克思在这里指的是（他在后文将再次提到这一点），在竞争条件下，利润率的平均化如何促使劳动密集型和资本密集型的企业、部门、地区或者国家之间重新分配剩余价值。马克思把这称为一种价值创造的形式，这是不正确的，即使其看起来是如此。将其描述为不平衡的挪用和分配更为恰当。资本密集型的企业、部门和国家所获得的剩余价值大于它们所生产的，而劳动密集型的企业（国家）所获得的剩余价值小于它们所生产的。其规则是：根据每个资本所雇佣的劳动来扣除，再按照每个资本所预付的总价值来分配。有意思的是，马克思早在1858年就很清楚地意识到了这个普遍性问题。这就是利润率在竞争中平均化的情况。在布雷顿森林体系中，各国的经济在一定程度上受到保护，不受利润率平均化的影响。而布雷顿森林体系的崩溃，促成了一个更具竞争性的国际体系，它把剩余价值从劳动密集型的部门、公司和经济体（如中国和孟加拉国）重新分配给资本密集型的部门、公司和经济体（如美国）。

马克思将商品资本比喻为蝴蝶，这是具有启发性的。"资

---

① 《马克思恩格斯全集》第30卷，人民出版社，1995年，第546页。

本在能够像蝴蝶那样飞舞以前，必须有一段蛹化时间。"[1] 当写到资本的不同地域流动性时，我想说，生产资本是茧，商品资本是毛毛虫，而货币资本或金融资本是蝴蝶形态。最后一种形式可以在世界各地飞来飞去，并在它想停留的任何地方停留一段时间。这一点在当代金融资本主义中非常明显。直到最近，商品的流动变得更难了，而生产资本显然是流动性最低的资本形式。然而，在我们这个时代，这些区别已经不那么明显了。

接下来的内容是对古典政治经济学文献（来自李嘉图、马尔萨斯和其他次要人物，如凯里和罗西）的仔细阅读和分析。马克思通过回顾这些文献学到了很多东西，但我先把这些放在一边，只集中讨论马克思清晰地阐明和发展自己观点的那些段落。这是马克思少有的认真对待马尔萨斯的几个地方之一，因此，如果你想加深对如下问题的理解，即马克思如何质疑古典政治经济学，并在此基础上建立对他的许多理论的理解，这里是一个不错的开始。

在接下来的内容中有一个主题是值得考虑的，即竞争的作用。马克思在对其未来工作的概述中，有时提出要写一整本关于竞争的书，但他从来没有抽出时间来写。他关于竞争的观点是分散的，而且并不总是一致的（它们是在不同的时间写成的）。马克思在批评李嘉图对资本运动规律的阐述时，插入这样的观点："总之，竞争，这个资产阶级经济的重要推动力，

---

[1] 《马克思恩格斯全集》第 30 卷，人民出版社，1995 年，第 548 页。

不能创立资产阶级经济的规律，而是这些规律的执行者。"① 无限制的竞争（就像价值一样）是被创造出来的东西，而不是给定的或预设的。"因此，竞争不能**说明**这些规律，它使人们**看到**这些规律，但是它并不产生这些规律。"② 资本的运动规律必须用另一种方式来解释。

在马克思关于空间和时间性以及基础设施建设的检视中，我们已经看到了这方面的一些工作。我们如果想要解释基础设施是如何建设的，那么就会涉及竞争。这就提出了一个有趣的问题，我认为在某种程度上，马克思在其著作中常常渴求这个问题的答案：如果竞争这个执行者在控制器前睡着了，资本就会陷入垄断性的实践（这种情况太常见了），那么，自己所描绘的运动规律会发生什么变化？例如，如果没有"竞争的强制规律"，技术变革的背后就不会有什么强制性。"换句话说，这只不过是说，资本的规律只有在**无限制的竞争**和**工业生产**的范围内才能完全实现。"③ 李嘉图的这个原理反过来揭示了马克思提出的资本理论的一些重要内容。马克思想知道，在无限制的竞争和工业生产的条件下会发生什么，在存在寡头或垄断的情况下会发生什么，或者，当你不仅要面对工业生产，还要面对例如房地产开发时，会发生什么。

资本在无限制的竞争和工业生产的基础上会如何演变，这

---

① 《马克思恩格斯全集》第 30 卷，人民出版社，1995 年，第 551 页。
② 同上，第 552 页。
③ 同上，第 557 页。

一问题的前提是"它的内在规律可以完全变成现实"[①]。首先"那就应该证明，**无限制的竞争**和**工业生产**怎样才是资本的实现条件，资本本身必须越来越多地生产出这些条件（可是在李嘉图那里，这个假说表现为单纯理论家的假说，这种理论家……把自由竞争和资本的生产的存在方式……看作为使资本以纯粹形态出现而设想出来的资本的前提）"[②]。这是一个难以站得住脚的主张。无限制的竞争和工业生产的假设是一种抽象概念，但在某种程度上，也许它足够具体地反映了现实，而且，也许随着资本的演进和成熟，现实会越来越符合理论的主张。

在这里有必要问的是，在资本主义历史上，接近无限制竞争的情况曾经盛行到什么程度。例如，在1944年的《布雷顿森林协定》下，国际竞争受到了一个框架的限制，它在国际资本管制的框架下，在财政政策和劳动法律方面，给予各国相当大的自主权。竞争发生在国家内部，但国家之间的竞争是有限的。因此，底特律的三大汽车公司被认为是20世纪60年代垄断资本主义发挥作用的典型案例，因为它们（及其劳动力）绝缘于国外的竞争。从20世纪70年代开始，布雷顿森林体系连同资本管制一起被抛弃，国际竞争加剧（面对日本和德国汽车公司的竞争，底特律的垄断力量萎缩了）。但在李嘉图的理论框架中，随着资本主义的成熟，加剧竞争的条件将"越来越多

[①] 《马克思恩格斯全集》第30卷，人民出版社，1995年，第557页。
[②] 同上，第557—558页。

地"产生。换句话说，假定的条件已经变得更加真实。然而，这并不能证明这一理论是恰当的，不过在如下意义上除外：新自由主义的反革命的一般轨迹几乎在所有方面都回到了马克思撰写《资本论》时所遭遇的竞争条件。资本将不可避免地进入竞争越来越激烈的形态，这种目的论的假设是不合理的。历史的特点似乎更多地体现为两种阶段的交替：一边是夸张的有时是"毁灭性的"竞争，另一边是压倒性的垄断力量。例如，自2007—2008年以来，全球经济在许多部门都出现了垄断力量的强劲回潮。

竞争的问题在《大纲》中反复出现。我认为有必要在这里梳理一下马克思对这个问题的看法。马克思指出，消除贸易壁垒和自由放任主义的政治主张在18世纪曾被重农学派加以提倡，这导致了一种"更荒谬的看法"，把经济的决定因素即竞争"看成是摆脱了束缚的、仅仅受自身利益制约的个人之间的冲突，看成是自由的个人之间的相互排斥和吸引，从而看成是自由的个性在生产和交换领域内的绝对存在形式"[1]。马克思对此回应道："再没有比这种看法更错误的了。"[2]

虽然更早的生产方式和交换方式所设置的界限被打破了，但它所解放出来的自由仍是有限制和受约束的。"**自由竞争**是资本同作为另一个资本的它自身的关系，即资本作为资本的现

---

[1] 《马克思恩格斯全集》第31卷，人民出版社，1998年，第41页。
[2] 同上。

实行为。"这意味着"在自由竞争中自由的并不是个人,而是资本"①。

只要资本主义生产方式还占统治地位,"个人在资本的纯粹条件范围内的运动,就表现为个人的自由……自由竞争是资本的现实发展……各资本在竞争中相互之间施加的、以及资本对劳动等等施加的那种相互强制(工人之间的竞争仅仅是各资本竞争的另一种形式),就是财富作为资本取得的**自由的**同时也是**现实的发展**"②。正是由于这个原因,政治经济学家们,尤其是李嘉图,假定自由竞争的存在,并基于此建立他们关于资本运动规律的理论。一个社会越是接近自由竞争的状态,这个社会就越符合李嘉图所推论出的运动规律。当资本力量薄弱时,它更加依赖于"在以往的……生产方式中寻求拐杖",而"一旦资本感到自己强大起来,它就抛开这种拐杖,按它自己的规律运动"③。

"竞争无非是许多资本把资本的内在规定互相强加给对方并强加给自己。""由此也产生一种荒谬的看法,把自由竞争看成是人类自由的终极发展,认为否定自由竞争就等于否定个人自由,等于否定以个人自由为基础的社会生产。"这种个人自由意味着"使个性完全屈从于"资本所强加的客观社会条件。④

---

① 《马克思恩格斯全集》第31卷,人民出版社,1998年,第42页。
② 同上。
③ 同上,第43页。
④ 同上。

"揭示什么是自由竞争，这是对于资产阶级先知们赞美自由竞争或对于社会主义者们诅咒自由竞争所作的唯一合理的回答……断言自由竞争等于生产力发展的终极形式，因而也是人类自由的终极形式，这无非是说资产阶级的统治就是世界历史的终结。"[①] 这种看法在 1992 年福山关于"历史的终结"的胜利宣言中得到了最明确的表达。

但是，这一观点是存在漏洞的。资本一旦意识到，它本身成为进一步发展的障碍，"它就在这样一些形式中寻找避难所，这些形式看起来使资本的统治完成，但由于束缚自由竞争同时却预告了资本的解体和以资本为基础的生产方式的解体"[②]。

[①] 《马克思恩格斯全集》第 31 卷，人民出版社，1998 年，第 43—44 页。
[②] 同上，第 43 页。

第八章

周转时间与劳动力流通

马克思没有提供某种直截了当的论证，能让我们得出结论，如何在概念上最恰当地把握资本作为总体的经济过程。《大纲》作为文本并不是这样展开论述的，尽管它确实包含一个潜在的结构。相反，马克思四处进行探索，直到他找到一个基本的想法，即如何更好地理解这样一个总体，在其中资本和劳动得以存在。这一思想拼图的不同部分是在不同的时间放置到位的。

在这里我们所研究的部分中，关键的见解出现在有关"流通的三种特征或方式"①的部分。其中，马克思将构成资本主义总体的流动分解为三个独特的流通系统：图2所示的一般流通系统；小流通，它描述了劳动者作为一个人，如何在流通过程中扮演各种独特角色（见图1）；大流通，它涉及固定资本

---

① 此处内容可参见《马克思恩格斯全集》31卷（人民出版社1998年版）第73—74页。——译者注

流通和消费基金流通的独特模式（见图3）。稍后我们会发现，需要考虑的流通形式不止三种，但在这一点上，马克思只将这三种形式分离出来，加以详细考虑。

以这种方式把过程分解开来，是一种在许多研究领域都常见的研究策略。例如，在医学研究中，人体可以并且经常以其内部不同的循环过程来表示。但是马克思心中的有机类比显然不是人体的类比，尽管他偶尔会在价值流通和血液循环之间运用一种可能的类比。正如我们所看到的，马克思的思考方式更具有演进的、生态系统的特征，尽管他没有明确地表达出这一点（部分原因是他还无法获得生态系统的概念——直到20世纪30年代，这一概念才开始得到使用，尽管"生态学"的科学概念是由德国科学家恩斯特·海克尔在1866年提出的）。但正是在《大纲》的这一点上，马克思开始用一种新颖的、在我看来包含批判性的深刻方式，审视了共同构成资本主义总体的不同流通系统。

马克思对李嘉图、马尔萨斯等人进行了详细分析，并引用了约翰·威德的一段话，后者声称"劳动是资本用来生产工资、利润或收入的动因"[①]。马克思对这个说法提出了异议。他说，"一切劳动生产力"都表现为"**资本的生产力**"，"一切社会生产能力都是资本的生产力"。或者换一种说法，"劳动的集体力量，它作为社会劳动的性质，是资本的**集体力量**"。事实

---

① 《马克思恩格斯全集》第30卷，人民出版社，1995年，第587页。

上,"工人的联合,像它在工厂里所表现的那样,也不是由工人而是由资本造成的。他们的联合不是**他们**的存在,而是资本的**存在**"。虽然劳动的行为只与工人有关,但劳动的社会形式和经济效果却完全由资本决定和设计。单个工人甚至"把自己同其他工人的联合,同其他工人的协作,当作**异己**的东西,当作资本发生作用的方式"①。马克思在这里把工人定位为一个人,一个个体,他与资本有关,资本调动了他的异化劳动来生产剩余价值。劳动者仅仅是劳动能力的承担者,他把自己的劳动能力作为一种商品卖出。除此之外,马克思认为,劳动没有主体性。能动的主体是资本。当然,在一切生产方式中都可以找到劳动和工作。但在资本的统治和支配下,劳动经验的形式和性质对这种生产方式来说是独有的、特殊的。劳动者自己不会也不可能把工厂体系作为一种组织方式。他们所能做的,最多就是帮助建立兴起于封建主义晚期的工场手工业体系,这依赖于他们的知识和技能。而竞争性的工业资本主义把资本的流通和积累变成了资本的标志性产物。

  工场手工业体系和全面的工业工厂体系都是资本的产物。在工场手工业体系中,"工人(积累的工人)数量同资本的数量相比应该很大"②,就像工人掌握着他们的工具一样。在工业工厂体系中,"劳动的共同精神都转移到机器等等上面去了"③。

---

① 《马克思恩格斯全集》第30卷,人民出版社,1995年,第587页。
② 同上,第588页。
③ 同上。

或者说,"资本的已经发展的原则恰恰在于,使特殊技能成为多余的,并使手工劳动,使一般直接体力劳动,不管是熟练劳动还是筋肉紧张的劳动,都成为多余的;更确切些说,是把技能投入死的自然力"①,即转化为机器。这在资本史上的长期后果是值得注意的。即使是新自由主义的主流思想也承认,持续取代劳动的力量是一个关键目标。马克思在1858年就非常清楚资本的这些倾向了!

其结果是资本统治下的主体倒置。所有的价值都源于劳动,但发号施令的是资本。马克思推论式地考察了这种倒置是如何发生的,他发现随着资本日益征服先前存在的劳动实践,在各种不同的条件下将劳动纳入生产——在资本的力量下,包括形式的纳入和实际纳入。资本对前资本主义劳动过程的支配意味着资本本身的日益积聚,并最终趋于集中。"资本一开始就作为单数或统一体,而与作为多数的工人相对立。"②

此前的论证尤其难以解析。集中的工人数量——"多数"——必须足够多,以生产一种剩余,后者将在创造足够的剩余和剩余价值的同时产生利润,进而在进一步的扩张中实现再投资。马克思在这一分析过程中提出,有理由把剩余价值的绝对形式和相对形式区分开来。马克思似乎为剩余价值理论如何在不同的劳动条件下发挥作用做了一些早期标记。他说:

---

① 《马克思恩格斯全集》第30卷,人民出版社,1995年,第590页。
② 同上,第593页。

"只有资本才掌握历史的进步来为财富服务。"① 不过，请记住，马克思曾谈论过财富，以及资产阶级对财富的定义（这可能与此处内容相关）是如何被掏空和失去意义的。如果财富是用自由时间来衡量的，那么显然，资本没有兴趣让社会服务于自由时间。资本把自由时间当作剩余价值吸纳进来。我们也有必要回顾一下马克思在前文的论述，在那里，他有力地论证了生产力的全面发展与个人最丰富发展的潜能是相适应的。

一边是我们想要建立一个财富以货币的形式无处不在的社会，也就是资本所建立的那种社会；一边是采取马克思的观点，即把财富看作自由的可支配时间的最大化，为个人的最丰富发展创造可能性。这两者之间有很大的不同。在雇佣劳动、债务劳役，以及全部人口普遍脱离工作经验和文化生活的压迫条件下，第二种社会是无法实现的。甚至在资产阶级社会中，马克思评论说，一切都屈从于对财富的追求，这削弱了"历史的发展、政治的发展、艺术、科学等等"，它们"是在这些人之上的上层社会内实现的"②。

资本在追求货币财富的基础上创造了一个世界，在这个世界里，由于劳动者日益贫困化，一些人变得惊人地富有。工人的贫困为资本的财富生产奠定了基础。这种社会显然不允许个人，尤其是工人的全面发展。某些个人可能会成功，但这不适

---

① 《马克思恩格斯全集》第30卷，人民出版社，1995年，第593页。
② 同上。

用于所有人。

马克思在这里提出的似乎是这样一个巨大的矛盾：一方面是资产阶级生产方式，它本身要求生产力的发展和无止境的资本积累；另一方面是一种具有潜在进步性的普遍主义的建构，它要求在最短的时间内满足基本需求，这样，所有个人都能以任何方式自由探索自己的潜力。这是一种替代的可能性，即使没有被明确地提出，它也给分析蒙上了阴影。但在这里，我们还是要回到所有这一切的时间性问题上，将一切加速并不一定有利于探索替代的可能性。事实上，对越来越快的周转和消费模式的追求，创造了一个基于即时满足和消费主义体验形式的世界，所有这些都阻碍了对一种合理的、经过深思熟虑的替代方案的探索。

马克思接着把我们引向关于罗西的工资理论的考察。虽然工资报酬来自资本，但工资的确切用途是一个有争议的问题。这笔报酬可能被理解为对于劳动者参与一种与资本联合起来的生产事业的回报。这种看似奇特的观点可能来自圣西门，他将社会分为生产阶级和非生产（寄生）阶级。资本和工人共同构成了生产阶级，而政府和宗教官员、土地贵族、律师和法官、军官，以及封建家臣和流氓分子等，则是寄生阶级。马克思尊重圣西门，在一些段落中，马克思似乎遵循了他的一些思想。在这里，马克思确实借鉴了罗西的观点，即一旦支付的工资作为一种收入形式进入流通，它就在马克思所谓"消费基金"（例如，工人阶级的储蓄可能为工人阶级获得住房所有权提供资金）的形成中发挥重要作用。"工人手中的工资已经不是工资，而是消费基金。"[1] 这些想法（没有得到详细阐述，但也没有被反驳）后来被纳入与雇佣劳动者的多重角色相关的小流通之中了。

"构成一部分资本的工资和同时构成工人的收入的工资之间的区别"[2] 为接下来快速地思考利润和利息问题铺平了道路。马克思从李嘉图的著作中得知，利润率是趋于下降的，它是"**预付资本的价值的百分比**"[3]。这些预付的货币资本必须覆盖必要劳动的工资以及购买材料和机器的费用。"**利润**只是剩余价值的**第二级的**、派生的和变形的形式，只是资产阶级的形式，在这个形式中，剩余价值起源的痕迹消失了。"[4] 我们看到的是利润，而不是产生利润的剩余价值。

"当原料和工具没有花费一文钱的时候，——在不少采掘业中"，例如"金属采掘、煤炭采掘、捕鱼、狩猎、原始森林的采伐等……它们也决不会使产品的价值有所增加"[5]。这是一个尽管存在争议但非常重要的观点，因为在马克思主义阵营中，有些人认为"自然"为生产贡献了价值。马克思显然不接受这种观点，但这并不意味着采掘业在采掘上的贡献无关紧要（他

---

[1] 《马克思恩格斯全集》第30卷，人民出版社，1995年，第597页。
[2] 同上，第598页。
[3] 同上。
[4] 同上，第599页。
[5] 同上，第598页。

后来将其称为"自然无偿赠予"①)。对资本而言,自然没有内在固有的价值,它只是被拿来使用。

如果原材料和工具不能增加价值,那么剩余价值就取决于必要劳动(劳动力再生产所需的价值)和资本占有的剩余价值之间的关系。这是李嘉图没有看到的。他没有认识到"资产阶级的等价交换制度转变为不支付等价而占有"②。由于无法"揭示剩余价值形成的基础"③,他无法解释利润率的持续下降。这给他留下了唯一的选择,就是用工资的上涨来解释利润率的下降(因此,人们常把关于危机形成的所谓"利润挤压"理论描述为李嘉图的而非马克思主义的理论)。从李嘉图的观点来看,"工资的**相对的**(不是绝对的)提高是**有害的**,因为这妨碍积累"④。这一思想在马克思时代的英国工人阶级中得到了广泛的认同。工资上涨意味着就业机会的减少。马克思强烈反对这种观点。"如果竞争使工人能同资本家讨价还价和争执,工人就要按资本家的利润来衡量自己的要求,并且要求在他所创造的剩余价值中得到一定的份额……其次,在两个阶级的斗争(这种斗争必然随着工人阶级的发展而出现)中,衡量它们相互之间的差距……成为具有决定意义的重要事情。"⑤ 结果是"**交换**

---

① 《马克思恩格斯全集》第44卷,人民出版社,2001年,第696页。
② 《马克思恩格斯全集》第30卷,人民出版社,1995年,第599页。
③ 同上。
④ 同上,第600页。
⑤ 同上。

的假象在以资本为基础的生产方式的过程中消失了",然后很明显,"工人以工资形式从资本家那里所取得的只是他本人劳动的一部分"①。商品交换过程强调等价原则,但这一过程并不像资产阶级理论家通常断言的那样,调节着劳动市场中所发生的事情。

马克思认为,"工人和资本家也都意识到"②了工资率通过阶级斗争而确定下来的原始事实。马克思不常提到阶级意识的问题。他在这里的措辞很有意思。这表明,阶级意识产生于阶级经验和物质实践,而不是相反。如果马克思忠于他的立场,正如在其他地方已经表明的那样,他会接着说,阶级意识一旦确立,就有能力在资本主义的历史上成为一股物质力量,但前提是,它不断得到物质的阶级实践的支持。不幸的是,在资本的历史上,由维持阶级实践的失败导致阶级意识被掏空的情况,是人们再熟悉不过的了。尽管如此,阶级意识在资本和劳动双方的形成"本身已经表明,在他那个时代,以资本为基础的生产方式已采取了越来越适合自己性质的形式"③。

"适合自己性质"这句表述也很重要。在接下来的内容中,我们会一次又一次地遇到它。什么"适合资本的性质",也是马克思提出的一个贯穿《大纲》的关键问题。

马克思随后从托马斯·查默斯牧师的著作中寻求灵感(和

---

① 《马克思恩格斯全集》第 30 卷,人民出版社,1995 年,第 600 页。
② 同上。
③ 同上,第 601 页。

启发），查默斯的观点令人厌恶，但具有启发性。例如，查默斯阐明了马克思认为正确的观点："进行生产的资本的目的，**决不是使用价值**。"[1] 查默斯还试图"把整个**流通过程**叫作经济周期"[2]。查默斯写道，交易的世界"可以看作是在我们称为经济周期的循环中运转的，一旦企业完成它相继进行的交易，又回到它的起点，每次的循环就完成了"[3]。马克思热切地接受了这种循环的观点。

马克思分析的第一步是重新审视存在差别的周转时间问题。这"不仅取决于为完成对象（例如开凿运河等等）所需要的劳动时间的长短，而且……还取决于由劳动本身的性质所引起的劳动的中断时期，在这种时期，一方面资本闲置不用，另一方面劳动也停止下来"[4]。

在这种情况下，生产过程的延续和劳动过程的延续并不一致。这是造成差别的一个要素。第二：[在某些生产部门]为了完成产品，为了使产品达到完成状态，本来就需要较长的时间；这里指的是生产过程的整个持续时间，而不管劳动操作是否发生中断……第三：产品完成以后，也许需要把产品存放一个较长的时间，让它受自然过

---

[1] 《马克思恩格斯全集》第 30 卷，人民出版社，1995 年，第 603 页。
[2] 同上，第 605 页。
[3] 同上。
[4] 同上。

程的作用，在这期间需要的劳动较少。①

葡萄酒的熟化就是一个例子。"第四：产品运到市场需要较长的时间，因为这种产品是专门供应较远的市场的……第五：由于固定资本和流动资本的比例不同，资本整个回流时间（资本的全部再生产时间）有长有短。"② 固定资本和流动资本的关系问题进入马克思的分析图景，这是文本中的一个关键时刻。

只有在运用活劳动的时候，价值才被创造出来。"生产农产品和生产其他劳动部门的产品所需要的**时间是有差别的**，这种差别就是农民具有很大依赖性的主要原因。他们不能在不满一年的时间内就把商品送到市场上去。在这整个期间内，他们不得不向鞋匠、裁缝、铁匠、马车制造匠以及其他各种生产者，赊购他们所需要的、可以在几天或几周内完成的各种产品。"③ 这类问题后来将为专门讨论信用体系的作用奠定基础，信用体系被用于处理不同的生产时间和周转时间的问题。但是"整个资本再生产的时间决定于包括流通在内的整个过程"④。从现在开始，分析必须超越生产，把市场流通考虑进来。

---

① 《马克思恩格斯全集》第30卷，人民出版社，1995年，第606页。
② 同上。
③ 同上。
④ 同上。

一段题外话

接下来是一段题外话。马克思首先对劳动条件做了一般性考察，然后对马尔萨斯的人口理论做了全面拆解，进而分析了亚当·斯密的劳动理论和价值理论，最后以对约翰·斯图亚特·穆勒的评论结束。

马克思并不经常研究资本积累的人口基础，人们怀疑其中部分原因是受到马尔萨斯的影响，后者提出了一套"荒谬和幼稚"的一般性理论，这一理论的基础是这样的自然条件：人口的指数级增长与农业生产力和土地容量的算术级数增长相抵触。在马尔萨斯看来，两条增长曲线之间迅速扩大的差距产生了人口过剩和大规模贫困，并通过饥荒、疾病、饥饿和战争进一步抑制了人口增长。对马尔萨斯来说，人口过剩的趋势是普遍的自然规律，因此是不可逆转的。在他看来，英国下层阶级的悲惨境况证实了这一点。马克思在这里以及在《资本论》第一卷中有力地反驳了马尔萨斯。在资本主义制度下，贫困的产生以及产业后备军的产生都是资本造成的。马克思说，这些不可能被归因于人的自然性质。它们从过去到现在都是资本自身的独特性质的产物，马克思精确地说明了为什么如此、何以必然如此。

马克思明确表达了自己的立场，尽管他确实参与了辩证的文字游戏，这使人们很难用通俗易懂的语言来概括他的思想。马克思承认，"人口即活的劳动能力的最大限度增长"是以资本为基础的生产方式的"基本条件"[1]。这是马克思著作中一次罕见的承认。这似乎表明无止境的积累和无止境的人口增长之间存在某种关系。除了"生产上所必需的劳动的人口以外，还要有不劳动的**过剩人口**"。过剩人口的作用不是消费（如马尔萨斯提出的那样）。关于过剩人口的讨论只和调节"**劳动能力**"[2]供给有关。

这就来到了马克思的论证中复杂的部分。劳动者拼命从事的是必要劳动（这部分劳动所生产的价值等价于工人再生产自身所需要的商品价值）。但是资本家不允许工人从事必要劳动的生产，除非他们为资本家提供剩余劳动。"劳动能力只有在它的剩余劳动对资本有价值，能为资本增殖价值时，才能实现自己的必要劳动。"[3]这包括其价值在市场上的实现。"如果价值增殖的这种可能性由于这种或那种限制而受到阻挠"[4]，那么"必要劳动表现为过剩劳动"[5]。"劳动只有在它成为资本增殖价值的条件时才是必要的。"[6]从资本的角度来看，劳动者所进行的必要劳动才是多余的。因此，资本家想要减少这种多余劳动所使用的可能手段，当然也包括推动技术变革。"使一定部分

---

[1] 《马克思恩格斯全集》第30卷，人民出版社，1995年，第612页。
[2] 同上，第612页。
[3] 同上。
[4] 同上。
[5] 同上，第613页。
[6] 同上。

的劳动能力成为过剩的……是剩余劳动同必要劳动相比增加的必然后果。减少相对必要劳动"①增加了过剩的劳动人口。其结果是产生了相对过剩人口（或马克思在《资本论》第一卷中所描述的产业后备军）。这是资本的独特性质的产物。在资本统治下产生的人口过剩，是由资本产生的。它不像马尔萨斯所说的那样，是自然规律的结果。

当被剥夺了从事必要劳动的机会，这些过剩人口如何生存？"别人用施舍来养活他们……社会替资本家先生承担这样一部分任务：为他维持他的潜在的劳动工具，支付其磨损费用，把它储备起来，供以后使用。资本家从自己身上卸掉了再生产工人阶级的一部分费用，从而为了自己的利润而使人口的另一部分变为赤贫。"②通过这种方式，剩余资本就和剩余人口紧密地联系在一起了。在后来的时代，国家开始广泛地负责为产业后备军提供生存手段，部分原因是在战争时期，人们逐渐认识到，营养不良和不健康的人口不能为征兵提供良好的基础。在1870年的普法战争中，法国的贫苦而营养不良的工人阶级和农民阶级根本无法与健康且营养充足的普鲁士士兵相抗衡。

但总的原则是成立的。"剩余资本的确立……就需要人口不断增加"，同时"需要失业的（至少是相对失业的）那部分人口"③。这些写于1857年冬天的文字，在2020年夏天的美国

---

① 《马克思恩格斯全集》第 30 卷，人民出版社，1995 年，第 613 页。
② 同上，第 613—614 页。
③ 同上，第 614 页。

读起来，令人产生一种奇怪的感觉。在这里，4000万或更多的工人注定要失业，他们越来越依赖于别人的施舍，靠领失业救济金、在食物赈济处排队、乞求获得免费熟食和其他形式的慈善捐赠来维持生活。他人的施舍和新自由主义国家不情愿的支持，是他们所拥有的一切。对资本家来说，能够产生利润的、降低产业后备军维持成本的贫困化，仍然是好的经济状况。

马克思随后认可了亚当·斯密的如下观点："在奴隶劳动、徭役劳动、雇佣劳动这样一些劳动的历史形式下，劳动始终是令人厌恶的事情，始终表现为外在的强制劳动，而与此相反，不劳动却是'自由和幸福'。"[1] 马克思指出，劳动有可能成为"吸引人的劳动，成为个人的自我实现"，这"决不是说，劳动不过是一种娱乐，一种消遣，就像傅立叶完全以一个浪漫女郎的方式极其天真地理解的那样。真正自由的劳动，例如作曲，同时也是非常严肃，极其紧张的事情"[2]。这是马克思最接近于定义他的非异化劳动概念的地方。要实现这一点，劳动需要具有社会性，并掌握"支配一切自然力"[3]的科学方法。

尽管正如马克思先前指出的那样，所有生产力都是资本的生产力，但只有劳动才能进行生产："它是**价值**这种产品的唯一**实体**……因此，劳动的尺度，劳动时间——在劳动强度相同

---

[1] 《马克思恩格斯全集》第30卷，人民出版社，1995年，第615页。
[2] 同上，第616页。
[3] 同上。

第八章 周转时间与劳动力流通

的前提下——就是价值的尺度。"① 在这里，马克思向一种纯粹的劳动价值论迈进了一步。"两个东西只有当它们具有**同样性质**的时候，才能用同样的尺度来计量。各种产品能够用劳动的尺度——劳动时间——来计量，只是因为它们按性质来说都是**劳动**。"② 它们没有其他共同的特征。"产品只有作为活动而存在的时候，才作为等同的东西存在。活动是由时间来计量的，因此，时间也成为客体化劳动的尺度。"③ "以后在进一步探讨时还可以弄清楚，产品的价值不是用消耗在产品上的劳动来计量，而是用生产产品所必要的劳动来计量的。"④ 马克思在这里接近于认识到，社会必要劳动时间是定义价值的方式。这与亚当·斯密和其他人的喋喋不休之语截然相反，这些人在此处的摘录段落中大肆宣扬的是，价值与禁欲和牺牲有关——马克思嘲讽地驳斥了这种观点。

回到主要论点

在阐述了约翰·斯图亚特·穆勒的一些观点之后，马克思宣布他想要"回到我们的本题上来"⑤。他的第一步是探讨两个

---

① 《马克思恩格斯全集》第 30 卷，人民出版社，1995 年，第 616—617 页。
② 同上，第 617 页。
③ 同上，第 617—618 页。
④ 同上，第 619 页。
⑤ 《马克思恩格斯全集》第 31 卷，人民出版社，1998 年，第 5 页。

相关的主题。他首先回到流通时间、流通过程，以及积累的时间性问题。然后，他开启了关于流通费用的问题，它可以归结为"运动费用，归结为运送产品到市场的费用，归结为使一种状态转化为另一种状态所需要的劳动时间"[①]。这所需要的会计操作导致一种专门的技术能力和货币管理"贸易"的产生，包括我们现在所知道的簿记员、特许会计师和审计员。

资本作为整体的流通嵌入了《大纲》第一部分所描述的货币流通之中。让我们回想一下，虽然所有的资本在某种程度上都采取了货币形式，但并非所有的货币都是资本。（狭义的）生产只是货币作为货币而流通的整个过程中的一个环节，虽然也可以说，生产延伸到了流通的生产。越多的生产被资本组织起来，货币的一般流通就越是倾向于满足资本获得市场实现的需要。马克思在《大纲》说过，生产和消费表现为相互依存，记住这一点是很有用的。以下是关键的段落：

> 资本的总生产过程既包括本来意义的流通过程，也包括本来意义的生产过程。它们形成资本运动的两大部分，而资本运动表现为这两个过程的总体。一方面是劳动时间，另一方面是流通时间。整个运动表现为劳动时间和流通时间的统一，表现为生产和流通的统一。这种统一本身便是运动，便是过程。资本表现为生产和流通的这种处于过程

---

① 《马克思恩格斯全集》第 31 卷，人民出版社，1998 年，第 5 页。

中的统一，这种统一，既可以看成是资本生产过程的整体，又可以看成是资本一次周转、一次复归于其自身的运动的一定期间。①

资本被理解为这种运动的总体，在这里，流通时间被狭义地定义为相对于生产的、在市场中发生的运动。资本"作为主体，作为凌驾于这一运动各个阶段之上的、在运动中自行保存和自行倍增的那种价值，作为在循环中（在螺旋形式中即不断扩大的圆圈中）发生的这些转化的主体，它是**流动资本**。所以流动资本最初并不是一种**特殊**的资本形式，相反，它是处在一个进一步发展了的规定中的、作为上述运动的主体的资**本本身**"②。

从现在起，我们把流通理解为以螺旋形式为主导的总体运动。价值从一种物质形式（环节）流向另一种物质形式——马克思把这一运动称为资本的"形态变化"（形式变化）。重要的是经过不同环节的运动。如果说资本作为"**流动资本**，是由一个阶段向另一个阶段的过渡，那么资本在每个阶段上，就是处在一种规定性上，表现为被束缚在特殊形态中的东西，这种特殊形态是对作为整个运动主体的资本的否定。所以资本在每个特殊阶段上，都是对作为各种转化的主体的它自身的否定"③。

---

① 《马克思恩格斯全集》第31卷，人民出版社，1998年，第6页。
② 同上，第7页。
③ 同上。

"资本作为通过一切阶段的主体，作为流通和生产的运动着的统一，作为流通和生产的处在过程中的统一，它是**流动资本**；资本作为束缚在每个这样阶段上的它自身……是**固定起来的资本**，**被束缚的**资本。作为流动着的资本，它把自身固定起来，而作为固定起来的资本，它在流动。"① 只要资本保持商品形式或货币形式，它就不能作为流动资本发挥作用，"当资本停留在生产过程中的时候，它是不能流通的"，"当资本不能投入市场的时候，它便作为产品固定起来"②。静止与运动之间的冲突凸显出来。只要资本被固定起来，它就成为"停滞"或"闲置"的资本。例如，工业家只能使用尚未在市场上流通的那部分资本，而商人总是必须保持商品的储备，同样，银行家也必须满足准备金的要求（以防止银行挤兑）。固定资本需求数量，是提高生产率和进一步积累的一个障碍。这是时间性和周转时间问题如此频繁地困扰马克思的思考的原因之一。

国民资本的一部分总是固定在资本运动必经的某个阶段。资本可以"在货币形式上，在从流通中抽出的价值形式上闲置起来，固定起来。在危机中——**在恐慌时期过后**，——在工业萧条期间，货币固定在银行家、证券经纪人等等的手里"，这时，货币"也渴求投入的地盘，以便能作为资本来增殖"③。资本，作为流通和生产的统一体，同时也将流通和生产分离开来，

---

① 《马克思恩格斯全集》第 31 卷，人民出版社，1998 年，第 8 页。
② 同上。
③ 同上。

第八章　周转时间与劳动力流通

而且二者在空间上和时间上都是分离的。

被固定起来的资本的数量本身并不是固定的。"价值增殖过程同时表现为价值丧失过程——是和资本最大限度增殖价值的趋势相矛盾的。"[1] 资本，就其本性而言，"决不能全部被使用"，而是"总要有一部分资本**固定起来，丧失价值，不生产**"[2]。资本得到使用（固定）的水平和程度随着经济周期而变化。一个能够反映这一点的当代数据是固定资本利用率。当经济不景气时，就会出现大量闲置的工厂和机器。不仅如此，资本还"想方设法来缩短固定状态的阶段"[3]。近年来，"准时制"生产系统的开发取得了重大进展，这一生产系统将减少库存，释放闲置资本以用于生产。"货币扬弃物物交换的限制，只是由于它使这些限制普遍化……下面我们将看到，**信用扬弃资本价值增殖的这些限制**，也只是由于它把这些限制提升为最普遍的形式，把生产过剩时期和生产不足时期确立为两个时期。"[4] 这段话的有趣之处在于，在文本中，马克思从生产和流通的时间结构这一简单行为层面开始，经过对固定起来的资本、最终成为固定资本的资本流通的分析，引出了信用体系。虽然马克思没有这样说，但这里的意思是，资本的流通会受到其自身性质的阻碍，这表现在可支配资本中被固定起来的部分，它最终变成

---

[1] 《马克思恩格斯全集》第 31 卷，人民出版社，1998 年，第 10 页。
[2] 同上。
[3] 同上。
[4] 同上，第 11 页。

固定资本的流通。这导致信用体系的出现，而信用体系作为资本运动总体中的一个关键特征，反过来又促进了资本的流通。马克思在这里没有提到的是信用体系和生息资本的流通，它们在一个层面解决了矛盾，在另一个层面却成为以完全不同的规模放大矛盾的核心"装置"。随着资本性质的演变，它也越来越依赖、越来越深陷于信用体系内部的矛盾。但这些矛盾的根源在于，固定资本和流动资本的区分。

马克思的直接目的是向我们介绍同一资本的流动方面和固定方面之间的关系。这个话题在后面的一部分内容中占主导地位。然而，在这里，他展示了固定资本是如何以固定起来的资本的雏形在资本本身的流通中存在的。它不是从外部强加进来的。它是在资本流通的总体范围内有机地形成的。固定起来的资本是萌芽形式。固定资本是其成熟的外化表现。

流通，正如我们在前文已经看到的，并不是一个没有成本的过程。资本的流通过程占用了劳动时间。但是，"**流通费用本身，并不使产品增加任何价值，它们不是创造价值的费用，不管在这方面耗费了多少劳动。这种费用不过是对已经创造出来的价值所作的扣除**"①。这是马克思理论的一个基本原则。然而，也有一些例外情况（如运输的费用）和附加说明，对此本文稍后将加以解释。但马克思坚定地认为："**流通费用本身并

---

① 《马克思恩格斯全集》第 31 卷，人民出版社，1998 年，第 11—12 页。

不创造价值，而是实现价值的费用，是对价值的扣除。"①

我们现在需要考虑一些关于流通时间和周转时间的问题。"**资本流通是价值通过不同阶段所经历的形式变化。**"② 这个过程所涉及的时间和费用，属于"**流通的……生产费用**"。马克思接着考察了资本通过生产而重复流通，从而不断更新生产的过程。"货币再转化为资本本身……取决于资本的**流通时间**，在这里流通时间和生产时间不同。"③ 因此，

> 生产过程的重复取决于流通时间，而流通时间等于流通速度。流通越快，流通时间越短，同一资本能够重复生产过程的次数就越多。可见，在资本周转的一定周期内，资本所创造的价值总额（从而剩余价值的总额……）同劳动时间成正比，同流通时间成反比。④

漫长的流通时间会抑制价值的生产。

请注意，这里的流通时间指的是在市场上的时间，而不是总资本流通的时间。"既然流通时间决定一定时间内的生产时间总数……那么，流通时间本身就是生产的要素，或者确切些

---

① 《马克思恩格斯全集》第 31 卷，人民出版社，1998 年，第 13 页。
② 同上，第 14 页。
③ 同上，第 15 页。
④ 同上。

说，表现为生产的界限。"① 这标志着马克思的观点显著不同于如下简单论点：价值单纯产生于生产环节。"资本的本性，以资本为基础的生产的本性是：流通时间对于劳动时间，对于价值创造来说，成为一个决定的要素。这样一来，劳动时间的独立性被否定了，生产过程本身表现为由交换决定。"② 说得轻一点，这似乎与这样一种观点相矛盾，即价值创造完全取决于生产环节发生了什么，不依赖于市场流通条件。我认为最好的表述方式是，市场流通的障碍会削弱价值实现的能力，这反过来会抑制生产。因此，超越市场中价值实现的障碍，将为价值生产的扩张开辟道路。这一点早前就已确立，但马克思认为有必要在这里提醒我们。马克思挑战了价值生产和剩余价值生产独立于价值实现的假设，这是正确的。但他在这样做的同时，并没有放弃一切价值都是在生产中创造出来的这一观点。正如他在其他地方所说的，价值在生产中创造，在市场中实现。

这使马克思得出了一些有趣的结论。"资本价值增殖的最大限度"也就是"生产过程连续性的最大限度"，③ 如果假定流通时间为零，"那也就是扬弃资本进行生产的那些条件，扬弃流通时间对资本的限制"④。因此，"资本的必然趋势是力求使

---

① 《马克思恩格斯全集》第 31 卷，人民出版社，1998 年，第 15 页。
② 同上，第 15—16 页。
③ 人民出版社《马克思恩格斯全集》第 31 卷此处表述为：假定达到了资本价值增殖的最大限度和生产过程连续性的最大限度。——编者注
④ 《马克思恩格斯全集》第 31 卷，人民出版社，1998 年，第 17 页。

第八章　周转时间与劳动力流通

流通时间等于零，即扬弃自身，因为只有资本才使流通时间成为生产时间的决定要素"[1]。流通时间限制了价值的生产，而价值的生产如果得到释放，更多的价值和剩余价值就会有条件被生产出来。虽然价值不能在流通中被创造，但通过提高流通速度，也就是通过在市场上更灵活、更快流通，可以提高占有价值和实现价值的能力。虽然必要劳动时间和剩余劳动时间之间的比例可能保持不变，但完成整个生产过程的次数取决于流通时间。"由此看来，资本量可以由流通速度来代替，而流通速度可以由资本量来代替。这样就出现一种假象，好像流通时间本身是生产性的。"[2]

在接下来的内容中，马克思考察了一些具体的例子，这是为了说明"**没有流通时间的流通**——即资本从一个阶段过渡到另一个阶段的速度同概念变换的速度一样"将导致"生产过程的更新同它的结束同时发生"[3]。他重申："流通……不可能增加流通的商品的价值。所以，如果进行这种活动需要劳动时间……也就是说，如果流通需要费用，流通时间要花费劳动时间，那么，这就是对流通的价值的一种扣除……流通的价值丧失了流通费用这样一个数额。"[4]

这为考察马克思所说的"必要的生产费用"开辟了道路。

---

[1] 《马克思恩格斯全集》第 31 卷，人民出版社，1998 年，第 17 页。
[2] 同上，第 18 页。
[3] 同上，第 19 页。
[4] 同上，第 21 页。

这些必要的费用拖累了资本的运动。降低这些必要费用，提高从事这一活动的劳动生产率，都不会增加价值。然而，它们确实减少了对创造出来的价值的否定，减少了商人从价值中扣除的费用。马克思得出结论，一般来说，市场上的流通时间"只有在它同资本生产时间的关系上——作为限制，作为否定——才被考察"①。

然而，交通运输是另一回事。

> 从商业把产品运到市场来说，它使产品获得了新的形式。诚然，商业改变的只是产品的位置。不过形式变化的方式同我们无关。商业使产品获得新的使用价值（这一点一直到零售商人都适用，他们秤、量、包装，从而使产品获得适于消费的形式），这种新的使用价值花费劳动时间，因而同时是交换价值。运到市场属于生产过程本身。产品只有到了市场，才是商品，才处于流通中。②

资本积累对流通时间的负面影响很敏感。这有助于解释某些事情，比如：将市场上的流通费用和流通次数纳入理性计算的压力，"准时制"系统的开发，减少库存的策略，减少储备和固定资本量的趋势。但是，在这些方向上走得太远会增加脆

---

① 《马克思恩格斯全集》第31卷，人民出版社，1998年，第24页。
② 同上。

弱性。如果商品流通出现中断，或者价值链出现类似于新冠疫情期间发生的问题，那么结果将是价值丧失。在为紧急情况而维持足够的储备与尽可能保持资本的流动性和可支配性之间，永远存在紧张关系。另外，劳动破坏生产的能力也对库存水平很敏感。当玛格丽特·撒切尔迫使煤矿工人罢工时，她首先要确保所有发电站都有足够的煤炭储备，可以维持几个月的生产。此外，在错综复杂的商品链结构中，一个作为其中组成部分的工厂的罢工，几乎可以"同概念变换的速度一样"拖垮整个系统。

如果资本是运动中的价值，那么这种运动就必须保持下去，如果可能的话，还必须通过固定起来的状态加速运动。马克思赞许地引用了经济学家施托尔希的话："一个国家，如果它的资本流通速度能使资本一年数次回到最初使用资本的人手里，那这个国家所处的状况就如同一个农民遇到风调雨顺的气候，一年内能够在同一块土地上连续收获三四次一样。"[1] 施托尔希接着强调了"缩短和加速流通的方法"的重要性："（1）分离出一个专门从事商业的劳动者阶级；（2）便利的运输；（3）货币；（4）信用。"[2] 信用体系对流通的连续性至关重要。因此，它不是寄生的。它使周转变得顺利，速度得到加快。

接下来的内容包含一些错综复杂、难以解释的论证。以下

---

[1] 《马克思恩格斯全集》第31卷，人民出版社，1998年，第25页。
[2] 同上，第26页。

是我的解释。让我们考虑一种简单的行为,有人买了一台缝纫机。这一行为的实质内容(马克思一直关注的问题)是,货币被用作一种流通手段,将缝纫机的所有权从一个法人转移给另一个法人。这一行为本身并没有告诉我们,这是不是一种资本行为。毕竟,可能只是我的祖母想要做一些新窗帘。只有当我们跟踪机器的使用情况,并确定它是通过雇佣劳动来生产某种东西,生产出来的产品作为商品在市场上销售,而且——这是关键的一点——从销售中获得的货币被用来促进另一个生产周期之后,我们才能知道它是否应该被归结为资本的行为。在这些条件下,购买缝纫机可以被看作构成资本流通和积累的环节链中的第一个环节。详细考察其中任何一个环节,我们都没有办法确定地说,我们是在与资本打交道。资本的定义取决于通过所有环节的流通过程的总体,此外,还取决于在连续的重复循环中流动的重复(这些循环演变成螺旋)。马克思早些时候曾指出,在价值创造方面,关于市场流通没有什么有意思的东西可说。但现在,他说的是,资本是通过这个作为整体的流通过程而得到定义的,这是一个总过程,生产只是其中的一个环节。虽然市场流通的意义并不有趣,但作为一个整体的流通过程具有关键意义。我们只有处于同这个流通过程的关系中,才能理解各个特定环节的贡献:

> 流通对资本来说不是单纯的外在活动。如果说资本只有通过生产过程才能生成……那么,资本要再转化为纯粹

的价值形式……只有通过流通的第一个行为才行；而这一行为的重复……只有通过流通的第二个行为才有可能，这种行为就是货币同生产条件相交换，因而成为生产行为的序幕。所以，流通包括在资本概念之内。①

我之前提到过《大纲》中关于流通的两种含义的混淆。但在这里，我们了解了这种混淆存在的原因，以及我们必须如何处理它。在接下来的内容中，将资本定义为运动中的价值，并将资本的流通和积累作为一个总体，作为研究对象，这些成为马克思分析的重点。这就是资本自身"长久保存"和"不断倍增"②的方式。"可见，资本实质上是**流动资本**。"③虽然价值不能通过市场流通来创造，但市场流通限制的减少，为生产中价值和剩余价值的进一步扩张开辟了道路。因此，价值可以通过流通来创造的持久幻觉才会出现，正如我们所看到的那样。

在整个流通过程中，由于一个非常特殊的原因，生产和市场流通的区别重新变得重要起来。"如果说，在进行生产过程的工作场所，资本是所有者和主人，那么，从流通方面来看，它却是从属的和受社会联系制约的。"④在生产过程中，资本家实现了几乎完全的控制。但超出生产过程之外，他们受制于市

---

① 《马克思恩格斯全集》第 31 卷，人民出版社，1998 年，第 27 页。
② 同上。
③ 同上，第 28 页。
④ 同上，第 27 页。

场的无政府状态，受制于市场上变幻莫测的需要和欲望，他们无法控制自己。作为整体的流通过程包含两个领域，其中一个领域在资本的严密控制之下，而在另一个领域，资本家受制于消费者一时兴起的欲望。

不过，在实践中，直接生产者可能不会遇到这个问题。他们不会直接向市场销售，而是会卖给中间商，如批发商或零售商。"很明显，"马克思说，"消费不必**直接**参加资本的循环。我们在下面将会看到，本来意义的资本流通还只是实业家和实业家之间的流通。实业家和消费者之间的流通，即零售商业，是第二次循环。"① 因此，一般来说，资本流通可以在不直接和立即同消费发生联系的情况下进行。第二级轨道承担了这个方面。这一轨道范围内的同步活动成为一个重要特征。许多生产者把他们的商品卖给百货公司（比如沃尔玛）。这才是与消费者建立联系的地方。

关于商品生产中所涉及的特定使用价值和特定劳动，马克思提出"在所有这些生产过程中，最基本的是人体再生产出本身所必需的物质变换，也就是创造生理上的生活资料的过程"②。这是很重要的一点。马克思在这里所说的使用价值，在其他地方被描述为"工资商品"，即资本生产的一些特定商品，这些商品是劳动者及其家人为维持生存和再生产所需要的。这

---

① 《马克思恩格斯全集》第 31 卷，人民出版社，1998 年，第 28 页。
② 同上，第 29 页。

些商品的价值，规定了劳动能力作为一种市场上的商品的价值。但有趣的是，在马克思关于这一点的思考中，他似乎也想到了他所谓的劳动能力的小流通。这一点所关注的是，劳动能力的再生产如何融到资本的一般流通和积累之中。我们现在更加详细地讨论这个问题，而把马克思在这里开始探讨的固定资本流通的问题留到下一章去考虑。

劳动力的小流通

"资本和劳动能力的交换过程"是《大纲》中一个反复出现的主题。马克思早就指出："资本同［资本主义前的］统治关系的区别恰恰在于：**工人**是作为消费者和交换价值实现者与资本相对立，是作为**货币所有者**，作为货币，作为简单的流通中心——他是无限多的流通中心之一，在其中作为工人的规定性便消失了。"[①]

在这里，马克思试图将看似不同的主题整合到一个基于"劳动能力"买卖的流通过程的单一概念中。小流通的资本是"作为工资支付的、同劳动能力进行交换的那一部分资本"[②]（见图1）。这种流通过程将劳动能力作为使用价值交给资本家，以换取货币工资，而货币工资可以用来购买劳动者在其社会再

[①] 《马克思恩格斯全集》第30卷，人民出版社，1995年，第404页。
[②] 《马克思恩格斯全集》第31卷，人民出版社，1998年，第68页。

生产场所按一定的生活水平再生产自己（及其家人）所需要的商品（使用价值）。在小流通的框架内，马克思认为，"资本不断作为对象化劳动离开自身"，大概是以可供消费的商品的形式，"以便去吸收活劳动力，即它生存所需要的空气"①。当工人进行消费并再生产自己时，他们是作为活劳动能力这样做的。他们的再生产本身就是资本的条件，"**所以工人的消费也不是直接表现为资本的再生产，而是表现为这样一些关系的再生产，只有在这些关系下资本才是资本**"。简言之，如果工人不进行自身的再生产，那么就没有劳动力可供资本雇佣。因此，"活劳动能力同原料和工具一样，也属于资本的生存条件。因此，资本以双重方式进行自身的再生产：以它自身的形式和以工人消费的形式，但后者只是指这种消费把工人作为活劳动能力再生产出来。因此，资本把这种消费叫作生产消费，——之所以叫作生产消费，不是由于它再生产个人，而是由于它再生产作为劳动能力的个人"②。工人的消费活动和工资的支付，都同资本的一般流通具有特定的联系，即使在我们这里所讨论的小流通的范围之内也是如此。"支付工资是一种和生产行为同时的和并列的流通行为。"③或者，正如西斯蒙第所说："工人非再生产地消费自己的工资，而资本家则生产地消费工资，因为他用工资换来劳动，而这劳动再生产出工资并超过工资……但

---

① 《马克思恩格斯全集》第 31 卷，人民出版社，1998 年，第 71 页。
② 同上。
③ 同上，第 72 页。

是，从资本是一种关系，而且是一种对活劳动能力的关系来说，工人的消费就再生产出这种关系。"因此，资本"作为价值……是通过换进劳动来进行自身的再生产的；资本作为关系，是通过工人的消费来进行自身的再生产的，这种消费把工人作为可以同资本——工资是资本的一部分——相交换的劳动能力再生产出来"①。这个流通过程的一般形态是这样的：

> 例如，资本每星期支付工资；工人把这些工资花费在小店主等等那里，小店主等等直接或间接地把它存到银行家那里；下一个星期，工厂主又从银行家那里把它取回来，分发给同一些工人，如此等等……这种流通是生产过程的条件，因而也是流通过程的条件……可见，这种流通本身的条件，是资本在生产过程以外通过自身形态变化的各种不同环节。②

正是在这个意义上，我们可以说，资本在使工人从属于资本的同时，也间接地体现在工人身上。资本的再生产因此取决于"资本在生产过程以外通过自身形态变化的各种不同环节"③。

马克思没有列出"在生产过程以外"的劳动能力流通包含哪些特殊环节。他也没有详细考察这些环节对劳资关系状况的

---

① 《马克思恩格斯全集》第31卷，人民出版社，1998年，第72页。
② 同上，第72—73页。
③ 同上，第73页。

影响。在接下来的内容中，我将冒险超出马克思的文本，自由地推论一下劳动能力流通的主观结果和政治后果。分析框架（见图1）是劳动能力供给的持续流动的循环，从社会再生产场所出发，经过劳动市场和劳动过程，在（由工资赋予的）对货币权力的短暂控制中达到顶峰，这些货币权力可以用来购买工人及其家属重返社会再生产场所所需的商品。在这个流通过程中，有5个独特的环节，它们同时保证了工人和资本家的再生产及他们之间的阶级关系。让我们来思考一下这5个处于连续流动中的独特环节。

（1）工人离开家，进入劳动市场寻找工作。工人可以提供一种商品，即劳动能力。在这一环节，工人扮演了商品销售者的角色，与其他许多人竞争。随着劳动分工和专业化的技术发展，对劳动能力的需求在质和量上不断发生变化。每个工人所出售商品的质和量的方面都关乎其价格以及特定销售者在竞争中能否成功。销售者会设法把他们的商品与别人的区分开来。劳动市场的情况千差万别：劳动供给的市场区隔，文化偏好以及性别、民族、宗教、种族等方面的偏见都可能出现。移民群体经常占据某些工作类型，并集体性地组织新移民来优先进入特定的劳动市场。工人以销售者或群体（民族、种族、性别等）的身份与其他销售者（个人或群体）竞争，他们体验到劳动市场的各种复杂因素。这个市场通常是分散的、区隔的，并被各种社会-政治路线撕裂。劳动市场的经验并不自动有利于建立基于阶级意识的政治主体性，即使存在明显的阶级后果

（例如，劳动力价值的固定化）。

（2）工人一旦得到雇佣（希望是在一个安全的职位上），就会穿过大门（有时是隐喻性的）进入就业场所。在那里，他们把自己的劳动能力交给资本家支配，由资本家决定生产什么、在哪里生产以及如何生产。正如马克思所强调的那样，工人所体验的劳动过程是异化的劳动、在资本监督下的集体劳动。当然，物质经验会由于行业、雇主、地方的不同而有很大的不同。但是，在资本统治下调动劳动能力的作用体现了阶级关系，这是马克思关于资本理论的许多论述的焦点。"作为价值的劳动能力，它的使用价值本身是创造价值的要素，是价值的实体和增殖价值的实体。"[1]或者更通俗地说，劳动力的使用价值"变成工人的一定的生产活动；这是工人的用于一定目的的，因而是在一定的形式下表现出来的生命力本身"[2]。就业中常见的细致分工可以反映并且证实劳动市场中形成的区隔。例如，在20世纪60年代的美国钢铁行业，最肮脏和最危险的工作通常被分配给非裔美国人和波多黎各人，而女性直到20世纪70年代才在这一行业出现。但是，在这个经验世界中，阶级统治、压迫和剥削的政治主体性是如此强烈，以至于它成为阶级意识形成的典型场域。

（3）在工作日（或一周、一个月）结束时，工人将获得工

---

[1] 《马克思恩格斯全集》第31卷，人民出版社，1998年，第69页。
[2] 《马克思恩格斯全集》第30卷，人民出版社，1995年，第224页。

资，通常是以货币形式，作为收入的一种形式。工资不涉及生产。它以可变资本的形式与劳动过程平行流动。拿到工资的工人拿自己的钱做什么，是他们自己的事。资本家自私地敦促他们储蓄（通过拒绝消费），以满足他们在困难时期的需求，并为他们的老年生活提供保障。"勤劳、特别是**节约**、**禁欲**的要求，不是向资本家提出的，而是向工人提出的，而且恰恰是由资本家提出的。"① 这样，工人就不会给资本或国家机构带来任何财政负担。因此才有那么多可供工人阶级使用的储蓄银行和存钱罐。但是，如果每个人都能储蓄，那么资本家一定会得出工人工资太高的结论。工人们也可能向当铺老板、某些金融机构借钱，或者在我们这个时代，用信用卡透支。尽管有精心设计的资本主义计划和骗局来剥夺工人新获得的财富，限制他们消费选择的自由，但没有什么能夺走这一时刻带给工人生活的喜悦，即拥有货币控制和消费选择的自由（无论它们多么短暂和微不足道）。随着时间的推移，一些工人可能会存下足够的钱来创业（这是美国移民群体中的一个常见抱负）。

（4）在实践中，工人通常会努力地获取所需的商品，以维持日常生活（更可能是维持生命）。在流通过程的这一环节，工人充当（他们生产的）商品的买者，而占有商品的资本家则扮演卖者（通常是商业资本家）的角色。工人可以在市场上以各种方式表达他们的需求和欲望（这取决于他们的支付能力）。

---

① 《马克思恩格斯全集》第30卷，人民出版社，1995年，第224页。

他们甚至可以通过（正如马克思所指出的）订阅报纸和加入教育俱乐部来满足他们对更好生活的渴望。但主导性的社会关系依然是买卖双方之间的关系。正是在这里，他们作为工人的身份"消失了"。劳动者和其他任何买方一样，行使同样的权利，享有同样的优待，承担同样的苦恼。于是出现了这样的情况，一些享有优待的工人可能获得更高的生活水平，20世纪60年代在美国所谓的"富裕白人工人"（在郊区有一所房子，车道上停着两辆车）就是一个例子。消费市场出现的问题可能导致反对垄断定价或价格欺诈的共同社会斗争。主要消费指标（如住房）的可得性并不一定是相等的。歧视（类似劳动市场中所发生的那样）在许多消费市场普遍存在（例如，从住房到城市地区的"食品沙漠"）。此外，靠税收支持的社会工资、由国家出资的公共服务（例如教育）是通过公共政策实践来提供的，这些公共政策实践往往包含阶级偏见和种族偏见。这一领域的经验是碎片化的，只有一部分有助于形成清晰的阶级意识。但是，这里还有一些其他的至关重要的东西。工人阶级的集体购买力是经济体系中总的有效需求的一个关键方面。就像个别资本家压低自己雇员的工资，同时把别人的雇员视为潜在的消费者一样，工人阶级的有效需求不可能超过其所生产的总的价值和剩余价值，这一总的事实无法否定的是，工人阶级消费活动的崩溃对资本的持续积累构成巨大威胁。

（5）当工人回到家庭领域，他们（和其他人一样）需要生活的空间。每个人都不得不（不平等地）与土地所有者就租金

（或等价物）进行谈判，以获准在地球上有个居住的空间。在这个空间内，劳动人民（和所有其他人）作为个人、作为集体实体（如家庭）、作为社会团结及国家制度（或同等机构）的建设者，承担着自己的社会再生产角色。这样做是为了支持一种特定的、独特的日常生活文化模式。同样，在这个社会行动的领域，工人并不孤单。马克思经常被指责忽视了劳动力的社会再生产问题，在许多方面，这种指责是有道理的（正如后来关于社会再生产的大量文献所证明的那样，其中许多是马克思主义女性主义者所写的）。但马克思确实从资本的角度提出了一种社会再生产理论，并由此形成了某些洞见。劳动能力的整体流通过程揭示了（在特定地点和历史时间中）具有适当劳动能力的生产工人进行社会再生产的重要性，也揭示了把居民社会化为"适当的"消费者，培养他们必要的需求和欲望以帮助稳定市场有效需求的重要性。家庭是消费主义文化得到认可的场所，也是与公共教育部门和各种文化及宗教教育机构合作，获得劳动所需纪律的场所。我要赶紧补充一句，这并不是社会再生产领域的全部问题，但这是将社会再生产嵌入一般劳动能力流通的一个重要组成部分。只有实现一次有意识的认识飞跃，才能把握社会再生产的各个环节（例如，在学校教育中）发生的许多事情的阶级基础。同样，这个领域的活动与其他环节发生的事情之间的关系也不是单向的关系。它们是相互的、辩证的关系，而不是因果关系。

劳动者必然与这些不同的经验世界以及它们碎片化的表达

发生联系。一些人可能会陷入补偿性消费主义的诱惑，他们可以从中获得丰富的廉价消费品，以作为对生产中的糟糕异化的补偿。另一些人可能接受了异化劳动和剥削，他们希望能够存下足够的钱，有朝一日开一家杂货店或者咖啡店。还有一些人可能会接受这种流通过程中的一切，只要能在社会再生产的场所为自己创造一个有意义的家庭或家居生活。带孩子们去参加少年棒球联盟的比赛或者去上音乐课，或者只是和孩子们在后院嬉戏，这些都能给这些人带来足够的骄傲和快乐，从而掩盖为资本工作的痛苦异化经历。对于许多工人阶级成员来说，构建一种团结友好的社区生活会产生一种补偿性的快乐，这使反抗资本生产的阶级斗争似乎成为一种遥远的甚至不必要的斗争。我们现在看到的许多活跃的斗争，都是针对市场剥削（例如，反对药品或住房的垄断定价）以及信用体系和抵押债务体系的扭曲等问题的。工作场所的斗争只是许多社会斗争的形式之一，绝不总是最重要的。社区生活质量的恶化和家庭内部的压力，其中一些可以追溯到去工业化和失业，现在它们成为许多工人阶级不满和政治不稳定的根源。

　　社会经验以及政治主体性的典型形式随时都在变化。劳动市场上个人主义的残酷竞争，常常以就业机会方面种族、民族、宗教和性别的歧视为特征，这与本该在劳动过程中占主导地位的阶级团结是不相容的。这两者又都不能与劳动者作为独立的货币管理者和自主的商品购买者的角色相容——即使在住房市场存在歧视的情况下也是如此。此外，社会再生产的条件存在于不同的社会力量组合之中，即使它们涉及劳动能力、消费者偏好、日常生活文化，以及政治行动渠道的开放。正如在任何总体中一样，不同环节之间的关系是至关重要的。例如，生产中对阶级统治的经验可以促进劳动市场的参与者们具备一种阶级意识，以利于工人团结，而不是毁灭性的工人间竞争和部门歧视。另外，资本家的阶级意识导致他们坚持劳动市场的灵活性和个人主义，他们尽最大努力说服工人乃至广大公众，这种安排将产生对所有人都有利的结果。出于这个原因，国际货币基金组织提供的债务减免方案总是附加一个条件，即增加劳动市场的灵活性。在劳动过程中形成的阶级意识同样可以导致集体行动，以反对地主的掠夺和发生在消费市场上的价格欺诈。资本家也可能希望工人把敌视他人的文化带入工作场所（前提是不影响效率），以防止集体性的工人组织出现。此外，社会再生产中的性别歧视已经以复仇的方式蔓延到劳动市场以及社会生产关系中。在所有这些情况下，工人并不孤单。在不同的社会阶层、社会群体内部以及它们之间可以建立各种联盟，以此来调节和控制房租、药品价格等，而劳动市场上宣扬的（尽管很少付诸实践的）平等原则可以在调整社会再生产的结构方面发挥作用。这意味着，与历史上仅仅归因于生产的阶级关系相比，反资本主义政治拥有一种不同的社会基础。

如果我们运用马克思主义的原则，即政治主体性归根结底取决于物质经验，那么，工人必然吸收了不同层面的经验，包括作为销售者、作为在资本指挥下工作的异化的生产劳动者、作为货币管理者、作为商品购买者，以及最终作为进行社会再生产的某个社会群体的成员。在这些获得经验的场所中，只有一个直接涉及阶级意识的生产。可以肯定的是，在劳动市场中有一种间接的经验，资本将寻求促进劳动者之间的个人竞争，以及种族、性别、民族等的区隔，并以此作为资本主义阶级策略中压制工资的手段。工人可能会积极促进那些对他们有利的区分（工人自己构建的种族排斥已经存在很长时间了）；可能会在种族、性别、宗教以及其他方面带有偏见，这些偏见源于劳动市场并影响到其他环节（特别是在劳动过程中，也在社会再生产中）。因此，美国的白人工人阶级目前才倾向于相信他们具有至高的地位。

对于工人来说，将总体视为资本主义生产方式的产物，并相应地围绕对总体的理解来调整他们的阶级意识，这需要一次有意识的认识飞跃。马克思希望引起的，可能正是这样一种有意识的认识飞跃。这就解释了为什么总体概念对他如此重要。这个概念有助于他的理论的形成。但更重要的是，我们只有从总体的视角出发，才能对整个生产方式之下的阶级定位、阶级经验和阶级政治策略有最清晰的概念和理解。

第九章

固定资本的力量

在"固定资本和流动资本"部分,马克思宣告了他的研究重点的一个重要转变。他想要理解"经济学家们对于**固定资本**和**流动资本**指出了哪些区别"[①]。在接下来的内容里,这个话题将主导研究的过程,尽管其间穿插着一些其他内容,其中有些是相当有趣的。马克思此前研究周转时间和"固定起来的"资本的作用时得出的结论,为这里的研究奠定了基础。资本流动原则的连续性,同某些资本必然在某种状态下固定一段时间的问题,构成潜在的矛盾,潜藏在研究的背景之中。马克思认识到,资产阶级政治经济学家在理解固定资本和流动资本的关系方面做了大量工作,二者是他们思考的基础概念。马克思本人逐渐倾向于用不变资本和可变资本作为基础概念(他简单提及它们,也许是为了提醒我们这些范畴的替代性力量),因为只

[①]《马克思恩格斯全集》第 31 卷,人民出版社,1998 年,第 29 页。

有通过它们，他才能解释剩余价值的概念。李嘉图认为重点在于固定资本和流动资本，这就解释了为什么李嘉图及其学派无法掌握剩余价值理论，而这是研究利润的基础。

但是，马克思通过对周转时间和固定资本的研究，也认识到必须认真注意固定资本与流动资本之间的区别。他的出发点是有些武断的。根据马克思时代农业生产在"温带（资本的发祥地）"的规律，他得出结论，年"被用作计算和衡量资本周转总数的通用时期，正如**自然工作日**成为计量劳动时间的自然单位一样"①。这意味着，越是有更多的资本组成部分的周转时间超过一年，我们就越需要一种独特的分析形式来理解资本。

这一点将在《大纲》后文表达得更加明确，马克思将固定资本作为资本总体中的三个独特而自主的流通过程之一。言下之意是，固定资本的流通是独立而自主的，即使它被纳入了各种关系和过程的总体逻辑之中，这些关系和过程构成了资本主义生产方式。图3描绘了它可能的样子。

例如，利息率下降可能与利润率下降同样重要，而固定资本投资（特别是在有形的基础设施、城市化等方面的独立投资）本身就在资本积累中发挥了重要作用。在产业资本家对利润的追求占主导地位的领域，固定资本的发展（加上来自金融机构的参与者）展现出不同于流动资本的节奏。我在这里引入所有这些带有前瞻性和推测性的论点，是为了强调后续的考察

---

① 《马克思恩格斯全集》第31卷，人民出版社，1998年，第29页。

涉及的重大风险。固定资本与流动资本的问题在《大纲》中比在马克思的其他任何著作中都得到了更多的讨论。

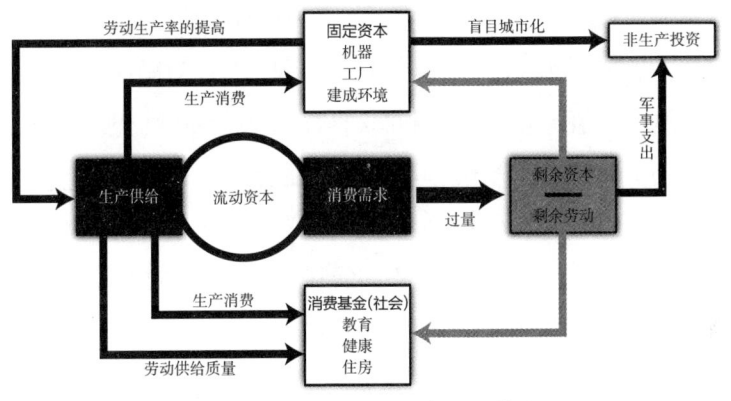

图3　固定资本与消费基金形态的流通

就我个人而言，应该补充一点，鉴于我对城市化与资本积累的关系很感兴趣，这一部分的文本材料对我很有启发。早在1978年，我就在《大纲》的启发下发表了一篇关于"资本主义下的城市进程"的文章，我在文中定义了"资本的第二次循环"，它由过度积累的资本流入固定资本，特别是流入建成环境（包括消费基金）所构成，尤其是在危机时期。这些流动在很大程度上依赖于信用体系或者国家机器的动员，以推动从流动资本向固定资本的转变。只要看看2008—2009年中国城市化的作用就可以明白，以国家信用推动的城市化所形成的固定资本，在资本积累遇到全球性严重危机时发挥了怎样的复苏作用。有证据表明，中国这种从流动资本向固定资本的大规模转变，在那段困难时期拯救了国际资本体系，使之免于全面崩溃。

在引入固定资本这个话题时，马克思提出了一些相当惊人的前瞻性主张。"在计算利润，尤其是在计算利息时，我们便看到流通时间和生产时间的统一……剩余价值在对**流动资本**的关系上表现为利润，它不同于**利息**，利息是在对**固定资本**关系上的剩余价值。"[1]虽然"利润和利息是剩余价值的两种形式"，但流动资本和固定资本之间的关系似乎建基于生息资本的流通和追求利润的资本流通之间的分离。这里出现了"一个新的要素，这是在计算与剩余价值不同的利润时产生的要素"[2]。这就把利润和利息之间的关系置于分析的中心。这一概念转变即使不是令人不安的，也是令人吃惊的。首先，利润和剩余价值似乎正在被区别开来，以至于我们不能再满足于认为利润只是剩余价值的货币名称这一想法。其次，剩余价值分为利润和利息，这一区分现在似乎要在固定资本和流动资本的区分中发挥某种决定性作用。这些问题穿插在马克思随后的讨论中。但我们要阅读很多内容才能接近答案。从开始论述这一概念转变，到将固定资本作为资本总体中的三个基本流通过程之一，马克思主要考察了资产阶级政治经济学的主流观念（以及蒲鲁东的"明显错误"），而没有做出太多评论。

在经济学家的著作中，对固定资本和流动资本的区分经历了很长的历史。马克思在回顾这些文献时，着重讨论了可以

---

[1] 《马克思恩格斯全集》第31卷，人民出版社，1998年，第29页。
[2] 同上。

区分流动资本和固定资本的不同方式。"**资本消耗得有快有慢，因而它必须在一定时间内再生产出来的次数有多有少，根据这种情况，就被称为流动资本或固定资本**。"[1] 有一个重要的问题将在后面再讨论，那就是使用价值如何在这里作为一个经济范畴出现。马克思对李嘉图主张的回顾表明，固定资本和流动资本之间的区别是内化在资本主义生产过程中的，如果不了解资本的生产时间、劳动时间和总的周转时间，我们就不可能对这种区别做出任何细致的衡量。而固定资本的"不同**耐久程度**"和"相对固定性的不同程度"[2]又带来了更复杂的情况。

也许正是这最后一点促使马克思进一步思考包括生产和流通的周转时间这一总的主题："这样，我们已经看到，资本在一定期间所能创造的剩余价值，决定于在一定期间价值增殖过程能够重复的次数"[3]，而这又受到流通时间的限制（这里的"价值增殖过程"几乎肯定是指包括生产在内的整个周转过程）。流通时间"表现为这样一种时间，在这种时间内资本再生产其自身……的能力消失了"[4]。"流通时间不是资本创造价值的时间，而是资本把生产过程中创造的价值加以实现的时间。"[5] 由此可见，"**资本的必然趋势是没有流通时间的流通**，而这种趋

---

[1] 《马克思恩格斯全集》第31卷，人民出版社，1998年，第35页。
[2] 同上。
[3] 同上，第50页。
[4] 同上。
[5] 同上，第51页。

势又是资本的信用和信用业务的基本规定"①。

马克思在这里提出了两个重要观点。首先,将(市场上的)流通时间减少到零是对资本有利的,而推广几乎瞬时完成周转的消费方式(如所有景观消费)是资本的一个潜在的趋势。瞬时消费主义在最近一段时间得到了极大的扩张。其次,信用体系的出现是为了满足资本的需要,用以避免其在价值实现过程中剩余价值生产能力的"消失"。资本"通过信用创造新的流通产物"②(这一趋势在今天我们周围显著地表现出来),以促使资本在商品实际销售出去之前,迅速地(如果不是瞬间地)返回到剩余价值的生产中。马克思总结道:"劳动时间和流通时间的对立……包含着全部信用学说。"③我们在此看到的,是对未来趋势的分析,而非一种当下需要追求和确立的图景。但已经确定的是,资本既包含生产时间的要素,也包含流通时间的要素,而流逝在生产和再生产之间的时间"是使资本丧失价值的时间"④。当连续性中断时,资本就会遭殃——因此人们才会关注周转时间。对资本来说,周转时间"等于流通时间和生产时间之和"⑤。显而易见的推论出现在后面的内容中。"价值,从而还有剩余价值,并不等于生产阶段持续的时间,而是

---

① 《马克思恩格斯全集》第31卷,人民出版社,1998年,第51页。
② 同上,第52页。
③ 同上。
④ 同上,第56页。
⑤ 同上。

等于这个生产阶段内耗费的劳动时间,包括对象化劳动时间和活劳动时间。"①

所有这些关于流通和周转时间的讨论,使马克思偏离了他所宣称的研究固定资本各种复杂性的路径。相反,马克思对某些不同的流通方式做了过于简短的考察,这些流通方式都出现在作为总体的资本的范围内。接下来的内容无疑是解开《大纲》结构中一些秘密的关键。在这里,他明确地探讨了资本总体范围内流通的三重特征,或者说三种方式。由于马克思回到了这一讨论中,我就先跳到前面,得出一个总的概念,然后再回过头来描述一些细节。

"可见,总起来看,流通有三种表现:(1)总过程——资本通过它的各个不同环节"②,正如图2所描述的那样;然后是(2)资本和劳动能力(如前文所述和图1所示);以及(3)大流通,即资本在生产阶段以外的运动,"在这种运动中,资本经历的时间表现为同劳动时间相对立的流通时间"③。固定资本并没有像流动资本那样不断加速,而是使一切都慢下来。"从处于生产阶段的资本和离开生产阶段的资本之间的这种对立中,产生出了**流动资本**和**固定资本**的区别。后一种资本是固定在生产过程中并在生产过程本身中被消费的一种资本;尽管它来自大流通,但是并不回到那里去,至于说它流通,那它只

---

① 《马克思恩格斯全集》第31卷,人民出版社,1998年,第63页。
② 同上,第73页。
③ 同上,第74页。

是为了在生产过程中被消费，被固定下来而流通。"①（见图3）。马克思在这里指的当然是生产消费，而不是最终消费，在这些论述中，他指的是发生在生产过程中的机器和设备的消费方式。

在对前面分析过的劳动能力的小流通进行了一定思考后，马克思回到了当前的主要话题，即固定资本所采取的独特流通形式。以工厂中的缝纫机为例，它被用作生产资料，但在生产过程中没有被物理性消耗。这与原棉进入纺织厂后被制成棉布或棉质衬衫有很大的区别。在年度的周转周期结束时，原棉用完了，但缝纫机还在。

关于缝纫机的另外一点是，它通常会持续不止一个周转周期。如果标准的周转时间是一年，那么一台缝纫机可能会被使用10年或15年。而且，这台缝纫机在这段时间内始终为资本家所有，它不像棉质衬衫那样最终转移到消费者手中。最大的问题是：在没有任何物质转移的情况下，机器的价值是如何流通的？

就原棉而言，它不存在这个问题。它的价值最终体现在衬衫上。这是因为劳动将原棉的现有价值转移到了衬衫上（需要注意的是，这种转移是免费的）。在原则上，有可能显示和计算出原棉的价值是如何被重新创造出来的，以及是如何重新出现在衬衫上的。但是，机器的价值是如何被重新创造出来的，又是如何重新出现在衬衫上的呢？

---

① 《马克思恩格斯全集》第31卷，人民出版社，1998年，第74页。

如果这台机器可以使用 10 年或 15 年，那么在 10 年之后，它的功能可能与开始时相同或相似。在使用过程中，它的功能可能会有一些退化，但机器始终是同一台机器。这并不是说机器碎片会在 10 年时间里飞进衬衫里，直到机器报废。机器的价值是如何转移到棉质衬衫上的？显而易见的答案是，这是通过劳动实现的，劳动通过使用机器来生产衬衫。接下来的问题是，每年缝纫机有多少价值（假定机器是作为商品从市场购买的）由劳动转移到产品上。最简单的答案是，设定一个折旧计划，其中，缝纫机在 10 年的使用寿命中，每年将其总价值的 1/10 转移到当年生产的所有衬衫上。那么，一切都取决于机器的使用寿命，这当中有部分是物理因素，有部分是社会和经济因素。

社会对机器寿命的决定作用最终会带来一些严重的问题。这是因为，这种社会决定作用是依靠会计程序来实现的，这一过程缺乏物性的参照。不仅机器是这样，让我们想想能源（比如电力）在生产中的使用。能源并没有转移到棉花、衬衫上，而是在衬衫生产过程中被消耗掉了。能源是连续不断地被消耗掉的，到年底就没有剩余的能量了，这与机器不同。生产期间所消耗的能源价值，会被分摊到一年内生产的所有衬衫上。因此，并不是只有固定资本被使用且没有实际转移到所生产的商品中。然而，机器的独特之处在于，它仍然在生产之中，并且在许多个周转周期中以使用价值的形式实际存在。

机器的价值最初是由制造机器所耗费的社会必要劳动时间

来决定的。在机器的使用寿命期间，其价值构成了每年必须转移到产品上的价值。机器的使用寿命是多少？可能是 10 年、15 年甚至 30 年。谁知道呢？目前甚至有 19 世纪的机器仍在使用。那么，在生产过程中，我们如何真正创建这种从机器到产品的稳定价值流呢？面对新的、更便宜的、更高效的机器不断进入市场，从而使现有机器的相对价值贬值，我们该怎么办？此刻，马克思似乎倾向于忽略这个问题，假设机器的寿命是固定的、已知的。

固定资本通常消耗得很慢。它被解释为一种固定形式的流动资本，但是，固定资本注定要作为生产资料被消耗掉。它不能自由流动。它是固定的，而且在机器的整个生命周期内，它在很大程度上仍归资本家所有（尽管存在二手市场），并且它有一种特殊的价值流动方式。

机器技术的兴起对资本的运作方式产生了巨大影响。机器的使用和推广是由资本主义竞争所推动的，这可能是马克思中断对固定资本的研究，转而对竞争性个人主义进行彻底批判的原因，这一点我们在前面已经回顾过了。现在让我们回想一下，"竞争无非是许多资本把资本的内在规定互相强加给对方并强加给自己"[1]。如果我有一台更好的机器，我可以把你赶出这个行业，除非你采用类似的机器，或者买一台更好的机器来把我赶出这个行业。其结果是，在强制性竞争规律的驱动下，资本

---

[1] 《马克思恩格斯全集》第 31 卷，人民出版社，1998 年，第 43 页。

主义内部出现了这样一种趋势：通过不断寻找更有效的固定资本形式，来不断提高劳动生产率。

随着机器技术变得越来越重要，固定资本的流通就越来越占主导地位。接下来，关于固定资本和"一般智力"的段落构成了《大纲》中理论建构的一个高点。在这里，有一些关于资本本性的杰出描述与洞见。对于如何解释其中一些关键概念，也存在不小的争议。这些段落非常精彩，文笔优美，潜在的内涵也相当惊人。事实证明，这里对资本主义生产方式动力机制的洞察，同我们所处的时代息息相关。

固定资本得到了这样的界定："作为**价值**，固定资本是流通的……作为**使用价值**，固定资本是不流通的。"[①] 一台缝纫机不作为使用价值而流通，但当它在生产过程中用于辅助商品的生产时，它的一部分价值确实是流通的。但是，并没有物质从机器转移到被生产出来的商品中。机器的使用价值在于，它提高了商品生产的劳动生产率。"**固定资本从它的物质方面来看，作为生产过程的要素，从不离开它的领域，不被它的占有者转让，而是保留在他手中。**"[②] 出于分析的目的，诸如机器二手买卖、固定资本设备的年度租赁等情况被排除在外。固定资本"只是从它的**形式方面来看**"[③] 是流通的。也就是说，它的价值流通，但它的物质形式不流通。这就给我们留下了这样一个问

---

① 《马克思恩格斯全集》第 31 卷，人民出版社，1998 年，第 75 页。
② 同上，第 75—76 页。
③ 同上，第 76 页。

题：在没有任何物质线索的情况下，如何弄清其价值流通的规律。"固定资本实现为价值，只是当它作为使用价值保留在资本家手中的时候……只是当它停留在生产过程中的时候。"由此可见，一个物品"之所以是**固定资本**，不是由于它们存在的特定方式，而是由于它们的使用。它们一旦进入生产过程，就成为固定资本。它们一旦成为资本生产过程的要素，就是**固定资本**"①。

拿缝纫机来说，当我还是个孩子的时候，工人阶级家庭最重视的事情之一就是客厅里有一台缝纫机。妇女们非常熟练地用缝纫机给孩子做衣服以及做窗帘之类的东西。缝纫机不是固定资本，因为它们没有用于生产商品。但是，让我们假设有人来买下客厅里所有没被使用的缝纫机，并把它们放在地下室里，雇人做衣服，那么这些缝纫机就变成了资本主义生产制度下的固定资本。这就留下了一个问题，即如何确定缝纫机的价值，以及在生产中分配这些价值。

企业家可能会发现旧机器效率低下，然后去买更多的机器。机器是作为流动资本生产的，但在血汗工厂里，它们就变成了固定资本。血汗工厂也许会破产，那么，缝纫机就会被搬出来，可能最终会回到人们的家庭，这样人们就可以以不同的方式使用它们。它们就不再是固定资本，对资本而言，它们丧失了价值。

---

① 《马克思恩格斯全集》第 31 卷，人民出版社，1998 年，第 76 页。

因此，判断一样东西是不是固定资本，要看它的用途。这就解释了为什么使用价值重新进入如此关键的经济范畴。社会中固定资本的数量和形式，可以简单地通过改变现有物品的使用方式来改变。这是马克思的一种非常特别的思维方式，却引起了资产阶级经济学家的惊愕或恼怒，因为他们追求确定性和固定无疑的数据。在传统经济学中，经常有人认为，增加固定资本形成（例如在基础设施方面）是经济起飞并进入增长阶段的必要前提。沃尔特·罗斯托（Walt Rostow）在他的《经济成长的阶段》一书中指出，大多数国家的资本主义发展都伴随着固定资本形成的剧烈增长（以牺牲当前消费为代价），这为经济起飞并进入增长阶段做了准备。问题是，在最先发展起来的英国，并没有出现这种迹象。原因几乎肯定在于，固定资本的增加不是通过提高固定资本投资率来实现的，而是通过改变现有事物的用途来实现的。当代一个类似的例子是，劳动者越来越多地在家里工作，在这种情况下，专门的办公空间变得多余，而个人把一个空房间变成了固定资本。小额信贷在农村人口中的普及，使农民的小屋转化为固定资本；而以前的纺织厂在改造成公寓时，则从固定资本转变为消费基金的一部分。建筑结构相对于固定资本的灵活性是非常重要的问题。

那么，固定资本是如何流通的呢？

固定资本只有作为使用价值在生产过程中消失，才能作为价值进入流通。固定资本按照它作为使用价值在自己的独立形式上消失的程度，而作为价值——即作为消耗在产品中或者说保存在产品中的劳动时间——进入产品。固定资本经过使用受到磨损，但是这样一来，它的价值就从它自身的形式转为产品的形式。"①

这里设想的是一台机器，它会随着时间的推移而磨损，直到需要被新机器替换。在机器的使用寿命内，其价值每年稳定地转移到产品上，最终在市场上得到实现。然而，如果"机器停转，铁生锈，木头腐朽——那么，它的价值自然就同它作为使用价值的暂时存在一起消失"②。简而言之，它的价值丧失了。当机器的使用寿命结束，它的使用价值已经丧失，但价值已经重新得到实现时，就可以更换机器了。"固定资本的流通则取决于它作为使用价值即它的物质存在在生产行为中被消耗的时间，也就是必须把它再生产出来的时间。"③"它这样被消费和必须在它作为使用价值的形式上被再生产出来的时间，取决于它的相对耐久程度。"④这一点变成了马克思所描述的流通过程中"决定形式的要素"⑤。"所以，固定资本的必要的再生产时间，以及它在整个资本中所占的比重，在这里造成了总资本的

---

① 《马克思恩格斯全集》第31卷，人民出版社，1998年，第77页。
② 同上。
③ 同上。
④ 同上，第82页。
⑤ 同上。

周转时间的不同，从而造成了它的价值增殖的不同。"[1] 这种时间效应，类似于资本不得不在遥远的市场上寻求价值实现时所经历的情况。

这是固定资本流通的主要特点。它不像其他商品那样流通。机器被作为商品生产出来，并作为流动资本在市场上以商品的形式被购买。然后，它被作为固定资本带进生产，就再也不出来了。它一直留在那里，直到被用完为止。最后它被另一台机器代替。

马克思很清楚，价值流动是一种会计手法。固定资本如何折旧是一个棘手的问题，马克思在这里回避了这个问题。固定资本的估值也是资产阶级经济学的一个大问题。各种各样的传统惯例、标准程序、税收伎俩等是存在的，但马克思在这里也避免深究这些。在《资本论》第二卷中，他花了相当多的时间研究铁路系统工程师的手册，看他们是如何设计铁轨、枕木、机车等的折旧表的。

固定资本"被消费和必须……被再生产出来的时间，取决于它的相对耐久程度"[2]。相对耐久程度部分地是一个物理问题。这一问题之所以产生，是因为不同的固定资本项目的折旧率不同。例如，在一所房子里，灯泡可能需要每年更换一次，但屋顶应该可以使用 60 年。我有一台打印机，它可以作为固定资

---

[1] 《马克思恩格斯全集》第 31 卷，人民出版社，1998 年，第 82—83 页。
[2] 同上，第 82 页。

本使用，但它需要墨盒。墨盒的使用寿命和打印机的使用寿命有很大区别。打印机相对便宜，但墨盒很贵，而且使用时间不长。我怀疑，打印机公司大部分的钱都是靠销售墨盒赚来的，而打印机则是亏本出售。大多数形式的固定资本都是由各个部分组成的，这些部分以截然不同的速度磨损和贬值。比如一辆货运卡车就是这样。

马克思深知这一点。他说，固定资本的"价值是陆续流回的，而流动资本的每一部分则被全部更换"。固定资本各个组成部分的不同使用寿命"在下述场合是重要的：固定资本不单纯表现为生产过程中的生产工具，而且还表现为独立的资本形式，如铁路、运河、公路、灌溉渠道等形式，即同土地结合在一起的资本，等等"①。

请注意，这里引入了"独立形式的固定资本"。这是指在直接生产之外经常被共同生产和使用的固定资本，比如前面比较详细地讨论过的道路，也可延伸到物质基础设施、建成环境和其他支撑着资本积累的物质资产。这还没有包括所有的固定资本，因为使用上的问题会再次干扰考察。"房屋可以用于生产，也可以用于消费，一切交通工具也是如此：船舶和车辆既可以用于旅游，也可以用作运输工具；道路可以用作本来意义的生产的交通手段，也可以用来散步，等等。"②复合型使用是

---

① 《马克思恩格斯全集》第 31 卷，人民出版社，1998 年，第 84 页。
② 同上，第 84—85 页。

非常普遍的。马克思决定在这里不再进一步探讨这些特征，因为他主要关注的是固定资本在直接生产和实现过程中的作用。但他确实告诉我们，一种独立的固定资本的流通将会被讨论，特别是在我们"考察利息时"[①]。事实将证明，这是固定资本流通中最引人入胜的方面之一。

马克思通过批评李嘉图来自娱自乐，根据后者的观点，"咖啡壶是固定资本，而咖啡则是流动资本"[②]。马克思严厉批判了资产阶级经济学家粗俗的唯物主义，这种观点导致他们把社会关系解释为物的质和量的自然属性。结果，这些经济学家把他们的理论建立在粗俗的唯心主义甚至拜物教的基础上，直接把社会关系归结为物的固有特征，从而使物神秘化。对此，马克思补充道："根据某物的自然属性来确定它是固定资本还是流动资本所遇到的困难，在这里使经济学家们破例地想到：物本身既不是固定资本，也不是流动资本，因而根本不是资本，正像成为货币决不是金的自然属性一样。"[③]

固定资本在生产过程中"只是作为手段被使用，并且它本身只是作为使原料变为产品的作用物而存在"[④]。但是，它"不仅从物质方面来看表现为劳动的资料，同时还表现为由资本的

---

① 《马克思恩格斯全集》第31卷，人民出版社，1998年，第85页。
② 同上。
③ 同上。
④ 同上，第88页。

第九章　固定资本的力量

总过程决定的特殊的资本存在方式"①。固定资本是随着作为一个总体的资本主义生产方式的演变而发展的。"加入资本的生产过程以后，劳动资料经历了各种不同的形态变化，它的最后的形态是**机器**，或者更确切些说，是**自动的机器体系**……它是由自动机，由一种自行运转的动力推动的。这种自动机是由许多机械器官和智能器官组成的，因此，工人自己只是被当作自动的机器体系的有意识的肢体。"②这是对资本的机器技术所具有的演进性质的一种奇妙描述（特别是因为它写于1858年）。"在机器中，尤其是在作为自动体系的机器装置中，劳动资料就其使用价值来说，也就是就其物质存在来说，转化为一种与固定资本和资本一般相适合的存在。"③只有通过固定资本的发展，资本主义生产方式才能获得一种"适合"资本的真正本性的技术配置。

在这些段落中，马克思多次提到某种事物或某种过程"适合于资本"。似乎有一种演进过程在发挥作用，它推动这些事物和过程彼此协调一致，从而变得"适合于资本"。要找出所有这些调整背后的驱动力并不难。"提高劳动生产力和最大限度否定必要劳动，正如我们已经看到的，是资本的必然趋势。"④马克思尖锐批判的那种竞争性个人主义激励着这一过程

---

① 《马克思恩格斯全集》第31卷，人民出版社，1998年，第90页。
② 同上。
③ 同上。
④ 同上，第92页。

（他在《资本论》中称之为竞争的强制规律）。这样我们就更容易理解资本主义演变的不可抗拒的影响了。资本处于社会演变的主导位置，在竞争的规律下构建一个有利于自身再生产的新世界。这就是"适合于资本"所代表的含义。

随后的内容将固定资本流通的意义这个问题带到一个完全不同的层面，形成了一些有争议的、影响深远的主张，比如劳动价值论的有效限度。说实话，我并不完全确定该如何看待这些主张。所以，对其中大部分内容，我将只是简单地介绍它们。但我确实有一些初步的观察，可能有助于寻求一种解释。

到目前为止，马克思的分析主要集中在机器的意义上（偶尔会提到独立的固定资本）。但他现在转而思考工厂体系，特别是恩格斯非常熟悉的曼彻斯特棉纺厂。他把注意力集中于"**自动的机器体系**……它是由自动机，由一种自行运转的动力推动的。这种自动机是由许多机械器官和智能器官组成的"[1]，这一特征值得重复强调，因为它为接下来的一切奠定了基础。在典型的福特式工厂里，工人是由资本组织起来的社会体系中的一个齿轮，因此科学和智力被纳入技术和组织形式中。工人变成了机器管理员，而不是直接的生产者。在此之前，生产劳动一直被理解为与个人相关，但现在它必须被理解为社会的、被组织在一起的大量工人，这使得在工厂的详细分工和管理权限等级之下，去讨论生产劳动与非生产劳动显得有些无关紧要。

---

[1] 《马克思恩格斯全集》第31卷，人民出版社，1998年，第90页。

今天，这一点更加成了问题，因为一个典型的工厂不仅会把许多任务（例如清洁和设计）分包出去，而且它对供应链的依赖往往使生产（汽车或计算机）过程的最后一步变成了组装而非生产。因此，当马克思说，传统版本的价值理论不起作用时，他心里可能有这类考虑。如果价值是社会劳动时间，表现为市场上达成的平均价格（如《大纲》所言），那么，在一个复杂的社会组织中，谁的劳动真正重要这一问题就变得几乎无法回答了。

同样，将工人降低到一个齿轮的地位，这加深了工人在与资本的关系中的"无助感"和"无力感"。当马克思提出"个人的"和"直接的"劳动遭遇不幸状态时，他是在将传统劳动同工厂中的社会组织的劳动进行对比。与此同时，工厂体系所实现的生产率的惊人提高，导致了对劳动总体需求的普遍减少（除非有大规模的生产扩张来弥补），尽管工厂体系本身导致了大量劳动的集中。这种生产技术上和组织上的革命也需要一场与之相适应的概念革命，这似乎是马克思所寻求的，但在这一部分文本中并没有坚定地实现。

不过，在接下来的内容中，马克思确实取得了一些非凡的成就。他聚焦那些"适合于资本"的技术过程，我们将它们视为一种异化的力量，它们不仅统治着劳动者，也统治着我们。"机器无论在哪一方面都不表现为单个工人的劳动资料。"[①] 事

---

① 《马克思恩格斯全集》第 31 卷，人民出版社，1998 年，第 90 页。

实上，劳动"只是在机器的运转，机器作用于原材料方面起中介作用——看管机器，防止它发生故障"①。工人成了机器的监督者，而实际上是机器完成了工作。这意味着，机器"代替工人而具有技能和力量，它本身就是能工巧匠，它通过在自身中发生作用的力学规律而具有自己的灵魂"②。机器具有灵魂的想法，将我们带入神话的领域。现在，劳动过程就像一只活生生的野兽，它"为了自身不断运转而消费煤炭、机油等等（辅助材料），就像工人消费食物一样。只限于一种单纯的抽象活动的工人活动，从一切方面来说都是由机器的运转来决定和调节的，而不是相反"③。马克思着迷于吸血鬼和狼人的故事，这并不奇怪，《弗兰肯斯坦》的怪物是他那个时代的文化符号。

资本还调动了科学，后者"并不存在于工人的意识中，而是作为异己的力量，作为机器本身的力量，通过机器对工人发生作用"④。在生产过程的塑造中，工人对形成物质的一切作用都被剥夺了。他们的知识结构、他们的理解能力和他们的科学，都是从多年的经验中得来的，现在被一种异己的科学取代。以技能的形式体现在机器上的东西，是工人的意识所不能达到的，它作为一种异己的力量，作为机器本身的力量，通过机器作用于工人。就目前人工智能的扩张而言，这是多么有先见之

---

① 《马克思恩格斯全集》第31卷，人民出版社，1998年，第91页。
② 同上。
③ 同上。
④ 同上。

明啊!

其结果就是"活劳动被对象化劳动所占有",也就是被机器占有。在资本主义总体内部,劳动过程形式的这种革命性转变具有各种各样的分支。"从劳动作为支配生产过程的统一体而囊括生产过程这种意义来说,生产过程已不再是这种意义上的劳动过程了。相反,劳动现在仅仅表现为有意识的机件,它以单个的有生命的工人的形式分布在机械体系的许多点上,被包括在机器体系本身的总过程中。"① 其结果是:"在机器体系中,对象化劳动在劳动过程本身中与活劳动相对立而成为支配活劳动的力量,占有活劳动的资本就其形式来说就是这样的力量。"② 正如查理·卓别林在《摩登时代》中精彩演绎的那样,机器体系现在支配着工人。它甚至可以调节工作的速度。

这不仅仅是简单地把活劳动变成机器的附属物。这是一种机器技术,它融合了知识和理解能力,这些都处于工人的意识和知识范围之外。马克思说,这样做的结果是,"单个劳动能力创造价值的力量作为无限小的量而趋于消失"③。请注意,马克思在这里指的是个体劳动者相对于社会劳动的地位,社会劳动涉及使用机器技术进行的大规模生产。另外,社会劳动的重要性得到了提高,而个人劳动投入的价值和重要性却几乎下降到零。"由于机器体系所造成的规模巨大的生产,产品同生产

---

① 《马克思恩格斯全集》第31卷,人民出版社,1998年,第91页。
② 同上,第91—92页。
③ 同上,第92页。

者的直接需要的任何联系也都消失了。"①

在机器［体系］中，对象化劳动本身不仅直接以产品的形式或者以当作劳动资料来使用的产品的形式出现，而且以生产力本身的形式出现。劳动资料发展为机器体系，对资本来说并不是偶然的，而是使传统的继承下来的劳动资料适合于资本要求的历史性变革。因此，知识和技能的积累，社会智力的一般生产力的积累，就同劳动相对立而被吸收在资本当中，从而表现为资本的属性，更明确些说，表现为固定资本的属性。②

匠人的技术和意识不足以适合于资本。它们必须被机器技术取代。不仅如此，在机器体系中，"对工人来说，知识表现为外在的异己的东西，而活劳动则从属于独立发生作用的对象化劳动。只要工人的活动不是［资本的］需要所要求的，工人便成为多余的了"③。

这种转变并不是凭空出现的。它需要"使传统的继承下来的劳动资料适合于资本要求的历史性变革……知识和技能的积累，社会智力的一般生产力的积累……被吸收在资本当中，从而表现为资本的属性，更明确些说，表现为**固定资本**

---

① 《马克思恩格斯全集》第31卷，人民出版社，1998年，第92页。
② 同上。，第92—93页。
③ 同上，第93页。

的属性"①。这样看来，机器似乎是"**固定资本的最适当的形式……资本一般的最适当的形式**"②。

但在这里，马克思的分析遇到了一个矛盾。"就固定资本被束缚在自己一定的使用价值的存在中这一点来看，它是不符合资本的概念的，因为作为价值来说，资本采取任何特定的使用价值形式都是无所谓的，它可以把任何一种使用价值形式作为自己一视同仁的化身来加以采用或者抛弃。"毕竟，固定资本完全是由它的用途来定义的，而用途是偶然的、灵活的。固定资本存在的问题在于，它是固定的，而流动资本则关乎流动性、灵活性、转化性和运动性。固定资本使事情陷入停滞。就此而言，"**流动资本**同固定资本相比表现为资本的适当形式"③。日益依赖固定资本将使资本的未来陷入僵化。

尽管如此，

> 从机器体系随着社会知识的积累、整个生产力的积累而发展来说，代表一般社会劳动的不是劳动，而是资本。社会的生产力是用固定资本来衡量的，它以物的形式存在于固定资本中，另一方面，资本的生产力又随着被资本无偿占有的这种普遍的进步而得到发展……机器体系中，对工人来说，知识表现为外在的异己的东西，而活劳动则从属于独立发生

---

① 《马克思恩格斯全集》第 31 卷，人民出版社，1998 年，第 92—93 页。
② 同上，第 93 页。
③ 同上。

作用的对象化劳动。[1]

其结果是,"工人便成为多余的了"。工人在双重意义上是多余的。一方面,他们的物理性存在越来越不被需要了;另一方面,他们的知识和技能在机器技术所体现的知识和技能面前也毫无意义。

然而,这里马克思提出了一个更深刻、更令人担忧的矛盾。也许是受到他打开一个新的笔记本的启发,马克思匆忙进行了论述。"因此,只有当劳动资料不仅在形式上被规定为**固定资本**"[2],而且"整个生产过程不是从属于工人的直接技巧,而是表现为科学在工艺上的应用的时候"[3],"资本才获得了充分的发展,或者说,资本才造成了与自己相适合的生产方式。可见,资本的趋势是赋予生产以科学的性质,而直接劳动则被贬低为只是生产过程的一个要素"[4]。因此,"资本作为固定资本来发展时所达到的数量和效能(强度),一般说来,表明资本作为资本,作为支配活劳动的力量的发展程度和资本支配整个生产过程的程度"[5]。

但是,他立即补充了一个警告。

---

[1]《马克思恩格斯全集》第 31 卷,人民出版社,1998 年,第 93 页。
[2] 同上,第 93—94 页。
[3] 同上,第 94 页。
[4] 同上。
[5] 同上。

如果说资本只有在机器体系中以及固定资本的其他物质存在形式如铁路等等中……才取得自己……的适当的形式，那么这决不是说，这种使用价值，这种机器体系本身就是资本，或者说它作为机器体系的存在同它作为资本的存在是一回事。正像黄金不再是货币时，它不会丧失黄金的使用价值一样，机器体系不再是资本时，它也不会失去自己的使用价值。①

机器和资本并不是同一的。对于社会主义条件下的非资本主义生产组织来说，机器的使用价值无疑是至关重要的。这并不能得出结论："从属于资本的社会关系，对于机器体系的应用来说，是最适合的和最好的社会生产关系。"② 马克思不同意经常有人提出的如下观点：社会主义将永远需要资本，因为它需要机器。社会主义可能需要也可能不需要机器（我希望不需要航空母舰），但在社会主义条件下，机器不会单纯作为资本积累的工具。机器将不再履行固定资本的职能，而只会在社会生存所需的使用价值层面辅助生产。

"劳动时间……在怎样的程度上被资本确立为唯一的决定要素，直接劳动及其数量作为生产即创造使用价值的决定要素就在怎样的程度上失去作用。"③ 马克思以"直接劳动"再次暗

---

① 《马克思恩格斯全集》第 31 卷，人民出版社，1998 年，第 94 页。
② 同上。
③ 同上。

指个体的（生产的？）劳动者的形象，以此区别于参与大规模生产的社会劳动。这种直接劳动在"量的方面"和"质的方面"都被下降为虽然是不可缺少的，"但一方面同一般科学劳动相比，同自然科学在工艺上的应用相比，另一方面同产生于总生产中的社会组织的、并表现为社会劳动的自然赐予（虽然是历史的产物）的一般生产力相比……一种从属的要素"[1]。这样看来，资本将"促使自身这一统治生产的形式发生解体"[2]。

温和地讲，这是一个令人吃惊的主张。随着个体劳动创造价值的能力下降到"作为无限小的量而趋于消失"[3]，这一主张肯定会断言，资本主义正走在一条自我解体的道路上。当马克思这样说的时候，我认为首先要问一下，他是在提出一种绝对的主张还是依情况而定的主张。这一论证的实质是，机器技术的运用在竞争的强制规律推动下向前发展，导致固定资本取代活劳动（价值尺度），通过将科学技术纳入生产方式，剥夺了作为个体的生产劳动者的力量，并最终消解了资本作为一种生产方式的作用。这些主张都是依情况而定的。马克思很早就指出，相对于流动资本的流动性而言，固定资本流通的机制并不是最适合资本的形式。此后，他在资本总体的语境下继续研究固定资本和流动资本的关系。既然流动资本依赖于劳动能力的小流通，而且流动资本和固定资本彼此是不可分割的，那么，

---

[1] 《马克思恩格斯全集》第31卷，人民出版社，1998年，第94—95页。
[2] 同上，第95页。
[3] 同上，第92页。

很明显，劳动能力被取代和资本解体的论断都是依情况而定的，因为它们是将固定资本同总体内其他形式的流通隔离开来看待的。当固定资本和流动资本之间的紧密依赖关系得到更好的理解时，这些论断可能会被修改、被完善，甚至可能完全被取消。

接下来，让我们思考一下马克思在宣告资本的自我解体之后所立即指出的：

> 因此，如果说，一方面生产过程从简单的劳动过程向科学过程的转化……表现为同活劳动相对立的固定资本的属性，如果说，单个劳动本身不再是生产的，相反，它只有在征服自然力的共同劳动中才是生产的，而直接劳动到社会劳动的这种上升，表现为单个劳动在资本所代表、所集中的共同性面前被贬低到无能为力的地步，那么，另一方面，一个生产部门的劳动由另一个生产部门的**并存劳动**来维持，则表现为**流动资本的属性**。[①]

在这里，我们有必要回顾一下马克思早先将流动资本描述为资本的最适当形式的说法。在小流通（指前面考察过的劳动能力的流通）中，我们遇到了一系列的过程和情况，它们整体地或部分地同资本自我解体、劳动者地位下降到无关紧要的结论相矛盾。但这并不意味着，马克思通过单独研究机器技术和

---

① 《马克思恩格斯全集》第 31 卷，人民出版社，1998 年，第 95 页。

固定资本流通的影响所揭示的那些棘手问题是不重要的。

考虑到当前资本再生产和资本积累对科学技术的依赖，了解马克思如何处理这些棘手问题是非常重要的。显然，虽然资本主义经历了剧烈的变革，但它还没有自我解体，而且不时出现技术突破的情形，这些突破为向某种反资本主义的未来转型开辟了前景。今天，随着机器人化和人工智能的发展，这种可能性已经不能被排除了。即便仅仅出于这个原因，沿着马克思的探究继续下去也是有意义的，也就是探究什么可能证实马克思的如下主张：固定资本作为"资本的最适当形式"而占据主导地位的资本主义，具有自我解体的特征。

固定资本取代并剥夺了劳动的力量，使"必要劳动"变得越来越无关紧要。从劳动在维持消费需求中的作用来看，这是成问题的。不仅如此，生产劳动的问题不能再基于个人层面来评价，因为生产劳动现在是"征服自然力的共同劳动"。个人劳动所做的事情可能会下降到在质上是微不足道的和在量上是逐渐消失的。促成这样一种结果的，是资本的本性。在没有任何对抗力量的情况下，这肯定会威胁到资本主义生产方式的解体。

这种威胁的严重性需要讨论一下。我们现在面对的事实是，人工智能作为最"适当的资本形式"在发挥作用，这表明马克思也许点出了关键，即便我们只是接受他在这里探索固定资本形成的一个方面的思路。不过，有一件事是明确的。工人个体在面对固定资本乃至广义资本时所陷入的"无助感"，长期以来一直是组织阶级意识和阶级斗争的一个强大障碍，马克思已经找到了这种"无助感"的来源。一定会有人说，马克思的论证是技术决定论，但我认为对此最好的回答是："那又怎样？"毕竟，如果这就是我们周围正在发生的事情，如果马克思针对这种事情是如何发生的以及为什么发生给出了一个条理清晰的解释，那么我们不听他的话就是愚蠢的。而且，技术在如下意义上才是决定性的，即一旦资本主义生产方式下的游戏规则建立起来，那么它随后的演变就是预先确定的了。改变游戏规则，甚至发明一种完全不同的社会主义的游戏，始终是可能的。当马克思指出他所认为的资本动力学具有"自我解体"的特征时，他是在促使我们思考，反资本主义的替代方案可能是什么样子的，同时他也暗示了资本的潜在的终结，即使不可能确定终结的日期。

所以，为什么当代资本对人工智能的追求如此坚定和执着呢？为什么现在资本的整个未来似乎都取决于人工智能的发展？马克思肯定会回答，考虑到资本的本性，以及它把固定资本作为剥夺劳动力量的主要手段而不计后果地加以追求，这是我们应该预料到的。这里要注意资本把剥夺劳动力量作为目标的重要性。这当然会影响传统（李嘉图）版本的劳动价值论的适用性。它提出了一个问题，即在这些新的物质条件下，是否存在一种更适用于当下的、"适合于资本"的（马克思主义的）劳动价值论。正如资本有将流通时间减少到零的趋势一样（我们已经解释过了），资本也内在地具有这样的趋势，即通过持续追求和实施节约劳动的创新，推动必要劳动时间下降到零。人工智能的兴起，只是在早有预言的资本本性的演进道路上又迈出了一步。我们应该清楚，单个资本家不是因为想要或渴望人工智能才转而使用人工智能（事实上，很多人显然害怕它），而是因为竞争迫使他们使用人工智能，无论他们是否想要它。

马克思早在1858年就剖析了资本的本性，并清楚地看到了资本由于固定资本的作用而最终自我解体的前景。在当时的英国文化中，以玛丽·雪莱为代表的先锋派显然认识到了这当中的乌托邦色彩。

也许正是由于这个原因，《大纲》中的一些段落才使它成为资产阶级的思想。据说，就连马克思也明白，传统的估值形式是无法持续的，对某种基于物质劳动的传统价值理论的依赖，将被无形资产以及声誉、非物质和货币的估值取代。有趣的是，当代资产阶级经济理论内部关于价值理论的辩论，与马克思主义理论内部的争论是相似的。不过，在资产阶级的理论中，我们看到了李嘉图关于咖啡壶和咖啡那种唯心主义理论的回归，这种理论的所有假设都基于物质层面的物理事实，而不考虑社会关系。据说，估值理论向非物质属性和无形资产的转向，意味着我们正在进入一个没有资本的资本主义世界。对于马克思来说，这种理解将被视为唯心主义拜物教达到疯狂程度的最高例证。马克思本人对这一论点的看法将在下文中探讨。

曾经有一段时间，工人控制着他们的生产资料，因为只有他们知道如何使用它们。资本家，除了那些从技术工人队伍中脱颖而出的人之外，大多数人既没有知识也没有技能来使用他们的工具，所以他们不得不雇佣那些掌握技能和专门知识的工人。熟练的工匠（相对于不识字的大众）占有一种资本无法打破的权力形式。这些工匠大多是自学成才、有文化的和独立的思想者，他们组成的工人阶级在历史上（是的，他们仍然存在）一次又一次被证明是最敏锐的批评家和最不容易被操纵的思想者。资本主义生产者面临着一种他们无法取代甚至无法控制的权力形式。资本家很早就寻求创新，并希望以此取代工匠和自由思想者的垄断力量。其目的是减少劳动者所掌握的各种形式的垄断权力，如果可能的话，把工人变成"僵尸"。例如，19世纪末的泰勒制运动的公开目标是重新设计劳动过程，以便由"训练有素的大猩猩"来执行。在马克思的时代，乌尔和拜比吉（马克思经常依赖他们的信息）等资本理论家也在追求类似的计划。当被问及为什么如此痴迷于生产技术的创新时，一位法兰西第二帝国时期的著名实业家和发明家说，剥夺劳动者的力量是他的主要动机之一。

资本总是青睐那些剥夺劳动者力量、使劳动者丧失技能的创新。当然，矛盾的是，这往往是通过新技能的界定和开放来实现的，这些新技能行使着自己的垄断力量，结果却反过来被去技巧化了。这种情况从18世纪末一直持续到整个19世纪，直到今天，其间从泰勒制到制造业的自动化、机器人化，再到现在指向人工智能。这也是阶级斗争历史中的很大一部分内容。这是资本主义科学和技术需要解决的关键问题之一。马克思在1858年就清楚地看到了这一计划，并在很大程度上取得了成功。如果说当代的资本在新冠疫情暴发之前就已经深陷困境，那么几乎可以肯定，这是因为它成功地把劳动的力量和重要性边缘化和削弱了。

其结果就是一系列的技术革命被用来完善马克思所描述的机器技术。这样做的后果相当令人震惊。让我们再思考一下以下关键段落：

> 劳动时间——单纯的劳动量——在怎样的程度上被资本确立为唯一的决定要素，直接劳动及其数量作为生产即创造使用价值的决定要素就在怎样的程度上失去作用；而且，如果说直接劳动在量的方面降到微不足道的比例，那么它在质的方面，虽然也是不可缺少的，但一方面同一般科学劳动相比，同自然科学在工艺上的应用相比，另一方面同产生于总生产中的社会组织的、并表现为社会劳动的自然赐予（虽然是历史的产物）的一般生产力相比，却变成一种从属的要素。于是，资本也就促使自身这一统治生产的形式发生解体。①

请注意马克思是如何谈论接下来的内容的。"一方面生产过程从简单的劳动过程向科学过程的转化，也就是向驱使自

---

① 《马克思恩格斯全集》第31卷，人民出版社，1998年，第94—95页。

第九章　固定资本的力量

然力为自己服务并使它为人类的需要服务的过程的转化，表现为同活劳动相对立的**固定资本**的属性。"①单个人的劳动"不再是生产的"，除非它成为集体的和共同的劳动。科学的引入彻底改变了人同自然的物质变换关系，带来了各种各样的结果（不一定是良性的）。与此同时，个体劳动者的生产力和技能相对于集体群众的生产力而言变得无关紧要。"征服自然力的共同劳动"被纳入劳动群众的有组织的动力学机制之中。这使得"单个劳动在资本所代表、所集中的共同性面前被贬低到无能为力的地步"。固定资本和科学管理的兴起，强调了管理劳动群众而非对待劳动个体的重要性。马克思在这里预测，随着机器技术日益被依赖，加上资本（现代公司）的日益集中，泰勒制和科学管理将成为可能。这也预示着流水线福特制的出现。

　　正如我们已经注意到的，马克思随后思考了固定资本流通中的这些革命是如何与劳动能力的小流通相联系的。传统劳动并没有消失。它虽然成为次要的，但仍然不可或缺。但在多大程度上是这样的呢？虽然"单个劳动本身不再是生产的"，但是流动资本表现为"一个生产部门的劳动由另一个生产部门的**并存劳动**来维持"，"在小流通中，资本把工资预付给工人，工人用工资交换他的消费所必需的产品"②。这意味着，资本以货

---

① 《马克思恩格斯全集》第 31 卷，人民出版社，1998 年，第 95 页。
② 同上。

币的形式给予工人"支取他人劳动的凭证"。"工人在生产期间能够实现他的消费所必需的物质变换这件事，表现为转到工人手里的那一部分**流动资本**的属性。"[1] 工资同异在的劳动的交换，不是物质的交换，而是资本（总体）变换范围内的货币交换。事实上，通过将"劳动的一切力量都转化为资本的力量"[2]，资本在某种程度上摆脱了自身解体的趋势。"在固定资本中体现着劳动的生产力……而在流动资本中，一方面，工人本身有重复自己劳动的前提条件，另一方面，工人的这种劳动的交换以其他工人的并存劳动为中介……在流动资本的形式中，资本表现为不同工人之间的中介。"[3] 换言之，资本和货币流动的变换结构，意味着自我补偿的运动，例如，劳动能力流通所形成的工人对商品的需求，在相当程度上对生产领域中固定资本配置导致的递减效应有所控制。这给我的印象是，生产被分为两个截然不同的流通过程：固定资本的流通过程，它消灭着劳动并趋向于资本的解体；流动资本的流通过程，保持着传统的劳资关系。尽管如此，还是总体的力量占了上风。这就是我阅读这段比较难读段落的方式。

在固定资本密集型部门，劳动以一个协同工作的群体的形式，与不断增加的科学家和技术人员这些核心人员一起运作；而在一条劳动密集型的生产线上，个体工人是通过流动资本与

---

[1] 《马克思恩格斯全集》第31卷，人民出版社，1998年，第95页。
[2] 同上，第96页。
[3] 同上。

其他生产线上的工人联系在一起的，流动资本支撑了当地的工资商品和服务。这似乎意味着一种劳动上的力量分化：一方面是参与大规模固定资本和机械化生产的集体劳动者（例如，那些工作在曼彻斯特黑暗的"魔鬼工厂"，或亚马逊仓库的"当代迷宫"中的工人）；另一方面是受雇于许多小规模的、劳动密集型企业的本地化工人（如当地的烘焙师或送货工人），他们生产工资商品和服务以支持他们自己的集体社会再生产。这种分化的存在是众所周知的。吉姆·奥康纳在20世纪70年代早期的写作中，喜欢区分垄断部门的特权工人和工会工人（汽车、钢铁、运输设备、耐用消费品等行业的工人），以及他所谓的竞争部门中被严重剥削和就业不稳定的工人（主要是指奥康纳所处时代的非裔美国人）。马克思或许也有类似的想法。这样，他就必须面对这样一个神话：机器可以通过使自身成为价值的来源，来补偿劳动的降级。他对这一神话的回答是否定的，机器不产生价值——但其在两个方面增加了价值。首先，机器随着使用年限的增加，"把它的价值转移到产品上去"[1]。像任何其他形式的不变资本一样，它的价值通过劳动对它的使用而转移到产品中，但只是在几年的时间里以等量的形式转移。其次，机器"通过提高劳动的生产力，使劳动能在较短的时间内创造出更大量的维持活劳动能力所必需的产品"[2]，从而有助

---

[1] 《马克思恩格斯全集》第31卷，人民出版社，1998年，第99页。
[2] 同上，第96页。

于剩余价值的生产。换句话来说，机器为资本的相对剩余价值生产做出了贡献。不能创造价值的机器，正是相对剩余价值的来源！在资本的统治下，机器技术对减轻劳动者的负担毫无作用，一切都是为了填满资本的金库。

但是，资本"完全是无意地——使人的劳动，使力量的支出缩减到最低限度。这将有利于解放了的劳动，也是使劳动获得解放的条件"[1]。被解放的劳动者可能期待机器技术和人工智能将他们的物质负担降至最低，从而解放自己的时间去做其他令自己更快乐、更有价值的事情（这是资本永远无法做到的）。机器技术似乎在社会主义制度下扮演一个重要的角色。机器似乎将劳动者视为它们的依赖者。但是，"只有使用大量工人，机器体系才能发生作用，而对资本来说，工人的积聚，正如我们看到的，是资本的历史前提之一……只有在劳动能力大量存在的地方，机器体系才会出现"[2]。从单个人劳动到大量工人劳动的转变，是资本演进的一个关键环节。即便仅仅出于这个原因，这也注定是调整我们关于资本创造的世界的概念理解和精神观念的一个关键环节。不过，似乎存在着这样一对很难调和的矛盾：一方面需要"大量工人"的存在，另一方面要把劳动生产价值的能力下降到"作为无限小的量而趋于消失"。

---

[1] 《马克思恩格斯全集》第31卷，人民出版社，1998年，第96—97页。
[2] 同上，第97页。

第十章
固定资本与流动资本

到目前为止,"固定资本和流动资本仅仅表现为资本的不同的暂时的规定"[①]。但是,"现在它们却硬化为资本的特殊存在方式,并且在固定资本之旁出现流动资本"。一开始是对固定资本的研究,这种固定源于不同生产要素的不同周转时间,现在这种研究"硬化"为对"两种特殊的资本流通"的研究。正如我们将看到的,其后果是实质性的。

首先,"固定资本发展的程度越高,**生产过程的连续性**或再生产过程的不断进行,就越成为以资本为基础的生产方式的外在的强制性条件"[②]。这是一个非常重要的原则,如果我们忽视它,将付出代价。流动的中断和连续性的破坏,对资本来说是一个严重的问题(在 2020 年新冠疫情中表现得很明显),对

---

① 《马克思恩格斯全集》第 31 卷,人民出版社,1998 年,第 98 页。
② 同上,第 99 页。

固定资本来说尤其如此。资本为确保流动的连续性而采取的措施是广泛的，而且其本身在技术上是复杂的。固定资本想要保持并实现价值，就必须得到充分利用。为了达到这个目标，各种各样的策略和战术应运而生。例如，在《资本论》中，马克思把 24 小时生产和两次 12 小时轮班看作缩短固定资本周转时间的手段。越能做到这一点，固定资本的价值就越快地以货币化的形式回归它的原点。增加劳动过程的强度、减少工作日间的"空隙"（例如，减少休息时间）也是实现这一目标的策略。因此，固定资本不能减轻劳动负担的原因有很多。就业环境变得更加压抑了。

固定资本的扩张取决于大工业的发展，大工业有能力迫使所有科学"为资本服务……现有的机器体系本身已经提供大量的手段"[1]。正是在这一阶段，"发明就将成为一种职业，而科学在直接生产上的应用本身就成为对科学具有决定性的和推动作用的着眼点"[2]。这是马克思在这一部分阐述的第二个重大的突破性原则。就像"连续性原则"的情况一样，马克思似乎满足于仅仅在一个具有潜在重要性的主题上做一个标记，而没有为其重要性提供多少直接的证明或阐述。当发明成为一种职业时，我们可以推测和阐明会发生什么。这显然意味着这样一个资本主义世界，在这个世界里，无论现有的需求如何，都要提

---

[1] 《马克思恩格斯全集》第 31 卷，人民出版社，1998 年，第 99 页。
[2] 同上。

供自行持续的技术变革。

马克思对技术变革和组织变革在资本主义发展过程中的作用有着深刻的见解，并因此而闻名，但他对发明如何以及为何成为一种职业兴趣不大，这有些令人惊讶。那些旨在解决某一特定分工中非常特殊问题的发明，比如矿井排水，在许多其他领域都是有用的，比如在制造机车。事实也证明，许多发明都是由两种此前独立的发明组合而成的，因此，发明越多，就越有可能出现潜在的组合。这种螺旋式上升的可能性领域是由对技术进步的必然性和优越性的绝对崇拜所驱动的，这种崇拜源于这样一个物质事实：在竞争条件下，效率更高、更能压制劳动的技术形式和组织形式，几乎总是凭借更优越的盈利能力而胜出。

由此很容易看出，为什么正如马克思一再断言的那样，资本主义是一种并且将永远是一种在技术上充满变革的生产方式。它已经成功地对生产力进行了多次彻底的重新配置，并且似乎将在未来继续这样做，除非对激发技术活力和组织活力的强大力量予以某种彻底的颠覆或限制。

由于科学和技术的重要作用在《大纲》中被如此明确地断言，而且其结果被认为如此深远，我感到有必要也有理由在文本涵盖的范围之外，适当拓宽思考范围。首先有必要区分以下几点：（1）在机器硬件意义上的技术；（2）在软件意义上的科学和知识，即一项技术如何被社会占有和使用；（3）组织形式，其中包含从公司到分工合作的结构，再到准时制生产系统这样的具体策略。实际上，马克思在他的著作中谈及了技术形式和组织形式的这三个方面，但没有对它们进行区分。从某种意义上说，他从总体的角度这样做是正确的，但当代对总体的研究可能需要先把这些范畴分开考虑，然后再放在一起。什么样的组织形式或软件最适合今天的资本，这个问题在资产阶级管理学的许多当代讨论中位于前沿。

当技术创新成为一门生意，新技术和新组织形式的供给就会超过需求。整个行业，从机器技术、工程学（遗传学）各个分支、电子学、公司（如大型制药公司）研发部门到管理顾问和心理健康专家，都开始关注通用技术和组织形式的生产，这些技术和组织形式可以在各种不同的经济部门中有各种各样的用途。发明之所以能成为一种职业，一部分原因是人们对科学技术有这样一种持续的潜在需求，即通过调动科学技术来提高劳动生产率，同时取代劳动者的力量。"因此，在这里直接表现出来的是一定的劳动方式从工人身上转移到机器形式的资本上，由于这种转移，工人自己的劳动能力就贬值了。由此产生了工人反对机器体系的斗争"[1]，正如马克思时代的卢德分子破坏机器的运动所证明的那样。"过去是活的工人的活动，现在成了机器的活动。所以，带着粗暴情欲同工人对立的是资本对劳动的占有，是'好像害了相思病'似地吞噬活劳动的资本。"[2]

---

[1] 《马克思恩格斯全集》第31卷，人民出版社，1998年，第99页。
[2] 同上。

马克思当然不是说，所有的科学和技术都有一种资本主义意义上的目的。正如他对固定资本的定义是根据其用途而非其物质形式一样，马克思单独加以思考的科学技术，表现为资本主义企业家对科学技术的占有和使用，及其在生产领域的固定资本中的体现。在阅读这些段落时，一个常见的错误是以为所有的知识、科学和技术都直接促进了价值和剩余价值的创造，并且我们现在正处于一个认知资本主义的新时代，在这个时代，知识生产本身就是资本积累的前沿。对此，我们需要考虑到军事在培育新的技术形式和产品方面的关键作用（特别是自1945年以来，一些国家为了在世界舞台上追求地缘政治和军事竞争优势）。我们应该提醒自己，就连互联网也起源于军事。

不过，在马克思这里的分析中，唯一重要的（科学）知识形式，是那些通过纳入固定资本而影响劳动生产率的知识，天文学和音乐学是不符合要求的。但是，我们后面会看到，科学技术并不仅仅关心如何以最大的效率和最少的劳动投入来生产某种东西，它们还关注产品创新和市场扩张（这一点在我们这个时代的电子产品和医药产品的生产中体现得最为明显），关注战争设备的完善，关注城市、住宅、纪念碑和文化景观的建设，或者仅仅是激发和提升人类的好奇心和性满足。而这当中的一些内容对通过市场形成的资本积累具有内在影响。

在实践中，科学技术在产品创新和发展中的作用，与它在劳动过程革命中的作用同样重要，尽管可惜的是，马克思很少注意到这一事实。出于什么目的可以制造和销售什么东西，这个问题与如何最好地制造它们同样重要。但马克思非常清楚，只有当"一切科学都被用来为资本服务"①时，发明才会成为一个独特的业务领域。这反过来又对技术和科学研究的方向产生了重要的影响，这一点在我们观察世界上研究型大学中占主导地位的赞助和活动时就表现得更加明显了。在马克思写完《大纲》后的半个世纪里，研究型大学和研究所如雨后春笋般出现，它们广泛地支持着资本的进程。在这方面，在威廉·洪堡的领导下，柏林大学在马克思写作的那些年里成了一所模范研究机构（从19世纪70年代开始其模式在美国得到复制）。但后来，美国的研究型大学（从麻省理工学院到加利福尼亚理工学院和斯坦福大学）成为培育这种理念的主要机构，将研发作为资本和军队的附属品组织起来，使研发成为一项持续的业务。

"活劳动同对象化劳动的交换"，后者采取固定资本的形式，"是**价值关系**和以价值为基础的生产的最后发展。这种发展的前提现在是而且始终是：直接劳动时间的量，作为财富生产决定因素的已耗费的劳动量"②。请注意，大量的直接劳动的观念——与个体的劳动相反——是如何进入论证的。但是，"现实财富的创造较少地取决于劳动时间和已耗费的劳动量，较多地取决于在劳动时间内所运用的作用物的力量，而这种作用物

---

① 《马克思恩格斯全集》第31卷，人民出版社，1998年，第99页。
② 同上，第100页。

自身——它们的巨大效率——又和生产它们所花费的直接劳动时间不成比例,而是取决于科学的一般水平和技术进步,或者说取决于这种科学在生产上的应用"①。

科学的应用影响着所有生产领域,甚至农业也"将不过成为一种物质变换的科学的应用"②。总的结果是,"现实财富倒不如说是表现在——这一点也由大工业所揭明——已耗费的劳动时间和劳动产品之间惊人的不成比例上"。劳动被"贬低为单纯抽象物",以至于它"表现为不再像以前那样被包括在生产过程中,相反地,表现为人以生产过程的监督者和调节者的身分同生产过程本身发生关系"。工人"把由他改变为工业过程的自然过程作为中介放在自己和被他支配的无机自然界之间"③。在农业的例子中,具象化地理解马克思的意思是最容易的,尽管很明显,马克思正在把这一评论作为一种普遍的论断,以此来描述随着在观念和实践两方面都变得越来越科学,劳动过程将如何展开。生产过程中的"物质变换"所具有的人类特性随处可见。

但劳动者不再是"主要作用者"④,因为"在这个转变中,表现为生产和财富的宏大基石的,既不是人本身完成的直接劳动,也不是人从事劳动的时间,而是对人本身的一般生产力的

---

① 《马克思恩格斯全集》第31卷,人民出版社,1998年,第100页。
② 同上。
③ 同上。
④ 同上。

第十章 固定资本与流动资本

占有，是人对自然界的了解和通过人作为社会体的存在来对自然界的统治，总之，是社会个人的发展"①。这种"社会个人"，比如生产线上熟练的工程师，他知道如何使机器保持运作，如何让自动机获得充足的原材料和中间投入。

马克思在这里为他之前的如下评论附加了意义：我们如何越来越多地受到抽象的统治，这不是人的统治，甚至不是法律上的统治，而是资本本身运动的经济规律的统治。我已经强调过，这种见解并非马克思所独有。正如我经常提到的，亚当·斯密提出的市场的"看不见的手"就强调了这一点。由此可以得出结论，我们如果反对控制自然的观点，那么我们必须向资本表达我们的不满，因为正是资本永远在寻求控制自然，而不管可能造成何种双重后果。这无疑促成了前面所说的那种双重意识。我们可能会对自己同自然相异化感到遗憾，但当病毒来袭时，我们愿意接受自己可能具有控制能力，即便这加深了我们同自然相异化的感觉：

> 现今财富的基础是盗窃他人的劳动时间，这同新发展起来的由大工业本身创造的基础相比，显得太可怜了。一旦直接形式的劳动不再是财富的巨大源泉，劳动时间就不再是，而且必然不再是财富的尺度，因而交换价值也不再是使用价值的尺度。**群众的剩余劳动不再是一般财富发展的条件**，

---

① 《马克思恩格斯全集》第31卷，人民出版社，1998年，第100—101页。

同样，少数人的非劳动不再是人类头脑的一般能力发展的条件。于是，以交换价值为基础的生产便会崩溃，直接的物质生产过程本身也就摆脱了贫困和对立的形式。①

这似乎是马克思在告诉我们，资本的解体是如何通过其自我消解的矛盾而发生的。劳动价值论的任何变体都会受到质疑。但正如马克思不止一次地指出的那样，开辟社会主义道路的努力带有这样的意图：废除资本主义价值规律的运作。而在这里，资本在不知不觉中不仅为此创造了前提条件，而且创造了实现这一目标的可能性。

"资本本身是处于过程中的矛盾，因为它竭力把劳动时间缩减到最低限度，另一方面又使劳动时间成为财富的唯一尺度和源泉。因此，资本缩减必要劳动时间形式的劳动时间，以便增加剩余劳动时间形式的劳动时间。"② 实际上，马克思是在说，将剩余的劳动生产力交给资本，是工人获得其劳动力价值的条件，而不管怎样，劳动力价值会由于工资商品部门的生产率提高而不断减少：

> 一方面，资本唤起科学和自然界的一切力量，同样也唤起社会结合和社会交往的一切力量，以便使财富的创造

---

① 《马克思恩格斯全集》第31卷，人民出版社，1998年，第101页。
② 同上。

第十章　固定资本与流动资本

不取决于（相对地）耗费在这种创造上的劳动时间。另一方面，资本想用劳动时间去衡量这样造出来的巨大的社会力量，并把这些力量限制在为了把已经创造的价值作为价值来保存所需要的限度之内。①

其结果是一个令人难以置信的矛盾。"生产力和社会关系——这二者是社会个人的发展的不同方面——对于资本来说仅仅表现为手段，仅仅是资本用来从它的有限的基础出发进行生产的手段。但是，实际上它们是炸毁这个基础的物质条件。"②

这个矛盾是如此具有力量，以至于它实际上可以为社会主义革命和消灭资本本身铺平道路。资本本身已经将新技术带到了一个可以彻底变革社会的地步，从而创造一种替代性的社会秩序。马克思对这种信念的表达听起来有些乌托邦色彩。他在这里还穿插了一种反叙事，即"被解放的劳动者"可能会采取的行动。他引用道："一个国家只有在劳动6小时而不是劳动12小时的时候，才是真正富裕的。"③他已经明确提出了如下内容的重要性："个性得到自由发展……直接把社会必要劳动缩减到最低限度，那时，与此相适应，由于给所有的人腾出了时间和创造了手段，个人会在艺术、科学等等方面得到发展。"④

---

① 《马克思恩格斯全集》第31卷，人民出版社，1998年，第101页。
② 同上。
③ 同上，第102页。
④ 同上，第101页。

这样，马克思继续引用道，"财富（现实的财富）不是对剩余劳动时间的支配，而是除了耗费在直接生产上面的时间以外，**每一个个人和整个社会可以自由支配的时间**"①。正如他在《资本论》第三卷中所言，当必然王国的领域被抛在后面时，自由王国就开始了。让资本去照顾必然王国吧，我们社会主义者将会实现我们的利益。

马克思以一段优美而鼓舞人心的诗性语言，对这扇通往新社会的大门做出总结，肯定了固定资本形成在人类历史上的作用：

> 自然界没有造出任何机器，没有造出机车、铁路、电报、自动走锭精纺机等等。它们是人的产业劳动的产物，是转化为人的意志驾驭自然界的器官或者说在自然界实现人的意志的器官的自然物质。它们是人的手创造出来的人脑的器官；是对象化的知识力量。固定资本的发展表明，一般社会知识，已经在多么大的程度上变成了**直接的生产力**，从而社会生活过程的条件本身在多么大的程度上受到一般智力的控制并按照这种智力得到改造。它表明，社会生产力已经在多么大的程度上，不仅以知识的形式，而且作为社会实践的直接器官，作为实际生活过程的直接器官被生产出来。②

---

① 《马克思恩格斯全集》第 31 卷，人民出版社，1998 年，第 102 页。
② 同上。

最近的研究文献有很多援引了马克思在这段文字中关于"一般智力"的论述。在我看来，其中太多的解读是唯心主义的，从某种意义上说，它们试图唤起某种统治思想的力量，仿佛这种力量能够支配资本演变。它有时呈现出某种抽象甚至神秘的力量——"一般智力"——像上帝一样，以神秘的方式统治资本，创造奇迹。然而，这里是我在马克思的全部著作中唯一能找到他使用这个术语的地方，尽管在后面的内容，他确实把"社会智力"称为"发展为自动化过程的劳动资料的生产力"[①]的前提。将解释马克思主义思想的一整个流派——认知资本主义——建立在这个独特的概念之上，似乎是相当冒昧的。这个概念只被提及一次，而且是在《大纲》中，而《大纲》是马克思迄今为止最具想象力但也最具实验性的作品。

历史唯物主义的解释将是对这些实践如何，以及为何以这种方式起作用（或不起作用）的理解的辩证展开。在这种情况下，"一般智力"只是关于一般知识和科学知识的表述，以及解释性观念在特定时空的展开。铁路系统工程师制作了手册，并最终编写了教材，以指导未来的实践。美联储有100年（或更长时间）的经验，告诉人们在市场出现问题时应该做什么，以及什么措施可能有效。"一般智力"应该被理解为大量操作手册和手边的知识库，可以用于规划和促进进一步的资本积累，也许还可以用于向社会主义过渡。它不是也永远不可能是

---

① 《马克思恩格斯全集》第31卷，人民出版社，1998年，第105页。

对资本主义历史上积累下来的大量经验的完美反映。"一般智力"（像葛兰西的"常识"概念一样）并不总是正确的，也不能避免腐败、意识形态污染和低俗化。政治经济学本身伴随着威廉·配第、重农主义者和重商主义者的探索而演进，他们试图创造一个知识库来帮助政治家和官员制定商业政策和工业政策，这些政治家和官员希望这些政策能增加他们的物质财富和政治权力。马克思也致力于扩充这一知识库，并显然在主要方面做到了。当代的经济学是一个"一般智力"的专门领域，它是难以驾驭的，经常存在误导和故意混淆，尽管它受到各种各样的现实检验，但正如马克思经常指出的那样，它主要反映了一个经常分裂的统治阶级的统治思想。

在这里，马克思似乎致力于探讨实践领域和统治思想演变两个方面存在的矛盾，以便为社会主义过渡铺平道路。这样的过渡将需要"适合社会主义"的实践手册，同时对今天关于"一般智力"的论述的正误做出评判。在我们这个时代，"一般智力"受到了新自由主义教条及正统观念的深度侵蚀，原因很简单，任何社会秩序的统治思想都会受到其统治阶级的强大影响。正如马克思在许多场合坦率地承认的那样，思想在历史上可以成为一种物质力量（从劳动的角度来看既有好的力量，也有坏的力量），但只有当思想根植于并应用于物质实践时才是如此。

让我们总结一下在这些丰富的文本中发生了什么。对此有很多可说的。马克思提出了一些精彩而富有想象力的论点。不管你怎么看这些论点，这都是一篇精彩而令人回味的文章。比如，让我们思考一下价值理论的问题。到目前为止，我们一直在研究《大纲》中这样一种价值理论，它涉及个体劳动者和他们所做工作的生产质量，以及最终在市场上得到实现的交换价值。我们想到一个木匠，并注意到他的技能、工具、所用时间，由此推断出一定的价值（被理解为一种非物质但客观的社会衡量标准）已经凝结在他所制造的家具中。一个熟练的木匠会比一个不熟练的木匠凝结更多的价值，老板什么也不做就能获得剩余价值，而销售人员扣除了生产出来的一部分价值，以补偿他们为必要的流通所付出的努力。打扫车间的工人将从别人的收入中获得报酬。

但是现在，马克思从劳动的个人转向从事社会劳动的劳动大众。随着资本更加集中，固定资本、工厂制度及其机器技术进一步积聚和增加，并最终在工业城市内部占据主导地位，劳动大众的概念变得更加重要。它最终导致了我们现在通常所说的福特主义。我的苹果电脑是由富士康制造的，据说这家公司直到最近还在深圳经营一个超过 25 万人（有些报道说共有 40 万人）的工业园区，它在中国各地乃至世界各地都有分支工厂，将零部件通过生产链输送给中国和其他国家的许多地点的成千上万的工人。这种物质状况需要一种全新的分析模式，在这种模式下，社会劳动群众的素质远超个人的素质；在这种情况下，从个人的劳动中衍生出来的价值理论是没有意义的。但是资本仍然需要一些有社会意义的衡量标准，以此来衡量这种劳动的表现，并与其生产的宏图相匹配。然而，即便面对这一切，总体内部的物质变换关系似乎仍然成立，虽然它们可能改变运作模式。这就是葛兰西在他的标志性文章《美国主义与福特主义》中想要解决的问题。

从微观视角到宏观视角的转变，长期以来一直是困扰资产阶级经济学的问题。企业理论和国家宏观经济理论（后者源于20世纪20年代开始形成的一种创造性虚构）并未相互融合。在这里，马克思参与了这样一场变革，从个人的视角转向集体社会劳动的视角。在《资本论》中，他在第16章做了转变，在那里，他宣布将在此后分析集体劳动而不是个人劳动的问题。这扩大了价值生产的定义，因为每个为工厂的生产过程做贡献的人，都是生产企业的一部分，无论他们（即使是那些扫地的人）做什么工作。但同时，这也把价值生产缩小到只包括那些为资本家生产剩余价值而工作的劳动者。这意味着，所有关于收入流通的工资劳动（比如为别人修剪草坪，或帮助邻居翻新屋顶）都被认为是无关紧要的，这正是马克思所认为的情况（正如我们之前所看到的）。

但是，马克思也认为，越来越复杂而强大的固定资本的出现，从根本上减少了集体劳动投入，从而使旧版本的价值理论变得多余。这不是一个令人陌生的论点。当我将马克思《资本论》第一卷中的价值理论描述为社会必要劳动时间时，总有人问我，在一个不投入劳动的自动化工厂里会发生什么。在《资本论》第三卷中，马克思回答了这个问题。他设想了这样一种情况：资本家"在本生产部门内完全不使用可变资本，因而完全不使用工人"。在这种不太可能的情况下，资本家"会像一个只使用可变资本，因而把全部资本都投到工资上面的资本家（又是一个极端的假定）一样地关心资本对工人阶级的剥削，并且会像后者一样地从无酬的剩余劳动获取他的利润"[1]。之所以会如此，是因为竞争导致利润率的平均化，将价值从劳动密集型的企业、部门和国家重新分配到资本密集型的企业、部门和国家。这种再分配机制在《大纲》前面内容中提到过，尽管其细节被省略了。创造价值和剩余价值的规则是根据每种资本所使用的劳动而定，而占有它们的规则是根据每种资本所预付的资本而定。不雇佣劳动力的资本家得到的是平均利润率，只使用劳动力而不使用固定资本的资本家得到的也是平均利润率。

让我们思考一个具体的例子。1970年左右，美国最大的劳动力雇主是通用汽车、福特和美国钢铁公司。它们的劳动力当时构成了"富裕的"工会工人阶级的核心。但从那以后，随着自动化和机器人的科学部署，工人的数量急剧减少（以马克思所描述的方式）。直到最近，美国最大的劳动力雇主是麦当劳和肯德基的特许经营者，他们以劳动密集型方式生产汉堡和炸鸡（而不是汽车），雇佣了很多不稳定的、大部分没有参加工会的、低工资的劳动力。在过去20年里，在世界上许多地方，包括美国，这类劳动力的数量都有了巨大的增长。在新

---

[1]《马克思恩格斯全集》第46卷，人民出版社，2003年，第219页。

冠疫情期间发生停工时，美国约有 4 000 万人失业，其中至少有 1 500 万人曾受雇于餐馆（矛盾的是，免下车餐馆经营得很好！）。另外，亚马逊的员工人数却突飞猛进地增长。在通用汽车等资本密集型行业和餐饮业（尤其是家庭餐馆）之间发生的利润率平均化，导致了价值从餐饮业向汽车业的转移。顺便说一下，这与马克思之前的如下区分是一致的：一方面是高度资本化的、属于大资本的固定资本世界，另一方面是服务于劳动力再生产的小规模流通的资本。但我们现在通过不同的视角来看待这种小规模流通和大规模流通之间的区别。小规模的流通过程补助了大规模的流通过程，后者雇佣的劳动力越来越少。

如今，小规模的劳动密集型产业集中在酒店业和娱乐业。特别是自 2008 年以来，当代资本的整个劳动力结构都倾向于支持和发展这些产业。旅游业急剧扩张（从 2007 年到 2017 年，全球的跨国旅游从 8 亿人次增加到 14 亿人次），文化、体育和其他形式的赛事也是如此。这些产业所出售的，是一种货币化的、即时消费的体验（流通时间接近于零）。然而，由于新冠疫情，所有这些产业在 2020 年都经历了崩溃。汽车产业销售的是耐久性较强的产品，并采取了更多依靠固定资本形成和节省劳动力的策略，与旅游业的发展方向恰恰相反。而且，考虑到利润率的平均化，旅游业一直在补贴汽车产业，就像希腊补贴德国一样，它通过劳动力生产率差异实现价值转移。但旅游业需要固定的基础设施，包括酒店（现在还有爱彼迎）、交通（航空公司、汽车租赁、客轮公司）和通信设施，所有这些都要靠生息资本流通提供资金，而不是通过追求剩余价值的资本的流通。新冠疫情期间，这些固定资本形式较少得到使用，导致了广泛的贬值。旅游业是否会复苏，以重振所有固定资本的价值，还有待观察。显然，人们有很强的动力去这样做。通过这种方式，价值向高科技领域的转移也可以得到恢复。

显然，在这种情况下，矛盾正在成倍增加，同时还存在严重的破坏和崩溃的危险。我们只要看看新冠疫情的影响就知道了，其中娱乐业和酒店业受到了直接打击，这对失业率产生了巨大影响。如果马克思是正确的，这对一个以劳动密集型为主的行业的价值和剩余价值生产也会产生巨大影响，而这个行业在价值上补贴了构成当代资本主义核心的资本密集型行业。在新冠疫情期间，航空旅行大幅减少。航空公司是劳动密集型的旅游业的重要支撑，但需要大规模、长期的固定资本投资，这些投资不仅用于飞机，而且用于机场和其他基础设施，而这些基础设施在新冠疫情期间基本上没有使用过，也没有收益。固定资本不容易被货币化或者转换为其他用途（如早先那样，将纺织厂转换为住宅公寓）。当今大量的固定资本是不灵活的。这就是为什么马克思在早些时候得出结论：虽然固定资本可能"表现为**资本一般的最适当的形式**"，但它被限制在特定的、不灵活的使用价值上，这使它成为一种负担。因此，在实践中，"**流动资本同固定资本相比表现为资本的适当形式**"[1]。

---

[1]《马克思恩格斯全集》第31卷，人民出版社，1998年，第93页。

然而，在马克思所有著作中，《大纲》是他唯一对固定资本加以透彻探讨的地方。在某种程度上，发明变成了一种职业，而由此产生的固定资本融入了科学和技术，使工人在积累的体系内被取代和重新定位。固定资本倾向于降低劳动在某些部门的重要性，以至于任何基于个体化劳动的价值理论都显得越来越无效。由于科学技术作为生产过程中的独特力量出现，劳动和资本之间的阶级斗争的政治关系得到了调解甚至改变。劳动力的流通产生了新的斗争环节，在这些环节中，工人作为工人的身份在直接意义上被消灭了。这是一个吸引人的论点，它与当代的如下问题密切相关：人工智能的出现将如何在不久的将来对劳资关系和资本积累的动力机制产生影响。与此同时，固定资本促进的劳动生产率提高所导致的问题是，在投入如此少的劳动力的情况下，如何吸收被生产出来的"巨量"商品。

接下来的大部分内容都在研究亚当·斯密的观察结果，即"**一切固定资本最初都来自某种流动资本，并且需要靠流动资本来不断维持**"[①]。马克思首先指出，固定资本本身并不产生直接的个人消费品，也不生产"直接的交换价值"[②]。由此可以得出如下结论：

越来越大的一部分生产时间耗费在生产资料的生产上，这种

---

① 《马克思恩格斯全集》第31卷，人民出版社，1998年，第126—127页。
② 同上，第102页。

情况取决于已经达到的生产率水平……

这就要求社会能够等待；能够把相当大一部分已经创造出来的财富从直接的享受中……抽出来……这就要求已经达到的生产率和相对的富裕程度都有高度水平，而且这种高度水平是同流动资本转变为固定资本成正比的。[1]

这是一个熟悉的论点。通过固定资本投资，对今天消费的延迟满足为明天的生产率增长奠定了基础，而这种投资有时会由于生产率的提高而在未来获得长期回报。"用于**生产固定资本的劳动时间**……的大小取决于用于**直接生产产品的劳动时间的生产率**。"[2] 换言之，流动资本的生产率越高，就有越多的资本被抽走，流入固定资本的生产。但反过来说，流动资本的生产率，取决于固定资本的配置。因此，"**过剩人口**……以及**过剩生产**"是固定资本形成和流通的条件。"**固定资本直接带来的成果越少**，越少参与**直接生产过程**，这种相对的过剩人口和**过剩生产**就必定越多；因而，修建铁路、运河、自来水、电报等等场合，同制造直接用于直接生产过程的机器的场合相比，过剩人口和过剩生产就必定多些。"[3]

在这里，我们看到马克思对一个非常重要的论点的粗略勾勒，它实际上定义了资本主义生产方式中一种特殊的长期演

---

[1] 《马克思恩格斯全集》第31卷，人民出版社，1998年，第102—103页。
[2] 同上，第103页。
[3] 同上。

进的运动规律。以流动资本为支撑的固定资本配置，导致劳动生产率的提高，这不仅产生了更多的剩余价值，而且产生了商品数量的"惊人"增长，同时释放了越来越多的劳动力。换句话说，资本主义生产方式在其日常实践中自动地创造出进一步形成固定资本所需的过剩产品和过剩人口。因此，固定资本不断地再生产其进一步扩张所需的条件，而且规模越来越大。这种扩张远远超出了机械领域，涵盖了各种有形基础设施的投资，马克思在其他地方称之为"独立的固定资本"，包括那些固定的、嵌入土地的东西（例如，铁路、港口、水力发电项目和一般意义上的建成环境）。从长远来看，这种固定资本，特别是独立类型的固定资本不断扩张的运动规律，会造成城市化的规模和强度的巨大增长。中国近年的大规模城市化，是马克思和恩格斯所熟悉的19世纪中期伦敦和曼彻斯特的城市化所无法比拟的。对比法兰西第二帝国时期奥斯曼领导下的巴黎的城市化、战后美国由罗伯特·摩西规划的大都会范围的城市化，以及今天在中国上海、日本东京、西班牙巴塞罗那、尼日利亚拉各斯、巴西圣保罗以及海湾国家等地的城市化，你会看到这种长期演进得到了戏剧性展示。城市化的未来预示着什么，这应该是一个值得深切关注的话题。固定资本形成，尤其是独立的固定资本形成中的这种循环和累积的增长，带来了各种各样的问题和危险，在今天远超马克思所处的那个时代所带来的问题和危险。然而，马克思在这里为我们提供了一种方法，可用于理解资本的本质如何以及为何会产生这些问题和困难。这种情况下的黄金法则

第十章 固定资本与流动资本

是，唯一能够对抗糟糕情形的路径就是追溯产生这种情形的过程，当然，这就是以阶级为基础的持续生产过程，以及牺牲劳动人民而占有剩余价值的过程。

固定资本的增长并不是平稳的。"由此（我们以后将回过来谈这一点）就产生出——通过现代工业经常生产过剩和经常生产不足的形式——这样一种状态：流动资本向固定资本的转化有时过多有时过少，这种不平衡状态经常波动和痉挛。"① 马克思在这里预测了在固定资本和流动资本之间的复杂关系中，投资周期、"转换危机"、城市房地产繁荣等的产生。他后来简要地提到了这一观点。

正如在《大纲》中经常发生的那样，马克思突然离开这个关键问题，重新审视财富的概念及其意义。这是可以理解的，因为固定资本的关键作用之一是增加人口的物质财富。几乎可以肯定的是，这种转变也是由他之前引用李嘉图社会主义者的话所引起的："一个国家只有在劳动 6 小时而不是劳动 12 小时的时候，才是真正富裕的。**财富（现实的财富）不是对剩余劳动时间的支配，而是除了耗费在直接生产上面的时间以外，每一个个人和整个社会可以自由支配的时间。**"②

马克思首先探讨了固定资本在"**创造大量可以自由支配的时间**"③ 中的作用。这在原则上"为个人生产力的充分发

---

① 《马克思恩格斯全集》第 31 卷，人民出版社，1998 年，第 103 页。
② 同上，第 102 页。
③ 同上，第 103 页。

展……创造广阔余地",同时创造了马克思所说的"非劳动时间",尽管是"少数人的非劳动时间,自由时间"。资本对技艺和科学的采用,增强了以剩余劳动时间的形式生产财富的能力。于是,资本"成了为社会可以自由支配的时间创造条件的工具,使整个社会的劳动时间缩减到不断下降的最低限度,从而为全体[社会成员]本身的发展腾出时间"①。它一方面为每个人创造可以自由支配的时间,另一方面又把它转化为剩余劳动和剩余价值,这些剩余劳动和剩余价值可以(而且经常)被少数人作为资本占有。有趣的是,在《大纲》中,马克思经常将他对资本如何运作的研究与社会主义的替代方案如何做得更好的思考并置。在这种情况下,他敦促"工人群众自己应当占有自己的剩余劳动。当他们已经这样做的时候,——这样一来,**可以自由支配的时间就不再是**对立的存在物了,——那时,一方面,社会的个人的需要将成为必要劳动时间的尺度,另一方面,社会生产力的发展将如此迅速,以致尽管生产将以所有的人富裕为目的,所有的人的**可以自由支配的时间还是会增**"②。马克思进一步阐述了这一充满希望的乌托邦观点。"因为真正的财富就是所有个人的发达的生产力。那时,财富的尺度决不再是劳动时间,而是可以自由支配的时间。"这一诱人的选择与实际存在的劳动时间形成了根本的对比,后者"**作为财富**

---

① 《马克思恩格斯全集》第 31 卷,人民出版社,1998 年,第 103 页。
② 同上,第 104 页。

的尺度"发挥作用,"这表明财富本身是建立在贫困的基础上的","从而使个人降到仅仅是工人的地位,使他从属于劳动"。马克思提醒我们,这些对立由于某种原因妨碍了他对固定资本(这是创造可支配时间的主要潜在动因)的解释,他接着指出:"因此,最发达的机器体系现在迫使工人比野蛮人劳动的时间还要长,或者比他自己过去用最简单、最粗笨的工具时劳动的时间还要长。"[1] 在资本的社会关系下,固定资本不断否定其自身的潜力!

马克思认为,"在大工业的生产过程中",直接劳动本身不再是生产的基础,"发展为自动化过程的劳动资料的生产力要以自然力服从于社会智力为前提",它取代了"单个人的劳动"。"于是,这种生产方式的另一个基础也消失了。"[2] 直接的个人劳动被纳入监督一个自动过程的集体社会劳动之中。值得注意的是,这正是 20 世纪 80 年代关于汽车生产自动化的说法!不得不说,这一段落中马克思在乌托邦和反乌托邦视角之间的摇摆,是值得注意的。而这又是一个说明双重意识的例子。

"为满足直接需要的生产越是具有生产率,就越能有更大的一部分生产用来满足生产的需要本身,换句话说,用来生产生产资料。"既然固定资本的生产"不是为了取得作为直接对象的价值,而是为了创造价值"[3],那么,"正是在**固定资本的**

---

[1] 《马克思恩格斯全集》第 31 卷,人民出版社,1998 年,第 104 页。
[2] 同上,第 105 页。
[3] 同上。

生产中，和在流动资本的生产中相比，资本在更高程度上使自己成为目的本身并作为**资本**发挥作用"①。固定资本成为"以资本的生产方式为基础的财富**发展的尺度**"②。从这个角度来看，超现实印象并没有产生误导：当代世界城市令人印象深刻而又望而生畏的天际线，证明了资本的神奇力量，资本以自己的形象创造出固定资本的标志性城市景观。

固定资本的耐久性"不应单纯从物质上来理解"③。可以肯定的是，耐久性并不独立于技术品质（比如使用比木材更耐用的金属），而是从根本上取决于"工具要在不断重复的生产过程中反复地起同一种作用"④的方式。它的耐久性"就是它作为生产资料而存在"，"就是它的生产力的提高"。马克思在这里没有注意到的问题是，由于新的、更便宜、更高效的机器的发明，固定资本会加速过时。机器的寿命取决于这些外部条件，这里应该提一下。在马克思的论述中，唯一具有实质意义的是，固定资本被使用的奇特方式，与"投入消费储备的各种物品"⑤被个人集体性消费的方式相吻合。一家纺织厂的固定资本在转化为公寓后，可能成为消费储备的一部分。马克思认为，这种流动性"涉及到一些进一步的规定（租赁代替出售，利息

---

① 《马克思恩格斯全集》第 31 卷，人民出版社，1998 年，第 106 页。
② 同上。
③ 同上。
④ 同上，第 107 页。
⑤ 同上。

等等），关于这些规定，我们在这里还没有谈到"[1]。当马克思做出这样的观察时，只是表明，我们在试图推进分析时，需要注意到尚未完成的工作所涉及的整个领域。有许多物品是租来的而不是买来的（例如，复印机和叉车），有些物品（如房屋）在固定资本和消费储备之间来回转换，这种转换是重要的分析对象。

马克思随后又回过头来，对劳动解放提出了一些进一步的思考。"节约劳动时间等于增加自由时间，即增加使个人得到充分发展的时间，而个人的充分发展又作为最大的生产力反作用于劳动生产力。"[2] 这并不是说，劳动可以变成游戏，"像傅立叶所希望的那样"[3]。实际上，

> 自由时间——不论是闲暇时间还是从事较高级活动的时间——自然要把占有它的人变为另一主体，于是他作为这另一主体又加入直接生产过程。对于正在成长的人来说，这个直接生产过程同时就是训练，而对于头脑里具有积累起来的社会知识的成年人来说，这个过程就是［知识的］运用，实验科学，有物质创造力的和对象化中的科学。[4]

---

[1] 《马克思恩格斯全集》第31卷，人民出版社，1998年，第107页。
[2] 同上，第107—108页。
[3] 同上，第108页。
[4] 同上。

言下之意，政治主体向积极而自由的主体的转变，是向劳动解放的世界过渡的一个必要运动。

我们再次发现，马克思对劳动解放所蕴含的可能性表达出乐观的信念。下面这段话正是表达了这种可能性，并大量引用了《共产党宣言》中提出的著名论题，即在资产阶级社会中，一切坚固的东西都注定烟消云散：

> 正如资产阶级经济学体系在我们面前逐步展开那样，它的自我否定也是如此，而这种否定便是它的最终结果……如果我们从整体上来考察资产阶级社会，那么社会本身，即处于社会关系中的人本身，总是表现为社会生产过程的最终结果。具有固定形式的一切东西，例如产品等等，在这个运动中只是作为要素，作为转瞬即逝的要素出现。直接的生产过程本身在这里只是作为要素出现。生产过程的条件和对象化本身也同样是它的要素，而作为它的主体出现的只是个人，不过是处于相互关系中的个人，他们既再生产这种相互关系，又新生产这种相互关系。这是他们本身不停顿的运动过程，他们在这个过程中更新他们所创造的财富世界，同样地也更新他们自身。①

接下来是对罗伯特·欧文作品的一段较长的摘录，如果想

---

① 《马克思恩格斯全集》第31卷，人民出版社，1998年，第108页。

要了解马克思写作时的思想和政治环境，这段值得一读。例如，欧文反对这样一种前景，即"小业主就会越来越受到拥有大资本的人的排挤，而且以前生产者之间的那种比较幸福的平等，定将让位于人类历史上前所未有的雇主和工人之间的极端不平等"①。在这方面，也许值得注意的是，关于小企业对美国经济重要性的政治劝诫始终存在，而大资本的掠夺从未停止。在新自由主义时代的美国，首席执行官的报酬与员工平均工资的比率从 40∶1 上升到超过 300∶1，对此也有很多负面评论。2020年 4 月，美国国会通过了《关怀法案》(CARES Act)，旨在保护小企业，使其免于因新冠疫情而崩溃，但几乎所有的利益都被大资本吞噬了。在我们今天看来相当激进的表述，对于马克思那个时代的许多左翼反对派来说，往往是常识性的命题。欧文是这一传统中最具影响力的作家之一，他也愿意在建立工人合作社方面投入资金。马克思认真对待欧文的思想，并从欧文身上学到了很多东西，尽管马克思从未放弃自己严格的批判立场。

固定资本是为了提高劳动生产率而产生的。但是，这就提出了如下问题："自然作用物"，"例如水、土地（特别是这土地）、矿藏等等，它们被占有，从而具有交换价值，因此作为价值列入生产费用"②，这是如何发生的。如何理解马克思在其

---

① 《马克思恩格斯全集》第 31 卷，人民出版社，1998 年，第 109 页。
② 同上，第 110 页。

他地方提到的"自然的免费礼物"是个棘手而又有争议的问题，这也是必须解决的问题。马克思的第一步是说，不考虑土地所有制就不能回答这个问题。但这"还不属于这里讨论的范围"，不得不留到以后再说，尽管这是资本的"历史的前提"。但他确实给我们留下了一条线索，告诉我们如何继续分析。"只有与资本相适应而变化了的土地所有制形式——或者作为决定价值的量的自然作用物——，才属于资产阶级经济学体系考察的范围。"[1]与马克思的许多其他范畴一样，他只关心那些涉及独特资本主义形式（土地所有制，债务，甚至异化的雇佣劳动）的范畴。在这一点上，他并没有排除自然贡献价值的可能性。但他也在暗示，大自然的免费礼物流入资本的生产体系，这是通过土地所有权和土地所有者榨取地租的能力来调节的。即使在没有价值创造的情况下，市场价格也可以确定。

可以肯定的是，资本生产力的不断提高会导致原料需求的不断增加。"在采掘工业中，例如渔业和采矿业，劳动只是为了克服获取和占有原产品或原始产品所遇到的障碍。"[2]这就是马克思谈到我们现在所说的"榨取主义"，即原始材料被轻易从土地上拿走并被占有。然而，在农业中，我们不得不接受"原料就是土地本身"[3]这一事实。

然后马克思插入了一个似乎很重要的问题：土地可以被视

---

[1]《马克思恩格斯全集》第31卷，人民出版社，1998年，第110页。
[2] 同上，第111页。
[3] 同上。

第十章　固定资本与流动资本　　443

为固定资本的一种形式吗？这个问题解释了这一部分从建成环境到对原始自然的简要思考的过渡。固定资本当然可以置于土地之上，嵌入土地之中，但他认为，将土地本身归类为固定资本并不是一个好主意，这与他后来关于地租差异的思考完全不同。可以肯定的是，土地是商品化的，可以在土地市场上实现交易。水、矿产资源和其他一切资源都可以从土地上开采出来，所有这些东西都有潜在的使用价值（以及交换价值，即价格），既可以用于生产，也可以用于消费。但是，把土地本身（而不是放置在土地上或建在土地上的建筑物）归类为固定资本并不是一个好主意。

固定资本具有可持续一段时间的物质存在。固定资本的寿命是一个问题。作为劳动的产物，它在自身内部凝结了价值，尽管它的"使用价值就是新价值的创造"①。因此，"以资本为基础的生产方式的已经达到的发展程度……是以固定资本的现有规模来衡量的"。最后，"在**固定资本**中，劳动的社会生产力表现为资本固有的属性；它既包括科学的力量，又包括生产过程中社会力量的结合，最后还包括从直接劳动转移到机器即死的生产力上的技巧。相反地，在**流动资本**中，劳动的交换，不同劳动部门的交换，它们的交错连结和形成体系，生产劳动的并存，表现为**资本的属性**"②。奇怪的是，相比于在流动资本的

---

① 《马克思恩格斯全集》第31卷，人民出版社，1998年，第11i页。
② 同上。

物质世界中每天辛勤劳作的活劳动，正是固定资本的死劳动脱颖而出，成为衡量资本进步的标准。

流动资本流入直接生产，生产出最终出现在我们餐桌上或商店里的商品；而固定资本在生产活动的背后，有着一套不同的流通逻辑。到目前为止，这两种不同的流通逻辑已经分别提出了。马克思把它们更紧密地联系在一起。他首先强调了二者在周转时间上的根本差别。在流动资本这里，"周转速度补偿了资本数量"①。一年周转四次的小资本，与一年只周转一次的大资本所生产的剩余价值一样多。"**因为流动资本全部进入流通，并且全部从流通中流回，所以它作为资本来再生产的次数，同作为剩余价值或追加资本来实现的次数一样多。**"② 相反，"由固定资本构成的资本部分越大"，而且"固定资本越耐久"③，"它的再生产的时间越长"④，流动的那部分资本的周转次数就越多。"因此，"马克思总结道，"生产的**连续性**，对于资本来说，便成了外在的必要性。"⑤ 马克思再次强调了连续性的重要性，即如果固定资本的价值要在其生命周期内实现，流动资本必须保持流动。

这是资本运动规律的另一个方面，它在马克思的资本理论

---

① 《马克思恩格斯全集》第31卷，人民出版社，1998年，第114页。
② 同上，第115页。
③ 同上。
④ 同上，第116页。
⑤ 同上。

中占有重要地位。"对于流动资本来说，只要中断的时间不太久，不致于破坏它的使用价值，那么中断就只是创造剩余价值方面的中断……因此，只是随着固定资本的发展，与资本概念相符合的生产过程的连续性才成为维持资本的必要条件。"[1] 马克思接着补充说："消费的连续性和不断增长也是如此。"[2] 到目前为止，在《大纲》中，我们还没有怎么讨论最终消费的作用。但在这里，它被明确地纳入分析，作为总体中的一个独特环节，对固定资本在其生命周期（可能是多年）中实现全部价值具有重要作用。

所有这一切基于如下惯例：以一年作为资本周转时间的度量标准（即使有些资本在一年内周转好几次），以一个标准工作日作为劳动力周转时间的度量标准。但是

> 把固定资本也考虑进来，情况就发生了变化，无论是资本的周转时间，还是计算周转次数的单位，也就是年，都不能继续充当资本运动的时间尺度了。相反地，现在这种单位是由固定资本所需要的再生产时间决定的，就是说，是由资本作为价值进入流通而又从流通中流回其价值总额所需要的总流通时间决定的。[3]

---

[1] 《马克思恩格斯全集》第31卷，人民出版社，1998年，第116页。
[2] 同上。
[3] 同上，第116—117页。

固定资本将自己的时间性内在化了。如果我使用的是一台寿命为 10 年的机器，那么我的时间性就被一个 10 年的时间范围所固定。如果同类机器的平均寿命也是 10 年，那么这就在整个经济中产生了一个 10 年（可能是交错的）的投资周期。"根据拜比吉的说法，"① 马克思写道，"在英国，机器的平均再生产是 5 年。"而马克思认为，"实际的再生产因而也许是 10 年"。"毫无疑问，自从固定资本大规模发展以来，工业所经历的大约为期 10 年的周期，是同这样规定的**资本总再生产阶段联系在一起的**。"② 在马克思的时代，有证据表明，存在为期 10 年的投机性的投资周期。而 1826 年、1836 年、1847—1848 年、1857—1858 年（马克思写《大纲》时）发生了尖锐的危机。这些商业周期与固定资本（包括独立类型的固定资本）再投资和更新的浪潮相吻合。对新机器的再投资浪潮往往导致旧机器的贬值，但马克思没有讨论这一点。他只是指出，"延续多年的、本身分为一些各具特点的时期或时代的工业周期，却是大工业所固有的"③。

然而，重要的是认识到一点，即固定资本"本身不是作为使用价值而流通的，它进入流通的数量，只限于在生产过程中作为使用价值被耗费掉的那一部分……它在较长的时期内一部分一部分地流回，而流动资本却是在较短的时期内全部流

---

① 《马克思恩格斯全集》第 31 卷，人民出版社，1998 年，第 117 页。
② 同上。
③ 同上。

通……总的说来，它流回的数量只限于直接或间接地**转化为产品，从而转化为流动资本**的那一部分"①。换句话说，在固定资本中凝结的价值流入了流动资本，从而在分散的基础上把长期和短期的周转联系起来。流动资本"以产品的形式，以新创造的使用价值的形式，从生产过程被投入流通"②，其使用价值被全部消耗掉。随着它以货币形式得到实现，价值和剩余价值都实现了，"再生产的一切条件也得到实现"③。"相反地，固定资本本身不是作为使用价值而流通的……它作为价值进入被加工的原料……或进入直接开采出来的原产品（例如在采矿业中）。"④它的价值"只有在包括若干年的一个周期内才能流回……它只是陆续加入产品价格，因此只是陆续作为价值而流回"⑤。

"固定资本和流动资本的这种不同的回流方式，后来表现为出售和出租的区别，年金、利息和利润的区别，各种形式的租金和利润的区别。"⑥这是一句潜藏着重要意义但信息量不足的陈述。它表明，在固定资本和流动资本的不同流通过程中，存在着相互协调、相互决定的联系，而其他分配形式（如利息、租金和金融工具）在作为一个总体的资本主义生产方式中广泛

---

① 《马克思恩格斯全集》第 31 卷，人民出版社，1998 年，第 118 页。
② 同上，第 117 页。
③ 同上。
④ 同上，第 118 页。
⑤ 同上。
⑥ 同上。

地发挥作用。

马克思切入这一复杂问题的要点在于："创造利润的，既不是流动资本，也不是固定资本，而是以这两种形式的资本为中介对他人劳动的占有。"[1] 当然，这种他人劳动来自小流通。但是利润"只是由于资本进入流通，也就是说，只是在它的流动资本形式下实现的，而决不是在它的固定资本形式下实现的"[2]。固定资本对于理解价值的生产是至关重要的，但与价值通过市场销售得到实现的过程无关。

但是，如果固定资本"不是以机器的形式直接进入生产过程的那种固定资本，而是具有铁路、建筑物、农业改良、排水设备等形式……它所包含的价值和剩余价值是以年金的形式实现的，在这里利息代表剩余价值，而年金代表预付价值的陆续回流"[3]，那会怎么样呢？在这种情况下，固定资本"不是一次售出的，而是作为年金售出的"[4]。我们这里讨论的固定资本，马克思在其他地方称之为"独立的固定资本"。在这种情况下，我们很快就会看到，固定资本的流通似乎与生息资本的流通有某种关系。

有些形式的固定资本"起初作为流动资本发挥作用，只有

---

[1] 《马克思恩格斯全集》第 31 卷，人民出版社，1998 年，第 120 页。
[2] 同上。
[3] 同上。
[4] 同上，第 121 页。

当它在生产过程中被固定下来以后,才成为固定资本"①。在工厂主买下机器,并将其作为固定资本来使用之前,机器制造商一直是流动资本的生产者。"甚至房屋的情况也是这样,尽管房屋不动,对于建筑业来说却是流动资本;对于购买房屋以便出租或作生产上的厂房使用的人来说,房屋是固定资本。"②

正是在这一点上,出于某种原因,马克思回到了他关于资本流通的基本论点。"生产资本成为产品,商品,货币,又重新变为生产条件。"③这是他的基本观点(见图2)。"在其中每一种形式中,它始终是资本,并且只有当它作为这样的东西实现时,它才成为资本。只要资本在这些阶段中的某一个阶段停留下来,它就会固定为商品资本,货币资本或工业资本。但是每一个这样的阶段都只构成资本运动的一个环节,在资本为了从一个阶段过渡到另一个阶段而离开的那种形式下,它不再是资本。如果资本离开商品形式而变为货币,或者反过来,那么它作为资本就不是存在于被它抛弃的形式中,而是存在于新采取的形式中。"④因此,资本"把上述每一种形式当作自己的非资本存在加以抛弃,以便然后再采取这种形式"⑤。关键依然在于,如果资本是运动中的价值,那么任何运动中的中断都意

---

① 《马克思恩格斯全集》第31卷,人民出版社,1998年,第121页。
② 同上。
③ 同上。
④ 同上。
⑤ 同上,第122页。

味着资本的损失和贬值。这清楚地阐明了马克思的观点，即资本（价值）不能存在于反资本（或"被抛弃的资本"）之外，缺乏运动将使资本不断受到贬值的威胁。我认为，马克思感到有必要在这里重申这一点，以便面对固定资本以这样或那样的方式缺乏运动的问题。货币贬值的威胁是真实存在的。但是，还有另一个角度需要考虑。"如果资本作为货币、土地、房屋等等出租，那么它**作为资本**就变成商品；换句话说，在这种场合，投入流通的商品就是**作为资本的资本**。"①

这是我们在《大纲》中第一次遇到资本本身可以成为商品的情况。马克思承诺将在"下一篇"对此展开论述。在正常情况下，生产者-购买者——

> 是间接地通过各种商品而对固定资本的消耗和使用陆续地和一部分一部分地进行支付的，尽管固定资本本身并没有作为使用价值进入流通。
>
> 但是，也有买者直接支付其使用价值的固定资本形式，例如交通运输工具等等。在所有这类场合，固定资本实际上从不离开生产过程，如铁路等就是这样。但是，当它为某些人在生产过程中充当交通工具来把产品运往市场，以及为生产者本身充当流通手段的时候，它同时也可以为另一些人充当消费资料，充当使用价值，如为旅游者服务

---

① 《马克思恩格斯全集》第 31 卷，人民出版社，1998 年，第 122 页。

等等。

　　作为生产资料来看，固定资本在这里与机器一类的东西不同，因为它同时被不同的资本当作它们共同的生产条件和流通条件来使用……①

　　直接生产者不必买下铁路，但可以在需要时支付其使用费用（和许多其他用户一样）。在这种情况下，固定资本不是"被包含在特殊生产过程中的东西，而是表现为各特殊资本的大量这类生产过程的联络动脉，它就是由这些特殊资本一部分一部分地消耗掉的"②。人们购买固定资本的使用权，目的就是使用它。铁路"或出租的供进行生产使用的建筑物同时既是生产工具，又被它们的卖者同时作为产品，作为资本来实现"③。

　　以建铁路为例，建造一条铁路可能需要10年（或者如果在中国，可能需要3年），在这段时间里，没有收入，但成本很高，资本必须做好等待的准备。但是，在生产固定资本的过程中，工人要吃饭，要购买原料和能源，流动资本还要发生许多附带费用。这一切都是在流动资本的框架内发生的。流动资本在流入固定资本的过程中减少了，固定资本最初没有给流动资本带来任何回报。可能要经过若干年，才能带来回报。

---

① 《马克思恩格斯全集》第31卷，人民出版社，1998年，第122—123页。
② 同上，第123页。
③ 同上，第124页。

例如，20 世纪 50 年代和 60 年代美国的州际公路项目，最初并不是为了提高生产率而设立的。它是为了军事安全而设立的，并吸收了大量的流动资本。但是，现在人们普遍认为，它花的钱并没有浪费。它提高了美国经济的生产率，部分原因是它促进了以时间消灭空间。但是，固定资本投资可以流入一些超大型项目，而这些项目对提高生产率甚至提高消费基金的质量都没有任何作用。地方官员尤其受到高楼大厦情结的困扰：他们渴望创建一个以自己名字命名的超大项目，不管它是否有意义。浪费性吸收剩余劳动和剩余资本的现象（"通往无处之桥"）并不少见。在其他地方，马克思注意到，有大量长期项目导致第一波投资者的破产，之后第二波投资者涌入，以超低价购买了未被使用的和贬值的使用价值，从而成功地启动了一轮快速资本积累，这大大降低了固定资本的成本。

马克思这里提出的观点是，固定资本本身日益成为一项社会工程，特别是当它成为一种独立的固定资本时。"这里重要的是，资本的生产就这样表现为按照一定的份额生产出流动资本和固定资本，所以资本本身也就生产出作为固定资本和流动资本的双重流通方式。"[①] 这就把我们引回到斯密的出发点，即"**一切固定资本最初都来自某种流动资本，并且需要靠流动资本来不断维持**"[②]。这种对斯密的回归使马克思对固定资本形成

---

① 《马克思恩格斯全集》第 31 卷，人民出版社，1998 年，第 125 页。
② 同上，第 126—127 页。

在资本主义生产方式兴起和成熟过程中的历史作用（及其理论地位）进行了一些反思。

例如，他指出，每一种流动资本"最初同样是来自固定资本的。没有网他不能捕鱼，没有犁他不能耕地，没有铁锤等等他不能开矿。哪怕仅仅把石头当锤子等等来使用，那么这块石头当然不是流动资本，而且根本不是资本，而是劳动资料"①。但是，"一切资本，不管是流动资本还是固定资本，都来源于对他人劳动的占有，不仅起初是这样，而且经常不断地是这样"②。当然，这是马克思资本理论的基本原则，只有在这个框架内，我们才能理解固定资本和流动资本之间的复杂关系。与斯密关于资本的物质性的普遍主义看法相对，马克思对上述原则的重申，使他做出了有趣的评论：

> 当一个在资本的基础上进行生产的工业民族，例如英国，同中国人进行交换……人们立刻就可以看出，中国人无须为此而作为资本家来进行生产。即使在同一个社会内部，例如在英国国内，资本主义生产方式也是在某一些生产部门中很发达，而在另一些部门中，例如在农业中，则是资本以前的生产方式或多或少地占统治地位。
> 然而，（1）资本的必然趋势是在一切地点使生产方式

---

① 《马克思恩格斯全集》第 31 卷，人民出版社，1998 年，第 133 页。
② 同上。

从属于自己，使它们受资本的统治……（2）在国外市场方面，资本通过国际竞争来强行传播自己的生产方式。竞争一般说来是资本贯彻自己的生产方式的手段。①

这是马克思倾向的一种说法，它引起了反对者甚至富有同情心的批评者的强烈抗议，他们认为这是等级式的历史决定论（尽管马克思称之为"必然趋势"）。他们说，这种说法构成了对人类能动性的否定。从2022年的世界来看，马克思在1858年写下的这段话绝对是准确的。正如马克思所言，如果我们被抽象统治，那么人类能动性的唯一有意义的目标，就是抗击产生抽象的过程，使它们变得无关紧要。但这恰恰是资本主义意识形态和政治所拒绝考虑的。无论如何，很难想象一场反抗抽象的阶级斗争是怎样的。

在这段具有启发性的论述之后，马克思几乎立即在讨论中抛出了另一个理论炸弹，尽管它"还完全不属于这里研究的范围"②。由于固定资本"在一年之内只能部分地得到实现，那么它也只要求有**部分的对等价值**"。我认为，马克思这里的意思是，整个机器每年都会被使用，但在给定的一年之内，使用机器所得的货币回报只占机器价值的一部分。"固定资本仅仅按其磨损的比例得到支付。"但是，"**固定资本要求在往后的年份**

---

① 《马克思恩格斯全集》第31卷，人民出版社，1998年，第128页。
② 同上，第131页。

里生产继续进行，并且为了有助于得到大量收入，它还预期占有作为对等价值的未来劳动"[1]。这里马克思得出一个惊人的发现。"因此，预期创造未来劳动的果实，这决不是国债等等的后果，一句话，决不是信用制度的发明。它的**根源在于固定资本的价值的特有实现方式，周转方式，再生产方式**。"[2]

这一观察所潜藏的重要意义在于，它关乎对于过去 40 年左右资本主义历史中金融化和信用体系剧烈扩张的理解。这一转变的影响已经得到了广泛的研究和评论，但对于这种转变如何以及为何发生，还没有人提出完整的解释，更不用说被接受的解释了。理论家们已经沦落到说，它就那么发生了，资本改变了自己的位置，倾向于金融化，就像它在整个历史上周期性地表现的那样，仅此而已。但是，如果马克思的看法是正确的，如果我们坚持总体观点，以及任何重大变革都必须从其内部得到实现和解释，而不是由外部强加的原则，那么，想要解释金融化，就不能局限于信用体系和金融，而要着眼于固定资本和流动资本不断变换的动力机制。这一点，在这一部分中已经暗示了不止一次（例如，前面关于年金的讨论）。从流动资本向固定资本的这一必然的螺旋形式转变，强化了对信用体系和融资的需求。越多的资本创造出独立类型的固定资本，就越是需要将信用的流通纳入固定资本流通。

---

[1] 《马克思恩格斯全集》第 31 卷，人民出版社，1998 年，第 131 页。
[2] 同上。

我所知道的这种关系的最明显例子，就是法兰西第二帝国时期的巴黎。在这个例子中，路易·波拿巴新执掌帝国政权时开始通过重建巴黎（奥斯曼化）来渡过资本危机，这就需要创建新的信用机构和新的城市公共财政结构。最近的例子是中国的大规模城市化，新的信用机构（包括影子银行体系和抵押贷款融资）的兴起为其提供了支持，这导致了公共和私人债务的大幅增加。金融化和新的信用工具如何兴起的问题，重新导向这样一个问题：流动资本所固有的局限性和可能性是如何导致资本大规模流入独立类型的固定资本的。此外，注意到如下这一点很重要：许多固定资本，特别是独立类型的固定资本，像生息资本一样流通，而不关心赚取利润。因此，建成环境为剩余货币资本提供了一个方便的投资池。

为了理解固定资本和流动资本之间的关系，马克思不会放弃任何相关的内容，实际上他痴迷于此。其结果是，文本中存在大量的重复、重新表述和思辨性评论，间或夹杂着总结性陈述。例如，他指出，"固定资本本身只有在它成为流动资本的价值组成部分，从而它的**各种要素通过流动资本转化为固定资**本而被再生产出来的时候，才能作为资本得到更新。**正像流动资本是生产固定资本的前提一样，固定资本也是生产流动资本的前提**"[①]。这种论证的逻辑结构似乎表现为同义反复，直到引入如下观点：资本在总体内部永恒运动。他在总结性陈述中继

---

① 《马克思恩格斯全集》第31卷，人民出版社，1998年，第134页。

续说明，固定资本如何"创造剩余价值，不是因为它们有价值，——因为它们的价值只是得到补偿，——而仅仅因为它们增加相对剩余时间，或减少必要劳动时间。因此，产品量必定随着机器的量的增加而按同一比例增加，而使用的活劳动必定相对地减少"①。

这为马克思分析固定资本开辟了新的篇章。"**固定资本的价值同它的效率相比越小，固定资本就越符合自己的目的。一切不必要的固定资本，正像一切不必要的流通费用一样，都是非生产费用。**"②考虑到初期固定资本在提高劳动生产率方面的重要性，这似乎是一个奇怪的说法。马克思在早些时候曾指出，固定资本的流通越来越受制于这样的需要：寻找一些出路来吸收资本所产生的"巨量"剩余价值和剩余产品。当"货币固定在银行家……的手里"，并且"渴求投入的地盘，以便能作为资本来增殖"③，还有什么比投资于城市化或其他形式的独立类型的固定资本更好的去处呢？在这种情况下，至关重要的是，固定资本并不致力于劳动生产率的提高，生产率提高的自我维持的循环被打破了。"因此，固定资本的价值决不是资本生产的目的本身。"④换句话说，从生产的角度来看，固定资本的价值是由它对剩余价值生产的贡献来衡量的，但从生产和流通的

---

① 《马克思恩格斯全集》第 31 卷，人民出版社，1998 年，第 139 页。
② 同上。
③ 同上，第 8 页。
④ 同上，第 139 页。

总体角度来看，固定资本还有另一个至关重要的作用，那就是以非生产的方式吸收剩余产品。这一点将在后续的抵消利润率下降的方面发挥重要作用。因此，资本领域充斥着非生产的固定资本投资，这是资本主义生产方式中的"白象"①。与军事开支（马克思将其描述为把价值倾倒入海）一样，独立类型的固定资本的形成领域具有一种违反常情的效用，即作为投资的倾倒场；甚至可能导致剩余资本贬值。

不过，在继续推进之前，马克思还有一个问题要讨论。"经济学家们所举出的［固定资本和流动资本之间的］最后一个区别，是**可移动**和**不可移动**的区别。"② 固定资本在物理上固定于地面，这包括"土壤改良、灌溉渠道、建筑物；机器大部分也是这样，因为它们要发挥作用，就必须在物体上固定下来；铁道，总之，工业产品固定在地面上时所采取的任何形式"③。虽然这"没有给固定资本的规定加进任何东西"，但在这种情况下，固定资本的"物质存在"和经济用途汇聚在了一起。但即便它的使用价值在空间上是固定的，它也可以以所有权的形式（例如，作为铁路股份）流通。基于此，它也必须就地使用。流动资本的流动方式也必须有利于固定资本的价值实现：

> 起初，动产的增加，动产同不动产相比的增大，表明

---

① "白象"指昂贵而累赘的东西。——译者注
② 《马克思恩格斯全集》第31卷，人民出版社，1998年，第140页。
③ 同上。

了资本同地产相比的上升运动。但是资本主义生产方式一旦成为前提，它使生产条件从属于自己的程度就表现为资本向不动产的转化了。这样一来，资本就定居在土地本身上，而表面上固定的、由自然造成的、以地产形式存在的前提本身，却表现为仅仅是由产业造成的。①

马克思在其他地方提到的"第二自然"的生产，就此开始了。

对建成环境的投资往往既面向生产，也面向消费，公园、医院、学校或住房（它最为典型）都是如此。住房对于建造它的人来说是一种流动资本形式，当房子被卖掉时，它就进入消费基金，除非有人决定把它用作一家血汗工厂，这样它就变成了一种用于生产的固定资本形式。无论如何，房子的使用寿命都比较长，在美国，以抵押贷款的形式，房子的标准付款期限是30年左右。大部分的住房业务都属于消费基金。但正如我们已经提到的，重要的是用途。房子可以从消费基金转为纺织品生产场所，后者又可以转变为公寓，也就是从固定资本类别转变为消费基金类别。

固定资本的固定性对如何理解人同自然的物质变换关系有一定的影响。被土地吸纳的固定资本，在被摊销之后，将作为一种永久改善的事物留存下来，表现为"第二自然"的一部分，

---

① 《马克思恩格斯全集》第31卷，人民出版社，1998年，第140页。

这是被人类的占有活动和生产活动所改变的自然。这就提出了一个直接的难题，即在土地上建设的基础设施与地产之间的关系问题。物质基础设施的生产和使用、城市化的兴起、地理层面的不平衡发展，都依赖于（预设）地产的存在："动产的增加……表明了资本同地产相比的上升运动。"[1]

马克思提出的两点观察具有潜在的重要影响。"资本（1）按照不等的比例分成固定资本和流动资本，（2）所经历的生产阶段有的中断有的不中断，并且要从或远或近的市场流回。"[2] 其结果是，"在一定时间内，例如在一年内，所创造的剩余价值的规定必然是不等的，因为在一定期间内再生产过程的次数是不等的"[3]。价值创造取决于一年内某一生产过程的重复次数，也取决于生产过程之中劳动投入的连续性。例如，在农业领域，劳动投入在一年内是断断续续的，而在某些地区有可能进行两季种植。虽然马克思没有详细阐释，但这表明，不平等、不平衡的发展过程内化于资本主义生产方式。

由此可以得出结论："生产过程作为自身包含着自己的更新条件的过程，就是再生产过程，它的速度决定于上述种种完全由循环本身的区别产生的关系"[4]，循环本身的区别包括从流通时间到市场距离等方面产生的区别。其结果是，"生产本身

---

[1] 《马克思恩格斯全集》第31卷，人民出版社，1998年，第140页。
[2] 同上，第141页。
[3] 同上，第141—142页。
[4] 同上，第142页。

在一切方面都从属于交换。这些交换活动，流通本身，不生产剩余价值，却是实现剩余价值的条件"[1]。换言之，举一个与马克思的思考相近的具体例子，曼彻斯特棉纺厂的剩余价值生产，受限于棉花从南北卡罗来纳州的种植园运到曼彻斯特所花费的时间，也受限于成品运往印度的初级市场所花费的时间。但永远不要忘记，"向货币转化对于资本本身的再生产是必要的，而资本的再生产必然是剩余价值的生产"[2]。在这整个分析过程中，马克思一再地让我们认识到，剩余价值的生产和实现过程，具有空间上和时间上的连续性，而成功更新这一过程离不开各种各样的条件的再生产。

---

[1] 《马克思恩格斯全集》第31卷，人民出版社，1998年，第143页。
[2] 同上。

第十一章

利润率下降及其他情况

马克思在一本新笔记本的开头宣布了他的新研究方向,这已不是他第一次这样做了。在此之前,他一直把生产和流通当作可以分开研究的两个领域。在对生产的分析中,他主要关注的是必要劳动时间和剩余劳动时间之间的关系。当他转向流通问题时,他对不同的资本流通进行了分解,并特别强调了固定资本相对于流动资本的流通。他现在告诉我们,资本在总体之中"表现为生产和流通的统一"[1]。他现在开始探索它们之间的对立统一关系,并特别关注固定资本流通对生产中劳动生产率的影响。

由于它作为一个整体被纳入流通,"剩余价值就不再**表现**为由资本同活劳动的简单的直接的关系所确立的东西"[2]。马

---

[1] 《马克思恩格斯全集》第31卷,人民出版社,1998年,第144页。
[2] 同上,第145页。

克思实际上调整了他的观察视角，把资本的流通看作一个整体（见图2），从这一视角出发，剩余价值似乎"只表现为资本的总运动的一个要素"①，而非从货币资本到通过生产实现这一线性过程的终点。从总体性视角来看，资本"同作为自行增大的价值的自身发生关系……具有一定价值的资本在一定时期内生产出一定的剩余价值……这样表现为自行增殖的价值的资本，就是利润；从这个角度来看，不是从永恒性的角度，而是从资本的角度来看，剩余价值就是利润"。似乎正是对利润的追求，激励和驱使着资本做出资本该做的事。"资本的产物就是利润。"②

接下来，一部分利润被用于再投资。"只要这个新创造的……价值重新投入生产过程，本身作为资本重新保存下来，资本本身便增大了，现在便作为具有更大价值的资本发挥作用。"③因此，"这个增大出利润的资本，现在又以增大的规模重新开始同一过程。资本划了一个圆圈，作为圆圈的主体而扩大了，它就是这样划着不断扩大的圆圈，形成螺旋形"④。请注意，马克思在这里强调了增大，即资本的增大。利润不再是流通过程的终点，而是在流通过程中激发资本总体增大的工具。

这种从永无休止的、不断重复的"善的无限"（就像我们

---

① 《马克思恩格斯全集》第31卷，人民出版社，1998年，第145页。
② 同上。
③ 同上，第146页。
④ 同上。

经历黑夜之后会有白昼那样）向螺旋形式的、无尽累积的、指数增长的"恶的无限"的转变，具有极为重要的理论意义。如果我们忽视这一点，将付出很大代价。资本增长的综合征现在已经占据了中心位置。

从这种螺旋形式的角度来看，资本神奇地完成其无止境的自我扩张，剩余价值和剩余劳动似乎只是服务于资本对利润追求的要素，而后者才是增长的核心动力。从这个角度来看，资本很少或根本不关心劳动力的再生产。只要工人每天都来贡献他们的（异化的）劳动就好，这是唯一重要的事。他们会这样做，因为他们为了在社会再生产的世界里尽可能地生活下去，不得不献出异化劳动。劳动能力的流通就是这样进行的。马克思常常因为忽视了社会再生产而受到批评，这有一定的道理。但在这里，他密切关注的是资本增长的视角，从这个视角看，资本完全不关心社会再生产的条件。马克思似乎觉得这种忽略是合理的，至少在他关于这一要点的研究中是这样的。

在马克思的许多初始性的分析中，"表现为"是一个重要的用语。当马克思使用这个词时（就像他在《资本论》的正文开端所做的那样），他指的是某种真实的东西，但是隐藏了其潜在的力量或意义。太阳表现为绕着地球转，但实际上却是地球在转。资本表现为生产出利润，但利润的根源在于剩余劳动。正如马克思在其他地方指出的那样，如果一切都如同其表现出的样子，那人类就不需要科学了。但是，即使我们知道根本原因不在此，我们也必须对表面的现象和症候做出反应。如果人类主体对表面现象的反应没有更多的话，至少会和对根本原因的反应一样多。心理学家可能会试图向我们保证，我们在街上看到的暴力行为可能源于参与者的不安全感，但无论如何，第一个可行的步骤是解除施暴者的武装。对表面现象的正确分析，同找出根本原因一样重要。资本专注于创造利润，并诉诸价格信号，它无法认识到，利润的真正来源在于剩余劳动时间。马克思认为，在经济分析中，我们需要在表面现象和其背后不断发挥作用的现实之间，保持动态的张力。这正是他在接下来一部分内容中试图做的事情。

从总体的角度来看，资本表现为自我复制，追求利润，在螺旋式增长的基础上无休止地建设。但在这种形式中，它遇到了一些严重的矛盾。利润率取决于"与活劳动相交换的那部分资本"（马克思最终将其称为可变资本）同"以原料和生产资料形式存在的那部分资本"[1]（马克思最终将其称为不变资本）之间的比例关系。"这样一来，与活劳动相交换的那部分越少，利润率就越低。"换句话说，"相对剩余价值……越是增长，**利润率也就按相同的比例越是下降**"[2]。以加工工业为例，固定资本用得越多，原材料也就用得越多，"与活劳动相交换的那部分资本则减少了"[3]。生产率的提高意味着同样的产出需要更少的劳动力，或者同样的劳动力产出更多。请注意，这里引入了

---

[1]《马克思恩格斯全集》第 31 卷，人民出版社，1998 年，第 146 页。
[2] 同上。
[3] 同上，第 147 页。

相对剩余价值的概念，它在《大纲》中出现得不多，而在《资本论》第一卷中占据了重要地位。马克思在这里注意到一个重要的奇怪之处。"假定……**剩余劳动同必要劳动之比相等**"（他在《资本论》中称之为平均劳动力受剥削的程度），"利润同各资本的量的比例也可以不等，并且必然不等"。①

"总利润"（我将其称为利润的"量"）"通常**不是同利润率一道增长，而是同资本量一道增长**……资本 100 在利润为 10% 时提供的利润额，小于资本 1 000 在利润为 2% 时所提供的利润额"② 这是一个显而易见却又经常被忽视的事实。更普遍的是：

> 如果较大资本的利润率下降，但是下降的比例小于资本量增长的比例，那么，利润率虽然下降，总利润会增加。如果利润率下降的比例和资本量增长的比例相同，那么，总利润就和较小资本的总利润相同；保持不变。如果利润率下降的比例大于资本量增长的比例，那么，同较小的资本相比，较大资本的总利润会随着利润率的下降而下降。
>
> 这从每一方面来说都是现代政治经济学的最重要的规律……③

---

① 《马克思恩格斯全集》第 31 卷，人民出版社，1998 年，第 146—147 页。
② 同上，第 147—148 页。
③ 同上，第 148 页。

第十一章　利润率下降及其他情况

最后这句话被广泛引用，而解读马克思在这里的意思至关重要。在通常情况下，句中的"这"被认为是前面的段落提出的论点。因此，"这"的内容就是指利润率与利润量之间的关系。但是，在许多马克思主义文献中，"这"被认为仅仅指利润率的下降。大多数经济学家（不幸的是，包括许多马克思主义者）倾向于关注利润率的变化，并相应地调整他们的解释、评论和政策，而忽视了产品数量增加产生的问题。例如，英格兰银行在2019年围绕量化宽松政策对英国财富分配的影响进行了一项详细研究，估计"最不富裕的10%家庭"的实际财富"在2006—2008年到2012—2014年期间略有增加，约为3 000英镑，而最富裕的10%家庭增加了35万英镑"。这似乎证实了一种流行的观点，即央行的量化宽松政策对最富裕的人的益处大于对最不富裕的人的益处。但是，这份报告得出了相反的结论："英国的基尼系数（衡量财富不平等程度的常用指标）略有下降。"考虑到初始的平均财富情况，最不富裕的人得到的3 000英镑在财富比例上的增长比最富裕的10%的人得到的35万英镑还要多。

但是，马克思会问，在什么意义上，基于100英镑的10%的收入增加，会比基于100万英镑的5%的收入增加更好呢？6年获得3 000英镑，意味着每周还不到10英镑，这几乎不会增加一个人的福祉，更不用说增加政治和经济权力了。这是微不足道的收获。而英国最富裕的人每周获得了超过1 000英镑，这是相当可观的。在6年里，两者之间的差别大约在于，最不富裕的人每周多喝几杯咖啡，而最富裕的10%的人则有了足够的钱在曼哈顿买一套单间公寓。如果货币是社会权力的一种关键形式，那么，相对于那些用少量资本创造高收益率的人来说，巨额财富（比如杰夫·贝佐斯或比尔·盖茨的财富）以低收益率就可以创造巨大的社会权力。

只关注利润率而不关注利润量，会在经济分析中造成一种系统性偏见。如果英格兰银行的报告可以作为参考，那么这种偏见往往有利于富裕阶层。相比其他所有人，富人所控制的大量财富和权力正在惊人地增长，即使伴随着利润率的下降。事实证明，最不富裕的人群获得较高的增长率，这既反映了他们最初的贫困，也反映了他们的实际受益程度。如果底层10%的人的财富接近于零，那么给他们一点货币收益，就不难让他们获得100%的增长。社会需要解决的是利润量的问题，而不仅仅是利润率的问题。奇怪的是，英格兰银行的经济学家认为，公众未能正确地解读数据，这是重要的观念问题，而不是对前10%的富人所控制的资本规模的快速增长感到愤怒。

马克思清楚地认识到这一点的重要性，正如他在这段论述的开头所表明的那样："如果较大资本的利润率下降，但是下降的比例小于资本量增长的比例，那么，利润率虽然下降，总利润会增加。"[①] 这正是马克思所宣称的"从每一方面来说都是现代政治经济学的最重要的规律，是理解最困难的关系的最本

---

① 《马克思恩格斯全集》第31卷，人民出版社，1998年，第148页。

质的规律。从历史的观点来看，这是最重要的规律。这一规律虽然十分简单，可是直到现在还没有人能理解，更没有被自觉地表述出来"[①]。

然而，在许多马克思主义文献中，这句话被引用为一个简单的断言，即利润率的下降在马克思关于资本运动规律的理论中占据中心地位。这一利润率下降的规律在构建危机形成理论的过程中，往往占有重要地位。虽然很显然，马克思非常乐于澄清和阐明这样一种规律（或趋势）本身，但我们很快就会看到，事情并没有那么简单。马克思在他最初的论述中，既关注总利润（或利润量），也关注利润率的下降。他把利润率和利润量看作运动中矛盾的两个方面。只是在详细论述了这种矛盾如何运作之后，马克思才大胆地提出了关于最重要的规律的看法。在《资本论》第三卷的相似段落中，马克思同样坚定地认为，他正在研究的是一个双面的规律，即利润率下降和利润量上升的规律。《大纲》的内容支持了这一观点。是把马克思所讨论的规律判定为利润率下降和利润量上升的规律，还是仅仅判定为利润率下降的规律，二者将会产生相当大的差别。从总体的角度出发，马克思明确指出，资本（价值量）的绝对增长才是资本的本质。如果利润率是维持这种增长的基本工具，而且它有下降的趋势，那资本就必须找到一种机制，来实现资本主义生产方式所要求的绝对增长。一个显而易见的答案是，从

[①] 《马克思恩格斯全集》第31卷，人民出版社，1998年，第148页。

事生产的工人数量必须增加，并且工人所创价值足以弥补劳动生产率提高所造成的剩余价值损失。换句话说，如果雇佣工人数量急剧增加，这将扭转劳动生产率提高导致的剩余价值量下降的趋势。虽然利润率下降了，但是，利润量能够而且确实增加了。

在资本主义社会中，财富是以对价值（或其表现形式、货币价值）的支配能力来衡量的。获得对价值的足够控制力，是追求财富的目的。利润率是达到这一目的的重要手段。但是，某些实体（个人、公司、机构、国家）积累的财富越多，利润率的影响就越小。从20世纪90年代到21世纪，中国的经济增长率非常之高（许多年都超过10%）。到2019年，总量变得如此之大，以至于5%的增长率也意味着不可想象的财富的进一步积累，中国预计在不久的将来超过美国，成为世界上最大的经济体。这种情况是马克思乐于分析的。但他肯定也会注意到，20世纪90年代的高增长率建基于大规模动员从农村招募的低工资劳动力，不久之后，大规模消费（生产消费和最终消费）崛起，使中国成为包括德国（出口如宝马、西门子等工业企业产品）在内的许多国家的首要市场。辩证分析利润率和利润量对于在总体范围内实现新的配置至关重要。

然而，我们并不完全清楚的是，马克思究竟是在阐明（也可能是在批评）古典政治经济学中被广泛接受的基本规律，还是将其视为自己的规律。这是研究马克思的著作时常常遇到的问题。从接下来的内容来看，马克思似乎确实接受了李嘉图关于利润趋于下降的规律，以此作为自己理论的基础。但他通过改变这一规律的机制，并将利润量的上涨纳入其中的方式，对这一规律进行了彻底改造。李嘉图关于利润下降的独立观点在整个政治经济学领域广为人知。马克思抓住的是这一规律所采取的特殊形式，是产生和调整这一规律的内源性（内部）机制，而非外源性（外部）机制，以及它与利润量上涨之间的关系。我们稍后会看到关于规律的运作，在《大纲》和《资本论》中，马克思都给出了其他的条件和警示，这些都会影响规律发挥作用。

鉴于我在这里的解释在一定程度上违背了马克思主义经济学的特定路线，后者把利润率下降的规律神圣化，不承认（除了顺便承认的情况）利润量上升的重要性，我还需要进行一些超出文本分析的证明（我认为这是无可辩驳的）。目前，全球资本主义面临着许多严重的问题，而在绝大多数马克思主义危机形成理论中，关于规律力量的主张又如此重要，于是如下问题就被提了出来：关于规律的哪种理解最能解释全球问题。比如说，环境破坏和气候变化的问题，世界市场的生产（全球化），周转的加快，扩张中的金融化，社会不平等的加剧，以及1980年以来全球无产阶级的大规模增长，这些只是其中几个最显而易见的问题。通过诉诸单独的利润率下降的观点，而不进行复杂的推理，就直接解决上述问题，将是极其困难的。而如果秉持利润率下降和利润量上升矛盾运动的观点，将使直接解决这些问题变得相对容易。利润量的不断增加所造成的环境压力是明显而又现实的问题，需要直接解决。值得注意的是，马克思在《大纲》和《资本论》中思考利润率下降和利润量上升的问题时都强调，资本必须建立一个世界市场，并通过一切可能的手段扩大消费市场，这一切都是为了适应利润量的增长。这一矛盾本身的性质表明，利润率下降得越多（有大量证据表明这一倾向），增加利润量要付出的努力就必须越大（因此，1980年以来全球的雇佣劳动力的巨大增长具有重要意义）。例如，如果利润率自1980年以来一直在下降，那么，如下现象就可以被解释为利润量的迅速增长所带来的后果：大约自1980年以来，温室气体排放量同样大规模上升，与之相伴的还有不平等的加剧，以及新产品和新市场的疯狂创造。当然，这种理论联系是推测性的。我只是想在这里说明，利润率下降和利润量上升这一双面规律的作用，将导致在吸收增量方面出现问题，这种观点可以非常容易地用于分析范围相当广泛的紧迫问题。

马克思详细研究了固定资本流通与提高劳动生产率的关系，由此得出了他对规律的理解。这一规律发挥作用的直接结果是多方面的。正如我们前面所看到的，固定资本的发展依赖于"科学力量的巨大发展"[1]。劳动力投入的相对下降，产生了"大量廉价产品"[2]。即使没有利润量的增长，利润率的下降也

---

[1]《马克思恩格斯全集》第31卷，人民出版社，1998年，第148页。
[2] 同上，第148—149页。

会带来产品量的增加。这就导致了"交往大大发展,交换活动量增大,市场扩大,同时进行的劳动具有全面性;交通工具等等[更发达],存在着为进行这一巨大过程所必需的消费基金(工人要吃、住等)"①。马克思在这里所做的似乎是贯彻这样一个基本观点,即生产就是消费,通过固定资本实现的生产能力的不断扩大,必然带来(实际上也是)消费的扩大,甚至是工人消费的扩大。"可以看到:已经存在的物质的、已经造成的、以固定资本形式存在的生产力,以及科学的力量,以及人口等等,一句话,……财富的再生产……的最重大的条件"为"社会个人的富裕发展"开辟了道路。②这将我们带回到了马克思此前对固定资本的批判,即固定资本实际上导致了劳动越来越屈从于资本,尽管它承诺得到解放的劳动将获得大量可支配时间。但是这一次,这种初始矛盾的后果表现出更多的灾难性和戏剧性。

"资本本身在其历史发展中所造成的生产力的发展,在达到一定点以后,就会不是造成而是消除资本的自行增殖。"③马克思似乎觉得这个声明本身还不够,继续写道:"超过一定点,生产力的发展就变成对资本的一种限制;因此,超过一定点,资本关系就变成对劳动生产力发展的一种限制。"④被解放的劳

---

① 《马克思恩格斯全集》第31卷,人民出版社,1998年,第149页。
② 同上。
③ 同上。
④ 同上。

动者的形象，从历史的阴影中重新浮现出来，承担起他们应有的角色：

> 人类活动所采取的最后一种奴隶形式，即一方面存在雇佣劳动，另一方面存在资本的这种形式就要被脱掉，而这种脱皮本身是同资本相适应的生产方式的结果……而否定雇佣劳动和资本的那些物质条件和精神条件本身则是资本的生产过程的结果。
> 通过尖锐的矛盾、危机、痉挛，表现出社会的生产发展同它的现存的生产关系之间日益增长的不相适应。用暴力消灭资本——不是通过资本的外部关系，而是被当作资本自我保存的条件——，这是忠告资本退位并让位于更高级的社会生产状态的最令人信服的形式。①

至少到目前为止，人类在很大程度上忽视了这一忠告，尽管已经有足够多的"尖锐的矛盾、危机、痉挛"能让所有人相信，或许值得尝试一些不同的东西。并不是所有的培育替代方案的努力都失败了。我们之所以还能享有一些社会保护（例如世界许多地方的医疗保健和社会保险），是因为资本主义还面临着共产主义替代方案和活跃阶级斗争的系统性威胁。虽然资本和劳动之间的基础性阶级关系一如既往地稳固，矛盾却变得

---

① 《马克思恩格斯全集》第31卷，人民出版社，1998年，第149页。

更加突出。尽管矛盾产生的一些结果，比如不可否认的、引人注目的"科学力量的增长"①具有很大的积极潜力，对此马克思也赞美过，但总体情况远不能令人安心。

马克思的详细思考使我们认识到，在更广泛应用机器和固定资本所达成的"更高级的社会生产状态"中，利润率下降可能带来反作用。

> 利润的这种下降，既然意味着直接劳动同由直接劳动再生产出来以及新创造出来的对象化劳动量相比的减少，所以，资本就想尽一切办法，力图通过减少必要劳动的份额，并且同所使用的全部劳动相比进一步增加剩余劳动的量，来弥补活劳动同整个资本量之比的减少，从而弥补表现为利润的剩余价值同预先存在的资本之比的减少。②

这是一个有趣的主题。面对利润率的下降，资本家为了稳定利润而压低工资，同时雇佣更多的劳动者来保证获得更多的总利润（他们的真正目的）。无论如何，资本家都会变得更富有（就像 2020 年的经济衰退产生了一批新的亿万富翁，同时充实了现有亿万富翁的金库）。这就以一种非常优雅的方式，将下降的利润率、上升的利润量同日益加剧的阶级分化联系了

---

① 《马克思恩格斯全集》第 31 卷，人民出版社，1998 年，第 149 页。
② 同上，第 150 页。

起来，这种联系可能反过来导致阶级斗争的加剧。因此，马克思继续论证道：

> 生产力获得最高度的发展，同时现存财富得到最大程度的扩大，而与此相应的是，资本贬值，工人退化，工人的生命力被最大限度地消耗。
>
> 这些矛盾会导致爆发，灾变，危机，这时，劳动暂时中断，很大一部分资本被消灭，这样就以暴力方式使资本回复到它能够充分利用自己的生产力而不致自杀的水平。但是，这些定期发生的灾难会导致灾难在更高的程度上重复发生，而最终导致用暴力推翻资本。[①]

人们普遍认为，利润率的下降是资本容易陷入周期性危机的主要原因之一。但在这里，我们可以看到，下降的利润率和上升的利润量是如何产生令人难以忍受的阶级差距的，以及在普遍的经济压力和社会压力——灾难——中起调节作用的，这也是利润率下降和利润量上升这一双面规律的不平衡影响。

虽然在我们这个时代，资本似乎更有能力在短期内避免一场集体自杀，但马克思甚至在他自己的时代也承认，资本将会尽一切努力来抵消利润下降的影响。他还认识到，"在发达的资本运动中，存在着以不同于危机的方式阻碍资本运动的另一

---

① 《马克思恩格斯全集》第31卷，人民出版社，1998年，第150页。

些因素"①。他列举了"一部分现存资本不断贬值"（例如大量固定资本在技术上的过时），"很大一部分资本转化为并不充当直接生产要素的固定资本；很大一部分资本被非生产地浪费掉，等等"。②

马克思列举的这个清单是相当惊人的。马克思所说的"不充当直接生产要素的固定资本"是指什么？这是否意味着"很大一部分资本"吸收价值的方式在于，即便是用于生产的使用价值，也不会对提高劳动生产率有所贡献？这句话如果是指大量价值流入了消费基金（住房、学校、医院、道路等）的创建，就更容易理解了。大量独立类型的固定资本（特别是嵌入土地的固定资本）被资本当作一种固定资产来使用，即便它不会直接提高生产率。这是马克思早些时候曾带着某种信念而提出的一个观点："固定资本的价值同它的效率相比越小，固定资本就越符合自己的目的。"③我们在后面将会遇到的，正是这种现象。正如我们在前面分析道路的例子时看到的那样，其中大部分取决于生产和消费的共同使用。对建成环境的浪费性的投资（"通往无处之桥"）是众所周知的，固定资本普遍周期性贬值正在发生，甚至在某些时候产生危机。技术变革的快速发展和产品市场的快速转型，确保了现存的固定资本具有高贬值率。我们只要看看电子产品最近的历史就知道了，这就是一个

---

① 《马克思恩格斯全集》第 31 卷，人民出版社，1998 年，150 页。
② 同上。
③ 同上，139 页。

通过加速淘汰（在某些情况下是明确计划好的）而加速贬值的例子。但是这里存在的真正可能是，对固定资本和消费基金的投资，成为无处可去的过剩货币资本的投机倾倒场。当我看到这个时代的城市化，尤其是海湾国家等地区的城市化时，这种可能看起来非常可信。

对城市化和各种有形基础设施的投资，充斥着以浪费的方式处置剩余资本或令其贬值的例子。非生产性消费随处可见（尤其是在军事支出领域）。诸如水泥生产和钢铁生产中剩余的流动资本，可以通过对建成环境的长期投资来消耗掉，即使这些投资从长远来看没有任何收益。在这种情况下，最重要的是保持流动资本生产活动（钢铁和水泥的生产）的盈利能力，即使固定资本的长期投资并无回报。利润率的下降也可以通过降低税收或减少地租等"取消对利润的现有扣除"[1]的方式来抵消。

但是，在我看来，延迟利润率下降的最重要的方式是"建立这样一些新的生产部门……在这些部门中，同资本相比需要更多的直接劳动，或者说，劳动生产力即资本生产力还不发达"[2]。马克思较少注意到后面这两点，在《资本论》关于利润率下降和利润量上升的表述中，他完全省略了这两点。我认为，就此而言，他大错特错了。让我们考虑一些例子。在马克思的时代，典型的工人阶级家庭很少配备耐用消费品。他们最

---

[1] 《马克思恩格斯全集》第31卷，人民出版社，1998年，第151页。
[2] 同上。

多只有一个做饭用的炉灶（烧木柴、煤或木炭）、几个锅碗瓢盆、一张桌子、几把椅子、一些床上用品，还有就是每个人头上的屋顶，照明用的是油灯。这就是狄更斯在《荒凉山庄》中描述的布克特探长在赫特福德郡的烧砖场所身处的环境。当然，在许多发展中国家，仍然可以找到这样的家庭环境。相比之下，在高收入国家，除了最贫穷的家庭外，其他家庭的耐用消费品种类都很多，例如炉灶、冰箱、洗碗机、洗衣机、烘干机、烹饪设备、咖啡机、吸尘器、电视、收音机、个性化的笔记本电脑或平板电脑、手机，而且许多家庭有两辆汽车，很可能还有房产（有贷款），等等。电力、天然气、自来水和适当的污水处理设施会是标准配置。所有这一切，构成了一个巨大的、不断增长的剩余产品的市场。

当马克思谈到发明变成了一种职业时，他没有预见或注意到，有多少创新是为了不断创造新的产品线，创造新的需求和欲望，甚至是创造整个生活方式（例如美国的郊区生活方式）。这是如此成功，以至于最终消费者的需求似乎已成为高收入经济体的主要经济驱动力。旧金山联邦储备银行行长曾评论说，美国摆脱危机的典型办法是盖房子，然后往房子里面塞东西。耐用消费品使消费基金成为资本转型和扩张的一个重要核心，与其说这是对利润率下降（尽管在一个典型产品开发周期的早期阶段，劳动过程往往倾向于劳动密集型）的回应，不如说是对产品产出量上升（马克思在前面简要提到了这一点）的回应。资本转型与扩张也显著地受到了利息率下降的影响。自

1980年以来，最发达国家的利息率出现了系统性下降（在美国，利息率从15%降至2020年的不到1%）。但也有一些部门的资本主义扩张避开了机器技术、自动化和机器人的冲击，或许仍将不受人工智能应用的影响。如果马克思对价值生产的定义是任何为资本生产剩余价值的劳动，那么就会有大量的、不断增加的劳动力从事诸如酒店、餐饮、护理、娱乐、教育和休闲行业，所有这些行业都是劳动密集型的，并且越来越被资本组织起来，从而生产利润（和剩余价值）。我们经常把这些行业放在考虑范围之外，因为它们通常被归类为服务业，而不是制造业（如果不是唯一生产领域的话，价值生产被认为首先在制造业中产生）。但是，如果我们遵循马克思的定义，那么，一名受雇于资本主义企业的教师就和一名钢铁工人一样，能够生产剩余价值，在原则上，教育机构和香肠工厂在此没有区别（正如马克思恰如其分地指出的那样）。在这种情况下，利润率下降的条件没有得到满足，但不断增加的利润量带来的问题变得更加突出了。

利润率下降理论在古典政治经济学中是老生常谈。亚当·斯密将利润率下降归因于竞争，这促使马克思进一步思考竞争的作用。马克思认为，只有在利润率的下降发生"**在竞争之前，并且不管竞争如何**"的情况下，"竞争才能够持久地压低一切工业部门的利润率"。[①] 这是因为"竞争使资本的内在规律得

---

① 《马克思恩格斯全集》第31卷，人民出版社，1998年，第152页。

到贯彻……但是它并没有发明这些规律"①。李嘉图否认这一点，马克思说，李嘉图在试图解释利润率不可避免下降时，"从经济学逃到有机化学中去了"②。李嘉图的观点是，随着土地越来越稀缺，土地上的生产力会遭受收益递减，于是，地租会增加，食品价格会上涨，这就需要提高工资，这样，资本的利润就会受到不断上涨的地租和不断上涨的工资的挤压，直至下降到零。"因此，在李嘉图那里，同利润率的下降相适应的是，工资在名义上增长和地租在实际上增长。"③马克思观察到，"现代化学"已经证明了李嘉图关于农业收益递减的假设是错误的，而后李嘉图派"和整个最新的经济学一样，心安理得地把他们老师的原理中不合他们心意的东西抛弃了"④，在资产阶级经济学的理论研究中，"避开问题是他们解决问题的惯用的办法"⑤，这不是第一次，也不是最后一次。"古典经济学一再谈论的以及李嘉图以科学的无情态度着重强调的那些令人不快的对立，对抗，这样一来就被冲淡了，变成了无忧无虑的和谐。"⑥马克思尤其反感法国经济学家巴师夏，后者和当今许多马克思主义经济学家一样，"忽略了一个小小的情况，就是在他的前提中，

---

① 《马克思恩格斯全集》第31卷，人民出版社，1998年，第152页。
② 同上，第154页。
③ 同上，第152页。
④ 同上，第154页。
⑤ 同上。
⑥ 同上，第155页。

尽管资本的利润率下降,资本本身,在生产开始前就已存在的资本却增加了"[1]。"况且,很明显,随着生产的大规模进行,尽管所使用的劳动对资本的比率降低,所使用的劳动总量却可能增加,因此,随着资本的增加,不断增加的工人人口所需要的产品量也会增加,这是不可阻止的"[2]。最后一点很重要,因为它反驳了一个非常肤浅的论点,即随着利润率下降而下降的工资会自动导致有效需求下降。

与所有这些观点不同,马克思自豪地坚持他的理论,认为他的理论触及资本逻辑的内部,而不是外部强加的规律(例如,在李嘉图的表述中,资本受到自然条件的限制)。同时,他在探究更具一般性的资本运动规律时,将这种限制作为一个关键特征。但他也抱有敬意地提到,韦克菲尔德已经认识到,市场上价值实现困难将导致利润受到潜在的限制。对最终消费者需求或新投资机会(生产性消费)的限制条件,可能会在某种程度上发挥作用,尽管马克思没有进一步说明,不断增加的劳动力(尽管工资较低)所产生的不断增加的有效需求,将以何种方式、在何种程度上,与不断增加的产品数量不相匹配。

与巴师夏相反,李嘉图更早地正确认识到,"尽管利润率下降,利润作为总额会随着资本的增长而增长"[3]。马克思以此为基础,借机重申了他的论点,即为了应对利润率的下降,利

---

[1] 《马克思恩格斯全集》第 31 卷,人民出版社,1998 年,第 158 页。
[2] 同上,第 159 页。
[3] 同上,第 157 页。

润量会上升。他通过李嘉图的各种数值例证来说明，在利润率从20%下降到17%的情况下，从10万镑开始的总资本如何每年持续增长。虽然这种增长持续的时间是有限的，但其影响是足够大的，以至于马克思后来坚持把利润率下降和利润量上升作为他的理论中关键的运动规律。他以此来攻击巴师夏，令后者深深困扰的问题是，当工资和利润下降时，哪里的市场可能吸收掉增加的产品。

接下来，马克思决定通过"再回到我们的本题上来"把我们的注意力转移回来，即回到"资本的产物就是利润"[1]。马克思接下来所写内容的阐述目的是探讨表面现象同背后现实之间的关系，以表明资本家对利润的解释如何掩盖了利润的来源，即资本对异化的剩余劳动的"自由"占有。他在后面总结了这一点："剩余价值转化为利润形式，这种用资本来计算剩余价值的方式，尽管是以对剩余价值本性的错觉为依据的，或者不如说，尽管掩盖了剩余价值的本性，但从资本的观点来看，却是必然的。"[2] 这就点出了表面现象和现实之间既冲突又互通的地方。

"资本同作为利润的自身发生关系时，也就同作为**价值的生产源泉**的自身发生关系，**而利润率表示资本增殖自身价值的比率**。但是，资本家并不单纯是资本。他要生活，并且，因为

---

[1] 《马克思恩格斯全集》第31卷，人民出版社，1998年，第159页。
[2] 同上，第170页。

他不是靠自己的劳动生活，所以他要靠利润，即靠他据为己有的他人劳动生活。"① 对资本家来说，这意味着资本表现为他的"**财富的源泉**"，而资本"把利润当作**收入来对待**"②，其中一部分可以被资本家消费掉，然后其余部分再转化为货币资本，从而重新开始剩余价值的生产。"利润像工资一样，表现为**分配形式**。"③ 同时，利润是"**资本的生产形式**；这和下面这种情况完全一样：从资本的观点看来，工资是单纯的**生产关系**，从工人的观点看来，却是分配关系"④。这呼应了《大纲》的"导言"所阐述的生产、消费和分配的关系，并引发了马克思对约翰·斯图亚特·穆勒的"荒谬"观点的再次批判，穆勒认为"资产阶级的生产关系是永恒的，而这种生产关系的分配形式则是历史的，这种荒谬观点表明，穆勒既不懂前者，也不懂后者"⑤。在马克思看来，西斯蒙第说对了。马克思指出，"如果从简单交换的观点出发"，"资本的利润和收入是不可能的"⑥，只有异化劳动才能解决这个矛盾。如西斯蒙第指出的那样，正是异化劳动"每年提供果实，这种果实每年可以**被消费掉**，但不会使富人变穷。这种果实就是来源于资本的收入"⑦。马克思

---

① 《马克思恩格斯全集》第 31 卷，人民出版社，1998 年，第 159 页。
② 同上。
③ 同上，第 160 页。
④ 同上。
⑤ 同上。
⑥ 同上。
⑦ 同上，第 161 页。

进一步指出："如果说这样一来利润表现为资本的结果，那么另一方面它又表现为**形成资本的前提**。"[1] 或者，正如西斯蒙第所说，"这样，一部分收入转化为资本，转化为永久的、自行倍增的、不会再消失的价值；这种价值与创造这种价值的商品无关；它永远是一种形而上的、非实体的质"[2]。一些投资者有可能只是动用他们的收入，就成了被动的投资者。这有进一步促进增长的效果，因为投资者需要一种生息资本的收益率。

在接下来的内容里，马克思开始讨论一些困扰他自己理论构想的问题。"既然资本表现为创造利润的东西，表现为不依赖于劳动的财富源泉，可以设想，资本的每一部分都按同样的程度是生产的。"[3] 每一部分都有自己的收益率。既然"资本的利润只有在为资本而支付的价格中"才得到实现，那么"利润取决于**所得到的价格超过用来补偿支出的那一价格之上的余额**"。由于这只是一种市场交换，因此"利润不是必然要受**资本的剩余价值的限制**"[4]。这就引出了一个棘手的问题，即货币价格与价值的复杂关系。在市场上，一种商品的交易价格可以高于或低于其价值。因此，货币利润可以高于或低于剩余价值。在马克思看来，交易并没有给总价值增加任何东西，因为一个人的收益就是另一个人的损失。"总剩余价值，以及总利润这

---

[1] 《马克思恩格斯全集》第 31 卷，人民出版社，1998 年，第 161 页。
[2] 同上。
[3] 同上。
[4] 同上。

一不过是以另一种方法来计算的剩余价值本身，通过这种活动决不会增加，也决不会减少。"[1] 总利润和总剩余价值相等的原则将延续到《资本论》中，并始终是马克思理论的一个重要特征。他后来用阶级术语来阐述这一规则。"具体地说，是**资本家阶级的利润……决不能大于剩余价值总额。**"[2] 发生变化的当然"只是**剩余价值在各个不同资本之间的分配**"[3]。但是，由于"利息从利润中分离出来"，另一个问题又产生了，在这种分离中，"一部分剩余价值甚至也表现为生产费用"[4]。其结果是引起"很大的混乱"，让人觉得资本似乎"具有一种能从无中生有的魔力"[5]。当我们从银行存款中获得利息时，它似乎是魔法般增长出来的。我们当然没有为之做什么。马克思的这段考察是从"资本的产物就是利润"的观点开始的，却以"利润是资本的来源"的命题结束。这种颠倒是由竞争的强制性规律所产生的。"竞争在表面上把资本的内在规律全部颠倒过来，而把它们作为外在必然性强加给资本。**它把这些规律歪曲了。**"[6]

"再重说一遍：资本的利润不取决于资本的量；在资本量相等的情况下，它取决于资本的各个组成部分（不变部分和可

---

[1] 《马克思恩格斯全集》第31卷，人民出版社，1998年，第161—162页。
[2] 同上，第170页。
[3] 同上，第162页。
[4] 同上。
[5] 同上，第163页。
[6] 同上。

变部分）的比例。"① 马克思后来在《资本论》中，通过论述资本的有机构成或价值构成，以及其与利润的关系，承继了这一观点。但在这里，他还是诉诸"劳动生产率……固定资本和流动资本的不同比例、由固定资本的不同耐久程度等等所决定的周转时间"② 等因素。他已经意识到，"在各个不同的产业部门中，数量相等的各个资本的利润不相等，即利润率不相等，这是竞争的平均化作用的条件和前提"③。换句话说，马克思已经意识到，在自由市场竞争条件下，根据不同的价值构成，利润率的平均化将会把剩余价值从一个生产实体（企业、部门或国家）重新分配到另一个生产实体。

处于竞争中的劳动密集型实体（企业、部门或国家）通过自由市场交换，将价值转移到资本密集型实体。因此，通过自由市场竞争，孟加拉国和中国目前补贴了美国，而希腊补贴了德国。中国可能意识到了这一点，正计划在未来几年向资本密集型经济转型——这是美国拼命想要阻止的。一个令人不安的历史事实是，建立一个国际性的自由市场——它被认为对所有人都有好处——的压力通常来自资本密集程度更高的国家（比如19世纪晚期的英国和20世纪晚期的美国）和企业。马克思在这里揭示的主题有助于我们理解为何如此。在马克思的时代，曼彻斯特的资本家培育了曼彻斯特经济学派，该学派宣扬自由

---

① 《马克思恩格斯全集》第31卷，人民出版社，1998年，第163页。
② 同上，第163—164页。
③ 同上，第164页。

贸易体制的普遍利益，这种体制将使他们受益。

　　这也有助于我们理解近期资本主义经济发展的一个特征。近年来，酒店业、旅游业、餐饮业和奇观营销（从大型体育和文化活动到"奈飞经济"的出现）都有了巨大的增长。在所有这些领域，最终消费时间都接近于零［这与马克思的观点相一致，即资本要蓬勃发展，流通时间（受制于消费时间）应该尽可能接近于零］。这些领域以将短期体验货币化和资本化为交易基础。例如，旅游业在2007—2008年全球金融危机后迅速发展。国际旅游人次从2009年的8亿人次增加到2019年的14亿人次。旅游业是一个典型的劳动密集型产业，因此为创造和获得剩余价值提供了大量的机会。这种经济形式通过利润率的平均化，促进了价值向资本密集型实体（国家、部门或企业）转移，同时，通过提高劳动强度来抵消利润率下降的趋势。前面所描述的国际旅游（如邮轮游）的扩张经济正好符合这一条件。

　　马克思接着重申了他的主要观点。在他的价值理论体系中，利润率将永远低于剩余价值率，并且"永远不会表示资本剥削劳动的实际比率"[1]。马克思继续重申，利润率"同相对剩余价值或相对剩余劳动的增长成反比，同生产力的发展以及同在生产中作为［不变］资本来使用的资本的量成反比"[2]。换句话说，它受制于"利润率有下降的趋势"[3]。在这一点上，"固定资本、

---

[1] 《马克思恩格斯全集》第31卷，人民出版社，1998年，第165页。
[2] 同上，第165—166页。
[3] 同上，第166页。

原料和科学力量的作用"①是不容忽视的。接着，马克思觉得有必要再次重申利润量的增长的重要性："其次，很明显，即使用来交换活劳动的那部分资本同整个资本相比减少了，所使用的活劳动的总量仍可能增加或者保持不变，只要资本按相同的比例或更大的比例增长。因此，随着必要劳动的减少，人口可能不断增加。"②

这有助于我们理解全球经济中一些明显而奇怪的矛盾。我们关于劳动生产率上升和必要劳动下降的理论分析，很容易解释这样一个事实：大约自1980年以来，几乎所有G20经济体（包括中国）的工资占GDP的比例都在稳步下降。在许多国家，工资占GDP的比例已经下降了一半。但在同一时期，全球雇佣劳动力从20亿（1980年）增长到30亿（2020年）。这正好符合这样一个理论命题：人口和雇佣劳动力不断增长，遭受的剥削程度越来越高，这一现象只能预示着资本的大量集中，并且集中在越来越少的人手中。所有这一切都是在利润率下降的趋势日益加剧的情况下发生的。

马克思简要地思考了可能影响利润率的一些其他原因。他首先回到了固定资本的耐久性。固定资本所包含的价值，与它固有的生产力和对流动资本的用途都毫无关系。事实上，某些生产力是可以免费获得的，比如某种机器、新的分工、生产过程的重组（比如准时制生产系统）和科学知识的新应用。此外，

---

① 《马克思恩格斯全集》第31卷，人民出版社，1998年，第166页。
② 同上。

还有"人口增长……随着人口增长和社会的历史发展而发展起来的一切社会力量，都是不费资本分文的"[1]。资本愉快地占有了所有这些自然和人性的"免费礼物"。

但是，固定资本是必须购买的。如果生产和维护固定资本所需要的劳动超过了固定资本价值，那么它的使用"就会是一个累赘"[2]。因此，"固定资本只有在它自己的价值小于它所创造的价值的时候才会被使用"[3]。这是配置固定资本的一个至关重要的限制条件。固定资本的生存能力取决于固定资本相对于流动资本的耐久性和效率。在《资本论》中，马克思提到，英国发明的许多新机器都没有被在英国使用，因为这里劳动力太便宜了，不值得使用机器。但在劳动力更稀缺、成本更高的美国，新机器被人们欣然接受。在20世纪90年代的中国，由于劳动力价格极低，曾有一个阶段，其对从北美引进的资本密集型劳动流程进行重新设计，从而用廉价的人力取代昂贵机器的进口。不过，近年来，随着劳动力变得越来越稀缺和昂贵，这种逆向的做法在中国基本消失了。

因此，机器技术的应用存在明显的限制条件。只有当机器的相关成本低于使用机器所节省的劳动力时，使用机器才有意义。当劳动力更便宜时，机械化就没有什么经济意义。当劳动力变得更稀缺或更激进时，机器技术就变得更有吸引力。此外，

---

[1] 《马克思恩格斯全集》第31卷，人民出版社，1998年，第168页。
[2] 同上。
[3] 同上，第169页。

机器技术在大规模生产和大规模消费方面最有意义。当发明成为一种职业，机器的成本就会下降，它们的应用领域就可以适应生产和利基市场，在各处使用机器都变得更划算。这对劳动生产率和总体利润率都会产生影响。

马克思在这里提出的问题在不同部门的实际生产历史中都有一定的意义。以汽车工业为例，这是一个非常明显的例子，在这里，大规模组织（装配线）以及后来的机器人化和自动化生产，在很大程度上依赖于固定资本以及科学和技术的应用。劳动生产率快速地周期性变化，最近一次（2000年后）表现为在维持产出的同时大幅削减就业，这使其成为马克思所讨论情况的一个典型案例。不过，这一切的基础是社会对大众消费和适合使用汽车的物质基础设施的组织。但是，也有许多活动领域并非如此。因此，即使有科技的支持，如果没有大规模消费的潜力，固定资本的应用也是有局限性的。马克思没有讨论这个问题。汽车工业是以大规模消费为基础的工业大规模生产的典型案例。在这个工业部门，马克思描述的所有特征都发挥了作用，并与劳动生产率提高和利润率下降趋势有关。但是，这个部门中的这种趋势，被劳动密集型部门的价值转移抵消，这种转移是在自由市场交换条件下，通过利润率的平均化实现的。

固定资本的生存能力有时也与流动资本的盈利能力相关。比如说，有人建了一个新机场，假设有航班会去那里，流动资本会产生足够的航班流量，来收回固定资本投资的价值。流动资本不再能够自由地想去哪就去哪。它有"责任"对固定资本投资进行验证。否则，固定资本的价值就会丧失。2000年之后，在西班牙房地产繁荣的辉煌时期，马德里南部建起了一座新的城市——雷阿尔城，里面有一座耗资20亿~30亿欧元的大型新机场。它的建造基于这样一种幻想：拥挤的马德里机场会出现大量溢出航班，再加上雷阿尔城当地的交通以及可作为不断增长的旅游业的中转站的潜力，它将获得充分的使用。但这一切都没有实现。接下来是2007—2008年的全球金融危机，这对西班牙尤其是其房地产行业的打击非常严重。该创始公司破产，机场被拍卖。该机场最终被一位私人投资者以未被披露但估计"微不足道"的价格收购，但是它从未吸引过商业客运航班。在新冠疫情期间，该机场终于找到了一个用途——为停飞的飞机提供存放空间。

在这种情况下，由于没有流动资本被用来偿还债务，固定资本失去了价值。但同样重要的是，固定资本起源于流动资本。流动资本领域的建筑公司、开发商和原材料供应商，虽然最终破产了，但还是从建造机场的合同中赚了很多钱，获得了剩余价值（利润）。相比于其他情况，机场破产对资本流通总量的影响要小一些。

令人惊讶的是，在相当晚的时候，马克思花了几页篇幅来阐述绝对剩余价值和相对剩余价值两个关键概念。绝对剩余价值"决定于把工作日绝对延长到超过必要劳动时间"[①]。相对剩

---

① 《马克思恩格斯全集》第31卷，人民出版社，1998年，第171页。

余价值"表现为工人生产力的发展，就工作日来说，表现为必要劳动时间的缩短，就人口来说，表现为必要劳动人口的减少"[1]。他信手提出了一个惊人的判断：随着相对剩余价值的出现，"以资本为基础的生产方式的产业性质和独特的历史性质直接表现出来了"[2]。不仅如此，他继续写道："当然，资本的趋势是把绝对剩余价值和相对剩余价值结合起来；就是说，要使工作日得到最大程度的延长，并使同时并存的工作日达到最大数量，同时一方面又要使必要劳动时间减到最小限度，另一方面也要使必要工人人数减少到最小限度。"[3] 这种矛盾的要求引起了各种形式的生产过剩、人口过剩和其他混乱。一个必然的结果是，"尽可能使劳动的使用价值或生产部门倍增，以致资本的生产会不断地和必然地一方面造成劳动生产力强度的提高，另一方面造成劳动部门的无限多样化，也就是说，会使生产具有包罗万象的形式和丰富多彩的内容，使自然的所有各个方面都受生产的支配"[4]。对当代人来说，支配自然的观念在原则上无疑令人厌恶，尽管随着根除天花和其他病毒感染需要的出现，这种观念成为一种必然。然而，这里有趣的是，"生产力自然会提高，这种提高不费资本分文"[5]。资本组织起来这一

---

[1] 《马克思恩格斯全集》第31卷，人民出版社，1998年，第172页。
[2] 同上。
[3] 同上，第173页。
[4] 同上。
[5] 同上，第174页。

切的基础,与其说是大自然的礼物,不如说是人类劳动重组带来的改进。马克思想到的是增加劳动强度或将零散的工作重新集中组织起来。另一方面,人口的增长似乎是一个必要条件,但同样,这是资本不费分文的东西。

在接下来的内容中,马克思考察了绝对剩余价值和相对剩余价值之间矛盾关系的各种含义和组合:

> 因此,尽管以劳动的分工和结合为基础的生产力的提高,是以所使用的劳动力的绝对增加为基础的,但这种提高是和劳动力与推动它的资本相比的相对减少必然结合在一起的。如果在第一种形式即绝对剩余劳动形式中,所使用的劳动量必然同所使用的资本按同一比例增加,那么在第二种场合,所使用的劳动量增加的比例要小一些,而且同生产力的增加成反比。[①]

也正是在这一点上,马克思认识到资本价值的重要性,在《资本论》中,他将其定义为资本的有机构成或价值构成。这与相对剩余价值的生产密切相关,因为"增加劳动(**劳动强调、劳动速度**)并不需要增加对劳动材料或劳动工具的预付"[②]。但在某一点上,"劳动生产率的提高要求增加投在原料和工具上的资本部分",而"在一切场合剩余价值的增长都以人口的增

---

① 《马克思恩格斯全集》第31卷,人民出版社,1998年,第178页。
② 同上,第175页。

长为前提"。①

在探讨这些关系时,马克思注意到一些特殊情况。例如,鉴于新技术提高生产率的能力,对它们的应用必须依次进行,从与原材料供应最密切相关的部门(采掘工业)开始,因为如果原材料生产的扩张尚未开始,产业链下游的创新将受到阻碍。"纺纱业先于织布业,织布业又先于印花业等等。"② 马克思没有更多提及的一个重要问题是,对相对剩余价值(而非绝对剩余价值)的追求"允许非劳动人口与劳动人口相比占有较大的比例"③。正如他之前指出的那样,这些非劳动人口可能被雇佣来对抗收入的流通。他们根本不从事价值的生产。雇佣劳动力的总数远远超过从事剩余价值或利润生产的雇佣劳动力。

对于读过《资本论》的人来说,这里的大部分内容并没有什么特别令人惊讶的。令人惊讶的是,在《资本论》问世10年前,马克思就自信地提出了这些关键概念,而且如此随意而又准确。但是,在绝对剩余价值和相对剩余价值导致的矛盾条件下,马克思关于社会关系的拼图还存在一些缺失。也许正是由于这个原因,马克思突然毫无预兆地对价值的本质做了一个简短而有争议的评论。这是一件非常罕见的事,值得我们非常认真地对待。我们将在下一章讨论这个问题。

---

① 《马克思恩格斯全集》第31卷,人民出版社,1998年,第177页。
② 同上,第180页。
③ 同上,第179页。

第十二章

阶级与政治经济学

在《大纲》中,价值概念的表述是模糊而有问题的。马克思突然插入了一段非常清晰的论述,尽管只是在一个方面。价值是一种非物质的抽象,它产生于交换带来的货币流通,但是,这种货币流通,以及由此产生的价值形式,只有在货币作为资本进行流通的情况下才得到巩固。马克思在后面会提醒我们,资本是建立在异化劳动同异化资本的阶级关系之上的。历史的、物质的特定条件和实践把价值的存在"设定"(用马克思最喜欢的词)为一种抽象。正如万有引力一样,你无法直接看到它或测量它,但它的存在被它的效果清楚地证实了。因此,必须注意"显示出这些规定被抽象出来的那些历史基础",在此基础上,诸如价值之类的范畴"才能表现为这种抽象"。[①] 马克思的结论是明确的(在一定程度上)。"价值这个经济学概念在

---

① 《马克思恩格斯全集》第 31 卷,人民出版社,1998 年,第 180 页。

古代人那里没有出现过……价值概念完全属于现代经济学，因为它是资本本身的和以资本为基础的生产的最抽象的表现。价值概念泄露了资本的秘密。"①

如果有人抱着揭秘的期待去阅读后面的文本，一定会深感失望。相反，马克思搜集了大量关于历史情况的材料，以及非常多来自许多评论者的不同观点，这些足以让他写出十几篇学术论文。他指出，关于货币和通货的主题，"150 年来在英国已经写了数百本书"②。从文本中的摘录来看，马克思读了很多。这就产生了这样的评论：

（关于价格决定于流通手段量的学说，最初是洛克提出的，1711 年 10 月 19 日的《旁观者》复述了这一学说，休谟和孟德斯鸠把它发展了并作了优雅的表述；李嘉图在它的基础上从形式上把它推到了极端，劳埃德、托伦斯上校等人则把这一学说连同它所有的荒谬之处实际应用于银行业等等。）斯图亚特反对这一学说，而且他的阐述实质上几乎预示了后来博赞克特、图克和威尔逊所主张的一切。③

对于外行来说，很难跟得上马克思所引用的权威人士的表述，更不用说对所有这些的意义做出判断了。

---

① 《马克思恩格斯全集》第 31 卷，人民出版社，1998 年，第 180 页。
② 同上，第 208 页。
③ 同上，第 185—186 页。

由于没有现代技术，马克思在大英博物馆里花了大量时间将这些段落抄录到他的笔记本上，希望它们能在将来的某个时候为他的分析提供材料。我同情他，因为这正是我于1960年在大英博物馆的报纸图书馆里为自己的博士论文所做的。直到最近，我才把那些大部头的笔记扔掉。它们中的大多数后来被证明是无用的。当代学者对那种研究方式是什么样子的几乎没有概念。从《大纲》的这里开始，我们将面对马克思的摘录笔记，而且通常没有任何评论。

马克思给我们提供了各种各样的信息。在7世纪，铜在罗马比在希腊和亚洲国家便宜，随着货币的贬值，"不幸的平民的遭遇相应地恶化到了极点。平民按照借贷契约借入已经贬值的铜"，但随后不得不以更高的利息率来偿还，结果是"他们的债务竟等于他们实际借入数额的5倍"[①]。这与20世纪80年代第三世界的债务危机有一种诡异的相似之处——在20世纪70年代中期货币廉价时大量借贷的国家，发现自己不得不在80年代货币变得昂贵时还钱。在向国际货币基金组织寻求帮助时，这些国家发现，里根政府在1982年清除了所有富有同情心的凯恩斯主义者，取而代之的是精明的供给学派，他们坚持进行结构性调整，在社会支出和劳动力市场"改革"方面采取紧缩措施，这有利于资本而不是人民。在《大纲》中，你还可以读到柏柏尔人使用"铁条块"进行交换，以及其他"半

---

① 《马克思恩格斯全集》第31卷，人民出版社，1998年，第215页。

文明的人"把货币单位当作价值,"把这个价值又当作固定的尺度"①的努力。债台高筑的威尼斯僧侣熔化了他们的银酒杯,以偿付给他们的犹太人债主。高利贷助长了消费,并最终导致封建领主的垮台。英国财政部大臣朗兹与约翰·洛克在17世纪90年代(英格兰银行成立之时)围绕如何处理货币贬值的长期斗争的内容,占据了几页篇幅。或许更重要的是1719年,一位名叫约翰·朗贝的人根据意大利人设计的模型,在德比建造了一座丝织厂,"这家工厂有26 586个轮子,它们由一个水轮来带动"②。马克思认为,这个工厂"比以前任何一家同类企业都更加接近于现代工厂的概念"③。

　　我猜想,马克思希望通过这一切来深入了解资本和价值的"生成",同时批判性地运用从业者和经济学家在过去150年里积累的大量分析文献。马克思偶尔会与特定的作者对话,如斯图亚特、托伦斯、西斯蒙第、萨伊以及威廉·布莱克(一位自学成才的诗人,在后李嘉图派传统中撰写了关于政治经济学的小册子)。有些部分重新审视了之前讨论过的问题——比如复杂的货币问题(当然还有蒲鲁东的问题)、利润作为资本产物的问题。在这种情况下,马克思通常没有添加多少实质性的新内容,尽管有一些澄清的话和偶尔的妙语,有助于呈现他的观点,但是,也有一些新的见解和可能的联系,指向新的方向。

---

① 《马克思恩格斯全集》第31卷,人民出版社,1998年,第205页。
② 同上,第189页。
③ 同上。

我建议读者聚焦于新的贡献，不管它有多粗略，而忽略其他的部分。

马克思一开始就评论说，通过减少必要劳动而增加剩余价值，不需要资本花费分文，但价值必须花费在提高劳动生产率的机器购买上。"从竞争以及由竞争引伸出来的缩减生产费用的规律来说明机器的采用是很容易的。"然而，马克思想要做到的是"用资本对活劳动的关系来说明机器，而不考虑其他的资本"①，以此说明提高劳动生产率的必然性。他想要借助一个复杂的算术论证来做到这一点，在这个论证中，固定资本更长的周转时间起着重要的作用。

马克思接着长篇引用了斯图亚特的话。马克思非常尊重斯图亚特，部分原因是斯图亚特没有美化原始积累，而是认识到了它的阶级特征，以及奴隶制的作用和暴力。在根本还弄不清楚如何回应利润来自哪里的问题的时候，斯图亚特努力提出恰当的范畴。斯图亚特提出了**"让渡利润"**②（从市场交换中提取的利润），马克思认为，这种理解方式对于思考一个商业资本和手工业生产占主导地位的世界是足够的。同样，马克思也没有批评威廉·布莱克强调一个混杂的寄生性消费者阶级的角色，"他们的购买力来自地租、抵押契约、年金、职业和向社会提供的各种服务"，而政府在这一阶级中占据"显著的地位"③。

---

① 《马克思恩格斯全集》第 31 卷，人民出版社，1998 年，第 181 页。
② 同上，第 184 页。
③ 同上，第 191 页。

这种思考在"在简朴占支配地位的国家里"①是可以理解的。

所有这一切促使马克思回到货币流通与资本整体流通的关系问题上来。他的主要观点似乎是，资本超越了"简单"货币流通的规则（斯图亚特研究的那种）。"在流通本身中复归点和出发点可以不同；如果发生回流，那么货币流通也只是表现为发生在它背后并对它起决定作用的一种流通的现象；例如，当我们考察工厂主、工人、小店主以及银行业者之间的货币流通时，情况就是这样。"②马克思指出，"货币**作为价值尺度**，不是用金银条块的重量份额来表示，而是用计算铸币，即一定量货币实体的相应部分所任意取的名称来表示"③。"货币所以是**尺度**，只因为它是物化在一定实体上的劳动时间，因而它自身就是**价值**。"④由于这里的目的是对价值加以比较，斯图亚特等人提出的"**观念尺度的混乱观念**"⑤被拒绝了。马克思用了好几页的篇幅来驳斥观念形式的货币的观点。但他坚持认为，货币与劳动时间的关系是物化在一种特定的物质中的。

问题还出现在国家之间的贸易中，这些国家采用不同的金属货币和不同的货币体系，并通过汇率联系起来。马克思坚持认为，不存在能够在任何地方代表价值的"观念的货币单

---

① 《马克思恩格斯全集》第 31 卷，人民出版社，1998 年，第 185 页。
② 同上，第 195 页。
③ 同上。
④ 同上。
⑤ 同上，第 196 页。

位"或"观念的货币商品"。这并不否认交换价值作为价值指标、组成部分或衡量标准的作用。但他将重点从本质上是静态概念的货币，转移到了永远处于运动中的通货的问题上。不过，在大多数情况下，马克思只是简单回顾了他在《大纲》开头所涵盖的大部分内容，研究了能够有效反映不同货币功能的不同货币形式。

货币流通（通货）重新表现为追踪运动中的价值的手段，毕竟，这是资本的定义。经过数页的引用和评论，马克思得出了这样的结论："价格调节通货量，而不是通货量调节价格，或者换句话说，商业调节通货（流通手段量），而不是通货调节商业。"① 这是一个可能具有当代意义的结论。在过去40年里，货币发行量和货币流通量的大量增加，并没有对价格水平产生严重影响。其并没有像许多人预测的那样，在核心国家造成通货膨胀。如果"价格不过是翻译成另一种语言的价值"，如果"由劳动时间决定的价值是前提"，那么价格水平便是由力量而不是由流通中的货币量决定的②。但是，记住下面这一点同样重要："价值由纯粹的劳动时间决定，这只能在资本生产的基础上，也就是说，在两个阶级分离的基础上发生。"③ 阶级分析和阶级关系问题短暂地重新出现了。分析资本和价值的生产，就不能脱离异化劳动和异化资本之间的关系。

---

① 《马克思恩格斯全集》第 31 卷，人民出版社，1998 年，第 223 页。
② 同上。
③ 同上，第 225 页。

马克思接着提醒我们注意一个普遍适用的方法论要点。"**固定**的前提本身在展开分析的过程中全都会成为流动的。但只要一开始就把它们固定下来，在展开分析中就可以避免把一切都弄乱。"①事实上，这一点是最令人困扰和可能存在误导的，它会妨碍我们恰切地理解马克思所在的位置，更重要的是，理解他在写作中可能走向的方向。出于分析的目的，他会把许多流动和运动中的东西看作固定的。

他立即提供了一个观点，以表明什么是他将会坚持的。"因为价值的相等决定于劳动时间或劳动量的等同，所以价值的不等自然决定于劳动时间或劳动量的不等，或者说，劳动时间是价值的尺度。"②但他补充称，"实践证明"，"不管必要劳动的标准在不同时代和不同国家会多么不同……或者必要劳动的量和比率由于劳动的供求关系而会发生多大变化"③，出于分析的目的，他假设必要劳动是固定的，即使它显然不是。这也是他在《资本论》中采用的策略。将劳动力的价值（或任何其他关键值）视为可变的、流动的和不确定的，其理论和实践后果可能是巨大的。价值在其最先进和最具竞争力的形式中是单一的和普遍的这一假定，不一定是有道理的。如果不同的、多样的货币都是价值的表现，那为什么不能存在不同的价值机制呢？

这促使我们重新审视机器与剩余劳动力的关系，以及固定

---

① 《马克思恩格斯全集》第31卷，人民出版社，1998年，第225—226页。
② 同上，第226页。
③ 同上。

资本与流动资本的问题。只有当机器的相关费用低于使用它所节省的劳动时,机器才会被使用。"生产力的这种增长,只有在下述情况下才能发生:剩余劳动时间的比例不仅〔在绝对量上〕保持不变,也就是说,同所使用的活劳动相比增加了,而且增加的比例大于机器价值对所解雇的工人的价值的比例。"①

但马克思再次提醒我们,"资本的真正产物是利润。就这一点来说,资本现在表现为财富的源泉。但就资本创造使用价值来说,它生产使用价值,然而这是**由价值决定的使用价值**"②。这当然是一个关键点,因为许多社会急需的使用价值,只有在有利可图的情况下,才会被生产出来。而对马克思来说,重要的一点是,对消费某些使用价值的永恒需要,为有利可图的活动提供了一个重要的领域。但是,价值的流动必须分解为固定资本和流动资本的流动。对固定资本的限制影响了资本如何"表现为以不同形式带来利润的东西"③。这提醒我们:"在资本统治下使用机器不会缩短劳动,而会延长劳动。它所缩短的是必要劳动,而不是资本家所必需的劳动。因为固定资本不用来进行生产,它就要贬值,所以,增加固定资本是和驱使劳动**永不停息**的趋势联结在一起的。"④流动资本必须连续不断地流动,这是通过部署高效的"准时制"生产系统和采购系统来

---

① 《马克思恩格斯全集》第 31 卷,人民出版社,1998 年,第 229 页。
② 同上,第 231 页。
③ 同上,第 232 页。
④ 同上,第 235 页。

实现的（这种系统甚至在马克思的时代也可以找到）。

在这种条件下，产业资本的发展必然导致劳动的日益异化。"社会活动的一个要素（物化劳动）成为另一个要素（主体的、活的劳动）的越来越庞大的躯体。"① 但是，从资本的观点来看，"劳动的客观条件对活劳动具有越来越巨大的独立性（这种独立性就通过这些客观条件的规模而表现出来）"②。结果，"社会财富的越来越巨大的部分作为异己的和统治的权力同劳动相对立。关键不在于**对象化**，而在于**异化，外化**，外在化"③。问题在于，资本"这种对象[化]的权力把社会劳动本身当作自身的一个要素而置于同自己相对立的地位"④。而且，这种对象化"从劳动方面来说表现为劳动的外化过程，从资本方面来说表现为对他人劳动的占有过程"⑤。这种占有是真实的，而不仅仅是资本家和劳动者双方头脑中的假设和想象。这是一种亟待被中止和取消的情况。"工人丧失所有权"和"资本占有他人劳动……是资产阶级生产方式的基本条件，而决不是同这种生产方式毫不相干的偶然现象。这种分配方式就是生产关系本身。"⑥ 这表明了约翰·斯图亚特·穆勒的观点是荒谬的，他认

---

① 《马克思恩格斯全集》第 31 卷，人民出版社，1998 年，第 243 页。
② 同上。
③ 同上，第 243—244 页。
④ 同上，第 244 页。
⑤ 同上。
⑥ 同上，第 245 页。

为生产的规律是由自然决定的，分配则是历史问题。马克思指出："财富生产的'规律和条件'与'财富分配'的规律是不同形式下的同一些规律，而且两者都在变化，都经历同一历史过程。"①

虽然资本使用机器的方式不利于劳动者，但"同样也不难理解：机器一旦比如说变成联合的工人的财产，也不会不再是社会生产的作用物"②。这样一种"改变了的分配将以**改变了的、由于历史过程才产生的新的生产基础为出发点**"③。这并不是说资本主义技术可以被全盘接管，转用于社会主义目的，但它确实表明，被解放的劳动在适应这些技术，以及未来在改变的基础上操作这些技术方面，不存在固有的障碍。劳动生产率的提高应该被利用，而不是被谴责。

在引用了关于殖民主义、储存费用，以及信用和交换手段等主题的当代评论之后，马克思把注意力集中于普赖斯博士的发现："普赖斯博士生出许多荒诞的幻想。它们已经远远超过炼金术士的幻想。"④普赖斯博士发现了复利和增长的力量。他写道：

> 生复利的钱，起初增长得很慢。但增长率不断加快，过了一段时期之后，其速度就超出任何想象力。一个便士，

---

① 《马克思恩格斯全集》第31卷，人民出版社，1998年，第245页。
② 同上。
③ 同上，第245—246页。
④ 同上，第254页。

在耶稣降生那一年以 5% 的复利放出，到现在会增长成一个比 15 000 万个纯金地球还要大的数目。可是如果以单利放出，在同样长的时间里，它至多只等于 7 先令 $4\frac{1}{2}$ 便士。①

这一关于指数增长的"发现"对 18 世纪晚期的思想产生了巨大的影响。例如，它对马尔萨斯的人口过剩理论至关重要，它引导威廉·皮特提出了一种偿付基金，该基金可以利用复利的力量在一定年限内偿还全部国债。它还促使居住在伦敦的富有的瑞士银行家彼得·特鲁松在去世时（1797 年）设立了一只 60 万英镑的信托基金，以 7.5% 的复利进行投资，并规定 100 年内不得动用。他的直系继承人可不觉得好笑，政府也不高兴，因为即使按 4% 来计算，100 年后该基金也会超过国家债务。作为回应，政府制定了一项法律，将信托期限限制在 30 年以内。特鲁松的直系继承人提起了诉讼，但案件非常复杂，直到 1859 年才得到判决，当时人们发现所有的钱都用在了支付律师费上。这构成了著名的贾迪斯诉贾迪斯案的基础，这是狄更斯的代表作《荒凉山庄》的一条叙事线索。正如狄更斯描述的那样，案件判决那一天，大法官法院一片欢腾，但是发现连橱柜都空空如也。

普赖斯博士的计算很重要。资本以每年 2%~3% 的复合增长率连续增长，这在马克思的时代是没有问题的，当时它处于

---

① 《马克思恩格斯全集》第 31 卷，人民出版社，1998 年，第 254 页。

指数增长曲线的缓慢增长部分。但现在，它正处于加速增长阶段，这在各个方面都构成了明显而现实的危险。马克思认为，永远复合增长的想法是荒谬的。普赖斯并不知道利息可能从哪里来（例如，其终极来源是剩余价值）。但是，马克思的确强调了资本无限增长的内在必然性，这意味着永远保持复合增长。抛开指数增长的束缚，意味着我们所熟知的资本主义的终结。一种甚至在大众层面也被广泛接受的信念是，增长是好的，是不可避免的，是不惜一切代价也需要的。今天，复合增长的必要性是当代资本矛盾中最为严重却又被完全忽视的一个。

阅读马克思搜集的一些评论片段是很有趣的，如果只是为了了解当代观点在发展对资本主义生产方式的批判方面走了多远的话。例如，这里有一位叫富拉顿的经济学家，他在1844年写道：

> 周期性的资本毁灭已经成为任何市场利息率存在的必要条件，从这一点来看，我们通常以极为不安和恐惧的心情等待的，我们如此渴望防止的那些可怕的灾难，可能无非就是对过度增长的和畸形发展的富裕所进行的自然而必要的矫正，一种自愈力，我们的现存社会制度能够通过它时时从威胁着自己生存的不断复发的多血症中恢复元气，并且重新处于一种合理而健全的状态。[1]

---

[1] 《马克思恩格斯全集》第31卷，人民出版社，1998年，第263页。

紧接着是关于"利润分为利息和利润"①的简短讨论。利息问题已经在《大纲》不同章节中出现，例如，关于解决货币流动的困难，这些困难与不同的周转时间有关，甚至更明确地与固定资本的流通有关。"一旦同产业资本家阶级相对立的货币资本家阶级出现，差别便清清楚楚、显而易见了。""**资本本身成为商品**"，它的价格由供求关系决定，而供求关系又决定了利息率。"就是说，资本本身在这里加入流通。"②生息资本的流通就这样同其他的流通形式结合在一个总体之中。

"货币资本家和产业资本家所以能形成两个特殊的阶级，只是因为利润能够分为两种收入部门。两种资本家只是事实本身的反映；但是，必须发生分裂，即利润必须分为两种特殊的收入形式，两个特殊的资本家阶级才能在此基础上成长起来。"③"利息形式比利润形式古老"④，但正如马克思所采用的许多其他政治经济学范畴的情况一样，利息范畴随着资本主义生产方式上升至统治地位而改变。利润"看来最初是由利息决定的。但是，在资产阶级经济学中，利息由利润决定"⑤。这里的前提是利润"必须很高，它的一部分才能作为利息分出"⑥。利润和

---

① 《马克思恩格斯全集》第31卷，人民出版社，1998年，第264页。
② 同上。
③ 同上。
④ 同上，第265页。
⑤ 同上。
⑥ 同上。

利息之间的关系取决于竞争,同时也取决于阶级结构。"利润和利息之间的实际区别是作为货币资本家阶级和产业资本家阶级之间的区别而存在的。但是,这两个阶级能够互相对立,资本家的二重存在,要以资本所创造的剩余价值的分解为前提。"① 这种分化并不是封建制度的残余。相反,它是资本本身扩张和演进的结果。需要指出的是,"利息和利润这两者都表现**资本**的关系",但"生息资本作为一种特殊形式,不与劳动对立,而与提供利润的资本对立"②。这是一个至关重要的论断。产业资本同银行资本或金融资本之间活跃斗争的可能性是存在的,这种斗争把工人阶级排除在外,并可能损害工人阶级。多年来,英国的制造业同伦敦金融城的银行家之间的关系一直是对立的,而不是相互支持的,因为政治权力通常支持后者,而不是前者,这对工业就业产生了高度负面的影响。在进一步探讨这个问题时,马克思还考虑了以消费为目的的借贷。在马克思的时代,这意味着要么满足商业资本家的需要,要么将资本借给富人,用于最终消费。当然,在我们这个时代,信用卡的普遍使用会使这成为一个具有重大意义的话题。

在随后对商业资本的作用进行评论之后,马克思也提出:"在资产阶级社会的最初阶段,商业支配着产业;在现代社会里,情况正好相反。"③ "只有在商业支配生产本身和商人成为

---

① 《马克思恩格斯全集》第31卷,人民出版社,1998年,第265—266页。
② 同上,第266页。
③ 同上,第272页。

生产者或生产者成为单纯商人的地方，资本才能产生。"[1]虽然商业财富的重要性和作用得到了承认，但马克思随后主要引用了一大批经济学家的观点。

关于马克思如何在资本主义生产方式下提出阶级形成的问题，这里也留下了不少提示。阶级不是凭空发明的，甚至不是人类在头脑中发明出来的。阶级不是从天而降的，尽管在过去的时代，认为上帝的意志指定这个或那个群体为统治阶级的看法即使不是强制性的，也是流行的。但对马克思来说，资本主义的阶级结构是一系列社会经济实践的结晶，这些社会经济实践变得广泛，并且经常重复，以至于足以在剩余价值生产和流通的整体劳动分工中，支持一个专门群体的出现。在这种情况下，对货币的处理与对货币资本的使用有关，某些个体专门研究如何处理、集中和管理货币资本。如果有足够多这样的个体，那么在某种程度上，这将定义一整套利益和实践，最终证明将其划分为一个阶级是合理的。在《大纲》中，马克思似乎已经确定，货币资本家已经演进到值得被视为一个阶级的地步。这大概是对他在别处的论点的补充，即资本主义的基本阶级是由工人、资本家和地主构成的。在这里，我并不是要确定，将货币资本家定义为一个阶级是否与他的其他著作中的观点相一致，但我认为，分析一下他通常是如何处理这类问题的，是很有趣的。在这方面值得注意的是，马克思把注意力转向了整个货币交易和货

---

[1]《马克思恩格斯全集》第31卷，人民出版社，1998年，第272页。

币管理的历史。在《大纲》中，马克思在论述了银行家和金融家相较于产业资本的阶级特征之后，简要地考虑了商业资本家的历史和当代角色，但是在这种情况下，他并不想将商人指定为一个阶级。这就像他觉得有必要在他的历史唯物主义中获得正确的历史认知，以便更好地理解在资本主义生产方式上升至统治地位期间的阶级形成过程。以商人为例，他们的历史角色是毋庸置疑的，但马克思认为他们在成熟的资本主义生产方式中是与产业资本合作的，而不是与之对立的。在这里没有类似利息和利润的那种差别，或者，像地主的情况那样，有地租的存在，能够支持将商人指定为一个独特的阶级。斯图亚特提出并被马克思接受为过渡范畴的"让渡利润"可能会重新出现。在《大纲》中，马克思经思考之后拒绝将商人描绘成一个独特的阶级，他指出："如果说商业活动包括流通运动，因而作为商人财产的货币从一方面看来是资本的最初存在……那么，另一方面，这种形式与**价值概念**是直接矛盾的。贱买贵卖，是商业的规律。可见，这不是等价物的交换，否则，商业就不可能是一种特殊行业了。"[①] 货币"作为商业财产"而存在的事实反映了它"只是不受它支配的两极之间，不是由它创造的两个前提之间的中介运动"[②]。

时至今日，我怀疑马克思是否还会采取这种立场，因为当代商业资本家（来源于苹果、宜家、沃尔玛、耐克和其他品牌，

[①] 《马克思恩格斯全集》第31卷，人民出版社，1998年，第270页。
[②] 同上。

尤其是在服装行业，还包括农业）对产业资本具有非凡的垄断力量。我们这个时代，有更加充分的理由认定存在一个独特的商业资本家阶级，他们靠"让渡利润"生活。阶级在某种程度上是一个流动的范畴，我想马克思也不会反对这样的调整。在我们的时代，他们对直接生产者行使垄断权力（这迫使工资率明显下降），从而向大众市场提供廉价消费品，这是一个足够明确的过程，使我们能用阶级或者至少用"阶级派别"的术语来加以专门分析。

《大纲》最后是关于价值的一篇简短但显然不完整的评论，以及对法国经济学家弗·巴师夏（自由放任主义的激进倡导者）和美国经济学家亨利·凯里（汉密尔顿的幼稚产业保护主义的激进倡导者）的具体批判。三段关于价值的评论显然是为了"补加进"修订后的导言中"。[1] 关于价值的笔记仅仅涵盖了商品的使用价值和交换价值之间的区别，根本没有提到价值。关于巴师夏和凯里的材料更令人感兴趣，部分原因是马克思清楚地看到，他们对经济理论的不同看法，在实质上是基于美国和法国截然不同的阶级结构和国家结构的。然而，马克思一开始就指出了英国人李嘉图（萨伊定律的支持者，自由贸易者，受曼彻斯特实业家的影响）和法国人西斯蒙第（和马尔萨斯一样是萨伊定律的批评者，支持以过度积累倾向为基础的"普遍过剩"理论）之间的对立。巴师夏生活在一个充满各种贸易壁

---

[1] 《马克思恩格斯全集》第31卷，人民出版社，1998年，第293页。

垒（公路通行费、许可证和国家监管干预）的世界里，自然支持自由放任的经济；而凯里的写作背景是美国的产业资本在竞争中受制于英国的压倒性力量，他自然会寻求保护新兴产业，以使其免受毁灭性竞争的影响。

这就向我们提出了马克思批判理论的唯物主义基础的问题。马克思充分意识到，他的理论的物质基础是英国工业主义，他断言，世界从中可以看到自己未来的资本主义形象。但他主要诉诸曼彻斯特版的英国工业主义（当然，这得益于恩格斯对它的深刻了解）。如果恩格斯的家族工厂在伯明翰，拥有马歇尔式分散的小规模工业组织形式，与曼彻斯特那黑暗的魔鬼工厂形成鲜明对比，那么马克思的资本理论可能会读起来相当不同。从19世纪60年代开始，有"激进的乔"之称的著名保守派商界领袖张伯伦成为伯明翰市长，他引入公共教育和其他措施来改善工人的生活。他是19世纪末著名的"市政社会主义"（或美国的"下水道社会主义"）的领军人物。马克思对伯明翰的产业结构特征要么不了解，要么不感兴趣，并且对当地资产阶级改良主义对制造业者的影响轻描淡写，尽管他明确支持国家对工作日长度的规定，以及工厂法中针对工人教育的规定，这可能启发了张伯伦。

马克思主义知识生产的地理环境本身就是一个值得研究的课题。我非常清楚，我自己思考和工作的性质，受到我在美国和英国生活经历的深刻影响，受到我在拉丁美洲和欧洲一些经历的轻微改变，还受到我在访问东亚特别是中国时脑海中闪现的一些想法（或者更恰当地说，是一些令人吃惊的问题）启发。

第十三章
结论性思考

罗曼·罗斯多尔斯基在他关于《大纲》的开创性著作《马克思〈资本论〉的形成》中提到，他在20世纪50年代第一次遇到这个几乎不为人知的文本时，"一开始就清楚地意识到它是一部非常重要的马克思理论的著作。然而，它的不寻常的形式，以及在某种程度上晦涩的表达方式，使它很不适合于广大的读者"。我完全同意这一点。从1973年我第一次读英译本的《大纲》时起，它就一方面使我感到困惑，另一方面彻底地改变了我理解马克思政治经济学方法的视角。直到今天，它仍是如此。

每当我试图讲授《大纲》时，我总是发现自己能从不同的角度研究它。这在很大程度上证明了马克思理论想象力的丰富性，他的历史唯物主义对历史的奉献，以及他作品的强度和深度，尽管这也同我自己不断变化的兴趣和全球环境的转变有关。

这一次给我留下深刻印象的是，作为一个生态系统和不断扩大的有机整体或总体的概念，资本由不同的循环和流通过程构成，每个过程都有其独特的环节，这为我们理解资本的一切提供了一个令人信服的深刻框架。这里的关键词是"总体"。以资本作为一种演变中的总体的视角来阅读和构建资本的政治经济学理论，是非常值得的。但是，正如我在本书导言中指出的那样，这一视角在我遇到的关于此书的评论中都被忽略了，这很不可思议。

在我看来，在总体中发挥作用的各种流通过程之中，劳动能力的流通占有一个特定位置（见图1）。马克思所说的劳动力小流通中所蕴含的劳动者日常生活的观念，在理论上和政治上都具有启发性。在流通过程中，工人接触到了截然不同的物质体验；作为劳动能力的卖方（在竞争性的劳动市场中）；作为劳动过程（受到资本的设计和指挥）的参与者；作为工资的接受者（赋予其与金钱权力相应的自由）；作为市场上商品（包括必需品和自由决定是否购买的商品）的购买者；最后，作为一个家庭（无论如何定义）日常生活中多种形式的社会再生产（包括社会化供给）的参与者和产物。在这个流通过程中不同环节的不同体验，往往会产生不同的政治主体性。如果工人在市场上购买商品时，承担了购买者的身份，他们作为劳动者的身份便如马克思所言"消失了"，那么阶级意识如何在这个流通过程中的所有环节得到表达，且不说得到维持？依附于不同环节的政治主体性，掩盖了资本主义生产方式的总的阶级特征。只有从资本总体的角度来看，这种阶级特征才变得清晰可见。

在实践中，劳动者通常与他们遇到的不同的经验世界形成不同的联系。此前所描述的情况会重复发生。一些人可能会陷入补偿性消费主义的诱惑，从中他们可以获得丰富的廉价消费品，作为对他们生产中遭遇的糟糕异化的补偿。一些人可能不情愿地接受了劳动的异化和普遍的剥削，他们希望能够存下足够的钱，有朝一日开一家杂货店或者咖啡店。而对其他人来说，如果他们有足够的时间和金钱为自己创造有意义的家庭或家居生活，他们可能会接受这种流通过程中的一切。带孩子去参加少年棒球联盟的比赛或者上音乐课，或者只是和孩子在后院嬉戏，这些都能给他们带来足够的骄傲和快乐，从而掩盖为资本工作和去购物中心的痛苦异化经历。对于工人阶级中的多数人来说，构建一种团结友好的社区生活是一种补偿性的快乐，尽管这种快乐并非没有问题，因为这使得反抗资本生产的阶级斗争似乎成为一种遥远的甚至不必要的斗争。我们现在看到的许多活跃的斗争，都是针对这样的问题：市场剥削（例如，反对药品或住房租金方面的垄断权力和哄抬价格）；信用体系和抵押债务体系的扭曲；国有部门社会供给的质量，日常生活的品质；等等。在工作场所反对资本的斗争只是许多社会斗争的形式之一，绝不总是最直接而重要的、最引人注目的或最可行的。社区生活质量的恶化、家庭内部或家居再生产单元内部的压力，其中许多可以追溯到去工业化、失业和新自由主义政治转向，现在这已成为许多劳动人民经历的政治失范的根源。对于许多劳动者来说，创造一种充满活力和令人满意的日常生活，与拥有一份令人满意的高薪工作同样重要。理想情况当然是两者兼得，但在这个新自由主义时代，很难找到这样幸运的富裕劳动者。不过，有一些专业职位的报酬足够丰厚，足以让从业者过上这样的生活。

就像在总体中起作用的所有其他流通过程一样，我们必须认识到，有许多环境力量会对劳动能力的流通造成影响。虽然关于社会再生产"环节"在资本积累中的直接作用，有狭义的界定，但是各种各样的环境条件（其中许多是由资本产生的）影响着家庭和居民的日常生活。环境污染和环境破坏，很大程度上是由于资本将环境视为资本家不必为之负责的一种外部性因素，这对健康、预期寿命和劳动能力产生了不同程度的影响。公共教育受制于税收的不平衡流通，消费习惯在很大程度上受到资本授意下创造的新需求（比如手机）的驱使。在金融危机过程中，工人的储蓄同样会贬值，而能源网络的崩溃、飓风和龙卷风的破坏都会不均衡地，有时甚至是毁灭性地影响劳动能力的流通过程。正是在社会再生产领域，旧的文化关系（关于劳动、父权制和性别）得到了保存和加强，对就业结构和经济不平等产生了重大影响。也正是在这里，关于性传统和生殖道德的讨论集中在一起，同样对劳动能力流通的其他方面产生了影响。指出这一切，绝不是否定马克思关于劳动能力流通的简单表述。它仍然有助于我们思考各种政治障碍和政治选择。

我猜想，马克思以这种方式定义劳动能力流通，其目的是提供一个框架，在这个框架中，劳动人民可以反思他们的处境，看清使他们的生活和工作陷入困境的一切力量，至少可以说，这些对他们来言是如此不适当和具有压迫性（从资本的角度看，这些当然是完全"适当的"），从而唤起他们反抗的意识。这就像马克思计划邀请工人和他一起，剖析他们的不满。马克思在"导言"中提出了历史唯物主义和反唯心主义的方法，表明工人作为政治主体，在成为有阶级意识的主体的过程中，可以如何看待和利用他们的生活经验和他们的文化这一总体。"具体总体作为思想总体……是思维的、理解的产物……是把直观和表象加工成概念这一过程的产物。整体，当它在头脑中作为思想整体而出现时，是思维着的头脑的产物，这个头脑用它所专有的方式掌握世界"，甚至"实在主体"（社会）"仍然是在头脑之外保持着它的独立性"[1]。只有这样，劳动者才能把自己的生活看作"具有许多规定和关系的丰富的总体"[2]，同时又充分认识到"具体之所以具体，因为它是许多规定的综合，因而是多样性的统一"[3]。在本书最后一章的结尾，我们将回到这一切如何在理论上和政治上发挥作用的问题。

在《大纲》中，马克思力图把握资本作为总体的"生成"过程。让我们回顾一下："这种有机体制本身作为一个总体有自己的各种前提，而它向总体的发展过程就在于：使社会的一切要素

---

[1] 《马克思恩格斯全集》第30卷，人民出版社，1995年，第42—43页。
[2] 同上，第41页。
[3] 同上，第42页。

从属于自己，或者把自己还缺乏的器官从社会中创造出来。有机体制在历史上就是这样生成为总体的。生成为这种总体是它的过程即它的发展的一个要素……而这个社会又占领了新的领土，如像在殖民地那样……"①

在这个过程中，很多事情都可能出错，马克思经常指出资本流通的危机倾向。从劳动力流通中劳动者的角度看，危机或多或少是慢性的（低工资、异化、贫困、失业、不安全感、低生活水平等）。对资本来说合适的，对劳动来说不合适。一方的繁荣是以另一方的牺牲为代价的。这并不是说，工人阶级的命运在任何地方和任何时代都没有变得更可接受和更稳定。

从资本的角度来看，危机从根本上威胁着剩余价值的生产和资本的再生产。但是，可能转变为重大危机的破坏，几乎可以来自任何地方。这在所有复杂的有机生态系统中都是可以预料的。就像人体的情况一样，除非立即采取补救措施，构成资本总体的几个循环系统中的任何一个崩溃，都会导致总体的灭亡。不幸的是，这一基本原则在许多马克思主义文献中被遗忘了，在这些文献中，对唯一的危机理论的圣杯般追求往往占主导地位。但危机也为资本提供了更新和过渡到一种不同类型资本主义的机会。"不要让一个好的危机白白浪费"是一句经常被引用的格言。资本的适应性是惊人的。

这就是马克思所描述的总体。在总体中，没有一个流通过

---

① 《马克思恩格斯全集》第 30 卷，人民出版社，1995 年，第 237 页。

程或环节比其他所有流通过程或环节更重要。生产环节、分配环节、实现环节、消费环节、固定资本流通环节、生息资本流通环节、劳动能力的国家供给环节都参与其中，每一个环节都通过与其他所有环节的关系而获得重要性与意义。各种危机的性质、定义和发生地点（地理位置或部门）有很大差别。但至关重要的是，要确定每一场危机从何而来；同样重要的是，确定其走向何处。如果有人因为胃部剧烈疼痛而去医院，却被当作心脏病来治疗，那将是无济于事的。在资本这里，重要的是，最初的堵点是发生在生产、实现、分配的环节，还是发生在固定资本流通或者任何其他地方。不同类型的危机有不同的补救措施和不同的效果，这取决于危机发生在哪里。利润率的下降通常会导致（除非得到补救）资本和劳动双双大幅贬值。但经验表明，资本会从这样的危机中复苏，重新启动周期，尽管通常是以不同的形式出现，强调不同的技术和组织组合。然而，由量的不断增长引起的危机是非常不同的。随着时间的推移，它们变得更具威胁性和危险性，因为需要被吸收掉的量呈指数级增长。这种危机是螺旋形式的产物。它们总是伴随着地理上的扩张，或者我所说的"空间修复"，但是，世界市场正在接近饱和，停滞不前的人口结构意味着世界需要集约型而非扩张型的应对之策。由于环境恶化、栖息地被破坏，以及周转速度的加快超出了人类管理和维持的能力，这类危机很容易变成致命危机。我可以从利润量不断增长的理论推导出气候变化的威胁，但不能从利润率不断下降的理论推导出气候变化的威胁。新冠疫情暂停了无休止的增长，但人们似乎没有从中吸取任何教训。全球的应对措施是尽快登上数量增长的螺旋式列车。

如果总体的一部分出现故障，那么整个系统就会受到威胁。流通中一个环节遇到的麻烦，会引发其他地方的麻烦。我们已经看到，贬值是资本流通过程中所固有的。例如，在现有固定资本的资产寿命到期之前，引入一波更便宜、更高效的新技术，就可能发生更大规模的贬值。资本对"创造性破坏"（借用约瑟夫·熊彼特的名言）的偏好是传奇性的。它包括随着铁路的到来以及随后内燃机的胜利，整个资本格局的彻底改变，这在很大程度上改写了之前的空间关系格局。从 1980 年开始，去工业化危机在发达资本主义经济体中零碎地展开了（这里一家工厂倒闭，那里另一家工厂倒闭）。它是缓慢而渐进的，偶尔会出现高峰，比如在 20 世纪 80 年代的短短几年内，谢菲尔德或匹兹堡的钢铁生产厂出现大规模关闭。1980 年后，去工业化发生在北美"锈带"地区以及欧洲甚至亚洲部分地区（如孟买）原来的工业资本区域，这带来了各种政权和地缘政治影响的重大变化。在马克思主义文献中，这种缓慢发展的危机形式很少在危机理论的范畴中得到讨论。然而，这些危机过程远比金融和商业资本主义形式的危机所导致的短暂剧烈的收缩要重要得多。

马克思明确指出，资本流通的连续性是资本存在的基础，任何对这种流通的中断，如果持续下去，都包含着爆发重大危机的威胁。在探讨这个问题时，马克思所用的是需要被克服、超越或避免的"限制"和"阻碍"的语言。这些构成了炸毁资本流通连续性的"地雷"。其中一些地雷是由资本总体内部结构形成之外的力量埋下的。诸如冰岛的火山爆发、日本海啸和最近的新冠疫情等事件,被视为"上帝的行为"(黑石集团很久以前就把这种行为定义为"任何有理性和健全头脑的人都不会做出的行为")。但是,所谓自然灾害的影响,取决于事先的(而且往往是不计后果的)人类活动(例如,在已知的地震或洪水危险区建房)。几乎可以肯定,栖息地被破坏和气候变化,与病毒性疾病以及其他所谓"自然灾害"的产生有很大关系。

然而,"以资本为基础的生产"需要"带来最大相对量剩余劳动的最大绝对量必要劳动",因此需要"人口即活的劳动能力的最大限度增长"。[①] 目前有迹象表明,未来全球人口增长将放缓(这有利于保护人同自然的物质变换关系,但不利于无止境的积累),人口将老龄化。在这方面,资本可能会自食其果。资本为扩大劳动力供给,愿意吸引越来越多的女性接受教育和参与劳动,这是触发长期人口下降的重要变量。尽管非洲仍然是资本赖以为生的最后一个巨大的劳动力储备池,但1980年后全球雇佣劳动力的巨大增长(包括女性参与率的提高)是无法重演的。资本将不得不适应这种新的、不那么有利的人口结构。马克思关于人口增长将永远支持资本积累的假设不再成立。但是,可能需要经过几次重大危机之后,人们才能

---

① 《马克思恩格斯全集》第30卷,人民出版社,1995年,第612页。

明白这一点。从长远来看，缓解人同自然的物质变换关系中的急迫压力的需要，几乎肯定会导致同样的问题。

在这一切背后，还潜藏着另一种危机：异化和意义丧失的危机。构成这种危机的一部分是人类对财富单一而空洞的定义。资本将财富定义为货币以及对关键资产的所有权。仅此而已。马克思把财富设定为可以自由支配的时间。即使在他那个时代，充裕的可支配时间在原则上也是存在的。但是，它曾经作为、现在仍然作为生产中的剩余价值，被资本占有。社会再生产面临着持续不断的压力（其中很大一部分来自资本与官僚国家的联盟），需要创造出"适合于资本"的消费主义形式和劳动能力再生产模式。潜在的可支配时间，被无休止的、吃力不讨好的家务和劳动（其中既有必要的——比如看护劳动——也有不必要的）消耗殆尽。为了配合资本扩张而形成的新的需要和欲望是无止境的，就像螺旋式的生产形式所决定的那样。

对《大纲》的研究是对基础的回归，是对马克思关于资本本质的理论见解的回归。这样的回归是无价的，哪怕只是为了巩固整个马克思主义思想大厦得以建立并且能继续建造下去的基础。当然，随着时间的推移，这个基础的某些特征已经变得陈旧、被忽视或者变得无关紧要了。但马克思主义理论仍具有可靠性和普遍性，它足以提供一些新的方法，并使人用这些方法看待一个动态的、自我变革的、持续变化的主导性的经济体系。虽然马克思的所有文本都应该被当作与特定时空相关的历史文献来阅读，但其中包含着关于资本作为一种经济体系的内涵或内在本质的见解，也包含关于资本潜在的致命矛盾的见解，这些确实为我们阐明了令人焦虑的现状，并且有时是以惊人的方式。简而言之，《大纲》既是一部有预见性的文本，也是一部与我们今天的世界紧密相关的文本，而且毫无疑问，它提供了迄今为止关于马克思批判性政治经济学的最复杂、最深入的阐述。

马克思文本的一个显著特征是，概念工具的流动性和适应性。有时出现的概念使用不恰当，在大多数情况下（尽管并非总是如此）是出于这样一种认识，即概念意义的变化反映了历史的运动（我想补充一点，地理位置的变化也反映了历史的运动，因为中国、玻利维亚和芬兰的领土是不容易比较的）。债务、土地、货币甚至劳动等的范畴，都会随着生产方式的变化而发生意义上的改变。资本的内部动力和历史轨迹也"设定"了主导性生产方式内部的概念转变，而这种生产方式本身也受到了不平衡的地理发展的影响。这种跨越时空的意义的流动性，促使我们思考如何在此时此地解读这些基本范畴。

例如，马克思最初提出固定资本范畴的背景是，在一个经常包含完全不同的周转时间的流通过程中，资本由于在一定时间内"固定"在各种状态（如货币、商品、劳动过程）之中而暂时贬值。固定资本（主要采取机器的形式）在被广泛使用时成为提高劳动生产率的关键动因。因此，相对于流动资本的流通，固定资本的流通"硬化"为一个独立的流通过程。它的作用是减少劳动需求，缩短必要劳动时间（降低工资，增加剩余价值）。总的劳动投入倾向于减少，这对利润率的下降，甚至对任何基于劳动投入的价值理论都有重要影响。然而，机器技术将劳动投入的范畴从个人范畴转变为劳动群众的社会性范畴（例如，在工厂内部）。所谓的"生产劳动"（即生产剩余价值）不再根据单个人在日益复杂的劳动分工中的行为来判定，因为现在重要的是集体劳动的组织。同样，固定资本只有在大规模生产条件下才能发挥作用，而大规模生产意味着大规模消费（这使家庭中的固定设备市场成为一个充满活力的市场）。越来越多的、日益廉价的终端产品使得（也假定）使用价值的市场不断扩大（例如全球化），而生产力的提高使商品和劳动的使用价值都产生了越来越多的剩余。但这种剩余构成了固定资本投资进一步扩大的前提条件。简而言之，固定资本有助于流动资本和劳动力的剩余产生，而这些剩余是促进固定资本更多投资所必需的。这个看似闭合的循环，推动了利润率的螺旋式下降。阻止这种情况发生的方法之一是，投资于那些不提高劳动生产率的固定资本形式（以及消费基金）。马克思认为，这成为抵消利润率下降影响的主要方式。固定资本和消费基金投资被转移到不生产剩余价值的项目中。资本不仅专门建造不通往任何地方的桥，而且采取了主要吸收资本而非创造资本的城市化形式。这创造了一个大规模投机性的投资领域，往往伴随着惊人的贬值和破产。

马克思坚持认为，固定资本不能由它的物质性质来定义，而应由它与积累的关系来定义。他在这里不仅向我们表明，固定资本这一范畴正随着时间的推移而在用途、作用和意义上发生改变，而且还向我们准确地表明了这些变化如何发生、为何发生。固定资本首先要面对周转时间不同的难题。然后，它成为提高劳动生产率的一种主要手段。最终，它又被用作一个池子（类似于军事支出的池子），在这里，剩余资本尽可能多地被倾倒，剩余劳动尽可能多地被吸收。罗斯福在1935年创建公共事业振兴署，就是有意识地使用这种策略的一个早期经典案例。当代资本主义引人注目的城市化项目，在很大程度上也属于这类。在马克思的时代微不足道的东西，已经成为我们这个时代的基础。例如，2007—2008年的全球金融危机出现在房地产金融行业，以及建成环境中消费基金形成的其他方面，它主要发生在美国，同时也发生在西班牙、爱尔兰和许多其他国家。讽刺的是，这场危机的解除在很大程度上是由于中国对固定资本和消费基金的大规模投资激增，而这些项目的生产率并不重要。在马克思的时代，固定资本给人的印象是机器，而现在则是上海或迪拜的天际线。如果认为对纽约哈德逊广场的纯属浪费的投资与提高劳动生产率有关，那真是超出了所有人的想象。哈德逊河下的新隧道则完全不同。相比之下，哈德逊广场仿佛是一座纪念碑，它表明需要通过在盲目的城市化的生产中吸收尽可能多的剩余资本和劳动，来创造一种抵消利润率下降的力量（见图3）。

然而，哈德逊广场这座盲目和浪费的城市化的纪念碑，建立在它与另一个流通过程的整合之上，后者也对当代资本主义

第十三章　结论性思考　　529

至关重要：生息资本的流通。利息、债务和信用，都是资本起源时代人们熟悉的概念。马克思指出，随着产业资本主义的兴起，这些范畴从根本上改变了它们的功能和意义。货币市场成为积累的重要工具。例如，古代苏美尔没有货币市场，直到 17 世纪末，英格兰银行成立，统一的货币市场形式（它的历史先例可以在 15 世纪雅各布·富格尔在奥格斯堡的银行活动中找到）才开始形成。大多数人认为，这种早期变化背后的主要力量，来自国家债务、军事开支和企业投资三者对资金的需要。财政-军事国家在向产业资本过渡的过程中变得尤为活跃。它的许多特征一直延续到我们这个时代（包括英格兰银行）。但马克思对此提出异议，他认为这是产业资本占据主导地位后，货币市场活动增加的主要动力。他认为，生息资本流通的增加，反映出这样一种需要，即为固定资本和消费基金的长期投资找到可以提供资金的办法（例如，住房抵押贷款市场，为长期的建成环境如道路、自来水和污水处理等而建设的债券市场）。马克思认为，当代信用的"**根源在于固定资本的价值的特有实现方式，周转方式，再生产方式**"[①]。由于资本和劳动的大量剩余（这一点往往在危机时期变得既隐蔽又突出），资本周期性地呼唤新的投资机会，货币流入固定资本和消费基金，这种金融化在生息资本的调节下，伴随着金融创新，已经变得对全球资本的生存至关重要。中国过去 20 年的巨大变化说明

---

① 《马克思恩格斯全集》第 31 卷，人民出版社，1998 年，第 131 页。

了这一点。快速的城市化（部分是由强大的积累潮流推动的）要求建立一个足以适应固定资本和消费基金的金融体系。这并不是说，好像中国渴望或碰巧得到了一个成熟的金融体系和信用市场。中国在 20 世纪 90 年代的城市化过程中努力吸收全球的剩余资本，而中国自身的快速发展也对前者做出了巨大贡献，这没有金融化是不行的。当务之急是通过城市化和对物质基础设施的大规模投资（还要同自然发生可恶的物质变换关系！），吸收流动资本领域剩余的资本和劳动。马克思的理论认为，通过可能无利可图的投资及后来固定资本和消费基金的贬值来维持流通资本的生存能力和盈利能力，是资本演进到一定阶段后资本博弈的关键环节。正是在这样的背景下，我们才能更好地把握大约 1980 年之后全球范围内壮观的金融扩张和信用工具富有想象力的创新，即使我们陶醉于今天大城市的天际线。我的直觉性猜测是，最近对城市化和物质基础设施的投资，有三分之二被设计成"适合于资本"的，剩下三分之一被留给善意的社会运动与进步的公务员、政治家所发起的尝试，以塑造一种"适合于人民需求"的城市化。

　　但是，这个故事还有另一个转折。金融家贷出的用于投资长期固定资本的大部分资金，几乎立即流入了从事建设和房地产开发的流动资本家的金库。价值和剩余价值，是通过这些领域的活动瞬间产生和收回的。我们在这里关注的是以工厂和住宅、学校和医院、收费公路和各种公共工程的形式生产出来的价值。在某种程度上，我们必须回答的问题是，体现在这些资产中的价值如何收回。必须确立在建成环境中实现这些价值的明确产权。其中有一些价值可以通过征收用户费用（例如公路收费）直接收回。或者，可以通过国家税收来支持共有资产的使用，从而间接地收回价值。价值的流动可以资本化，从而形成对这些资金流的市场权利。这就需要在金融体系内部进行进一步的细化，其中，抵押贷款、年金、长期债券等变得至关重要。马克思多次提到的一个结论是，生息资本的流通与追求利润的资本的流通形成了对比。利润与利息的分离至关重要。然而，在马克思最初的表述中，产业资本家获得的应该是利润与利息相结合的剩余价值，而固定资本的持有者或消费基金资产的持有者，只会对总剩余中他们所拥有的部分提出获得利息的要求。马克思认为，这也是抵消利润率下降影响的一种方式。在资本的总体投资组合中，这种长期投资变得更加突出，在达到一定程度后，生息资本的流通"硬化"成为一个独特的流通系统，它锁定了散落各地的大量可货币化资产。很遗憾，马克思虽然试探性地记录了这类资产潜在的意义，但并没有对此进行任何细节性的探讨。例如，投资非生产性的长期固定资本可能有助于抵消利润率下降的观点，只被提及一次。但充分的历史证据表明，这一点的重要性日益上升。

　　令人惊讶的是，似乎没有人对金融化为何发生、如何发生做出一个很好的解释。大多数观点认为，它就是那么"自然地"发生了。但是，正如马克思在《大纲》中所坚持的那样，这种转变作为资本自身性质的独特产物，需要得到理论阐释。马克思在理论层面（虽然没有具体地）预见到，需要发展出一种将剩余的资本和劳动快速转移到长期固定资本形成之中的过程，这一过程最终成为今天壮观的城市化。这是在信用体系的帮助下完成的，而信用体系成为资产市场中生息资本流通的主要工具。通过这种方式，现代养老基金可以大量投资于房产，前提是，这些资产可以赚取一定的利息，然后再分配给养老金的领取者。利息的流动可以资本化，从而形成马克思后来在《资本论》中所说的"虚拟"资本的市场。

马克思在《大纲》中（但在其他地方没有）将金融家称为一个独特的阶级。这个阶级在很大程度上并不直接面对工人（除了在现代通过信用卡的方式，我觉得这将使马克思感到惊讶）。金融家们通过发动阶级战争，打击其他阶级或资本的其他派别（如地主和工商业资本家）。在这一点上，马克思是有先见之明的。我们知道，金融体系可能最早是服务于固定资本的，因此也是服务于产业资本的。但是，在几次失败的尝试之后，它在1980年后成为总体范围内的资本流通和资本积累的主宰。资本已经把自己武装成一个足以适应当代资本流通和资本积累需要的中枢神经系统。"在货币市场上"，马克思预见性地观察到："资本是以它的总体出现的；在这里它是**决定价格、提供工作、调节生产的东西**，一句话，**生产的源泉**。"[①] 剩余价值在利息和利润之间的分配有着广泛的后果，但在《大纲》中，

---

① 《马克思恩格斯全集》第30卷，人民出版社，1995年，第234页。

这些后果在很大程度上被忽略了（即便是在被顺便提到的时候），尽管它们在《资本论》第三卷中得到了阐述。这两种要求获得剩余价值的主张之间的关系过于复杂，这里无法深入讨论。但重要的是，大约自1980年以来，利息率普遍下降，这在引导越来越多的货币资本投资于固定资本和消费基金（尤其是长期的和独立的投资），并在这一方面发挥了至关重要的作用。这些投资中的很大一部分对促进劳动生产率提高没有任何作用。大多数评论家指出，大约自1980年以来，利润率实际上一直在下降，几乎可以肯定，这与同一时期同样重要（但在很大程度上被忽视）的利息率下降有某种关系。正是后者容许了（如果不是刺激的话）有助于抑制利润率下降趋势的各种长期固定资本的投资。

但是，对于所有这一切，还有另外一个亟待阐明的角度（或许更应该称之为矛盾）。当马克思开始引入资本家的形象时，他发现"资本的规律是创造剩余劳动"[①]。但只有"推动**必要劳动即同工人进行交换**"，资本才能做到这一点。这就产生了一种"尽量多地创造劳动"的趋势，例如通过促进人口增长（目前人口增长已开始放缓）和创造产业后备军。与此同时，资本还有一种通过采用节省劳动的技术，"把必要劳动减少到最低限度"的趋势。因此，资本在不断寻求"增加劳动人口"的同

---

① 《马克思恩格斯全集》第30卷，人民出版社，1995年，第377页。

时，又在不断寻求减少劳动在生产中的存在。[①] 这是一个主要的矛盾。这类似于资产阶级经济学家所说的"后弯供给曲线"。当价格下跌时，传统理论认为，产量应该下降，直到供需平衡。但是，如果生产者有固定的费用或目标，那么价格的下跌将导致他们生产更多的产品来弥补费用，这可能意味着价格的进一步下跌。其长期影响可能是灾难性的。相反，当价格上涨时，生产者可能会减少供应。这是拥有许多农业部门的资本主义国家普遍存在的一个问题。更为严重的是，它还困扰着石油和其他大宗商品市场。石油国家通常需要达到一定的收入水平来支持其履行职能，所以，当油价下跌时，通常会生产更多的石油，从而导致价格进一步下跌（反之亦然）。油价和石油产量的不稳定促使世界主要产油国成立了石油输出国组织。但近年来，随着沙特阿拉伯打破旧制，石油输出国组织变得不那么有效了。然而，奇怪的是，当世界上如此多的地方都在按照后弯供给模式运行时，当代经济学仍在坚持供需平衡的思维方式。当然，马克思把这种模式理解为资本的一个核心矛盾，因此是资本演进中的一股强大的塑造性力量。凯恩斯主义者的理解是流动性陷阱，但现在这也是当代经济学的诅咒。

如果资本主要关心的是增加财富总量（通常以货币形式衡量），那么任何利润率下降的趋势都会自动地刺激更多工人就业。马克思接着表明，资本总量越大，它在追求积累和集中更

---

① 《马克思恩格斯全集》第30卷，人民出版社，1995年，第377页。

第十三章 结论性思考

多财富的过程中，利润率就会越低。10亿美元按2%的收益率，要比100美元按20%的收益率给一个人增加的总财富要多得多。这种总量上升和利润率下降之间的关系，解释了资本为何能够且将会通过增加雇佣劳动力总量这种反直觉的方式来应对利润率的任何下降，而不去干预继续对推动节省劳动力的创新施加压力的强制性竞争法则。

所有这些有助于解释当代资本主义的一个核心矛盾。一方面，自20世纪80年代以来，以美国和中国为首，世界上几乎所有主要经济体的工资占国民生产总值的份额都出现了系统性下降。另一方面，全球雇佣劳动力从1980年的约20亿人增加到现在的约30亿人。很难判断这一增长中有多大比例是为资本从事雇佣劳动，多少雇佣劳动者是用他们的能力换取收入（来自国家的，来自资本家中的各类消费者的，甚至在照护老幼的情况下来自其他劳动者的）。但是，为支持剩余价值生产而直接或间接动员起来的社会（而非个人）劳动力，现在包含了越来越多的劳动者，他们显然注定要接受越来越低的报酬水平。这很难说是在描述一个处于幸福状态的经济体。对资本家阶级来说，它的运转正常（对资本来说是"适合的"）；但对其他所有人来说，它却带来了相对贫穷。

马克思关于固定资本对利润率和劳动能力产生负面影响的思考，像任何基于劳动的价值理论一样，停留于主要矛盾中的一个方面。它源于仅从固定资本角度对资本进行理论分析所得出的结论。当马克思对固定资本和流动资本之间的必然关系进行更深入的探索时，他遇到了强大的力量，这些力量否定了他先前的主张，支持了一种关于利润量上升和利润率下降的双面理论。不过，这种矛盾只是对资本的原初矛盾的展开，在原初矛盾中，资本注定要寻求越来越多的劳动力，同时又试图把必要劳动时间减少到最低限度。这是支撑当前令人不安的状况的基本条件。在世界舞台上，资本的数量惊人地增长，而劳动在生产总值中所占的份额却在不断减少。

这种情况的延续取决于一条规律，马克思对此有过暗示，但他似乎不愿明确地说出来：即使劳动需求超过供应（这是一种罕见的但对当地而言很重要的情况），劳动者的权力也在不断被剥夺。这种劳动者权力下降的规律——无论是在经济上还是在政治上——只能通过政治方式加以对抗。马克思认为，这里的第一步是规定工作日长度，随后是出台一系列工厂法，这些为劳动力的正规培养开辟了空间。在后来的岁月里，当社会民主主义占据上风时，这种剥夺权力趋势的影响减轻了。但是，在新自由主义时代，法律对劳动关系的统治就像无可挑战的铁腕，这标志着资本家阶级对社会民主主义尝试（例如，罗斯福新政以及战后欧洲的社会民主主义实验）发起了正面攻击，这种尝试在政治上赋予劳工权力（主要是通过支持工会组织）。

我在本书中大胆推测，甚至在某些场合幻想，马克思的理论命题与理解我们当代的全球状况紧密相关。我有两个理由来证明我可以这么做。首先，马克思主义对政治经济学进行批判性理论研究的传统需要保持活力。马克思的文本不是神话，它们可以促使我们探索马克思从他的研究中发现和提炼的资本的普遍范畴与此时此地的相关性。因此，我觉得我应该尽可能多地说明这些场景，其中马克思的理论命题不仅可以引起我们的共鸣，而且可以启发我们理解当代现实的各个方面。其次，虽然马克思对资本的生成历史有着深切的关注，他的思考主要来自曼彻斯特工业主义的经验，以及与之相应的曼彻斯特经济学派的合理化分析，但他不断地寻求一种普遍的理论，想要说明产业资本在一种纯粹的、无杂质的状态下的演进本质。马克思试图提炼出一种抽象（普遍性），这种抽象（普遍性）适用于产业资本曾经和现在都占主导地位的任何地方。今天，产业资本的统治及其运动规律在世界范围内的主导地位远远超过马克思所处的时代，当时它们主要局限于英国、西欧部分地区和美国东海岸。但我们也知道，从马克思的理论来看，产业资本绝不是资本的唯一形式或最终形式。例如，固定资本流通的重要性上升了，这催生了信用体系，推动了生息资本的流通和一个强大的金融家阶级的崛起，他们最终有能力掌控产业资本（就像他们从20世纪20年代开始在英国、20世纪70年代开始在美国所做的那样）。接下来的问题是，现在是否需要一个新的金融资本理论，一个取代马克思所依赖的产业模型的理论。

虽然马克思可能曾有一个关于资本演进轨迹的目的论假设，但在《大纲》中，他取消了这个假设。对目的论的放弃，正是《大纲》的突出特征之一。马克思将我们从目的论中解放出来，从而赋予我们一种义务，即面对资本无尽积累、指数级增长

（可怕的螺旋式增长）、地理不平衡发展，以及国家或权力集团之间围绕经济和政治霸权的激烈竞争，确定我们现在所处的位置，认清我们可能要走的方向。

所有这些过程都发生在空间和时间之中。《大纲》的中心部分是探讨资本积累的时空形态和障碍。到目前为止，这是《大纲》中最被忽视（如果不是完全被忽视的话）的贡献，它帮助我们理解资本的总体如何展开。位置的改变创造了价值（这意味着它也可以成为生产剩余价值的经济活动领域）。随着生产系统变得越来越复杂，供应链变得越来越分散，位置的变化必然成为生产过程中一个更关键的中介环节；同时，运输和通信成为价值和剩余价值的生产中越来越重要的领域。同样的道理，市场上的价值实现高度依赖于一地的生产和另一地的消费之间的中介环节。毕竟，如果资本被定义为运动中的价值，那么这种运动必然会去某个地方，而且必然会占用宝贵的时间。剩余价值可能在不同于生产地的地方实现，而投入和产出都需要消耗费用和时间，这些构成了价值生产的潜在障碍以及对价值的扣减。因此，随着时间推移，进一步消灭空间或者加速周转的技术创新，被内化在资本不断提高生产力的动力之中，并以牺牲社会关系为代价。无论在日常现实中，还是在参与者的"思维着的头脑"内部，如何回答这个问题都将成为资本格局演变走向的关键。这种演变在很大程度上是被固定资本的投资（通常是保护利润率的非生产性投资）定义的，其中包括对独立类型的固定资本的投资（和对消费基金的投资）以及对嵌入土地的固定资本的投资——这一事实使资本格局变得越来越固话（一些人会说僵化）。第二自然的生产需要得到比马克思所做的工作更多细致的分析。

马克思在他的历史探索中认为，随着时间的推移，对氏族的忠诚会被对领土的忠诚取代。虽然国家形成和领土组织的问题始终包含在马克思的未来工作计划中，但这些问题在《大纲》中几乎没有得到讨论，只在历史部分略有提及。这是一个遗憾，因为《大纲》中的一些命题对国家形成和国家间关系的问题有重要意义。虽然生息资本的流通确实偶尔也会被提及（特别是关于固定资本的流通，以及对不同周转时间的资本流动的管理），但是，有关其在资本总体中变化的角色，也缺乏全面的分析。不过，出现过一个有趣的地方，即马克思观察到在17世纪90年代的英国，约翰·洛克和财政部大臣威廉·朗兹围绕货币贬值的国家政策进行的争论。这是英格兰银行成立的时期，我们看到了"国家-财政关系"（这是我喜欢的说法）的形成，它被用来处理诸如货币、中央银行和国债等方面的宏观经济问题。正是通过这种制度安排，财政部和美联储（用今天美国的术语来说）结成经常相互对立的联盟，共同介入管理资本危机（就像它们在2008—2009年联手做的那样）。

通过无情的资本扩张，国际贸易和黄金流通导致了市场和领土的殖民化，最终形成了世界市场和各种不平衡的地理发展（包括城市的形成）。虽然这些都值得一提，但它们并没有以任何系统的方式被纳入对总体的分析。然而，马克思在《大纲》

中提出的一些命题，还是有助于我们界定当前错综复杂的现实的。例如，我们已经注意到，伴随着世界上雇佣劳动力的大规模扩张，劳动收入在国民收入中所占份额下降。但是，由于利润率平均化，这一点会被价值的再分配打破。正如马克思所表明的，这将价值从劳动密集型的企业、部门、地区和国家，重新分配到资本密集型的企业、部门、地区和国家。这些价值转移取决于利润率的平均化，但在布雷顿森林体系下，这一点表现得相当弱。资本管制意味着公司和国家（及其劳动力）被保护起来，免受国际竞争的全面冲击。但是，布雷顿森林体系在20世纪70年代解体，这使企业、劳动力和国家向合理开放的竞争力量敞开了大门。资本密集型的地区、企业和国家蓬勃发展（劳动力在某种程度上也蓬勃发展），而劳动密集型的经济体（孟加拉国、中国等）的价值却被快速吸走了。世界贸易组织（WTO）——国家-财政关系的国际版——的形成证实了这一体系，所有这些都以所谓市场交换的平等和效率的名义，掩盖了价值从劳动密集型（已经贫穷的）经济体向资本密集型（已经富裕的）地区的转移。但在世界贸易组织内部，有一项重要的子协议——《与贸易有关的知识产权协定》（TRIPS）。与新自由主义理论相反，该协定允许企业垄断知识和专利，并将其货币化，这给了资本密集型经济体额外的特权，从而固化了技术获取方面的差距。它的实施加倍强化了富裕的地区和部门更富裕、贫穷的地区和部门更贫穷的机制，并使之变得相对持久。在布雷顿森林体系下，情况并非如此，这部分是由于政治原因。在冷战时期，美国关心的是促进亚洲（日本、韩国、新加坡和中国台湾地区，以遏制中国大陆）和欧洲（以对抗苏联）的经济发展，因此批准了技术转让。到20世纪90年代，这种做法已不再必要。因此，世界贸易组织和TRIPS成为国家-财政关系的全球性核心支柱。

在马克思的叙述中，土地资本的情况和地主的角色有点令人混淆。一方面，这是一种前资本主义形式，马克思认为，只有在资本流通中占主导地位之后，这种形式才能转化为独特的资本主义形式的土地所有权和地租。另一方面，土地是一种基本的生产资料，直接生产者与这种生产资料的分离，必须先于资本主义形式的雇佣劳动的兴起。因此，在资本兴起之前，土地占有和地租必须先发生某种接近于资本主义形式的局部转变。亨利八世解散修道院就是这类措施的一个例子，尽管它导致了土地贵族的产生，而不是纯粹的资本主义地主阶级。后者意味着将地租完全货币化，将土地商品化，并使之进入土地市场。在这个市场中，即使土地上没有像资本主义农业那样创造价值，土地也会有价格。这证实了生息资本可以通过土地市场和土地所有权的形式进行流通，直到今天，这都是一个强大的特征。

从20世纪70年代开始，固定资本（特别是非生产类型的）流通被要求加快，生息资本（高流动性资本的"蝴蝶"形式）的流通变得更加突出。马克思把这种流通形式描述为独立、自主但又从属于作为一个总体的资本的规律，这很有启发性。我在本书第一章中把这比作中产阶级家庭抚养青少年——这些青少年总是宣称自己有独立和自主的权利，在经济上却依赖于家庭，当他们陷入困境时，就会指望父母来拯救他们。正如我在前面提到的，这正是银行业在大约1980年之后的表现，通常是年轻而富有野心的"量化分析师"通过做一些高级管理层无法理解的离谱之事来攫取利润。1975年的纽约财政危机率先定义了金融部门道德风险的一般体系。银行和其他金融机构可以不受约束地发放贷款，如果贷款变成坏账，国家将用纳税人的钱来救助它们。在美国，这个问题最早出现在20世纪80年代的储贷危机中，当时政府不得不救助一大批向房地产开发商发放不良贷款的机构。在国际上，20世纪80年代第三世界的债务危机不得不通过国际货币基金组织和世界各国央行来解决。在"黑色星期一"（1987年10月19日），一场突如其来的全球股市崩盘震惊了世界，在某些情况下股价下跌了40%，这必须通过国际货币基金组织和世界各国央行的协调行动来解决。在对那次股灾的事后分析中，美国经济学家集体试图理解发生了什么。著名的经济学家拉里·萨默斯写了一篇文章，他得出的结论是，要么选择伴随道德风险的强劲而冒险的经济增长，要么选择受到严格监管的银行业和缓慢的经济增长。他主张选择前者。摩根大通后来（在20世纪90年代后期）进行的一项金融研究得出的结论是，道德风险是大约自1980年以来发生的所有经济增长背后的主要力量。世界金融体系已经变成了一个赌场，一个无规矩、无原则的属于金融家的游乐场，他们就像青少年一样，睾酮分泌过多，要求独立自主而不受任何政府监管的影响。而当一切在 2007—2008 年崩溃时，作为爸妈的政府不得不出手纾困。

这就是我们都生活在其中的经济世界。引人注目的是，一旦开启《大纲》中的一些命题，它们将清晰阐明当前全球资本主义中十分明显的核心困境，而且以一种足够简单、足够有力的方式令其变得易于理解，尽管马克思的语言在传达这些意思方面做得很不好。

还有另一件未完成的事情需要处理。马克思在某一处评论说，资本倾向于将人类劳动和能量消耗缩减到最低限度，"这将有利于解放了的劳动，也是使劳动获得解放的条件"[①]。虽然马克思只使用了一次"解放了的劳动"这个概念，但它所要表达的声音却时不时被听到，因为马克思的问题是，如果相关的劳动者能够掌握机器技术和人工智能，将他们的物质负担降至最低限度，从而解放他们自己的时间，做其他更快乐、更有价值的事情，世界会变成什么样子。在《大纲》中，马克思把这个被解放的劳动者的形象描述为一种内部的评论者，这一点很有趣，因为它指出了关于一种替代资本的可能方案的评论可能来自哪里。在某些段落中，马克思似乎是从这个观点出发的，但没有特别引用它。例如，面对机器技术所赋予的优越生产力，被解放的劳动者会说些什么或做些什么？他们将如何抓住拥有自由时间的机会，而不是让资本用它来生产剩余价值？正是通

[①] 《马克思恩格斯全集》第 31 卷，人民出版社，1998 年，第 97 页。

过这些被解放的劳动者的声音，马克思才能提出这样的问题，也许还能就如何对待资本所创造的这个世界提出一些意见。政治上的问题不在于马克思会怎么做，而在于，被解放的劳动者在充分认识到自己处境的情况下会怎么做，才能让这个世界变得更美好，造福于在现行制度下被边缘化的、贫困的和被抛弃的广大人民？马克思似乎希望，推动转型所必需的知识"是把直观和表象加工成概念这一过程的产物"，这样"整体，当它在头脑中作为思想整体而出现时"①能够对政治行动发挥引导作用。

被解放的劳动者大概存在于劳动能力的流通中，他们拥有那种需要被超越并转化为实践意识的"双重意识"。被解放的劳动者的任务，不是从外部为未来社会主义社会绘制蓝图，也不是探索乌托邦式的选项和模型（无论多么有趣）。马克思对资本的生成机制的探索告诉他，一种替代性生产方式的建立——《大纲》提到了前资本主义社会形式向资本主义社会形式的过渡——意味着旧的物质形式和社会形式发生缓慢而持久的"解体"（马克思对这个词做了大量论述），导致出现一些情况或矛盾，其中蕴含着向"其他东西"过渡的可能。被解放的劳动者将会知道或者应该知道，某些事情已经在发生，并且准备好加以引导、煽动和利用，以寻求从日常的负担和压迫中解脱出来。

---

① 《马克思恩格斯全集》第 30 卷，人民出版社，1995 年，第 42—43 页。

但是，劳动者必须从什么当中解放出来呢？今天这个问题的答案将与马克思所处时空下的答案大不相同。正如马克思在晚年发现的那样，俄国农民的初始条件与曼彻斯特工人阶级的条件非常不同。在吉姆·克劳时代的密西西比州和同时期种姓森严的古吉拉特邦，情况也截然不同。在今天的美国，人们如果不能认识到从帝国主义和新殖民主义，从种族主义、性别歧视、宗教偏见和族群偏见中解放出来的重要性，不能认识到从性别认同的一切压制中解脱出来的重要性，就不可能在这个问题上走得太远。反对国家暴力和抵制严苛的管制形式的需要也不会落在后面太远。所有这些解放斗争，现在都将被视为如下斗争的基本前提或与之共同演变的要素：从异化的工资奴隶制、债务劳役、贫困、环境恶化的痛苦中解放出来的斗争，以及从资本对财富不断集中的需求所带来的所有麻烦中解放出来的斗争。从长远来看，如果不能从资本再生产所要求的使用价值和交换价值都要无止境地指数级增长的路径中解脱出来，那么从所有其他形式的压迫中解脱出来将毫无意义。

这种螺旋式增长的一个最重要的必然结果是，推动资本越来越集中。到目前为止，在过去几十年里，投资银行家最重要和最有利可图的活动一直是公司之间的合并和收购谈判。在主要的大都市区，越来越多的资本掌握在越来越少的人手中，与此同时，全球劳动力数量也在不断增加。其中很大一部分劳动力是在孟加拉国等低收入国家（不久前的中国也是如此）从事剩余价值生产，他们生产的大量剩余价值被世界商业活动较充裕和资本密集型地区（特别是大都市经济区）的大公司和其他经济实体占有。

在托马斯·潘恩于1776年写下他那本著名的革命小册子《常识》后，成千上万的副本几乎立即传遍了英语世界，这主要是通过独立印刷商的随意复制完成的（知识产权在他们看来无关紧要）。这部作品成为美国革命的通俗宣言。他后来的著作《人的权利》（1791年）几乎同样广受欢迎。我提到这些作品，不是因为它们对马克思有任何影响（马克思对洛克个人主义的批评也适用于它们），而是为了说明马克思作品的潜在读者类型。可以肯定的是，在迅速增加的文盲工人阶级中，马克思的读者是少数，但仍然是非常重要的少数。自学成才的、自由思考的工匠（想想威廉·布莱克）将有能力阅读和理解马克思的著作（尽管不是阅读《大纲》——由于罗斯多尔斯基已指出的原因）。他们能从自己在劳动力流通中的基础性位置出发，投入"把直观和表象加工成概念"的工作中。虽然在马克思的时代，加工工业阶段的工匠文化受到了攻击，但随着工厂劳动越来越成为常态，至少在曼彻斯特，自学成才的劳动者从未消失。直到今天，即使他们不是被解放的劳动者的核心，也构成了其中重要的一部分。在资本的历史上，自学成才的工人一直是一股强大的力量。今天，这种力量最强烈地表现在文化生产者的行列中，也表现在许多自学成才的社会运动领导者身上。这种感知也可以在一些从事公共事业的人员身上找到，尽管新自由主义伦理已经系统地削弱了他们的地位和声望（例如，学校教师），但他们还是把公共利益放在第一位，把私人利益放在最后。

马克思还考虑到了另一种受众，他们是资本自身发展的产物，马克思可能天真地希望他们成为资本未来的掘墓人。可以肯定的是，工业资本主义塑造了一种由机器看管者和无意识的劳动实践构成的劳动力，这些劳动实践与没有灵魂的劳动分工中的终身职位联系在一起。但是，资本主义发展历程也表明，一种受过教育的、灵活的、适应性强的、具有潜在革命性的劳动力将会出现。这就是马克思在《大纲》中所认识到的。生产力的全面发展加上"交往的普遍性，从而世界市场成了基础"，创造了"个人全面发展的可能性"。其结果是，"个人的全面性不是想象的或设想的全面性，而是他的现实联系和观念联系的全面性。由此而来的是把他自己的历史作为**过程来理解**"[1]。"个人的最丰富的发展"依赖于"**生产力的最高发展**"[2]。"资本作为孜孜不倦地追求财富的一般形式的欲望，驱使劳动超过自己自然需要的界限，来为发展丰富的个性创造出物质要素，这种个性无论在生产上和消费上都是全面的，因而个性的劳动也不再表现为劳动，而表现为活动本身的充分发展。"正是这样一些人，他们肯定会首先认识到"资本本身成了这种生产力本身发展的限制"。马克思认为，人们一旦清楚地认识到这个限

---

[1] 《马克思恩格斯全集》第30卷，人民出版社，1995年，第541页。
[2] 同上，第540页。

制,那么,离需要一种替代性选择的意识就不远了。

在这里,观念可以成为变革的物质力量,但观念本身是有根据的、有导向的。马克思在《资本论》的一段著名论述中指出:"最蹩脚的建筑师从一开始就比最灵巧的蜜蜂高明的地方,是他在用蜂蜡建筑蜂房以前,已经在自己的头脑中把它建成了。劳动过程结束时得到的结果,在这个过程开始时就已经在劳动者的表象中存在着,即已经观念地存在着。"① 马克思承认,观念可以成为推动历史变革的物质力量,但它们必须通过社会实践和物质实践来实现。我们可以随心所欲地遐想一场社会主义革命,但如果找不到有意义的物质或社会表达方式,这些白日梦就毫无意义。反之,如果没有"适合于"新的反资本主义现实的观念支持,物质实践和社会实践的变革就不可能推动下去。这就是"被解放的劳动者"的实践性,他们找出资本的盔甲上的那些裂缝,如莱昂纳德·科恩所说的那样,"让光可以进来"。

当然,难题在于大众教育(马克思赞成的是英国工厂法的教育条款中的那种教育)未必能达到这一目的。正如查尔斯·狄更斯的《董贝父子》中的董贝所言,他完全赞成公共教育,只要它能教导公众找到正确的定位。女权主义者、批判种族理论家以及马克思主义者都很容易理解这一点。

当然,资本的自我再生产是由各种活跃的主体实现的,其中最主要的主体,是公认的四分五裂但仍然强大的资本家阶级

---

① 《马克思恩格斯全集》第44卷,人民出版社,2001年,第208页。

及其买办集团（极端富有的商人、实业家、地主和金融家）与在很大程度上满足于自身状况的资产阶级，他们以军事和警察权力为后盾。正是在这种背景下，马克思诉诸"被解放的劳动者"的形象，以此评估资本主义技术和组织形式下的社会主义的可能性。在一个迫切需要对经济生活基础进行创造性的、广泛的干预的时代，在一个明确需要集体行动来解决环境恶化、人类生活价值丧失等难题的时代，被解放的劳动者的声音需要被听到，并且需要通过一切可能的手段被放大。我们的世界，是资本按照它自己的自我再生产的形象创造出来的世界。在此时此地，我们必须面对这一过程所带来的各种症状和令人震惊的有害影响。要做到这一点，必须抱有一个长期目标，即深入问题的根源——资本作为一个总体的自我再生产过程。超越碎片，去理解总体，这是《大纲》通篇所要传达的信息。其结论是，是时候让资本走开了，为一种更文明、更平等、更环保的生产方式让路。

　　去阅读《大纲》并吸收其中的信息，就是去唤醒一个沉睡的巨人，这能够激发群众运动，为转向另一种选择而发声。被解放的劳动者的声音，尚未被清晰地听到。我们当前的集体任务，就是把这个声音放大。解放的行动将紧随其后。

附录

马克思关于未来著作的计划

　　马克思在《大纲》中常常提到一些主题，称它们"不属于这里研究的范围"，或者说将在后面再讨论。这说明，关于各种主题、范畴的表达顺序，以及哪些主题、范畴能够或者应该在哪里被提到，马克思在脑海中有一些一般性的计划（或者更像是构想）。我们很难辨别他心中的想法。但是，也有一些主题——比如生息资本的流通，以及信用体系和金融阶级的作用——会在不同的时点出现，然后因为它们被认为不适合"在此讨论"而被抑制。不过，在一些情况下，马克思列出了未来几年的一整套写作计划。我认为，把它们放在一起，有助于我们对马克思当时头脑中的宏大研究项目有所认识。显然，他并没有完成这些计划，而是把它们留给了后来者，让他们去填补其中的空白。但是，这些计划反映了马克思在写作《资本论》之前的思考状态，并且在某种程度上可能有助于我们界定他后来作品的初始背景。

计划一

显然,应当这样来分篇:(1)一般的抽象的规定,因此它们或多或少属于一切社会形式,不过是在上面所阐述的意义上。(2)形成资产阶级社会内部结构并且成为基本阶级的依据的范畴。资本、雇佣劳动、土地所有制。它们的相互关系。城市和乡村。三大社会阶级。它们之间的交换。流通。信用事业(私人的)。(3)资产阶级社会在国家形式上的概括。就它本身来考察。"非生产"阶级。税。国债。公共信用。人口。殖民地。向国外移民。(4)生产的国际关系。国际分工。国际交换。输出和输入。汇率。(5)世界市场和危机。[1]

计划二

在考察交换价值、货币、价格的这个第一篇里,商品始终表现为现成的东西。形式规定很简单。我们知道,商品表现社会生产的各种规定,但是社会生产本身是前提。然而,商品不是被设定在这一规定上。事实上,最初的交换也只是表现为剩余物的交换,并不涉及和决定整个生产。这是一种处于交换价值世界之外的总生产的现成的剩余物。

---

[1]《马克思恩格斯全集》第30卷,人民出版社,1995年,第50页。

即使在发达的社会中，这些剩余物同样会作为直接现成的商品世界而出现在社会表面上。但是，商品世界通过它自身便超出自身的范围，显示出表现为生产关系的经济关系。因此，生产的内部结构构成第二篇。［资产阶级社会］在国家上的概括构成第三篇，［生产的］国际关系构成第四篇，世界市场构成末篇；在末篇中，生产以及它的每一个要素都被设定为总体，但是同时一切矛盾都展开了。于是，世界市场又构成整体的前提和承担者。于是，危机就是普遍指示超越这个前提，并迫使采取新的历史形态。①

计划三

Ⅰ.（1）资本的一般概念。（2）资本的特殊性：流动资本，固定资本。（资本作为生活资料，作为原料，作为劳动工具。）（3）资本作为货币。Ⅱ.（1）资本的量。积累。（2）用自身计量的资本。利润。利息。资本的价值：即同作为利息和利润的自身相区别的资本。（3）诸资本的流通。（α）资本和资本相交换。资本和收入相交换。资本和价格。（β）诸资本的竞争。（γ）诸资本的积聚。Ⅲ.资本作为信用。Ⅳ.资本作为股份资本。Ⅴ.资本作为货币市场。Ⅵ.资本作为财富的源泉。资本家。在资本之后可以考察土地所

---

① 《马克思恩格斯全集》第30卷，人民出版社，1995年，第180—181页。

有制。然后考察雇佣劳动。以所有这三者为前提，**价格运动**，现在是作为在流通的内在整体性上被规定的流通。另一方面，三个阶级作为在生产的三种基本形式上和流通的各种前提上来看的生产。然后是**国家**。(国家和资产阶级社会。——赋税或非生产阶级的存在。——国债。——人口。——国家对外：殖民地。对外贸易。汇率。货币作为国际铸币。——最后，世界市场。资产阶级社会越出国家的界限。危机。以交换价值为基础的生产方式和社会形式的解体。个人劳动实际成为社会劳动以及相反的情况。)[①]

计划四

Ⅰ．**一般性**：(1)(a)由货币生成资本。(b)资本和劳动(以他人劳动为中介)。(c)按照同劳动的关系而分解成的资本各要素(产品。原料。劳动工具)。(2)资本的特殊化：(a)流动资本，固定资本。资本流通。(3)资本的个别性：资本和利润。资本和利息。资本作为价值同作为利息和利润的自身相区别。

Ⅱ．**特殊性**：(1)诸资本的积累。(2)诸资本的竞争。(3)诸资本的积聚(资本的量的差别同时就是质的差别，就是资本的大小和作用的尺度)。

[①] 《马克思恩格斯全集》第30卷，人民出版社，1995年，第220—221页。

Ⅲ.个别性:(1)资本作为信用。(2)资本作为股份资本。(3)资本作为货币市场。

在货币市场上资本是以它的总体出现的;在这里它是决定价格、提供工作、调节生产的东西,一句话,生产的源泉;但是,资本不仅是自己生产自己(物质上通过产业等等,设定价格,发展生产力),同时是价值创造者,它必须设定一种与资本具有不同特点的价值或财富形式。这就是地租。这是资本所创造的唯一与它本身不同的,与它本身的生产不同的价值。①

---

① 《马克思恩格斯全集》第30卷,人民出版社,1995年,第233—234页。

译后记

2016年，大卫·哈维教授首次访问南京大学哲学系，当时在读博士的我有幸参与相关活动，近距离感受到这位马克思主义理论家的学术激情。此后，他又连续多年来到南京大学，开设专题课程，参加学术会议，并与张一兵教授等诸位老师进行了一系列对话、研讨，围绕马克思的"异化"概念、《大纲》与《资本论》的理论关系、"固定资本"的当代阐释等问题深入交流。特别是在2017年的会上，他展示了从类似生态系统的角度理解资本流通和循环的示意图（见本书"作者导言"），并与奈格里、普殊同、斯蒂格勒等围绕《大纲》开展专题研讨。这些交流也促使我在此后的研究中更加关注马克思的政治经济学批判及其当代意义。

2023年初，当中信出版社的编辑老师向我发来翻译邀请时，哈维教授来访交流的画面仍历历在目。翻阅此书，我发现其中一些论述可以追溯到他当时的发言。我很荣幸地接受了这一任务。如哈维所言,《大纲》是马克思写给自己的实验性文本,其中包含的丰富内容使人们总能从不同的角度获得启发。资本不是可见的物,它是一种社会生产关系,而且是一个系统性的、运动中的、持续演变的总体。我们只有从总体上理解资本所塑造的物性世界,才能透过不同领域之间表面的区隔,把握彼此的复杂联系,进而从"全面异化"中积极探寻无处不在的解放潜能。

为了方便中文读者对照阅读,我将书中引述的《大纲》《资本论》等英译本的文字逐一对应调整为人民出版社《马克思恩格斯全集》中文第 2 版译文,并且尽量保证书中重要概念的译法与中译本相一致。鉴于哈维对部分概念(如"异化")的强调,我调整了个别相关概念的中译文。另外,马克思的有些概念在德文及中译本中有所区分,但在英译本中没有对应予以区分,如"循环"与"流通",我结合哈维的论述侧重点酌情处理。感谢本书编审团队的辛勤工作,感谢推荐我承担本书翻译任务和为本书撰写推荐语的各位老师!限于个人水平,恐怕还有不妥甚至错漏之处,还望读者批评指正。

张义修

2024 年 10 月